近世京焼の考古学的研究

角谷 江津子 著

雄山閣

口絵1　同志社大学徳照館地点［旧藤谷家邸跡］出土遺物（江戸時代）［同志社大学歴史資料館蔵］

口絵2　色絵菊文碗［東京国立博物館蔵　Image: TNM Image Archives］

口絵3 軟質施釉陶器 向付
(京都市中京区御池通柳馬場東入ル八幡町出土)

口絵4 軟質施釉陶器 茶入
(京都市中京区御池通柳馬場東入ル八幡町出土)

口絵5 「きふやき」墨書銘窯道具(トチン)(京都市中京区御池通柳馬場東入ル八幡町出土)

[口絵3〜5 京都市考古資料館蔵]

序

　本書は、「京焼」と呼びならわされてきた施釉陶器を考古学的な方法を用いて追究した書である。

　安土桃山・江戸時代を研究対象とする近世考古学は、産声を上げてまだ半世紀にも満たない新しい学問分野である。近世考古学は、文字によって記録された史料が残された近世にあっても、記録から漏れ落ちた物質文化、いうなれば生活文化の実態を解明するのに寄与できることを十分に証明した。いまや考古学の成果を無視して近世の歴史を語ることはできなくなってきた。

　陶磁器については、伝世品をもとにした骨董的な趣味や美術史的な観点からの研究が主流で、作品の作風や年代を論じるのに重きが置かれた。近世考古学の誕生は、そうした伝統的な陶磁器研究にコペルニクス的ともいえる転回をもたらした。考古学的調査によって掘り出された陶磁器片は、層位学的な原理にもとづいて新旧が決定され、相対的な年代根拠が与えられることになった。一括廃棄された陶磁器類は、廃棄時点での時間的な同時性を反映し、過去のある時点で共存した陶磁器類の組み合わせをしめすものである。

　京都における近世考古学の嚆矢ともいえる調査は、森浩一先生による京都市姥柳町遺跡（京南蛮寺跡）や同志社大学今出川校地で始まった1970年代にさかのぼる。今出川校地の地は、室町時代には相国寺の境内、幕府が置かれた「花の御所」、江戸時代には今出川通りに面して公家屋敷が立ち並び、遺跡の性格が判明していることも大きな特徴である。

　当時、大学院生で校地学術調査委員会に嘱託として籍を置いた私は、調査主任の鈴木重治先生の指導のもとで、今出川通りに面して門を構えた二條家、伏見宮家の邸宅跡地や旧相国寺境内の調査に従事した。旧石器時代の研究を専門としていた私にとって、出土する遺構や遺物は初めて目にするものであった。石組み井戸、地下式貯蔵庫として使われた石室、礎石、瓦溜め、ごみ捨て穴、溝などの遺構は検出できたものの、これらに伴出する土師器や陶磁器についてはいつごろに属するのか皆目わからなかったのには困惑した。自分で発掘しながら、いつの時期の遺構を掘っているのか深刻な不安に駆られた。いまでは笑い話で済まされるが、当時としては検出した遺構や遺物の所属時期を知るうえで拠るべき土器・陶磁器編年のような時間尺度はなかったのである。ただ検出された遺構の上限、下限を把握するとき京都大火に伴う火災整地層が鍵層となった。新しい研究分野を切り拓く産みの苦しみを身をもって体験させられることとなった。

　そこで普遍的に出土し、時期的な変化を敏感に反映する土師器の皿を指標として、型式学的方法を用い、それらの時期的な変遷を再構成する作業から手をつけることにした。いわゆる土師器皿を標準遺物とした陶磁器類の編年構築である。今出川校地のいくつかの調査地点から得られた一括出品に目をつけ、層位学・型式学的方法を縦横に駆使しながら時間軸に沿って再構成する作業に没頭し、「同志社キャンパス内出土の土器・陶磁器の編年」（『同志社キャンパス内出土の遺構と遺物』1978年所収）と題し、平安時代から江戸時代におよぶ土師器・瓦器・陶磁器を10期に分けた編年案を提示できるまでにいたった。その後、校地学術調査委員会の嘱託を辞し古巣の旧

1

石器時代の研究にもどったが、その後も同志社校地内や相国寺旧境内の調査は継続され、膨大な資料の蓄積が進められていった。

　本書の著者である角谷江津子さんは、美術・芸術学分野から考古学に転進された異色のキャリアの持ち主である。関係文献史料を渉猟し、ときに発掘に参加しては汗を流し、同志社校地から出土した資料はもとより京都御苑内の左京北辺四坊（公家町遺跡）の出土資料にも目配りして出土京焼の研究に邁進され、いつしか、それがライフワークとなった。その成果を集大成したものが本書にほかならない。

　角谷さんの研究者としての名を一躍高めたのが肥前鍋島藩領で焼造された京焼風陶器碗の研究である。校地内の調査に従事していた1970年代当時にあって私も想像さえしなかったことであるが、京焼碗に共通する、低く小さな高台からゆるやかに湾曲しながら立ち上がる胴部、シンプルな山水文を銹絵で描いた特徴的な絵柄、よく水簸された軟質の陶胎をみせ、高台の内側に京都の窯場名を押印した施釉陶器が遠く肥前の地でも製造されていたという驚くべき事実が判明した。肥前の地で京焼の模倣品がつくられ、京都という消費地に搬入されていたのである。生産地の窯場と消費地の遺跡から出土した遺物のシビアな観察眼だけが、こうした思わぬ事実を解明に導くことができる。

　ひるがえって、そのオリジナルとなった京焼を焼造した窯が京都の地に存在したはずであるが、いまだに謎のままとなっている。後世の開発によって跡形もなく消滅してしまったのであろうか。

　1997年、京都市埋蔵文化財研究所によって調査された京都迎賓館建設予定地（公家町遺跡）の調査は、近世京都における公家文化を髣髴させる豊富な遺構や遺物をもたらし、それらの分析を経て江戸時代の全期を包括する緻密な土師器・陶磁器編年が確立されるにいたった。角谷さんはたびたび発掘現場に足を運んでは資料の観察を続け、本書において京焼編年案を提示し、京焼の歴史的変遷と意義を明らかにした業績は実に大きいものがある。

　研究史をひもとくまでもなく、遺物の編年研究はエンドレスゲームに譬えられ、果てることがない。しかし、年々増え続けていく膨大な資料を折々に整理検討していく作業は、歴史学研究の基礎である時間尺度の精度を上げるのに寄与する。そうした脈絡で、本書は京焼に関する本格的な研究のスタートとなるにちがいない。

　　2016年4月吉日

同志社大学文学教授

松藤　和人

◎近世京焼の考古学的研究 / 目次◎

序 ………………………………………………………………………………… 松藤和人…1

序章　研究史 ……………………………………………………………………………… 9
　1　京焼研究の端緒……………………………………………………………………… 9
　2　考古学的方法による京焼研究 …………………………………………………… 10
　3　平安京左京北辺四坊の調査 ……………………………………………………… 12
　4　本書の構成 ………………………………………………………………………… 13

第1章　京焼以前—寺院址出土の天目碗　相国寺　京南蛮寺　信行寺— ……… 17
　はじめに ………………………………………………………………………………… 17
　第1節　寺町旧域遺跡出土の天目碗 ……………………………………………… 18
　　（1）新島会館別館地点の発掘調査　18　（2）土坑25出土の天目碗　19
　　（3）共伴資料と年代観　20　（4）遺物に占める天目碗の割合—天目碗が意味するもの—　24
　第2節　相国寺旧境内遺跡出土の天目碗……………………………………………… 25
　　（1）相国寺旧境内遺跡の発掘調査　25　（2）『蔭凉軒日録』にみる茶の飲用　26
　　（3）相国寺旧境内遺跡出土の桃山茶陶　30
　第3節　姥柳町遺跡出土の天目碗 …………………………………………………… 31
　　（1）京南蛮寺跡の発掘調査　31　（2）『日本イエズス会礼法指針』にみる茶の飲用　31
　第4節　江戸時代中期の寺院での茶の飲用 ………………………………………… 32
　　（1）相国寺旧境内遺跡　32　（2）寺町旧域遺跡　33
　おわりに ………………………………………………………………………………… 34

第2章　京焼の生産—近世京都における窯業生産の開始— ………………………… 39
　はじめに ………………………………………………………………………………… 39
　第1節　生産遺跡の発掘……………………………………………………………… 40
　　（1）弁慶石町　40　（2）秋野之町　41　（3）中之町　41　（4）元本能寺南町　43
　　（5）東八幡町　43
　第2節　生産遺跡出土遺物の特徴と年代観 ………………………………………… 47
　第3節　美濃陶器との関係…………………………………………………………… 48
　第4節　軟質施釉陶器の発見と文献にみる「今ヤキ」「京ヤキ」………………… 49
　　（1）「今ヤキ」49　（2）「京ヤキ」①　50　（3）「京ヤキ」②　51
　　（4）まとめ—文献にみる「今ヤキ」「京ヤキ」と出土遺物　51
　第5節　軟質施釉陶器生産から本焼焼成へ—押小路焼の実態— …………………… 53
　おわりに ………………………………………………………………………………… 55

第3章　肥前京焼風陶器と京焼 …………………………………………………… 57

はじめに ………………………………………………………………………… 57

第1節　京焼風陶器とは ……………………………………………………… 57
（1）生産地における出土状況　57　（2）京焼風陶器の特色　60

第2節　同志社校地出土の京焼風陶器 ……………………………………… 60
（1）新島会館地点の発掘調査　60　（2）京焼風陶器の分類　61　（3）京焼風陶器の特色　61

第3節　京焼との関係 ………………………………………………………… 64
（1）「清水」印銘をもつ京焼風陶器の再検討　64　（2）京焼との比較　66
（3）京焼との共伴関係　67

第4節　同志社校地出土の京焼風陶器が意味するもの ………………… 69
（1）京焼と京焼風陶器の同時使用　69
（2）共伴関係が意味するもの―モデルとコピーの関係―　70

第5節　京焼風陶器にみられる京焼の影響 ……………………………… 71
（1）「清水」印銘について　71　（2）初期の清水焼について　71
（3）京焼風陶器と共通する要素をもったやきもの　73
（4）1650年代後半から1680年代の京焼―京焼風陶器出現の意義―　74

第6節　山水―京焼風陶器に描かれた文様― ……………………………… 75
（1）山水文の系譜と京焼風陶器　75　（2）肥前陶磁器と山水文　76
（3）明末の中国磁器にみる山水文　77　（4）京焼風陶器に描かれた文様　78

おわりに ………………………………………………………………………… 79

第4章　同志社校地出土の京焼―その組成と年代観― ……………………… 83

はじめに ………………………………………………………………………… 83

第1節　同志社校地出土の京焼 ……………………………………………… 83
（1）新島会館地点　83　（2）地下鉄今出川駅南口地点土坑104　88
（3）地下鉄今出川駅南口地点井戸103　88
（4）同志社女子中学・高等学校静和館地点土坑14　90
（5）同志社女子中学・高等学校静和館地点土坑57　91　（6）新島会館別館地点土坑5　92
（7）同志社大学徳照館地点土坑108　92　（8）同志社大学育真館地点土坑01　95
（9）まとめ　96

第2節　編年的研究 …………………………………………………………… 97
（1）「京焼」という呼称　97　（2）京焼の変遷　98　（3）編案試案　99

おわりに ………………………………………………………………………… 101

第5章　近世京都出土の信楽焼と京焼 ……………………………………… 103

はじめに ………………………………………………………………………… 103

第1節　信楽焼をふくむ一括資料 ………………………………………………………… 104

　　(1)　同志社女子大学図書館地点土坑 315　104

　　(2)　平安京左京二条四坊十町（京都地方・簡易裁判所地点）土坑 813　106

　　(3)　平安京左京北辺四坊（公家町遺跡）土坑 725　106

　　(4)　平安京左京二条四坊（竹間小学校跡地）土坑 353　106

　　(5)　同志社新島会館地点土坑 103　108

　　(6)　京都大学病院構内 AG20 区井戸 7・8　108

　　(7)　同志社同窓会館・幼稚園地点井戸 1001　108

　　(8)　相国寺事務棟建設地溝Ⅱ　108

　　(9)　平安京左京北辺四坊（公家町遺跡）土坑 674　111

　　(10)　京都大学病院構内 AF20 区池 1　111

　　(11)　同志社中学校体育館地点貯蔵庫 1201　111

　　(12)　平安京左京二条四坊十町（京都地方・簡易裁判所地点）土坑 190　111

　　(13)　同志社女子中学・高等学校静和館地点土坑 57　114

　　(14)　同志社新島会館別館地点土坑 5　114

　　(15)　同志社同窓会館・幼稚園地点土坑 1051　114

　　(16)　同志社大学徳照館地点土坑 108　114

　　(17)　平安京左京北辺四坊（公家町遺跡）土坑 716　114

　　(18)　京都大学病院構内 AG20 区土取穴 1　116

　　(19)　平安京左京一条二坊十四町（左獄・囚獄司）京都府庁隣接地漆喰遺構 310　116

　　(20)　平安京左京一条二坊十四町（左獄・囚獄司）京都府庁隣接地土坑 312　116

　　(21)　京都大学医学部構内 AN20 区井戸 1　116

　　(22)　京都大学医学部構内 AN20 区柱穴　116

　　(23)　京都大学総合人間学部構内 AR25 区灰褐色土層　116

　　(24)　京都大学総合人間学部構内 AR25 区溝 1　119

　　(25)　京都大学総合人間学部構内 AR25 区井戸 16　119

　　(26)　京都大学総合人間学部構内 AR25 区井戸 20　119

　　(27)　平安京左京北辺四坊（公家町遺跡）土坑 687　119

第2節　一括資料にみる信楽焼の変遷 …………………………………………………… 119

おわりに …………………………………………………………………………………… 121

第6章　平安京左京北辺四坊（公家町遺跡）出土の京焼 ………………………… 125

はじめに …………………………………………………………………………………… 125

第1節　年代尺度としての時間軸の設定 ………………………………………………… 125

　　(1)　同志社編年　125　(2)　小森俊寛と上村憲章による編年　126

　　(3)　左京北辺四坊（公家町遺跡・京都迎賓館地点）の発掘調査報告書にみる編年　127

第2節　左京北辺四坊（公家町遺跡・京都迎賓館地点）出土遺物の様相と
　　　　年代的考察 ……………………………………………………………………… 128
　　(1) 基準資料　128　(2) 主要遺構　130　(3) 両者の比較　132
　　(4)「基準資料」「主要遺構」出土の京焼の年代観からわかること　159

おわりに ……………………………………………………………………………………… 162

第7章　禁裏御用品としての京焼 …………………………………………………… 165
　はじめに ……………………………………………………………………………………… 165
　第1節　研究史 …………………………………………………………………………… 165
　　(1) 文献　165　(2) 伝世資料　165
　第2節　公家町遺跡出土の禁裏御用の京焼—遺物と出土遺構ならびに年代観— … 166
　　(1) 江戸時代前期　167　(2) 江戸時代中期　167　(3) 江戸時代後期　167
　第3節　禁裏御用の京焼にともなうその他の京焼 ……………………………… 172
　　(1) 江戸時代前期　172　(2) 江戸時代中期　173　(3) 江戸時代後期　173
　第4節　公家町遺跡出土の禁裏御用の京焼とその他の京焼 ………………… 174
　　(1) 禁裏御用の京焼　174　(2) 禁裏御用の京焼に共伴する京焼の変遷　174
　　(3) 各段階の京焼の様相　175
　第5節　同志社校地出土の京焼との比較研究 ………………………………… 176
　おわりに ……………………………………………………………………………………… 177

第8章　常盤井殿町遺跡（旧二條家邸跡）出土の京焼 ………………………… 179
　はじめに ……………………………………………………………………………………… 179
　第1節　同志社女子大学体育施設地点調査で出土した京焼 ………………… 180
　　(1) I期新段階　180　(2) II期新段階　180　(3) III期古段階　183
　第2節　出土京焼からわかること ……………………………………………… 185
　第3節　体育施設地点調査以前の常盤井殿町遺跡調査で出土した京焼………… 186
　　(1) 京焼出土以前　186　(2) 京焼出土以降　187
　第4節　体育施設地点調査以前の常盤井殿町遺跡調査で出土した
　　　　京焼からわかること ……………………………………………………… 190
　第5節　常盤井殿町遺跡出土の京焼—編年試案作成についての予察— …… 191
　第6節　新出の京焼について ……………………………………………………… 192
　　(1) I期の京焼　192　(2) II期の京焼　193　(3) III期の京焼　195
　　(4) 新出の京焼からわかること　195
　おわりに—編年予察— ………………………………………………………… 196

第9章　近世京都出土の京焼―その編年― …………………………………… 199

はじめに ………………………………………………………………………… 199

第1節　同志社校地と左京北辺四坊（公家町遺跡）の出土状況比較 ………… 199

第2節　同志社校地における出土状況―実年代の想定― ……………………… 203

第3節　京焼出土状況の年代的変遷からわかること …………………………… 204

　(1) 0段階以前の京焼　204　(2) 0段階の京焼　205　(3) Ⅰ段階の京焼　206

　(4) Ⅱ段階の京焼　207　(5) Ⅲ段階の京焼　207　(6) Ⅳ段階の京焼　208

　(7) Ⅴ段階の京焼　208　(8) Ⅵ段階の京焼　208

おわりに ………………………………………………………………………… 209

終章　近世考古学の発展が京焼研究にもたらしたもの ……………………… 211

付篇Ⅰ　遺跡出土の「小町紅」銘紅容器 …………………………………… 227
　　　　　―小町紅の流行と江戸時代後期の紅化粧―

はじめに ………………………………………………………………………… 227

第1節　生産と「商標」、販売方法について―文献から― …………………… 227

第2節　流通について―考古資料から― ……………………………………… 229

　(1) 京都　229　(2) 江戸遺跡　230　(3) 関西　237

　(4) 出土した紅皿・紅猪口からわかること　238

第3節　消費について―文献と考古資料から― ……………………………… 239

　(1) 文献と絵画資料から　239　(2) 考古資料から　242

第4節　まとめ―京小町紅の隆盛と江戸時代後期の紅化粧― ………………… 242

おわりに ………………………………………………………………………… 245

付篇Ⅱ　旧柳原邸遺構と草創期の同志社女学校 ………………………… 249
　　　　　―出土陶磁器が語る京都の近代―

はじめに ………………………………………………………………………… 249

第1節　文献にみる旧柳原邸 …………………………………………………… 249

第2節　幕末の旧柳原邸遺構と遺物 …………………………………………… 251

第3節　幕末期公家屋敷指図による検討 ……………………………………… 255

第4節　Davis転居と女学校移転 ……………………………………………… 257

おわりに ………………………………………………………………………… 258

あとがき ………………………………………………………………………… 261

初出一覧 ………………………………………………………………………… 265

図版・表・写真出典 …………………………………………………………… 267

例　言

1. 本書の表題である「近世」とは、おおむね京都における軟質施釉陶器生産開始期とする。また京焼は幕末～明治期すなわち近代さらに今日まで存続する。本書であつかう京焼は主として江戸時代に生産されたものを研究対象とするところから表題に「近世」の語をくわえたものである。

2. 本書に掲載した図面の縮小率は、4分の1、5分の1とした。

3. 本書における遺構の呼称は、基本的に各発掘調査報告書の呼称に倣った。ただし、「土壙」については「土坑」と統一した。

4. 本書における遺構の略号は基本的に引用した各遺跡報告書に倣った。SBは建物跡、SDは溝、SEは井戸、SKは土坑とした。SXについては報告書で遺構の性格が明示されていない場合は報告書の遺構図版を参照し判断した。なお性格が不明の場合はたんに遺構とした。

5. 本書における遺構名の表記は、基本的に各発掘調査報告書の表記に倣い、統一していない。

6. 本書における遺物の呼称は基本的に引用した各遺跡報告書に倣った。ただし筆者がとくに必要とみなした場合には変更をくわえた。「形」は器形に、「型」は大小について使用した。

7. 本書において筆者は「碗」の表記を採用した。ただし原著論文等に「椀」の表記がある場合には、これを尊重し変更していない。

8. 本書が研究の対象とした胎土の色調について、『標準土色帳』に依拠した部分がある。

9. 本書では器形、装飾技法の説明のため陶磁器専門用語を使用した。用語について文中に（　）で説明したところは以下の文献を参考にした。

   『角川日本陶器大辞典』角川書店　2002年

   『日本国語大辞典　第二版』小学館　2001年

   文末注において解説した場合は参考文献を参照されたい。

10. 文中の敬称は基本的に省略した。ただし発掘調査において筆者が補助等の実務をおこなった場合、調査担当者について敬称を付した。

序章　研究史

　本書は、遺跡出土の京焼を研究対象に、京焼の概念について考古学調査の成果を中心として検討したうえで、その年代的な変遷をたどって編年研究をおこない、出土遺物としての京焼の実体を明らかにしようとするものである。

　本章では、これまでの京焼研究の歴史をひもとくこととする。

　さて、京焼研究の歴史を振り返るとき、京焼の定義が問題となる。筆者は京焼を「近世において京都市域で生産されたやきもの」と定義する。本章では既往の研究において京焼という語がどのように使用されてきたのかに留意しつつ、まずは作品研究、作家研究、文献研究を中心とした既往の研究史について、第二次世界大戦以後、1960年代の研究を中心に述べ、つづいて近世考古学の進展による京焼研究の経過をたどることとしたい。

1　京焼研究の端緒

　1961年、満岡忠成は、京焼について「概説」を執筆した中で「京焼こそは、江戸時代の焼物の中でも、最も注目すべきものであるということが、この際特に強調されねばならない」と述べた[1]。第一は日本の焼物が芸術作品として自覚された端緒が京焼であることで、最初は楽焼であったとした。しかし当時、楽焼については桃山時代の作品としてとりあげられており京焼とは別の巻に収められた[2]。満岡はこの巻で「楽焼の生誕」を執筆し、「作家の自覚において自己の銘印として印記されるようになったのは、この楽焼をもって嚆矢とするのであって」と述べている。

　以上の文章からは、楽焼は桃山時代、京焼は江戸時代の作品であり、ともに作家が芸術作品に印銘を記したことが高く評価されていたことがわかる。

　京都における窯業の開始時期について1943年に紹介された『隔蓂記』の記録を重視して野々村仁清の御室焼の開窯を正保年代（1644〜1648）とし、同時期に御菩薩池・修学院・音羽焼があり、御室焼以前から粟田口・八坂・清水焼の記事がみられることに着目した。満岡はすでに江戸時代後期の陶工の動向についても言及している。また藤岡了一も『隔蓂記』の記事を採用し自説を展開した[3]。

　1960年代後半、京焼を題名とした展覧会等が多く開催されるようになった中で「初期京焼」という用語が登場した[4]。満岡は「初期の京焼」という文章の中で「京焼というと、語義の上だけからいえば、平安朝の緑釉陶器にまで遡ってもよいわけであるが、ふつう近世初頭いわゆる京窯出現いらいの焼物を指すことになっている。ただしこの場合楽焼は京焼の中に含まないのが慣わしである」とした。

　そして満岡と佐藤雅彦は、野々村仁清登場以前の京焼について、『隔蓂記』にみえる唐物写し、高麗写しと、銹絵、染付であると考えた。当文献では印銘のない作品のうち銹絵、銹絵染付陶器には装飾技法名が目録に記され、色絵には「古清水」と記された[5]。

序章　研究史

　1968 年、佐藤はとくに野々村仁清以前の京焼について、銹絵から染付、色絵へ展開したと想定した。印銘のある作品には窯名を付し、印銘のない作品には銹絵、染付、色絵すべてについて装飾技法の違いにもかかわらず「古京焼」と呼称した[6]。

　1972 年、河原正彦は 1960 年代以降の成果をもとに、「古清水」の呼称について「京都の「やきもの」を考える上でやはり一つの歴史的な背景をもって呼び慣わされてきたもののように思われる」としたうえで、「江戸時代後期において従来の京焼が対立概念として新しい作品群を作り出し、それが主流になってから起こってきたものである」と述べ、「古清水」が江戸時代中期以前の京焼陶器の総称として最適であるとした。そして、この概念が印銘の有無を問わず、銹絵、染付、色絵の装飾技法をふくみ、磁器生産が京都で開始する江戸時代中期以前の年代の京焼に及ぶものと規定した[7]。これ以降、野々村仁清、尾形乾山以外の、およそ 17 世紀頃から 18 世紀中頃までの京焼は総じて「古清水」と呼ばれるようになった。

　以上のように、作品研究、作家研究、文献研究の歴史について概観すると、作品研究では楽焼が京焼の範疇に含められなかったこと、作家研究では野々村仁清や尾形乾山が中心であったこと、文献研究では『隔蓂記』の記事によって御室窯の開窯期ならびにその前後に操業した京都の諸窯の動向が明らかにされたことが重要であったと考えられる。そして、この成果のうえに「古清水」の概念が生まれてきた。作品に印銘を残さなかった陶工の活動にも着眼していこうとする、新しい研究の姿勢をみることができよう。

2　考古学的方法による京焼の研究

　さて、ここから考古学の方法による京焼の研究歴史をみる。

　1969 年、立教大学中川成夫教授・加藤晋平講師（当時）によって「近世考古学」が提唱された[8]。その当時、京都における行政発掘調査の対象は平安京・中世遺跡であり、その上層に包含される近世遺跡、遺構、遺物は長らく調査研究の対象ではなかった。

　しかし、同志社大学では早くも 1972 年に校地学術調査委員会を組織して今出川校地（京都市上京区今出川通烏丸東入）を中心に大学のみならず学校法人内の諸学校の校舎、校友会館等の建て替えにともなう発掘調査を継続して実施した[9]。今出川校地は現在の京都御所の北方、今出川通に面する北側に位置し、江戸時代には二條家をはじめとする公家屋敷が延々と建ち並んでいたことが当時の絵図から確認できる。調査では土師器皿とともに多くの陶磁器が出土した。

　その一方、森浩一教授が指導する同志社大学考古学研究室は 1973 年に京都市中京区姥柳町遺跡（京南蛮寺跡）の調査を実施した。以後、出土陶磁器を生産地ごとに分類特定し、遺物組成を明らかにする研究を推進してゆくこととなった。

　1977 年、同志社校地の発掘調査を担当した松藤和人は、校地出土の京焼について「これらは洗練されたロクロ技術、独特なモチーフ、華麗な絵付けにより他と峻別される」とした[10]。出土遺物の中から京焼を分別する基準を初めて発表したことは意義深い。成形技法のみならずモチーフと絵付けという装飾に着目し、京焼が他の遺物とはっきりと区別されると述べている点が注目される。

1980 年代に入ると、日本全国で中・近世都市遺跡の発掘調査が急速に進展し、大量の陶磁器が出土するようになった。この動向の中で、1981 年に『日本やきもの集成 京都』[11] が刊行された。

『日本やきもの集成 京都』では「京都の古代窯」「京焼」「楽焼」「南山城・丹後の諸窯」の順に図版を構成し、本文では最初に河原正彦が全体的な内容の「京都のやきもの」を執筆している。各論は田辺昭三「京都の古代・中世窯」、河原「初期の京焼」「仁清と乾山」、中ノ堂一信「江戸後期の京焼」、楽吉左衛門「楽代々」、林屋晴三「光悦・光甫と玉水焼」、中ノ堂「南山城と丹後のやきもの」となっている。南山城の玉水焼や丹後など京都市域のみならず北部〜南部の広い地域にまたがる窯のやきものを対象としたことが斬新であった。そして、小コラムが 4 編、永田信一「やきもの消費地としての京都」、河原「乾山と京オランダ」、中ノ堂「京郊のかわらけ作り」「伏見人形の由来」とあった。

永田の「やきもの消費地としての京都」は、京都を陶磁器の消費地としてとらえ、10 世紀〜16 世紀の緑釉陶器、輸入陶磁器に加え備前・常滑、瀬戸・丹波・信楽など「中世六古窯」製品の出土状況について述べたものである。京焼についてはコラムの冒頭に「近世以後になって、日本陶磁器の頂点ともいわれる京焼が成立するが、その背景には平安京造営以後、古代・中世を通じて良質の製品をしかも多量に消費し続けた京都の幅広い需要層の存在があった。そこで育まれた陶磁器に対する知識や造形感覚が下地となって京焼は開花したのである」と書かれており、京焼を高く評価するとともに、京都の窯業生産ばかりでなく京都における陶磁の消費の歴史の中においてこそ京焼を位置づけようとする姿勢があらわれている。

中ノ堂「京郊のかわらけ作り」「伏見人形の由来」は文献と伝承にもとづいて書かれたものであるが、当時、発掘調査で出土した土師器皿や伏見人形に対する関心が高まりつつあったことが執筆の契機とも推定できる。

このように、『日本やきもの集成 京都』は一部に考古学の成果をとり入れ、出土遺物に対する関心を加え、さらには「京焼を消費する京都」という考え方を提示したのであった。

さて 1982 年、京都市内で地下鉄烏丸線の建設にともなう発掘調査年報に出土遺物の分類における京焼の定義と考えられる一文が掲載された。「京焼きとしたものは胎土がこまかく精良であり、軟質で軽く、器厚が比較的薄い白褐色もしくは褐色の釉を施したものである」[12]。胎土、焼成、器厚の薄さ、釉調が京焼の特徴であると認識されていたことがわかる。

1977 年の同志社校地とこの烏丸線調査の報告を考えあわせると、遺跡出土の京焼の分別の方法には、土器出現以降の考古学的な遺物研究法に加えて装飾技法を観察することが必要であったことがわかる。考古学者が定義した京焼とは、胎土が精良で軟質、薄く焼きあげられ白褐色または褐色の釉薬が掛かり、独特な文様が繊細に描かれているもの、と要約することができよう。

くわえて、発掘調査担当者が出土陶磁器について認識を共有しようという機運が高まってきた。

1988 年、江戸遺跡研究会が第 1 回大会「江戸の食文化」を開催した。1990 年の第 3 回大会では「江戸の陶磁器」を主題とし、江戸遺跡出土の陶磁器をとりあげた。

この活動をうけて、1989 年、関西近世考古学研究会が第 1 回大会「中近世遺跡の遺構と遺物―織豊期を中心に―」を開催、1993 年に「近世陶磁器の諸様相―消費地における 17・18 世紀の器種構成」、1994 年には「近世陶磁器の諸様相―消費地における 18・19 世紀の器種構成」にお

いて関西近郊の近世遺跡出土の陶磁器を主題とした。

　この消費地遺跡における研究動向に足並みをそろえる形で近世の生産遺跡への関心が高まり、1992年に信楽においてシンポジウム「信楽焼と京焼—近世窯業をリードした信楽焼—」が開催された。これは漆原C窯の調査をうけて実施されたものであった。このシンポジウムには江戸遺跡の調査に携わっている研究者も参加した[13]。

　このような研究会を中心とする成果の蓄積の中で、江戸遺跡では1997年、堀内秀樹が東京大学構内遺跡の発掘調査成果をもとに「京都・信楽系陶器」なる分類概念を提示した[14]。また、江戸遺跡においては肥前磁器の年代観を積極的に活用して、一括遺物群の年代的考察をおこなう方法が進展していた。これは肥前陶磁器の生産遺跡の研究者が中心となって2010年まで活動した九州近世陶磁学会との緊密な連携が背景となったものである[15]。九州近世陶磁学会の活動が結実した『九州陶磁の編年』は、生産遺跡のみならず江戸遺跡と関西の京都をはじめとする消費地遺跡出土の肥前陶磁器を網羅したものであった[16]。

　九州での生産遺跡出土陶磁器研究の進展は他の地方にも波及し、1999年に徳島城下町研究会が「京焼—消費地出土の様相」と題して研究会を開催した。この研究会では徳島城下の遺跡から出土した京焼を報告、各地の遺跡出土の京焼の変遷、既往の京焼研究の概略が発表された[17]。2002年には第4回研究会（四国城下町研究会と改称）を開催し「四国・淡路の陶磁器Ⅱ」の主題のもと、長佐古真也「考古学の方法でみる京焼—その多面性」と題する口頭発表があった[18]。

　また、1999年には大阪市の堂島蔵屋敷跡の調査において18世紀初頭を前後する時期に操業した陶器窯が報告された[19]。

　以上のように、1990年代後半から2000年代初めにかけて各地の研究会が活発に京焼をとりあげ成果をあげたことが知られる。

3　平安京左京北辺四坊の調査

　こうした研究動向にあって、京都出土の京焼研究を進展させたのが、京都御苑内の迎賓館建設にともなって1997年に開始された平安京左京北辺四坊（本書では公家町遺跡と称する）の発掘調査の実現であった。絵図から屋敷地を特定できる公家屋敷群の長期にわたる調査によって大量の京焼が出土し、共伴する土師器皿や肥前陶磁器の年代観に依拠して編年的考察を詳細に研究することが可能となり、考古学的に京焼を研究するための良好な資料が得られることとなった[20]。出土した京焼には伝世資料すなわち作品と共通する特色をもつ遺物がみられ、本章1に記した、考古学以外の方法による京焼研究をも大きく進展させることとなった。この平安京左京北辺四坊の発掘調査成果は、京焼が近世京都においてどのように生産されたのか、という、考古学の立場から京焼を研究する際に最も立ち遅れていた、京焼の生産という分野に対しても関心を高めることとなった。また、生産遺跡では既往の調査成果をみなおす動きが高まった[21]。

　この京都での研究の進展を背景として関西陶磁史研究会が立ち上げられた。2001年の「近世信楽焼をめぐって」以降、2003年「近世後期における関西窯業の展開—国焼と京焼—」、2004年「軟質施釉陶器の成立と展開」、2005年「窯構造・窯道具からみた窯業—関西窯場の技術的系

譜をさぐる―」、2006年「京焼の成立と展開―押小路、粟田口、御室―」を研究集会の主題とし、約5年間活動した。この研究会の運営には考古学研究者が携わり、その中心となった人々が後に滋賀県膳所窯の発掘調査と研究をおこなった[22]。

以上のように、戦後の京焼研究の歴史を遡るとともに、1969年の近世考古学の提唱以来の出土陶磁器研究の歴史を顧みれば、京都においては同志社大学がその先駆であったことがあらためて確認される。そして遺跡出土の京焼の定義とは、遺物群から京焼を分別しようとする企図から生まれたものであった。1980年代後半以降、近世遺跡出土の陶磁器に関する研究会の活動が活発となり、その動きは全国各地の遺跡調査と研究に拡大した。

こうした研究動向の中でひとり京焼研究のみがやや立ち遅れた感があったが、消費地遺跡では左京北辺四坊（公家町遺跡）において大量の京焼が出土したこと、そして生産遺跡では京都市域の調査成果の蓄積と遺物研究の見直しによって、軟質施釉陶器の概念について考古学者以外の研究者と共有することが可能となった点がきわめて重要であると考える。低火度焼成による軟質施釉陶器と高火度焼成による京焼が存在することは、現在の京焼研究における共通認識であるといっても過言ではない。

本書は、京焼について、京都をその生産遺跡であると同時に消費地遺跡であるとみなす。発掘調査で出土した京焼を遺物組成の一部を構成するものと認識する。生産遺跡、消費地遺跡出土の京焼を可能な限り実見、実測、観察する。この研究法にもとづき、京焼を破片まで詳細に研究し、京焼の特徴を出土遺物のみから抽出する。そして、年代ごとの京焼の変化、変遷すなわち年代的考察について、可能なかぎり良好な一括遺物を抽出しその変遷をたどる研究方法をもって、結果として出土遺物のみから編年的研究の成果を発表することを主な目的とするものである。なお、京都市域の京焼消費遺跡として、同志社校地と平安京左京北辺四坊（公家町遺跡）をその中心とする。

なお、同志社校地の調査資料に関して、筆者が実見、実測、観察できなかった場合、一部研究対象としなかった調査があることをことわっておきたい。

4 本書の構成

第1章は、同志社校友会新島会館地点（京都市上京区寺町丸太町）の増築にともなう調査において大量の天目碗が出土し、これに京焼が共伴しなかったことから、天目碗が出土した背景について研究することを中心としたものである。天目碗の出土状況を姥柳町遺跡（京南蛮寺跡）の調査ならびに相国寺旧境内遺跡の調査の成果と比較し、文献を参考にして、出土天目碗の様相が茶の飲用の変化をどのように示すものであるのか、について研究する。

第2章では、近年の京都市中心部の発掘調査において、窯業生産関係遺物の出土報告が蓄積されたことをふまえ、各遺跡出土の遺物をとりあげて述べる。そして、文献にみる京焼の出現記事と考古学の方法による発掘調査で出土した生産遺跡出土遺物の年代観に時間差が存在することについて、研究方法という観点にも言及して述べたものである。本章ではあえて文献をひもとき、文献を中心とする陶磁器研究の分野にやや踏み込んで研究をおこなった。

第3章では、肥前で生産された京焼風陶器と京焼とを比較する研究をおこない、京焼の特徴を述べたうえで、京焼とはどのような遺物かという問題に答える。

第4章では、同志社校地の発掘調査の成果から、これまでの調査で出土した京焼について、出土遺構ならびに共伴する遺物について検討し、年代的考察を試みる。

第5章では、発掘調査報告書において京都・信楽系陶器と報告される遺物について、京焼と比較し、消費地遺跡における両者の分別の要点について述べる。生産地、消費地遺跡において問題となってきた京焼と信楽産施釉陶器の分別という問題について、出土遺物研究から明らかにする。

第6章では、平安京左京北辺四坊（公家町遺跡）の発掘調査で出土した京焼について、報告書で採用された年代観と遺物展覧の際に提示された年代観の、2つの年代観を紹介する。そして出土した京焼の変遷をたどり、双方の年代観について比較研究をおこなう。

第7章では、これまで文献と伝世資料について研究が先行してきた禁裏御用の京焼について、平安京左京北辺四坊（公家町遺跡）の発掘調査で出土した遺物を対象として、器形ならびに文様の変化について研究する。さらに、これに共伴した禁裏御用以外の京焼の変遷をたどり、変化の様相を比較することによって、京焼そのものがもつ特性について言及する。

第8章は、同志社女子大学体育施設建設にともなう発掘調査において、土師器皿の年代的考察案が発表されたことをうけて、新たな年代観にもとづいて当地点出土の京焼について研究したものである。当地点は常盤井殿町遺跡にあり、当遺跡の既往の調査で出土した京焼について、再検討を実施した成果をまとめる。

第9章では、同志社校地（寺町旧域遺跡、相国寺旧境内遺跡、常盤井殿町遺跡、上京遺跡）で出土した京焼と、平安京左京北辺四坊（公家町遺跡）で出土した京焼について、遺物の詳細を述べ、年代的考察をおこない、比較研究の成果をまとめる。

付篇Ⅰでは、本書の主旨である、京焼を考古学の方法によって研究するという内容に付して、遺跡出土の小町紅銘紅容器をとりあげる。京焼が、京都で生産された陶磁器であるところから商標としての力をもつのと同様に、小町紅銘もまた京都の商標としての価値をもっていたからである。この遺物について日本各地の出土状況をふまえながら具体的な使用法を推察し、江戸時代後期の紅化粧について文化史的な視点をくわえて考察する。

付篇Ⅱでは、本書の主旨である、京焼を考古学の方法によって研究するという内容に付して、近代の遺跡出土の陶磁器について、考古学の方法にもとづいて研究することを試みる。

注
(1) 『世界陶磁全集』第5巻　河出書房新社　1961年。
(2) 『世界陶磁全集』第3巻　河出書房新社　1961年。
(3) 注（1）文献。
(4) 『初期京焼』根津美術館・徳川美術館・大阪市立東洋陶磁美術館編（展覧会図録）1967年。
(5) 注（4）文献。
(6) 佐藤雅彦『京焼』日本の美術28　至文堂　1968年。
(7) 『古清水』京都書院　1972年。
(8) 中川成夫　加藤晋平「近世考古学の提唱」『日本考古学協会第35回総会研究発表要旨』1969年

27 ページ。

中川成夫「近世考古学の提唱」『歴史考古学の方法と課題』雄山閣出版　1985 年。

（9）　今出川校地周辺の既往の調査については『学生会館・寒梅館地点発掘調査報告書』同志社大学歴史資料館 2005 年等にまとめられている。

（10）　松藤和人「京都・朝日焼陶器」『同志社キャンパス内出土の遺構と遺物』（同志社校地内埋蔵文化財調査報告資料編 I）同志社大学校地学術調査委員会　1977 年。

（11）　『日本やきもの集成　5 京都』平凡社　1981 年。

（12）　『京都市高速鉄道烏丸線内遺跡調査年報 III』京都市高速鉄道烏丸線内遺跡調査委員会　1982 年。

（13）　稲垣正宏・鈴木良章編『シンポジウム信楽焼と京焼―近世窯業をリードした信楽焼―』（研究会資料）信楽町教育委員会　1993 年。

（14）　堀内秀樹「京都・信楽系陶器」『東京大学構内遺跡出土陶磁器・土器の分類（1）』（東京大学構内遺跡調査研究年報 2　別冊）東京大学埋蔵文化財調査室　1997 年。

（15）　近世陶磁器研究会　有田町歴史民俗資料館ブログ「泉山日録」　2013 年 2 月 22 日　http://www.town.arita.saga.jp/blog/?p=207。

（16）　『九州陶磁の編年―九州近世陶磁学会 10 周年記念―』九州近世陶磁学会　2000 年。

（17）　「京焼―消費地出土の様相」徳島城下町研究会　1999 年。

（18）　長佐古真也「考古学の方法でみる京焼―その多面性」『四国・淡路の陶磁器 II』四国城下町研究会　2002 年。

（19）　『大阪市福島区堂島蔵屋敷跡』財団法人大阪市文化財協会　1999 年。

（20）　『平安京左京北辺四坊―第 2 分冊（公家町）―』京都市埋蔵文化財研究所調査報告第 22 冊　財団法人京都市埋蔵文化財研究所　2004 年。

（21）　近世京都における窯業生産については本書第 2 章に執筆した。

（22）　佐藤隆ほか「膳所焼大江窯の調査」日本考古学協会第 74 回総会研究発表要旨　2008 年。

『膳所焼大江窯の研究』（関西陶磁技術の成立をめぐる膳所焼を中心とした美術工芸史・考古学の総合研究（平成 18 ～ 20 年度科学研究費補助金（基盤研究（C）研究成果報告書）　2009 年。

第1章　京焼以前
―寺院址出土の天目碗　相国寺　京南蛮寺　信行寺―

はじめに

　同志社新島会館別館地点（京都市上京区）の発掘調査が1991年に実施された。新島会館地点の1984年の調査（後出）において大量の京焼が出土したことから、この調査においても京焼の出土が予想され期待された。当地点における京焼の出土状況については第3章において述べることとし、本章では1991年の調査で出土した大量の天目碗に着目し、京都における京焼出土以前の状況について研究する。

　また、江戸時代の寺院跡と想定される地点から天目碗が多く出土した背景を明らかにするため、寺院と茶の飲用の関係について述べる。中世の喫茶から近世の茶の湯への変遷の歴史をひもとき、最後に文献にみえる京焼についても言及する。

　日本において茶を飲む、茶を喫することが確認されるのは、文献上では平安時代の弘仁6年（815）に遡る。大僧都永忠が滋賀梵釈寺で嵯峨天皇に手ずから茶を進上したという『日本後紀』の記事である。永忠は長く唐に留学しており、当時の中国で流行していた茶をわが国に将来することとなった。以来、鎌倉時代に栄西が宋から帰国して著した『喫茶養生記』など、中世にいたっても、茶と僧侶すなわち寺院は密接な関係をもっていた。

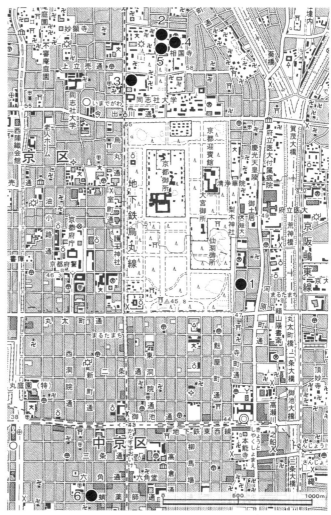

図1　調査地点位置図（1：25,000）
1　新島会館別館地点　2　成安女子短期大学地点　3　同志社中学校体育館地点　4　相国寺承天閣美術館地点　5　相国寺承天閣事務棟地点　6　京南蛮寺跡

第1章　京焼以前―寺院址出土の天目碗　相国寺　京南蛮寺　信行寺―

　学校法人同志社関係発掘調査で京都市域の寺院に関するものとして、1973年の同志社大学考古学研究室による中京区姥柳町遺跡（京南蛮寺）の調査をあげることができる。また、相国寺旧境内遺跡の調査は、1977年の成安女子短期大学構内の調査、同志社大学校地学術調査委員会による同志社中学校体育館地点、1982年と1986年の相国寺境内の発掘調査があった。これらの報告と調査の成果を整理し、出土天目碗に着目しながら寺院と茶の関係について考察することとしたい。

第1節　寺町旧域遺跡出土の天目碗

（1）新島会館別館地点の発掘調査

　調査地は、京都市上京区寺町荒神口下ル松蔭町140の4番地に位置し、『京都府遺跡地図』にみる周知の「寺町旧域遺跡」にふくまれる。寛永14年（1637）の『洛中絵図』には「信行寺」という寺がみえる。絵図によれば信行寺の南と北はいずれも寺院で、豊臣秀吉の京都再開発によって天正末年に再配置された寺町の一部であった。

　延宝5年（1677）の「内裏図」にも「信行寺」があり（図2）[1]、北は「佛光寺」、東は「教女寺」となっている。絵図の丸太町通と寺町通の位置関係から、調査地点は信行寺の寺域に入ると考えられる。天保9年（1838）成立の『信行寺大悲尊像縁起絵巻』[2]の詞書割注に「今中井家旧地也」とみえる。中井家は幕府旗本で大工頭であった。宝永5年（1708）の京都大火後、寺町丸太町の本地点に屋敷をもっていた。宝永5年以降の絵図には当地は中井屋敷と記されている（図3）[3]。別館地点の調査において、大工頭中井家に仕えた武士の名を記した砥石が出土し[4]、調査地点が

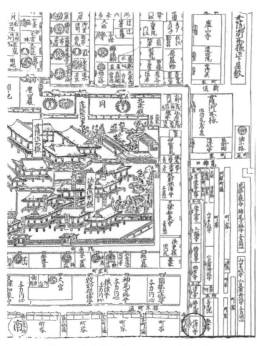

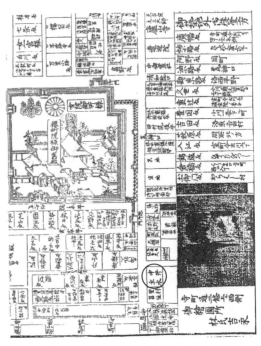

図2　「延宝内裏之図」にみえる信行寺（○印）　　　図3　「内裏図」にみえる中井主水屋敷（○印）

江戸時代中期以降において中井家の屋敷地であったことをあらためて確認した。さらに、先述の詞書から、信行寺の寺地のあとに中井屋敷が建設されたと推定することができよう。

詞書によって寺町の中でもとくに信行寺と特定することを、考古学の立場からはさしひかえても、本調査地は宝永5年（1708）の京都大火後に中井家寺町屋敷が建築される以前は寺地であったと考えることが可能であろう。

本章ではとくに遺物の出土量が多い土坑25をとりあげる。土坑25（図4）は検出された層位と検出状況から、宝永5年を下限とする年代が与えられた[5]。中井家以前、すなわち当地が寺地であった時期に造られたものである。

筆者は、この調査において担当者の門田誠一先生のご指導の下で発掘調査の補助ならびに遺物整理作業に携わり、大量の陶磁器を分類、観察、実測する機会を得た。この研究成果をもとに、最初に遺物組成について述べ、天目碗が大量に出土していることに着目して論を進めることとしたい。

（2）土坑25出土の天目碗

本項では、土坑25（図4）から出土した天目碗について詳述する。天目とは碗形をさし、またのちには釉薬の名称ともなるが、本項では天目の名称をその器形をさすものとして考察をおこなう。

図5の1〜12は土坑25出土の天目碗である。5は口径にくらべて高台径が小さく、体部が立ち上がる。胎土はやや粗く灰色味をおびている。高台は脇から端部にかけて撥形に開く。施釉部の色調は褐色（『標準土色帳』Hue7.5YR4/4）で、全体に濃淡がある。8は器高が低く、器高にくらべて高台が大きい。色調は全体に濃淡があり、5とよく似ている。10は口径に対する高台の大きさは8とほぼ近いが器厚が薄い。体部下半までまっすぐに立ち上がり、のちやや丸くふくらむ。口縁はやや強く外反する。高台の調整は丁寧である。1は器高が高く、体部は5よりもややなだらかに立ち上がる。口縁端部の反りはゆるやかである。高台の削り込みは浅い。9は1の器形に近く、1より口径が大きい。体部はゆるやかに開き、口縁端部の反りもゆるやかである。2はさらに口径が大きくなり、口縁下でやや肥厚する。4は白天目である。3・6・11は鉄釉に灰釉を流

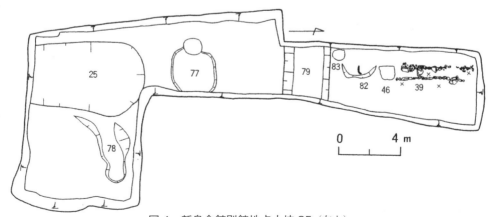

図4　新島会館別館地点土坑25（左上）

第 1 章 京焼以前 ─ 寺院址出土の天目碗　相国寺　京南蛮寺　信行寺 ─

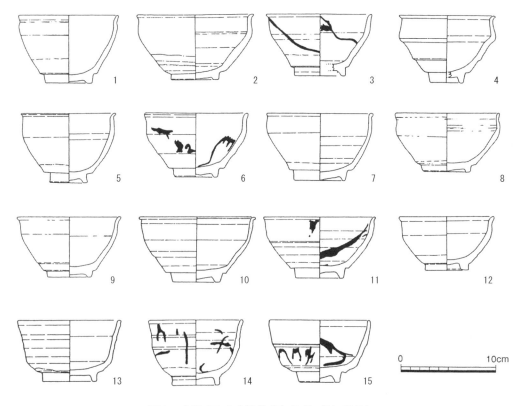

図 5　土坑 25 出土遺物 (1)　陶器（瀬戸美濃）

しかけた碗である。美濃の田ノ尻窯で生産されたものと考えられている[6]。器形は 3 点ともほぼ同様である。

13 ～ 15 は丸碗である。13 は鉄釉がかけられている。口径にくらべて高台径が大きい。器壁が厚く、口縁端部がわずかに外反する。14・15 には灰釉が流しかけられている。

このように出土した天目碗にはさまざまな種類がある。このうち 4 の白天目碗は瀬戸本業焼 2 期から 3 期にかけて生産されたものである[7]。他の資料も瀬戸本業焼編年では 2 期、3 期、近世美濃窯の編年では連房Ⅲ期を中心とする時期に相当するものと考える[8]。したがって、ほぼ 1650 年代前後から 1700 年代ごろまでの年代を与えることができると考える。

(3) 共伴資料と年代観

図 6 は土師器類である。

図 7 の 1 ～ 9 は肥前で生産された陶器の碗である。1 ～ 5 は胎土が赤味をおび 1 は体部上半まで、他は体部中ほどから高台周辺まで釉がかかる。

標準土色帳によれば、釉の色調は 1 が灰白色、2 が灰オリーブ、3 がオリーブ灰、4 が灰オリーブ、5 は灰色である。5 の高台脇の無釉部分（露胎部）には釉とは異なる暗い紫灰色の顔料がかかっており、鉄で文様が描かれる。6 ～ 8 はこれらの碗よりも器壁が薄い。胎土は精良で白く、表面は淡黄色である。高台は高台下部（畳付）の一部の幅が広い三日月高台である。9 はいわゆる呉器手の碗といわれるものである。10 ～ 15 と図 8 の 1・2・4 は同じく肥前で生産された皿である。

20

第1節　寺町旧域遺跡出土の天目碗

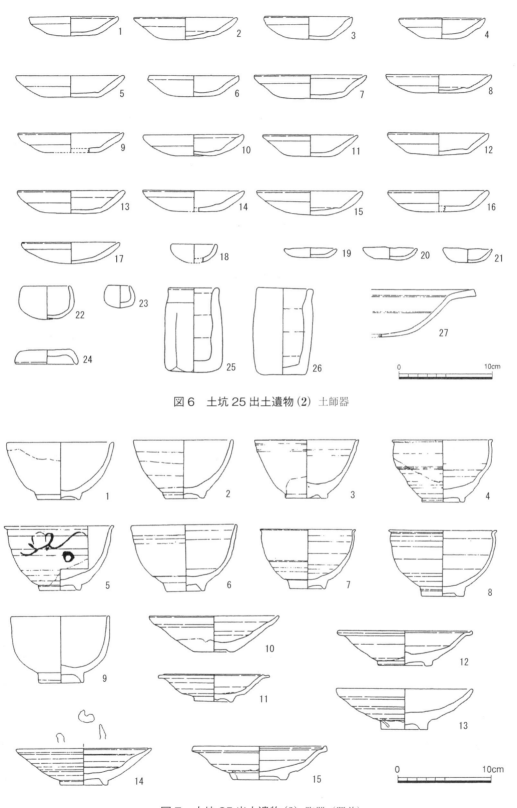

図6　土坑25出土遺物(2)　土師器

図7　土坑25出土遺物(3)　陶器（肥前）

第1章　京焼以前 —寺院址出土の天目碗　相国寺　京南蛮寺　信行寺—

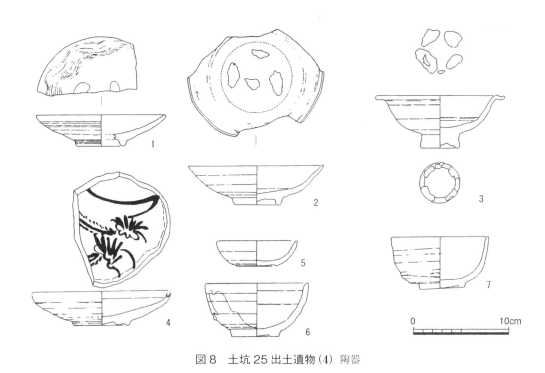

図8　土坑25出土遺物（4）陶器

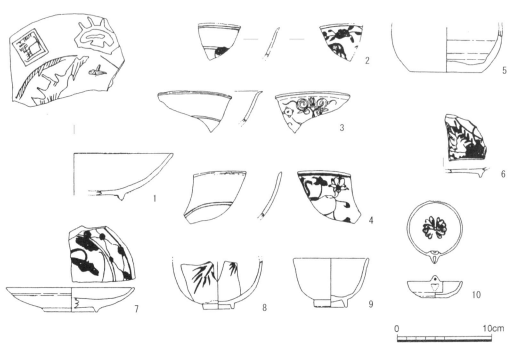

図9　土坑25出土遺物（5）磁器1〜4・6・7　陶器5・8〜10

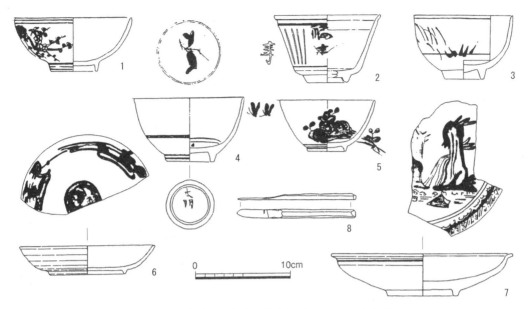

図10 土坑25出土遺物(6) 磁器 1〜7 木製品 8

目跡はすべて砂目である。10〜13・15にも目跡がある。図5の1は刷毛目をもつ。2は胎土の一部がやや赤みをおび、内面と同じ口縁の線は呉須で入れられている。筆者はかつて「陶胎染付」とよんだが、大橋康二氏のご教示にしたがい「呉須絵陶器」とよぶこととしたい。

図7の碗のうち1〜5は、肥前陶器碗の編年のⅠ-2期(1594年頃〜1610年代)からⅡ期(1610年代〜1650年代)の資料と考えられ、1600年代でも古い時期に相当するものである[9]。また、当遺構から胎土目をもった鉢の破片が1点出土していた。

砂目をもった皿が大量に出土していることから肥前陶器皿編年のⅡ期(1610〜1650年代)の年代が与えられる。図8の3は鉢で、これも肥前の製品であると考えられる。図8の5〜7は志野である。いずれも長石釉がかけられている。7は遺構の下底部から出土したものである。8の生産地は特定できない。

図9の1〜4と6・7は中国産の磁器である。

図10は肥前産の染付である。2は体部に呉須で「福寿」と描かれている。生産地においてⅡ-1期(1610〜1630年代)にあらわれ、Ⅱ-2期(1630〜1650年代)まで継続する。4の高台裏に「太明」銘がある。高台裏に銘を入れるものはⅢ期(1650〜1690年代)に一般的となった。

これらの遺物の中で、生産地での編年の年代が最も古いものは肥前陶器碗で、1590年代最末期から1600年代初めと考えられる製品もふくまれる。新しいものは図7の9で、肥前陶器碗の編年のⅢ期(1650年代〜1690年代)に盛行するものである。

なお、図9の8は京焼と考えられる丸碗で色絵が施されており、18世紀になって大量に出土する遺物である。接合が可能であったのは図化した1点のみであるが、細片が13点出土している。遺物群の中では最も新しいものである。

以上のように土坑25から出土した陶磁器については、ほぼ1600年代から18世紀までの年代

第1章 京焼以前―寺院址出土の天目碗 相国寺 京南蛮寺 信行寺―

を想定することができ、遺物の年代観に幅がある。瀬戸美濃の陶器は1650年代前後、肥前陶器は1600年代から1630年代までのものが多数を占める。また肥前磁器皿については1650年代のものがある。共伴する土師器皿（図5）については後章（第8章・第9章）においてふれるが、ほぼ1660年代を下限とする年代観が与えられている（第8章表1）。したがって、この土坑は冒頭に記した『洛中絵図』（寛永14年〈1637〉）にみえる「信行寺」の時期後に造られたあと、宝永5年（1708）の大火までの間、数度にわたって遺物が廃棄されたものとするのが適当と考える。

（4）遺物に占める天目碗の割合 ―天目碗が意味するもの―

前項まで、高台と口縁が残存し、実測が可能な遺物をとりあげた。本項では破片もふくめた全個体について、出土点数を計上し、遺物に占める天目碗の割合について考察してみたい。なお、土坑25からは大量の土師器皿が出土しており、土師器と陶磁器の合計を100とした場合、その95.3％を土師器皿が占める。陶磁器の割合は1.7％で、残りの3.5％が土師質小壺、炮烙、その他の土師質土器であった。

破片をふくめた出土点数は380点である。その内訳をグラフ（図11）上段に掲げた。第1行NZS25（新島会館別館地点土坑25の略号）に示した。瀬戸美濃天目碗（A）が91点、唐津碗（B）が44点、唐津皿（C）が41点、肥前染付（D）が9点、志野（E）が17点、京焼系陶器（F）が14点、擂鉢（G）が57点、輸入磁器（H）が9点である。その他（J）は98点で、このうち1点は南蛮陶器の壺である。擂鉢は丹波産のものが1点出土しており、残りはすべて破片である。

グラフをみると、瀬戸美濃の天目碗が全体の20％以上を占めていることが特徴である。唐津の碗と皿をあわせた点数よりも多い。また、瀬戸美濃天目碗と唐津碗をあわせると35％をこえることにも注目しておきたい。

グラフから次のことが指摘できる。①出土陶磁器の種類はA～Jに分類でき、器種構成は単純

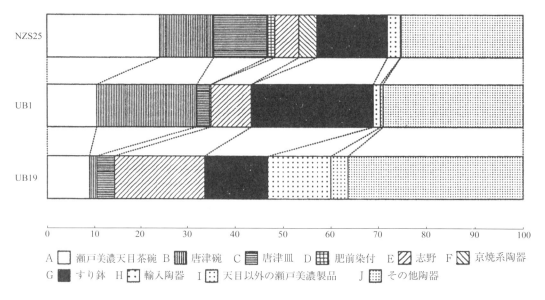

図11 寺院址出土陶磁器組成

である。②碗の出土量が多い。そして皿の出土量は10％と少なく、反対に大量の土師器皿が出土していることから、日常の食器としては土師器皿を使用していたと推定されよう。③土坑25からは動物の骨や貝類などの食物残滓は出土していない。調査地点において土坑25を検出した下層遺構全体をみてもこれらをふくむ土坑が検出されておらず、寺院内での食生活を想起させるものかと考える。

　天目碗をはじめとする碗が大量に出土したことが、ただちに寺院での茶の飲用の証左であると簡単に結論することはさけたい。しかし茶の飲用以外の用途すなわち極端な例をあげれば飯碗などに使用されたという証拠も現在のところない。相当量の碗が出土している以上、まずは茶の飲用を想定することが妥当と考える。

　当遺跡でも茶の飲用を示す資料としては、ほかに茶臼、葉茶壺と考えられる南蛮陶器の壺の破片がある。また現在使用されている茶杓よりやや大ぶりの木製の匙が土坑25から出土している（図10の8）。同遺構からは建水や水指に確実に比定できる遺物は出土していない。

　したがって、当遺跡での茶の飲用について考察するには千利休以降のいわゆるわび茶以外の茶の飲用について検討する必要があろう。寺院での茶の飲用とはどのようなものであったのであろうか。

第2節　相国寺旧境内遺跡出土の天目碗

(1) 相国寺旧境内遺跡の発掘調査

　まず相国寺境内出土の天目碗に着目して、寺院での茶の飲用について考察してみたい。

　1976年の成安女子短期大学（現鴨沂高校仮移転先）構内の調査では、トレンチの第3遺構面やE2トレンチで室町時代の遺構が検出されている。瀬戸で生産されたと考えられる資料が20数点採集されているが、いずれも小破片であり、図化できたものは12点であった。室町時代中期～後期と考えられる天目碗も報告されているが、明確な遺構にともなうものはない[10]。

　同じく1976年の同志社中学校体育館地点の調査では、Ⅱ区の第2遺構面の大瓦溜め土坑2221から「相」という字を陽刻した唐草文とみられる軒平瓦片など大量の瓦とともに、美濃もしくは瀬戸産の灰釉平碗、筒形香炉、鉄釉天目碗のほか、中国龍泉窯系青磁、白磁碗が出土しており、天文20年（1551）の火災による相国寺の焼亡と関連するものと推定されている。また、第3遺構面の数基の土坑からは、室町時代の瓦・塼、土師器皿・国内外産の陶磁器が出土している。調査地全体をみても、室町時代の瀬戸・美濃系の高級施釉陶器がかなりの量出土していることが報告されており、これらは中央の貴族・寺社などを対象に生産されたものと考えられている[11]。

　1982年の相国寺承天閣美術館地点の調査[12]では、相国寺創建（永徳2年〈1382〉）当初の遺構と考えられる集石101から瀬戸天目碗の体部、13世紀から14世紀初頭の溝202から中国産の天目碗の破片が出土している。さらに応仁の乱以前の土坑101から天目碗の破片が3点出土しており、うち2点は東海系、1点は中国建窯産と報告されている。

　1986年には相国寺承天閣美術館増築地点と事務棟建設予定地の調査がおこなわれた。このうち承天閣美術館増築地点の調査では、14世紀後葉の相国寺創建期に関連すると考えられる溝と、

第 1 章　京焼以前 —寺院址出土の天目碗　相国寺　京南蛮寺　信行寺—

この溝とさほど時をおくことなく掘削された井戸が検出された。同じく事務棟建設予定地の調査で検出された井戸は、遺物からみて 15 世紀のごく短期間に埋没したことが明らかであり、この埋土から二次火災をうけた瓦が大量に出土している。応仁元年（1467）の応仁の乱の初期に山名方の攻撃に際して、相国寺塔頭が大塔を残して消失し、それにかかる塵埃が投棄されたものとみられている[13]。

　以上のように、1976 年の同志社中学校体育館地点の調査と 1982 年の相国寺承天閣美術館地点の調査成果は、室町時代の相国寺での茶の飲用を推測させる。当時、相国寺ではどのように茶が飲まれていたのであろうか。

(2)『蔭凉軒日録』にみる茶の飲用

　相国寺における茶の飲用について具体的に理解するために、ここでは文献を使用する。15 世紀の相国寺内の状況については『蔭凉軒日録』（以下、『日録』と称する。）に詳しい。『日録』については、蔭木英雄の研究がある[14]。以下、同書にしたがって『日録』の構成をみる。

　『日録』は相国寺内の蔭凉軒に仕住した蔭凉職であった季瓊眞蘂と亀泉集証によって筆録された日記である。筆録された期間は、永享 7 年（1435）6 月 1 日から明応 2 年（1493）9 月 23 日までの 59 年間である。途中最も長い欠落は、季瓊眞蘂の筆録の中断から応仁の乱（応仁元年〜文明 9 年、1467〜1477）をはさんで亀泉集証の『日録』が書き始められるまでの 17 年間である。ここでは 1982 年の相国寺承天閣地点の調査で出土した天目碗に着目し、応仁の乱までの状況について考察する。

　応仁の乱以前の状況については永享 7 年（1435）から文正元年（1466）9 月 6 日までの季瓊眞蘂の日記によって知ることができる。蔭木の研究によってすでに『日録』の索引が刊行されている[15]。

　しかし項目に茶はあがっていないので、筆者自身が実際に当文献にあたることとした[16]。蔭木が指摘しているように、季瓊真蘂の日記は公的な行事を簡潔に短文で記録しているのが特色である。蔭凉軒を中心とする僧侶・俗人の動向や同朋衆の活動については蔭木の研究にゆずり、ここから茶に関する記録を抽出していく。

　季瓊眞蘂の日記は前にも述べたように永享 7 年（1435）から文正元年（1466）9 月 6 日までである。内容は将軍の寺院への御成の記録が中心である。『日録』の冠称の蔭凉軒という寮舎（塔頭の中の建物）は、安聖寺（のちに鹿苑寺と改称）内にあった足利義満の心斉の室（法談や仏事を営む室）を義持がうけつぎ、蔭凉軒と名を改めたものである。したがって将軍家と密接な関係をもっていることは自明のことである。

　日記をひもとくと、将軍の寺院への御成の記録につづいて「煎点」の語が散見する。これは寛正 6 年（1465）9 月 25 日条に「東大寺寺務西堂。延請諸老及愚老并侍者等而煎点小飲。清談笑。」

とあるのでこれが茶をともなうものであったことがわかる。また、「点心」の語もみられる。点心もまた禅宗寺院における儀礼の一であるが、つまるところ間食と解することができる[17]。この点心も寛正 4 年（1464）12 月 8 日条に「奉報蔭凉軒御成御点心之事也。御成。御点心。湯温。糟索。麺。御茶以後（下略）」とあり、これも茶をともなっている。そして御成につづいて「斉」

表1 『蔭凉軒日録』永享8年（1436）の記録にみえる茶の飲用

日付	場所	○	内容	日付	場所	○	内容
1.19	（当寺方丈）	○	点心	6.2	（方丈）	○	済
22	（勝定院）	○	点心	6	（当院）	○	済
25	（御所）		点心并斉	8	（当院）	○	済
26	（崇寿院）	○	点心	18	（勝定院）	○	済
28	（雲龍寺）		斉	20	（御所）		煎点并斉
29	（等持院）		点心	27	（於方丈）	○	点心。斉并茶礼
				29	（隆寿院）		斉
2.3	（等持院）		点心				
6	（雲頂院）	○	就本坊点心 （於集宝軒）斉	7.6	（当院）	○	斉
7	（大智院）	○	斉	15	（等持院）		斉
9	（大徳院）	○	斉	18	（勝定院）	○	斉
11	（常徳院）	○	斉				
12	（徳雲院）		斉	8.5	（雲頂院）	○	斉
15	（当寺都聞寮）	○		12	（方丈）	○	斉
21	（聯輝軒）	○	斉	27	（栖心院）		点心
23	（法住寺）		斉	28	（不壊化身院）		斉
25	（鹿苑寺）		斉	29	（法勝寺）		点心
3.6	（当院）	○	斉	9.28	（当院開山忌）	○	点心
8	（当院）	○	斉				
12	（玉潤軒）	○	斉	10.10	（当寮）	○	斉。羹 并菓子倍常数。
17	（永明院）		斉	13	（本願寺）		点心
18	（西芳寺）		斉	15	（法住寺）		斉
				19	（西芳寺）		斉（中略）香茶千斤被献
4.3	（常徳院）	○	斉	23	（速成就院）		点心
7	（善入寺）		斉	27	（当寺方丈）	○	点心
8	（当院）	○	斉	28	（岩栖院）		斉
9	（護念寺入院）		斉	29	（雲頂院）	○	斉
11	（相国寺）	○	当寺長老御請待 （於泉殿）点心并御斉	11.18	（常徳院）	○	点心
13	（当寺方丈）	○	斉	22	大徳寺		大徳寺開山忌大燈国師。百年忌御成。煎点
14	（雲頂院）	○	斉	24	（雲居庵）		点心。（南芳院）斉
5.2	（大智院）	○	斉	12.6	（崇寿院）	○	煎点
6	（当院）	○	点心	8	（当院）	○	斉
8	（等持院）		点心	11	（等持院）		点心 （妙雲院）斉
10	（三会院）		斉	18	（勝定本坊）	○	点心并斉
13	（建仁寺）		斉	20	（大徳院）	○	斉
18	（勝定院）	○	斉				
30	（雲居庵）		斉				
閏5.3	（清住院）		斉				
4.3	（天龍寺）		斉				
6	（当院）	○	斉				
8	（当院）	○	斉				
13	（鹿王院）		斉				
18	（勝定院）	○					

第1章　京焼以前 —寺院址出土の天目碗　相国寺　京南蛮寺　信行寺—

の語もある。斉も簡単には昼食と言いかえることができるようである[18]。斉が茶をともなうことについて、季瓊眞蘂の日記の部分には具体的な記述がなかった。しかし後半の亀泉集証の日記では「斉三汁十菜。冷麺。五果。茶了。」（延徳3年（1491）7月10日条）のように斉が茶をともなうことを示す記事が頻出する。

　応仁の乱以前の点心や斉が、つねに茶をともなったものかどうかは記事の上からは不明である。これについて永島福太郎が将軍義政の時代（宝徳元年（1449）〜）から「斉や点心に必ず茶湯が行われるし、むしろ茶湯に重きがおかれるようになる」と述べている[19]。

　筆者は、この「煎点」と「点心」と「斉」の記録に注目しながら『日録』の記事を読んだ。例として永享8年（1436）1年間の記事を表1にあげた。1項には日付、2項の（　）の中は将軍（当時は足利義教）が御成になった寺院や塔頭の名称である。たとえば「当寺方丈御成。」と本文に記載されている場合の「当寺方丈」を（　）内に入れたのである。4項に「煎点」「点心」「斉」の別をあげている。相国寺への御成あるいは御成になった塔頭が相国寺内のものである場合には3項に〇を書き入れた。73回の御成のうち41回が相国寺への御成となっている。

　6月27日の相国寺への御成に際しては「（前略）次開堂諷経於方丈御斉。而後大衆就会堂会斉并茶礼。」とある。この「茶礼」と先の「煎点」の別について、永島は「茶礼」とは禅宗の茶儀であり、「煎点」とは禅院が高貴人物の御成を迎えて、接待する際の茶の会をさすという[20]。「茶礼」の記事は寛正5年（1464）9月7日条と文正元年（1466）6月1日条にみえる。いずれも相国寺内のことである。

　ここで、禅宗寺院での茶礼とはどのようなものであるのかについて理解するために、現行の禅院茶礼について紹介した西部文浄の著作から毎年11月7日の東福寺開山忌におこなう「方丈斉莚」の様子について引用する[21]。東福寺では一般俗人の参加を許さず、来賓の寺院住職と開山忌諸役の僧のみでおこなわれているので、禅院茶礼の古態を窺うことができるということである。本章の主旨から、茶を飲む部分については全文を要約し、ほかは主要な部分のみを箇条書きとする。

　①大方丈の入口に「煎点」の牌を掲げ、室の中央正面に頂相を掛け、その前の卓に香華、灯、茶、湯、菓、餉を供えて荘厳する。室の中央には香台があり、香台の下には香盆が置かれる。

　②一同入室　③点燭　④香をたく　⑤滅燭　⑥膳を出す。

　⑦点心を始める。点心の間に、時機をみはからって、汁を2回、湯を3回まわす。

　⑧膳を引く。

　つぎに茶が供される。ます供給僧（くきゅう）は、右手に菓子器、左手に天目台（天目茶碗にはあらかじめ抹茶が適量入れてある）を持ち、四ツ頭（主位、賓位、主対位、賓対位）の前に胡踞（こき—片膝を立てたすわり方）し、菓子器を客の中央に置いて客のやや右に押し、それから両手で天目台を持って客の左に置く。四ツ頭以外は、菓・茶別々に、それぞれ菓台、丸盆に数人分ずつ載せて運び出し、中腰のまま、客のひとりひとりに受け取らせる。客は菓子器、天目台を（受け）取ったならば、膝前に置いて点茶するのを待つ。

　供給僧は、浄瓶（じんびん）を左手に持ち、右手に茶筅を持って入室し、（茶筅は浄瓶の注口にはめてある）まず四ツ頭の前で胡踞低頭して茶を点て、その他は立ったまま中腰で順次茶を点てていく。

　点て方は、まず供給僧が前へ来たならば、客は天目台を両手で持って前へ突き出す。する

と供給僧は、まず右手で茶筅を注口から抜き取り、茶筅を横にして注口に当てがい、浄瓶を左片手のまま天目茶碗に湯を注ぎ、それから浄瓶を右脇腹に当て、右手に持った茶筅で、客の目の前で茶を点てるのである。

⑨一同喫し終わると、供給僧が入室して菓子器・天目台を引く。四ツ頭の前では胡踞低頭し、両手で天目を取って左手に持たせ、菓子器を右手に持って引き、他は中腰のまま菓台、丸盆でそれぞれ運び去る。

⑩一同合掌して立ち、四ツ頭より順次室を出る。

　表1にある毎年1月25日の御所での催しは点心と斉をともなった豪華なものである。

　時代が下がると、まず「煎点」と記されることが多くなる。この煎点に斉や点心の供応があった。斉のあとには茶、点心のあとには茶というように、食後に用いられた茶も煎点と称すようである[22]。記事の内容は毎年ほとんど同じであるが、細かい部分では異同がある。長禄3年（1459）1月25日条には「一番集香湯。三峰膳。砂糖。羊羹。驢腸羹。索麺。茶子。七種。御茶。（下略）」のように茶が明記されている。

　また、寛正4年（1463）9月2日には本坊での勤行のあと「清茶一盞」がふるまわれている。同じように寛正5年（1464）8月2日条には、この日の早朝から相国寺本坊で始まった勝智院殿（日野重子）の一周忌仏事の際、「仍今日御祈禱懺法在于蔭涼軒忽薦一盞清茶也。」のように茶がふるまわれている。そのほか来客などに対しても文正元年（1466）2月6日条や同7日条のように「一盞茶」がすすめられている。

　ふたたび表1にもどって、永享8年（1436）10月19日条には、西芳寺が茶を千斤献じたという記事がある。なお、西芳寺からの茶の進上については、永享7年（1435）から寛正6年（1465）まで、永享9年（1437）と同11年（1439）を除いて、毎年進上されている。

　寛正5年（1464）3月8日には宇治霊感寺から新茶一器が進上されている。

　また、茶は将軍の御成にともなう儀礼のときばかりでなく、記録者である季瓊眞蘂の私的な生活の中でもさかんに飲まれている。たとえば寛正3年（1462）5月13日条には「参詣石山観音（中略）啜一盞茶」とある。寛正6年（1465）10月5日には鹿苑寺に出かけている。そのときの様子は「（前略）往鹿苑寺而上殿閣。又乗船見楓。与院主喫茶。談話刻移」と記されていて、楓を眺めながらの風流な情景がうかがえる。また、文正元年（1466）2月12日条では「往于禅仏寺看梅花。（中略）看梅啜茶」とある。同年閏2月1日から季瓊眞蘂は有馬温泉に湯治に出かけるが、同24日に帰洛するまで現地で何度も茶を喫している。

　このように、禅宗寺院の生活の中では茶は日常的に飲まれ、寺院内の公の生活のみならず、ひととき寺院を離れた僧侶の私的な生活の中にも入りこんでいた。

　それでは茶を喫する際には、どのような茶碗を使っていたのであろうか。

　相国寺境内の発掘調査では、季瓊眞蘂の日記が書かれた時期である15世紀後半の応仁の乱以前の遺構から中国建窯産の天目碗と龍泉窯系の青磁碗の破片が出土している（本章第2節(1)）。『日録』には永享7年（1435）9月29日条には「建盞」、永享9年（1437）10月8日条には「建盞台」、同9日には「建盞」、同10日には「建盞台」、そして寛正6年（1465）4月10日条には「白磁茶碗」とある。

第1章　京焼以前 —寺院址出土の天目碗　相国寺　京南蛮寺　信行寺—

　以上のように、15世紀後半の応仁の乱以前、相国寺においてさかんに茶が飲まれていたことが理解できた。出土した遺物は、実際に相国寺での茶に使用されていたことが確実であり、茶の飲用の片鱗を伝えるものとして重要である。また、茶器の出土が少ないことから、相国寺では罹災のたびに優品が持ち出され、その後も当寺において伝世した可能性を考慮しなければならない。

　永島福太郎は、応仁の乱後の将軍義政の東山山荘での生活で、前代から続いていた茶数寄が進展し、町人らが台頭して、その茶数寄を受容したところにいわゆる「茶の湯（わび茶）」が成立したとする。そして乱後ということを重視することで、応仁の乱以前の、将軍義教の茶や、そのころの茶数寄の理念は、いわゆる茶の湯の前駆的なものと考えている[23]。以上の考察において、応仁の乱以前の動向に注目したことは、従来の茶の湯の研究に照らしてみても、意義のあったことと思う。

（3）相国寺旧境内遺跡出土の桃山茶陶

　先にあげた1976年の成安女子短期大学（現鴨沂高校仮移転先）構内の調査ではW1トレンチで安土桃山時代を上限とする、相国寺にともなう遺構である蓋然性の強い溝01（北限を界する溝か）が検出された。近世初頭の良好な一括資料として活用できるとされている。唐津碗、志野向付・皿、施釉陶器甕などが出土している。また、中国製の白磁皿6枚、染付輪花皿1枚、染付皿2枚、染付小碗2個が出土している[24]。

　同年の同志社中学校体育館地点の調査は、1976年6月から9月にかけて実施されたものである。この調査では、相国寺の寺域の西辺の一部が確認されるなど大きな成果をあげた。出土した天目碗は、前に述べたように室町時代の遺構にともなうものもあるが、多くは安土桃山時代から江戸時代初期の遺構に集中して出土する傾向がみとめられる。江戸時代初期にかけて、唐津・備前・伊賀・信楽・美濃産の茶器の出土例が多く、唐津・備前・伊賀・信楽の花生・水指・壺なども出土している。また唐津系の陶器が器種・量とも豊富で、美濃系の黄瀬戸や天目碗、志野などとともに同一遺構中から出土する場合が多くなっており、背景に喫茶の盛行が想定されている[25]。

　安土桃山時代に入り、わび茶の成立という時代の変化をうけて、相国寺内での茶の飲用が変化してきたことを示すものであろう。むろん先に述べた禅院の茶礼は儀礼として存続していたものと考えられる。高貴人物の御成を迎えての供応の部分が変化してきたものと推定する。

　天正2年（1574）3月24日には相国寺内で織田信長が茶会を催している。「津田宗及茶之湯記」[26]によれば、茶碗は犬山天目とある。この茶碗と同一かあるいは同種の茶碗かは定かではないが、同年2月3日の茶会でも犬山天目との記載があり、美濃犬山城にちなんだ名の天目かと推定されている[27]。3月24日の茶会では高麗茶碗も使用されている。相国寺での茶会は同年4月にもおこなわれている[28]。1981年の相国寺承天閣美術館地点の調査では、16世紀中葉に掘られたと考えられる溝101から瀬戸天目碗の破片が出土している[29]。

　以上のように、近世になると出土遺物の中に「茶の湯」に使用する目的で焼成された、いわゆる「茶陶」と考えられるものが見出されるようになる。そして天目碗は瀬戸・美濃で生産されたものが多くなる。茶会記の記事はそれらの資料の具体的な構成を彷彿させるものである。

第3節　姥柳町遺跡出土の天目碗

(1) 京南蛮寺跡の発掘調査

1973 年、森浩一先生の指導のもとで同志社大学考古学研究室が京都市中京区姥柳町の発掘調査を実施した[30]。当地は天正 3 年（1575）に着工し、翌年に完成した京南蛮寺の寺地と推定されている。天正 15 年（1587）に豊臣秀吉の禁教令によって破却あるいは閉鎖された。調査では炉などの遺構を検出し（図 12）、裏面にキリスト教関係と思われる姿態の人物が描かれた石硯が出土するなど、大きな成果をあげた。

京南蛮寺の時期と報告された遺構から瀬戸・美濃産の天目碗が出土している。天目碗がどのような割合で出土しているかを検討するため、土器と陶磁器の個体数を集計した。報告書作成のために細片にも記銘がほどこされていたので、細片までふくめた。

遺物が大量に出土した遺構 1（UB1）と遺構 19（UB19）（図 12）の陶磁器の組成についてグラフ化したのが、先に掲げたグラフの中段 UB1（姥柳町遺跡遺構 1 の略号）と下段 UB19（姥柳町遺跡遺構 19 の略号）である。遺構 1 からは先述の硯のほか銅製の煙管（キセル）が出土している。土器と陶磁器の合計を 100 としたとき、陶磁器の出土の割合は、遺構 1 では陶磁器が 12.3 %、土坑 19 では 16.7 % であった。陶磁器の出土点数は、遺構 1 で 292 点、遺構 19 では 222 点であった。

天目碗は遺構 1 では 10.6 % を占めるが、遺構 19 では 8.5 % である。遺構 1 では瀬戸・美濃天目碗と唐津碗を合わせると 31.8 % となって新島会館地点土坑 25（図 11 グラフ上段 NZS25）の割合に近くなる。しかし姥柳町遺跡の遺構 19 ではこの傾向はあらわれない。

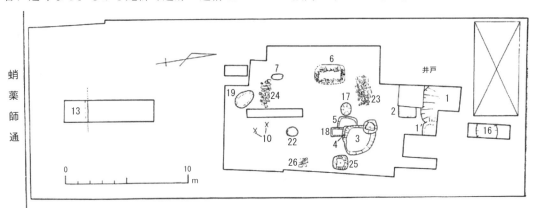

図 12　姥柳町遺跡における主要な遺構

(2) 『日本イエズス会礼法指針』にみる茶の飲用

これらの天目碗は、京南蛮寺内での茶の飲用を示すものなのであろうか。当時の日本での茶の盛行については、ルイス・フロイスをはじめ数人の外国人宣教師の記録がある。ここではアレッサンドロ・ヴァリヤーニの『日本イエズス会礼法指針』[31]から、茶に関する部分を引用する。やや長文となるが、ヴァリヤーニの言葉に耳をかたむけてみたい。

どのガザ（住院：筆者注）においても、よそから来る人のために、少なくとも階下に周囲

第1章　京焼以前 ─寺院址出土の天目碗　相国寺　京南蛮寺　信行寺─

に縁側のある二室一組の座敷をもたなければならず、そのうちの一室は茶の湯のための室に
あてられることになろうということである。（下略）〔原文《一五四》〕

　しかし、大領主たちが集まる大都市とか、屋形たちのいる土地にあっては、これらの座敷
のほかに、こういった人々が我々のガザに来た時に彼等をそこで迎えるため、大変清潔で立
派にしつらえられた少なくとも二室からなるもう一組の座敷がガザのもっと奥まったとこ
ろにあるべきである。彼らを他の者たちと共通の座敷で迎えることは大変な無礼、無作法で
あるから、これらの座敷は特に彼等のためだけに使用されるのである。こういった場所には、
上述の領主たち専用の清潔な厠と、盃に関連するあらゆる道具が入っている一つの戸棚を備
えた小部屋をもったもう一つの特別の茶の湯とがなければならない。そこにはまた、台所で
は作ることができないし、また作るべきではない吸物とか点心とかこれに類したものを、こ
の場所で作るのに使用される食膳用棚をもった炉が設けられてなければならない。（下略）〔原
文《一五五》〕

　それからすべてのガザには、清潔で、しかもよく整頓された茶の湯（湯を飲む場所）を設
け、またガザにいつも住んでいて、しかも茶の湯についてなにがしかの心得のある同宿また
は他のだれかを置かなくてはならない。ことに立派なひとびとの集まるところではそうであ
る。そして訪問者の身分に応じて接待をおこなうために、二、三種類の茶（ある種の草）、す
なわち一つは大変上等なもの、その外はこれより質の落ちるものを備えなくてはならない。
そして茶の湯の世話をするひとは、そこでは手仕事をすべきでなく、読み書きや茶を碾くこ
と、茶の湯に関係のあることをするようにしなければならない。（下略）〔原文《四五》〕

ヴァリヤーニは天正7年（1579）に巡察師としてわが国を訪れて以降、4度来日し、日本での
布教に重要な役割を果たした宣教師である。「住院の建築にあたって、茶室を設けるべきである
という彼の提言が実現したかどうかは明らかでない」と岡田章雄は述べている[32]。姥柳町に建
設された南蛮寺は「会堂の上に二階あり」[33]で、まさしく二階建てであり、引用文の最初の「少
なくとも階下に」の想定が可能である。

　当時、宣教師たちによって飲茶の風習が積極的に受け入れられていることが文献からじゅうぶ
んに理解できた。実際に南蛮寺の中でどのように茶が飲まれていたのかをしめす資料はないが、
当遺跡から出土している碗は、以上の考察から、茶の飲用のために使用されていたと考えてよい
であろう。

第4節　江戸時代中期の寺院での茶の飲用

（1）相国寺旧境内遺跡

　先に述べた1976年の成安女子短期大学構内の調査ではE1トレンチの溝01が江戸時代中期
の遺構と考えられている。E2トレンチの溝02もまた、上述の溝01とほとんど時間的な隔たり
なく掘削されたものと考えられている。溝02から備前の茶入の底部の破片が出土している[34]。
1986年の相国寺承天閣美術館増築地点と事務棟予定地の調査では、16世紀から17世紀にかかる
遺構は検出されていない[35]。

このように、出土資料からはこの時期の相国寺での茶の飲用の状況をとらえることはできない。

17世紀の相国寺の茶の状況については、『隔蓂記』によってその一端を知ることができる。『隔蓂記』は鹿苑寺第二代住持鳳林承章によって寛永12年（1635）から寛文8年（1668）まで33年間書き続けられた日記である。鳳林は鹿苑寺を管理していたが、居住したのは相国寺晴雲軒であった。叔母が後陽成天皇の母であったことから、彼は当時の公家社会の一員であった。また相国寺を中心とする禅宗寺院などとの関係から、幅広い交際範囲をもっていた。千宗旦や金森宗和などの当時の茶人も相国寺や鹿苑寺を訪

表2 『隔蓂記』にみえる国産陶器

瀬戸	74	4	御菩薩	4	2
備前	17	0	修学院	4	2
伊賀	6	0	音羽	2	2
信楽	4	0	朝日	3	2
丹波	4	0	高原	9	7
尾張	6	2	膳所	38	17
志戸呂	1	1	伊万里	150	61
京焼	6	4	肥後	7	4
粟田口	21	7	薩摩	4	1
八坂	5	0	豊前	3	0
御室	37	21	唐津	2	2
楽	1	1	萩	2	1

れている。ここでは当時の茶人の活動や茶の湯の動向については措き、陶磁器についての豊富な記事に着目したい。鳳林承章を中心とする陶磁器の使用・売買・贈答の状況については岡佳子の研究がある[36]。

岡の研究の成果から、生産地の明らかな国産陶磁についての記事のみを抽出したのが表2である。1項には生産地、2項には全件数、3項には茶碗の件数を入れた。数字は件数であって個体数ではない。碗の生産地だけでも24地点あり、多彩である。瀬戸は全件数では伊万里に次いでいるが、茶碗は4件のみで、この時期には生産の中心は茶入となっている。伊万里の製品は壺・鉢・香合・皿など多彩であるが、碗も61件と多い。京焼以下の東山諸窯の製品は、八坂以外は全件数の内に占める茶碗の割合が多くなって膳所（大津市）が38件で件数が多く、茶碗の割合も多い。「天目」との記載があるのは粟田口と御菩薩（京都市）で、御菩薩のものには「錦絵之縁取」と付記されている。注目すべきは膳所で、正保5年（1648）5月2日条に「天目茶碗五ケ」とあり、また寛文4年（1664）12月6日条には「天目茶碗六十員」とある。

鳳林承章を中心とした華やかな人間関係の中での茶の湯に使用された、時代の先端をゆく碗とは以上のようなものだったのである。

江戸時代中期の相国寺での茶の飲用について、出土資料からは不明な点が多い。『隔蓂記』の陶磁器に関する記録からは、茶の湯をめぐるさまざまな人々の動きの一端が理解できる。そこで使用した茶碗は、さまざまな地方で焼かれた多彩なものであった。おそらく、これらの大部分は大火などの際に持ち出されたものと推察する。

（2）寺町旧域遺跡

『隔蓂記』が書かれた寛永12年（1635）から寛文8年（1668）とは、寺町に信行寺をはじめとする寺院が存在していた時代である（本章第1節（1））。

本章第1節（2）で述べたように1991年調査で検出した新島会館別館地点土坑25出土遺物は瀬戸美濃天目碗と唐津の碗が多数を占めていた。また本章第4節冒頭に記したように、この時期の相国寺境内の出土資料の中には『隔蓂記』にあらわれるような多彩な茶碗はない。したがって土坑25出土資料についても、本章でとりあげた遺物のみによって考察をおこなうことは不十分

であるかもしれない。しかし、これまでに述べた相国寺内の出土資料と、今回とりあげた遺物を比較してみると、寺町の一角を形成する信行寺とその周辺の資料はかなりまとまっており、遺物をみるかぎり、17世紀の寺院での比較的質素な茶のあり方を示す貴重な資料であることは間違いないであろう。

　寺町の一角を形成する寺院の調査は、京都市埋蔵文化財研究所によって実施されたことがある。下京区仏光寺河原町西入富永町は、寛永14年（1637）の『洛中絵図』によると浄土宗の寺院である大雲院の一部にあたっている。井戸、溝、石室、土坑、柱跡などの遺構を検出し、土坑内からまとまって日常雑器の土器・陶磁器とともに茶陶類が出土した。美濃・唐津の陶器のほか、備前の水指や染付香合、見込（内面）に大きく「魁」の文字を描いた呉須赤絵の鉢が出土している[37]。

　遺物をみると、1991年調査で検出した新島会館別館地点土坑25出土遺物よりやや早い時期のものと思われる。一部は寺町の成立以前に伝世していたものかとも考える。しかし、同じ寺町の一部にあるにもかかわらず、上京区に位置する今回の調査地点からは、大雲院地点から出土しているような香合や鉢はみられない。信行寺とその南北の寺院は浄土宗の寺院である[38]。同じ浄土宗の寺院であっても、遺物に差があることは、被災の状況などの違いにもよるが、また各寺院それぞれの性格によるものとも考えられよう。

おわりに

　これまでに述べてきた寺町・相国寺・京南蛮寺における中世から近世における茶の飲用とこれに使用された碗についてまとめる。

　17世紀の茶の湯の研究は、これまで千利休以降の茶人に関する研究や茶会記の研究が中心であった。寺院と茶の関係は古代から中世においては密接であるが、近世にいたると先に述べた相国寺の例などをのぞいては不明といわざるをえない。時代が下がるにつれて茶をたしなむ階層が僧侶から富裕な商人や町衆に移行・拡大したことがその要因であると考えられる。

　本章では、近世京都の寺町の一角を形成した寺院から出土した資料をとおして、17世紀の寺院での茶の飲用について述べた。考察の方法として地域を京都市内とし、学校法人同志社が関係した既往の調査の成果を活用しながら、歴史をたどっていくという方法をとった。

　まず相国寺関係の資料と『蔭凉軒日録』から中世の禅宗寺院と茶が密接な関係をもっていたことを確認した。本章ではとくに応仁の乱以前に着目し、『日録』の記載から茶の飲用の実際について考察した。中世の相国寺では茶は公的にも私的にもよく飲まれていた。茶を喫する際に使われたのは『日録』の記事から中国産の天目碗や青磁碗、白磁碗であったと考えられる。

　16世紀に入ると、同志社中学校体育館地点の調査報告などでみたように、安土桃山時代から江戸時代初期の遺構から美濃産の志野や黄瀬戸などの製品とともに天目碗が大量に出土している。これらの天目碗は禅宗寺院の茶礼や供応に使用されていたものであろう。また、この時期になると建水や水指などのいわゆる茶陶と考えられる遺物も出土している。この時期の相国寺では現在も禅宗寺院でおこなわれている茶礼のほかに、供応のためにわび茶もおこなわれていたと推察さ

れる。出土資料をみるかぎり、この時期にあって碗の中心は瀬戸・美濃産の天目碗となっている。

京南蛮寺跡出土の天目碗は、当遺跡における茶の飲用を想定させるにじゅうぶんな資料であると考える。

遺物をみるかぎり、17世紀において、調査地点である信行寺とその周辺の寺院では当時の相国寺を中心とした茶の世界とは異なり、また、同じ寺町の大雲院とも異なって、わび茶の影響をほとんどうけない、茶の飲用がなされていたのではないかと想定される。そして、これらの大量の碗が茶を飲むために使われていたならば、それは現在も東福寺などの禅宗寺院でおこなわれているような茶礼が考えられる。むろん東福寺は禅宗、信行寺は浄土宗寺院であるから、全く同じではなく、それに近いものということである。

寺院では仏事や忌日などで大勢が一度に茶を喫する機会が多かったであろう。その際、建水や水指などの、特別な茶陶を必要としない、飲用のしかたが実際にあったと思う。それは、東福寺などの例でみたような、先に茶碗が配られたり、あるいは別の場所で点てた茶を一度に配るなどという、現在おこなわれる点て出しに近い方法であろう。

本章でとりあげた調査で出土した天目碗は、土坑25からの出土点数が最も多かったにもかかわらず、天目台に比定できる資料は1点もなかった。木製天目台と推定される遺物も確認していない。天目台を使用しない、いうならば略式で一度に大勢の人々に茶が供されたものと推定してよいであろう。

京都五山の第二位に格付けされた相国寺、そして織田信長の命によって造営され当時のキリスト教の歴史と関係する京南蛮寺の発掘調査は、考古学的な成果にとどまらず、中世・近世京都の歴史研究、文化史研究において重要である。寺院跡出土の天目碗という主題から、京焼出現以前の京都の文化について、その一端を垣間みることができた。

付記

本章の執筆中、相国寺旧境内遺跡の発掘調査について報告書が3冊刊行された。ここでその内容を略述する。

2010年の報告（『相国寺旧境内発掘調査報告書　今出川キャンパス整備に伴う発掘調査第1次〜第3次』同志社大学歴史資料館調査研究報告第10集　同志社大学歴史資料館2010年）では、調査区の2a区下面の焼土層（4層）から瓦や塼などが大量に出土し、調査区付近に相国寺に関わる堂宇が存在した可能性があることが確認された。出土遺物も2a区では香炉や伝世品とみられる青磁・天目碗などが散見され特徴的な組成を示すと報告されている。

2013年の報告（『相国寺旧境内・上京遺跡発掘調査報告書　同志社大学烏丸キャンパス建設に伴う発掘調査』同志社大学歴史資料館調査研究報告第12集　同志社大学歴史資料館・公益財団法人京都市埋蔵文化財研究所2013年）では、室町時代中期の遺構としてa区で土坑850と土坑631を検出、土坑631から天目碗が出土している。b区で検出した溝1300は相国寺普廣院堂塔消失に伴う遺構と考えられ、天目碗、白磁、青磁など碗類を主体とする少量の皿と香炉が出土していることが報告されている。続いて室町時代後期〜桃山時代の遺構について、a区では石室175、土坑614、溝3、溝310、土坑551、溝649.溝650、石室171、土坑510を検出、石室175から輸入青磁碗と合子、

溝3から蓮弁文青磁碗、白磁小皿、天目碗、溝310から龍泉窯系青磁碗、溝649から輸入陶磁碗、鉢、土坑551から常滑産焼締陶器甕、施釉陶器褐釉壺、溝650から輸入天目碗が出土している。b区では溝1400、井戸1649を検出、溝1400から古瀬戸の碗類と白磁碗、天目碗、井戸1649から国産陶器と輸入天目碗、白磁皿、青磁碗に加え青花碗も出土したことが報告されている。

2015年の報告（『相国寺旧境内発掘調査報告書　今出川キャンパス整備に伴う発掘調査第4次～第6次』同志社大学歴史資料館調査研究報告第13集　同志社大学歴史資料館2015年3月）では、溝から15世紀後半の土器とともに多量の輸入陶磁器、とくに中国産の褐釉陶器・龍泉窯青磁が出土しており、鍋・釜などの日常生活に必要な調理具がほとんど出土しなかったことから、これらの輸入陶磁器は客殿などの接客の場や方丈などの儀礼の場において応仁・文明の乱以前に使用されたと述べられている。

以上の報告から、当遺跡では室町時代から接客・儀礼として輸入陶磁器による喫茶が存在したと推定されること、桃山時代以降これに国産陶器が入るという遺物の様相をみることができた。

当遺跡における時代ごとの遺構の変遷・遺物の様相の変化の詳細について検討し、相国寺境内遺跡における喫茶から茶の湯への展開について研究を継続したい。なお2015年度報告において「相国寺編年史料」が収録されここに本章第第2節（2）で言及した『蔭凉軒日録』がふくまれていた。筆者も当該史料を再読し研究する所存である。

また、本章第3節で述べた京南蛮寺の調査成果について、新たな論考が発表された（浜中邦弘「京南蛮寺再考」松藤和人編『森浩一先生に学ぶ　森浩一先生追悼論集』同志社大学考古学シリーズⅪ　同志社大学考古学シリーズ刊行会2015年1月）。遺構1出土の土師器皿・陶器類は16世紀末から17世紀前半を主体とする遺物で占められること、1973年の調査では織田信長時代の京南蛮寺まで調査面として到達していなかった可能性があることが指摘されている。

今後、筆者はこの遺構1のみならず、本章第3節でとりあげた遺構19出土遺物についても再検討し、姥柳町遺跡の土地利用の変遷に関する研究にわずかでも寄与することができればと希望している。

注
（1）「内裏図」（延宝五年）田中泰彦編『近世京都の珍しい古地図七種』1975年。
（2）山田道貞『信行寺大悲尊像縁起絵巻』同志社大学学術情報センター蔵　天保9年。
（3）「内裏図」（宝暦明和頃）注（1）文献。
（4）「武家屋敷中井家の発掘調査」『京の公家屋敷と武家屋敷』―同志社女子中・高校静和館地点、校友会新島会館別館地点の発掘調査―』同志社埋蔵文化財委員会調査報告Ⅰ　同志社埋蔵文化財委員会学校法人同志社　1994年。
（5）注（4）文献。
（6）『田の尻古窯跡群発掘調査報告書』瑞浪市教育委員会　1981年。
（7）『瀬戸市歴史民俗資料館研究紀要Ⅷ』瀬戸市歴史民俗資料館　1989年。
（8）楢崎彰一「近世美濃編年表」『尾呂―愛知県瀬戸市定光寺カントリークラブ増設工事に伴う埋蔵文化財発掘調査報告―』付表3　瀬戸市教育委員会　1990年。
（9）『九州陶磁の編年―九州近世陶磁学会10周年記念―』九州近世陶磁学会　2000年。
（10）『相国寺旧境内の発掘調査―成安女子学園校地内の埋蔵文化財』成安女子短期大学校地学術調査委

員会　1977 年。

(11) 『同志社中学校体育館建設予定地発掘調査概要』同志社大学校地学術調査委員会　1977 年。

(12) 『大本山相国寺境内の発掘調査―承天閣地点の埋蔵文化財―』同志社大学校地学術調査委員会　1984 年。

(13) 『大本山相国寺境内の発掘調査Ⅱ』同志社大学校地学術調査委員会　1988 年。

(14) 蔭木英雄『蔭涼軒日録　室町禅林とその周辺』そしえて　1987 年。

(15) 蔭木英雄『蔭涼軒日録索引』臨川書店　1989 年。

(16) 『蔭涼軒日録』眞蘂著　玉村竹二・勝野隆信校訂　竹内理三編『増補続史料大成』臨川書店　1978 年。

(17) 西村恵信『禅僧の生活』生活史叢書 32　雄山閣出版　1983 年。

(18) 注（17）文献。

(19) 永島福太郎『茶道文化論集　上巻』淡交社　1982 年。

(20) 注（19）文献。

(21) 西部文浄『禅と茶』淡交社　1972 年。

(22) 注（19）文献。

(23) 注（19）文献。

(24) 注（10）文献。

(25) 注（11）文献。

(26) 「津田宗及茶之湯記」『天王寺屋会記』（『茶道古典全集』第 7 巻）淡交社　1956 年。

(27) 注（26）文献の欄外注に記載されている。

(28) 注（26）文献。

(29) 注（12）文献。

(30) 『京都市中京区姥柳町遺跡（南蛮寺跡）調査概報』同志社大学文学部文化学科考古学研究室　1973 年。

(31) 矢沢利彦・筒井砂訳『日本イエズス会礼法指針』キリシタン文化研究会　1970 年。

(32) 岡田章雄『外国人の見た茶の湯』淡交社　1973 年。

(33) 『耶蘇會日本通信』下巻　雄松堂書店　1966 年。

(34) 注（10）文献。

(35) 『大本山相国寺境内の発掘調査Ⅱ』同志社大学校地学術調査委員会　1988 年。

(36) 岡佳子「『隔冥記』陶磁器年表」『史窓』第 37 号　京都女子大学史学会　1980 年　28 ～ 50 ページ。

(37) 永田信一「京都出土の桃山茶陶」『桃山の茶陶』根津美術館　大阪市美術振興協会　日本経済新聞大阪本社　1989 年。
『平安京発掘調査資料選（二)』京都市埋蔵文化財研究所　1986 年。

(38) 「〈都市史図集〉25 寺町の形成―京都　京都京極寺町寺院一覧」高橋康夫・吉田伸之編『日本都市史入門Ⅰ空間』東京大学出版会　1989 年。

第2章　京焼の生産
―近世京都における窯業生産の開始―

はじめに

　日本陶磁史における「京焼」の出現について、文献の初出は『神谷宗湛日記』にみえる慶長10年（1605）の記事「肩衝京ヤキ」つまり京焼の茶入であることはよく知られている。17世紀初頭という時期に茶会で用いられた京焼の茶入とはどのようなものであったのか、その実態を知る手がかりが、近年の発掘調査で提示されている。

　それは軟質施釉陶器という遺物の発見であった。これは、近世の都市遺跡である堺・大坂・京都において出土が確認され、その技法と年代観から、いわゆる本焼すなわち高火度焼成による「京焼」焼成以前に生産されたものであると考えられたものである。

　さらに近年、京都市中心部の発掘調査によってこの軟質施釉陶器の生産遺跡が確認され、研究は大いに進展した。

　京都において、本焼京焼の前身たる軟質施釉陶器が生産されていたのならば、17世紀初頭に「京ヤキ」が生産されているのであるから、文献にみる「肩衝京ヤキ」は軟質施釉陶器であるという仮定が成り立つからである。

　ところがこの問題について、厳密には文献の年代と対応しない遺物をとりあげるなど、一部に考古学の成果を誤って利用する研究がみられたことも否定できない。

　また、近世京都における窯業生産開始の問題は、生産遺跡と推定される地点において瀬戸・美濃陶器が大量に共伴することから、調査段階からせともの（瀬戸物）屋町における美濃陶器販売、軟質施釉陶器生産と美濃陶器とくに茶陶との関係がとりざたされてきた。最新の研究においてもこの点が再度言及されている。

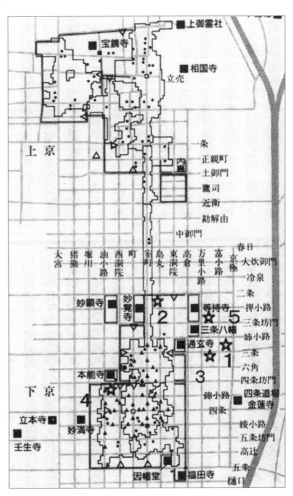

図1　京都市域の京焼生産遺跡の位置

以上のような研究動向をふまえ、本章では近世京都における窯業生産開始の問題をあらためてとりあげ、考古学の成果を重視して再検討をおこなうことを意図するものである。

第1節　生産遺跡の発掘

京都市中心部の発掘調査によって発見された近世の窯業生産遺跡は、1 京都市中京区三条通麸屋町東入ル弁慶石町、2 中京区烏丸通二条下ル秋野之町、3 中京区三条通柳馬場東入ル中之町、4 中京区油小路蛸薬師下ル元本能寺南町、5 中京区御池通柳馬場東入ル八幡町の5地点である（図1）。各地点から焼成前の素地・窯道具・窯部材などが出土しており、同地とその周辺において窯業生産をおこなったことが知られる。

1～4の地点で出土する製品は考古学者が軟質施釉陶器[1]と命名した出現期の京焼である。

軟質施釉陶器とは、軟らかい胎土を轆轤で成形し素焼した後に鉛釉を施し、800℃前後の低火度で焼成した陶器で、器形は碗・皿・向付などが主である。5の地点ではこの軟質施釉陶器のほか、本焼とよばれる1200℃前後の高火度焼成による製品、いわゆる京焼の碗・平碗が共伴している。

以下、各遺跡出土の遺物について概略を述べる。

(1) 弁慶石町

報告書は刊行されていないが、平尾政幸がすでに遺物実測図を提示している[2]。また近年、茶道資料館における「京都三条せともの屋町」の展示にあたって論考を寄せた中で言及している[3]ので、これらを参考にして述べることとしたい。

図2の1と2は軟質施釉陶器の素地[4]である。3は緑釉の点滴が付着したサヤ（窯道具の一種）

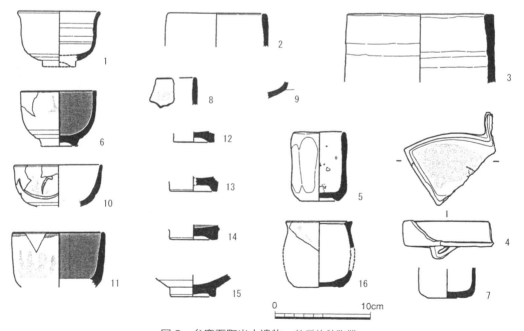

図2　弁慶石町出土遺物　軟質施釉陶器

の破片である。4は軟質施釉陶器の製品で型作りの向付、5も縦型の向付、6は内面暗褐色で外面に白化粧と緑彩を施し透明釉（鉛釉）を掛けた碗、7は茶入の底部である。同遺跡からは8～16にみるような軟質施釉陶器製品の破片が出土している。

（2）秋野之町

発掘調査概要に記載がある[5]。報文によれば江戸時代前期以降の遺構密度が高く、出土遺物は桃山時代以降、特に江戸時代初期のものがかなりの比率を占める。堀状遺構SX66出土の唐津沓茶碗・美濃天目碗が掲載されている。

今回、遺物実測図ならびに当地点において素地が出土していることについて、平尾氏からご教示を得たので以下に記す。図3の1～3は軟質施釉陶器の素地、4～6は製品である。

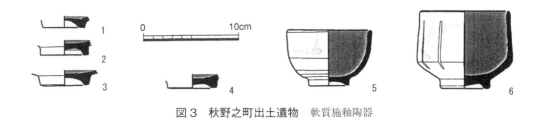

図3　秋野之町出土遺物　軟質施釉陶器

（3）中之町

平成2年に試掘立会調査概報が刊行されている[6]。美濃・唐津陶器が大量に出土しており、遺物には焼け歪んだものや焼成不良品、窯道具が付着するものが多く、窯道具も同時に出土していると報告されている。

当地点出土の遺物についても平尾が実測図を提示、寄稿しているのでこれを参考にして記す[7]。軟質施釉陶器はその過半数が素地であり（図4の1～9）、7には白化粧が施されている。弁慶石町と同様に当地点においてもこの種のやきものが生産された可能性を示している。軟質施釉陶器

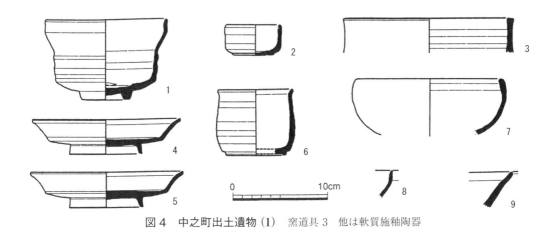

図4　中之町出土遺物（1）　窯道具3　他は軟質施釉陶器

第2章 京焼の生産 —近世京都における窯業生産の開始—

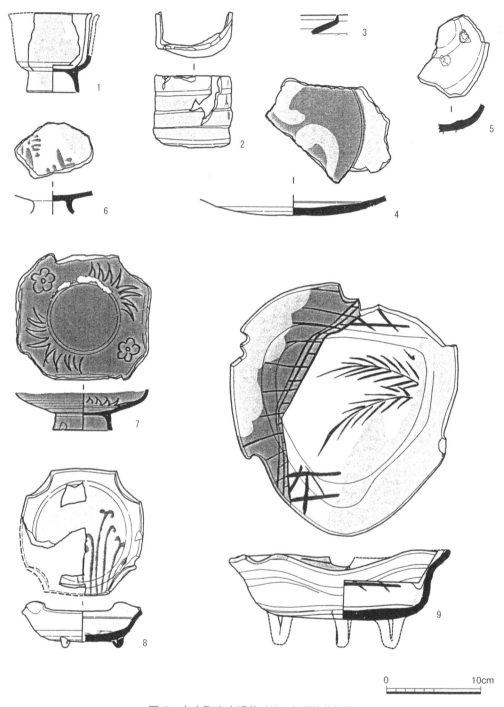

図5 中之町出土遺物（2） 軟質施釉陶器

42

第1節　生産遺跡の発掘

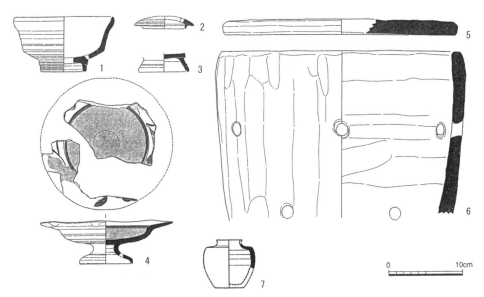

図6　元本能寺南町　土坑0314出土遺物　軟質施釉陶器1～4　内窯5・6
　　　包含層出土遺物　軟質施釉陶器7

の製品では向付、盤のほか、破片が出土している（図5）。

(4) 元本能寺南町

　概報が刊行されている[8]。報文によれば土坑0314から軟質施釉陶器を焼成するための内窯と蓋が出土、土坑0314・0171から軟質施釉陶器の素地と製品が出土している。器形には椀[9]・皿・台付皿・三足鉢・台付鉢・香炉・茶入・灯明具があり、半数以上が台付鉢類（向付）で皿類がそれに次ぎ、椀類は全体の1割強であった。器形は平尾の分類を踏襲した。

　図6は土坑0314出土遺物である。1～3は軟質施釉陶器の素地、4は製品で台付皿、5は内窯の蓋、6は内窯である。7は包含層から出土した軟質施釉陶器の製品で、茶入である。

　図7は土坑0171出土遺物である。1は軟質施釉陶器の製品で皿、他は素地である。

(5) 東八幡町

　概報が刊行されている[10]。当地点で検出した土坑328から軟質施釉陶器素地が19点出土した。図8の1は軟質施釉陶器の型成形による素地で、墨で内面に山水文、外面に波頭文を描き、内面の下書き線上に色絵の具を施す。素地には他に灯明皿2・4、蓋3、茶入5・6がある。5・6は同一個体と考えられている。7には楼閣山水文を描いた釉下彩の下絵がみられる。当地点からは高火度焼成すなわち本焼前の硬質の素地が14点出土していることが報告されている。高台裏に印銘をもつ破片8・9がある。釉薬を溶かすための坩堝11～13も出土している。大皿の素地で、牡丹と土坡の墨描きをもつ素地も出土した。釉下彩の下絵である[11]。陶器窯片、窯道具の一種であるトチンも多く出土している。

　製品（図9）について、軟質施釉陶器1～4では椀・台付鉢・蓋、高火度焼成の硬質の製品5～

43

第2章 京焼の生産 —近世京都における窯業生産の開始—

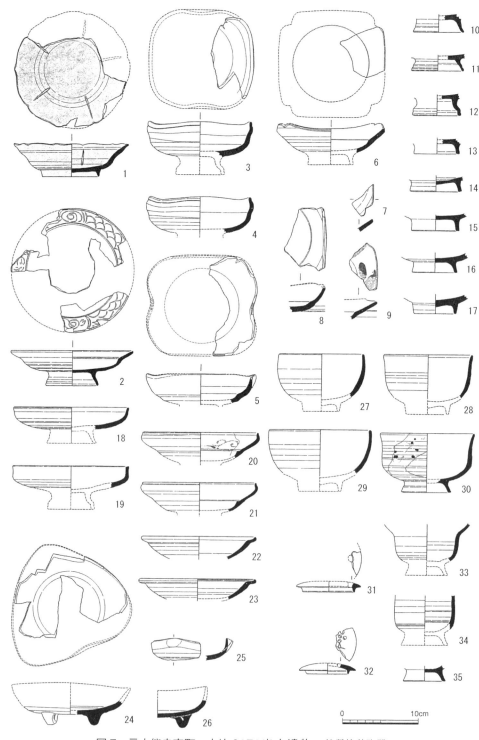

図7 元本能寺南町 土坑0171出土遺物 軟質施釉陶器

44

第1節　生産遺跡の発掘

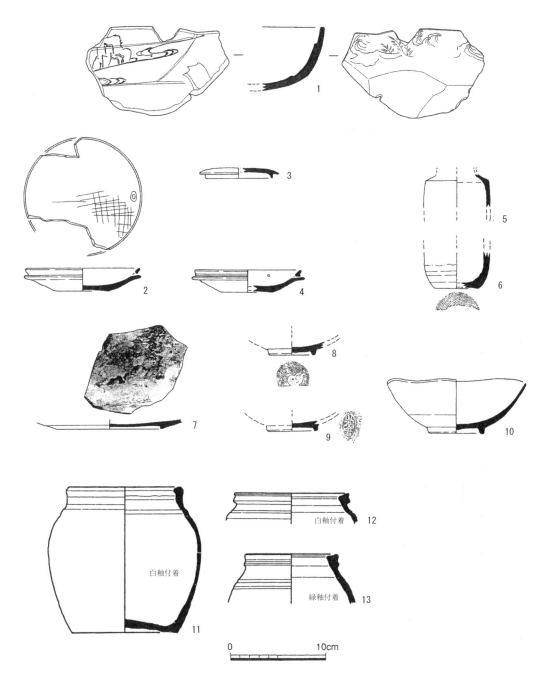

図8　東八幡町　土坑328出土遺物（1）　軟質施釉陶器 1～10　坩堝 11～13

第2章 京焼の生産 —近世京都における窯業生産の開始—

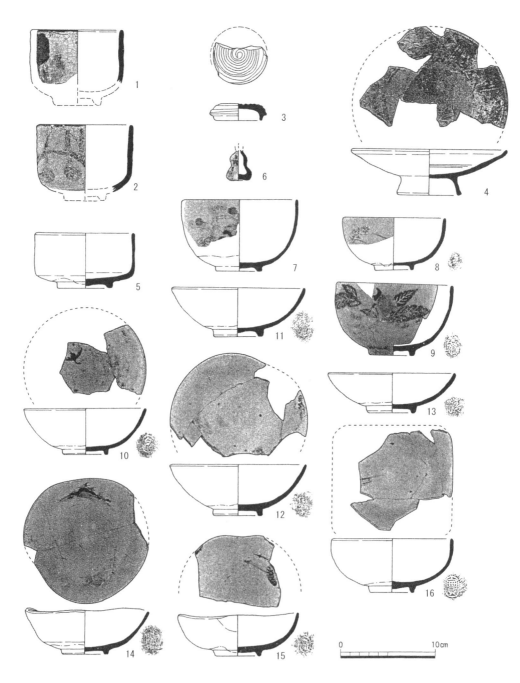

図9 東八幡町 土坑328出土遺物(2) 軟質施釉陶器 1～4 陶器 5～16

46

16には碗・平碗・薬味入6がある。装飾は鏤絵7・8、鏤絵染付15・16、色絵9、鉄釉を掛けるもの5があり、「清」「清閑寺」「京」「寶」「岩倉」印をもつものがみられた。

第2節　生産遺跡出土遺物の特徴と年代観

　本節では、前節でとりあげた遺物について出土状況や遺物の特徴をあらためて記すとともに、共伴資料に言及してその年代観について述べる。

　弁慶石町においては軟質施釉陶器の素地と製品が出土していることから、当地点で軟質施釉陶器が生産されたと考えられる。器形は碗・向付・茶入で、茶の湯に使用される茶陶とよばれるものが生産の中心であったことがわかる。

　年代について、発掘調査主体である京都市埋蔵文化財研究所は遺跡の年代を共伴する土師器皿の形態変化から導いている。しかし、これまで当地点出土の土師器皿について詳細な報告がなかったため、従来は共伴する美濃陶器の年代観が用いられており、大坂において美濃陶器が出現する年代[12]、美濃において大窯が導入された年代[13]を勘案しておよそ慶長（1596～1615）年間の後半ごろとする意見が中心であった。

　2012年に当地点出土遺物の展示を担当した降矢哲男は「発掘調査の状況から遺構の成立が慶長期にまで遡る可能性がある」[14]と述べ、両者の見解が一致しており現在のところこの時期とするのが適当と考える。

　なお、当地点出土の土師器皿については京都市埋蔵文化財研究所において現在研究が進行中であり、その成果に期待するところである。

　秋野之町は、これまで軟質施釉陶器の製品のみが出土する遺跡と考えられてきた。筆者の今回の調査の機会に新たにご教示をいただき、軟質施釉陶器の碗の高台部分の素地3点を確認した。出土遺物はすべて碗であり、茶の湯に使用されたと考えられる。

　年代について、調査概報では共伴する土師器皿の実測図を掲載するのみである。尾野善裕はこの土師器皿の形態から、結城秀康正室蓮乗院（元和7年〈1621〉没）の石廟から出土した土師器皿よりもやや古様を呈するとみて元和7年を遡る16世紀末～17世紀初頭頃としている[15]。

　中之町の立会調査で検出した遺構は層位関係から二時期の存在が考えられるが遺物の様相からは近接した年代が想定され、共伴する土師器皿から江戸時代初期に該当すると報告されている。

　尾野は共伴する土師器皿の形態を先述の蓮乗院の石廟出土の土師器皿とほぼ同時期のものとみて、「元和年間（1615～1624）の後半もしくは寛永年間（1624～1644）の比較的初期に廃棄されたもの」と考えている。

　当地点出土遺物は、平成23年に京都市指定文化財候補となり再調査が継続している。最近、生産遺跡関連遺物と共に大量に出土する美濃陶器との関係が再び注目されている[16]。これについては第3節であらためて略述し、詳細は別稿にゆずることとしたい。

　元本能寺南町の調査成果において注目すべきは、内窯と軟質施釉陶器の素地が大量に出土したことによって、京の町中で軟質施釉陶器を生産したことを発掘調査の成果によって証明したことである。軟質施釉陶器は形態・色調・文様の組み合わせによって、多彩な器種を少量ずつ生産し

たものと考えられている[17]ことに注意したい。

軟質施釉陶器が出土した遺構は共伴する土師器皿の形態から平尾による「土器の区分と略年代」の 11B に属し 1620 年～ 1650 年の年代が与えられている[18]。尾野は先述の中之町と同様、共伴する土師器皿の形態が結城秀康正室蓮乗院石廟出土のものと類似するが、やや新しい要素も認められるので寛永年間（1624～ 1644）に廃棄されたものとみなしている[19]。

さらに、当地点は寛永 14 年（1637）の『洛中絵図』にみる「本多甲斐守」邸にあたることがわかった。本多甲斐守すなわち本多政朝は寛永 8 年（1631）に家督を継いでおりこの段階で屋敷が造営されたものとみられ、遺物の年代観と齟齬がない。また軟質施釉陶器窯と素地が出土した遺構の区域の大部分が絵図にみる本多家京邸と重なることから、当地点での軟質施釉陶器生産は本多家京邸の造営までに終焉していた、つまり 1631 年ごろまでには終了したと推定されている。

東八幡町の発掘調査の成果は、第一に軟質施釉陶器と高火度焼成による製品、いわゆる京焼の素地と製品の両方が出土したことによって、消費地遺跡における両者の出土状況との比較研究が可能となったことである。第二に軟質施釉陶器の素地に文様を描いた破片と本焼前の京焼の素地に釉下彩の文様を描いた破片が出土したことである。そして軟質施釉陶器の素地に下絵具がのせられるもの、京焼の素地に下書き線を色絵具で重ね描きしているものを確認したことによって、軟質施釉陶器と京焼の釉下色絵の装飾技法が解明された。第三にこれまで消費地遺跡で分類されてきた印銘をもつ京焼の素地と製品が大量に出土したことによって、当地点において上絵付をするために他の窯から素地が持ち込まれたと推測されたことであった。

また、当地点は文献にみる「押小路焼」の生産地に近接しており、発掘調査の成果は「押小路焼」の実態を示すものとして注目されたのである。

年代について、報文によれば東八幡町において窯業関係遺物が大量に出土した土坑 328 は、当地点において窯業生産工房の時期に先行して存在した、金属生産関連工房の廃棄物が投棄された土坑である。共伴する土師器皿の形態変化からみて、金属工房が土師器皿の形態変化による XI 期新段階（概報が採用したいわゆる小森・上村編年、第 6 章。）で廃絶したとき土坑 328 も埋められたと考えられている。詳説すると、出土土器類の中で約 60 ％を占める土師器皿は XI 期中～新段階（17 世紀中頃）に属し、出土遺物の中で最も古い時期の遺物は 16 世紀後半の輸入青白磁合子蓋、最も新しい時期の遺物は肥前系染付蝶文碗で生産地編年で 1670 年代とされるものである。したがって遺物群の上限をほぼ XI 期新段階 1670 年代とみるのが最も適当であろう。

以上のように、当遺構出土遺物については、遺構の検出状況と遺物の出土状況からみて、遺物群の年代観に時間幅をもたせて考えることが必要である。

第 3 節　美濃陶器との関係

「はじめに」で述べたように、第 1 節・第 2 節でとりあげた生産遺跡の窯業関係遺物にともなって、美濃陶器が大量に出土している。このため、せともの屋町における美濃陶器販売、軟質施釉陶器生産と美濃陶器とくに古田織部との関係について言及されることが多かった。これは、生産遺跡として第 1 節・第 2 節でとりあげた 1 ～ 3 の遺跡に該当する。

本章の主題は近世京都における窯業生産開始の問題の再検討であるので、美濃陶器との関係については あえて詳説しない。しかし、軟質施釉陶器生産と美濃陶器の関係についてはすでに発掘調査概報等の段階から指摘されている点も多い。ここに記し今後の課題に対処する前提としたい。

　　1　弁慶石町では織部が出土していない。
　　2　秋野之町では美濃天目碗が出土している。
　　3　中之町の試掘立会調査概報では、井戸と推定される土坑 15 から、質量ともに最大の 800
　　　　点にのぼる大量の陶器が出土し、半数が織部、4 分の 1 が志野、1 割強が唐津であった。
　　　　また土坑 3 では織部の出土が少ないことが確認されている。また最近、中之町出土遺物の
　　　　廃棄の様相について遺物の年代観にもとづいた新見解が提示されている[20]。

　せともの屋町研究を詳細に進めるためには生産関係遺物が出土しない遺跡をも比較検討する必要があり、本章の主旨から逸脱するので記述をこれで終えることとする。

第4節　軟質施釉陶器の発見と文献にみる「今ヤキ」「京ヤキ」

　本節では第 1 節・第 2 節でみた生産遺跡出土の遺物、なかでもとくに軟質施釉陶器の発見が、文献による研究を変容させたことについて述べる。研究史の概要を記し、考古学の成果との対比を具体的に論じる目的で、本節では岡佳子の論考[21]に沿って述べる。

(1)「今ヤキ」

　16 世紀後期に製作された長次郎の茶碗は「今焼茶碗」と呼称されてきた。天正期の茶会記に「今ヤキ茶碗」があり、当初は「今ヤキ」の呼称のみであった。しかし、天正 15 年（1587）頃から「ヤキ茶碗」という呼称が出現した。

　岡はこれを「今ヤキ茶碗」の略称とみた。「今ヤキ」の本来の意味は「当世のやきもの」であるが、時を経て「今」の意味が失われ呼称が変化したものとみなしたのである。つまり「今ヤキ」＝「ヤキ」ということになる。そして岡はこの「今ヤキ」＝「ヤキ」を軟質施釉陶器であると推定した。その根拠は関西出土の軟質施釉陶器の出現とその後の出土状況である。大坂では 16 世紀末からの豊臣前期、京都では伏見城下の慶長 10 年（1605）に出土しており、これが文献にみる「今ヤキ」に該当するとした。

　ところが文献では再度、文禄末から慶長にかけて「今ヤキ」の記載が茶会記に登場する。茶碗のほかに「今ヤキ」「ヤキ」を冠した「今ヤキノ筒」「香合今ヤキ」「今ヤキ肩衝」「水覆今ヤキ」「水ツキ今ヤキ取手アリ」[22]「ヤキ皿」「今ヤキ肩衝」「今ヤキ丸ツホ」[23]等の多様な器種が加わった。

　これを岡は「軟質施釉陶器の作風の展開を意味しているとみる」とした。根拠は茶会記の表記が「今セトタカツキ」「今高ライ茶碗」等、新規のやきものをさす場合は「今ヤキ」でなく「今」と記されて産地名が明記されること、また「水差ハ、セト新也」「セト肩衝、新也」と「新」の文字が使用される場合がみられることである。このような表記上の相違から茶会記における「今ヤキ」は軟質施釉陶器であるとしたのである。岡はさらに、軟質施釉陶器について「京都の出土で最も年代が古い」伏見に着目して茶会記を読み進め、当時「今ヤキ」＝軟質施釉陶器を率先し

第2章　京焼の生産 ―近世京都における窯業生産の開始―

て使用したのが古田織部とその周辺の人物であると付け加えた。

(2)「京ヤキ」①

さて、文献にみる京焼の初出は『神谷宗湛日記』慶長10年（1605）の「肩衝京ヤキ」つまり京焼の茶入である[24]。「肩衝今ヤキ」ではなく、「肩衝京ヤキ」であること、そして1605年という年代から、岡はこの記事をどのように解釈したのだろうか。

岡はまず『神谷宗湛日記』の京焼の初出前後の記事から、「京ヤキ」の茶入や茶碗を「今ヤキ」とともに使い始めるのが古田織部周辺の人物であり場所は伏見であるとした。

ついで、赤沼多佳の論考を引用して「京ヤキ」が長次郎以外の楽焼の呼称であるとした。そして1605年より下がる17世紀後半の文献に、京焼の茶入の生産を示す記事があることから、これに先立つ時期に軟質施釉陶器の茶入が存在すると推定した。

ここから、岡は出土資料に目を向ける。文献にみる軟質施釉陶器の茶入が実在することを証明するためである。岡は元本能寺南町と東八幡町の出土遺物をとりあげ、以下のように述べた。正確を期すため、やや長文となるが引用する。

　　一方、出土資料からみてみると、肩衝茶入片が、洛中の軟質施釉陶器の生産遺跡である元本能寺南町と東八幡町から出土している。元本能寺南町の遺物は肩衝茶入の肩部分で、これは素焼陶片である。東八幡町もまた半製品の茶入数点が出土し、これも肩衝茶入の肩部および糸切底で、胎土に鉄銹が塗られている（図　筆者注ここに東八幡町出土の軟質施釉陶器肩衝茶入2片の写真が掲載される。）。この両遺跡の出土遺物は素焼であるから、ここで茶入が焼かれたことは間違いない。ことに、元本能寺南町に関しては、寛永14年（1637）の「洛中絵図」に、ここが姫路城主本多甲斐守政朝の屋敷地とあり、本多屋敷が建設される以前兄忠刻の死後に嫡子となり、同8年に遺領を継ぎ、同10年に姫路に初入部した。ここから、京都屋敷の建設は寛永初年頃で、軟質施釉陶器の茶入が生産されたのはそれにさかのぼる元和以前と考えられる。

　　文献と出土資料の双方をもとに分析した結果、慶長10年の「肩衝　京ヤキ」は軟質施釉陶器とみた方が適切と考えられる。

さて上記について、本章の第2節と第3節の内容と比較検討する。元本能寺南町から出土した茶入は素焼でなく製品である。東八幡町から出土した茶入は素焼であり写真が掲載されているが、そこに東八幡町の年代観の記述がなく元本能寺南町の年代が書かれている。また、元本能寺南町の年代は元和以前とされているが、土師器皿の年代観と絵図を勘案しても寛永期とするのが適当であり元和までは遡らない。岡の引用部分と写真をみると、あたかも東八幡町出土の肩衝茶入の生産が元和以前という誤解をまねきかねない。東八幡町出土遺物については遺構の検出状況と遺物の出土状況から、遺物群の年代観に時間幅をもたせて考えることが必要であり、土師器皿の年代観は17世紀中頃、遺物群の下限は1670年代である。

以上、岡が採用した遺物とその論証過程をみたうえで、正確を期し厳密にいうならば、慶長10年（1605）の文献に記された「肩衝京ヤキ」が軟質施釉陶器であるという根拠を考古学の成果を利用して論証するにはいたっていない。

50

元本能寺南町では絵図にみる京邸が建設される以前、寛永頃に軟質施釉陶器を生産していたと考えられ、包含層から[25]肩衝茶入の製品が１点出土したこと、東八幡町では17世紀中頃の年代を中心とする時期に軟質施釉陶器の肩衝茶入を生産していたと考えられること、この２点が考古学的な発掘調査の成果である。

(3) 「京ヤキ」②

ここから岡は1605年の伏見城下桃山町立売の火災焼土層の軟質施釉陶器をとりあげ、「この時期に軟質施釉陶器が出土している」という。しかし、伏見の遺物は碗である。そして1605年はこの軟質施釉陶器碗の廃棄年代である、ということは、1605年以前に生産され伏見で使用されていたつまり消費されていたのであるから、生産はそれ以前に遡る。しかしそうであればこそ、この京都の消費地遺跡で最古の年代をもつ軟質施釉陶器碗が京都で生産されたものでない可能性がある。堺・大坂において軟質施釉陶器は文禄年間（1592〜1596）を中心とした時期に出土しており、京都に先立つ[26]。また堺・大坂において楽系の軟質施釉陶器が生産された可能性も指摘できることは、岡自身が著書において言及していることである。

以上のように、文献に記載された「肩衝京ヤキ」が使用された1605年と、伏見出土の軟質施釉陶器の年代である1605年を同列に論じることはできないことは明白である。

また岡は『梅津政景日記』元和７年（1621）９月８日条の「京やきのひらさら」「京やきのつほさら」の注文記事を引用し、これらが佐竹藩江戸屋敷で使用された懐石具であるとした。本章の第１節の（4）・第２節でみた元本能寺南町出土の軟質施釉陶器には向付など茶陶と考えられる器形が多くあることから、当文献の「京やき」を軟質施釉陶器と考えることは妥当であろう。しかし出土遺物が示す年代は寛永期であり、文献の年代よりやや下がる。遺物の年代観にあらためて着目しておきたい。

(4) まとめ―文献にみる「今ヤキ」「京ヤキ」と出土遺物

以上、岡の論考をたどるという方法によって、文献にあらわれた「今ヤキ」「京ヤキ」について、出土遺物と対照させて考察した。

「今ヤキ」は16世紀後期の長次郎の茶碗の呼称であると岡は言う。この「今ヤキ」が長次郎作の茶碗であれば、これは後の楽系の茶碗であるわけだから、これを発掘調査で発見された軟質施釉陶器に比定するのは当然かつ必然と筆者は考える。

つぎに、天正15年頃に「ヤキ」に変化することについて、岡は「今ヤキ」の「今」、つまり当世のやきものの意味が失われたことが原因であるとした。軟質施釉陶器が当世のやきものの意味を失ったのであれば、当時の茶会において当世のやきものとして新しく登場した生産地・器種があると推定するのが当然ではないのか。

そして、文禄末から慶長にかけて茶会記に「今ヤキ」の記載が登場し器種が増加することついて、作風の展開とした。この時期には瀬戸・美濃・唐津など国内の生産地において茶陶がさかんに生産されている時期にあたっており、これら「今ヤキ」がすべて軟質施釉陶器をさすと考えるのは不自然ではないか。岡は茶会記の表記が「今」と記して産地名を明記、あるいは「新」の文

第2章　京焼の生産 —近世京都における窯業生産の開始—

字を使用する場合を引用した。では、例示された「今セト」「今高ライ」「セト新」等の産地以外についてはどのように考えるのだろうか。

　筆者は、慶長期の「今ヤキ」の語には軟質施釉陶器と、他の産地の製品が含まれると推定している。茶会記にみる「今ヤキ」の多様な器種は、元本能寺南町出土の軟質施釉陶器を彷彿とさせる。しかし、遺物の示す年代は寛永期であり茶会記の年代から約25年下がることに注意しなければならない。

　岡も「慶長期の茶会記に記載される「今ヤキ」茶器の全てが軟質施釉陶器であるとみることに若干の不安も残る」として寛永3年（1626）刊の文献『草人木』[27]において、毎年瀬戸から到来する茶碗を「今焼」、またその年にできた茶碗も「今焼」と称していることをあげた上で、慶長期の今焼が軟質施釉陶器であったならば「20年後に「今焼」という言葉は当世の美濃物にも使われるようになった」と述べている。このように結論することは、軟質施釉陶器＝今焼＝京焼という岡の論理にとってまことに都合のよい解釈である。月日の経過とともに用語の意味が変化するのは理解できる。しかしここでは「今焼」本来の「当世のやきもの」の意味を重視し、先に筆者が指摘したように、慶長期の「今ヤキ」の語には軟質施釉陶器と、他の産地の製品が含まれると推定することこそ最適ではないか。岡が作成した表中の「香合今ヤキ白」を、志野と推測する研究があることを指摘しておきたい[28]。

　さて、このように考察した上で、筆者は、慶長10（1605）年の「肩衝京ヤキ」という記事は、軟質施釉陶器について、茶会記において京都で生産されたものであると認識されたという事実を示しているのではないかと考えている。先に述べたように、この記事は「肩衝今ヤキ」ではなく「肩衝京ヤキ」なのである。岡は文献の「今ヤキ」を軟質施釉陶器としているのだから、これが「京ヤキ」と呼称が変更される根拠が必要となる。岡はここで「京ヤキ」が長次郎以外の楽焼の呼称であるとする考え方や、17世紀後半の文献に、京焼の茶入の生産を示す記事があることを傍証とした上、出土遺物をとりあげた。しかしながら、採用した遺物の年代は文献の1605年と大きくかけ離れるものであった。

　しかし岡も、茶会記に慶長13年に楽家の楽焼である「シュ楽」＝「聚楽」の初見記事[29]を引用して「今ヤキ」と総称されていた軟質施釉陶器に対し、慶長10年代には「シュ楽」「京ヤキ」といった分類名称が付与されるようになったと自ら述べているのである。

　そして『梅津政景日記』元和7年（1621）9月8日条にみえる「京やきのひらさら」「京やきのつほさら」について、「軟質施釉陶器の生産遺跡である元本能寺南町からは（中略）懐石具片が多量に出土している。先に記したように、本遺跡の年代は元和以前にさかのぼると考えられており、この時期にはすでに瀟洒な軟質施釉陶器の懐石具が京都で焼かれていた」としてこの文献にみる「京やき」が軟質施釉陶器であることの証左とした。

　文献には元和7年（1621）9月8日条に、京都へ数寄屋囲炉裏縁などを注文した中に、「京やきのひらさら七つ宛五色出合を、京やきのつほさら七つつ、三いろ、右同だいちがうやく廿」とある。そして18日後の同月26日条に、

　　一、去八日ニ京都へ為上候飛脚参着、御誂物持参候分、ぬりいる［ろ］りふち壹口、ぬり小
　　　　口壹つ、京やきノ平さら七つ宛五色、同つほさら七つつ、三色、たいちかうやく廿、

と記されている[30]。

　先に述べたように、元本能寺南町の年代観は寛永期であり文献の年代と異なる。文献の元和年間とは、第1節の（3）・第2節で述べた中之町出土遺物の年代に相当していることに着目したい。当文献について、慶長期から約15年を経た元和期に、京都の軟質施釉陶器生産に器種が増加し産業となり流通が発達したという事実を示すものとして理解するのが適当であろう、と筆者は考えている。

　また、「京やきのひらさら七つ宛五色」「京やきのつぼさら七つゝ三いろ」と記されていることから、5種類の平皿と3種類の壺皿それぞれ7個ずつと読める。計8種という多彩さは、第1節の（4）・第2節でとりあげた元本能寺南町出土の軟質施釉陶器が形態・色調・文様の組み合わせによって、多彩な器種を少量ずつ生産したものと考えられている[31]ことに対応するものと筆者はみている。年代は文献の元和に続く寛永期であり、中之町につづく時期に京都市中での窯業生産がさらに繁栄したことを示す遺物として評価することができると考えている。

　注文から20日後の9月27日条には計56個の京焼が京都から江戸に届いたことが記されており、文献にみる元和頃、京都ではまとまった茶陶の注文に対応する軟質施釉陶器の生産体制がほぼできあがっていたと推定することができると考える。

　なお、岡は文献を引用し、寛永期以降の「今焼」「京焼」についても論究している。次節で述べるように、江戸時代に高火度焼成による製品、いわゆる京焼の生産が開始されることが発掘調査で確認された。また消費地遺跡における京焼の編年研究が進展しつつある。このような考古学からみた京焼研究の成果をもって、江戸時代以降の文献にみる「今焼」「京焼」をどのように考えるのかという問題を研究することは、筆者の今後の課題としたい。

第5節　軟質施釉陶器生産から本焼焼成へ ― 押小路焼の実態 ―

　本節では、第1節の（5）・第2節でとりあげた東八幡町の出土遺物について再検討をおこない、消費地遺跡出土遺物との関係について言及する。

　その前に、本章の第1節の（1）・第2節で述べた弁慶石町出土遺物をみなおしたい（図2）。7は軟質施釉陶器の茶入の底部で、製品である。遺物の年代の確定作業は進行中であるが、共伴する土師器皿の研究ではXI期古段階・11A期に相当する年代も予想される。そうすると、この遺物が文献の1605年に最も近い年代を示す茶入となる。さらに、調査地では素地とサヤ片が出土しており、当地点で軟質施釉陶器を生産していたことは確実である。京都で生産された軟質施釉陶器の茶入、これが肩衝であったかどうかは、底部のみが残存するため不明である。

　ではここから、第1節の（5）でみた東八幡町の出土遺物について検討してみたい。先に述べたように、遺物群の年代観は土師器皿のXI中～新段階（17世紀中頃）から1670年代と考えられる。このように時間幅が想定されることから、生産関係遺物には軟質施釉陶器の素地と製品、高火度焼成によるいわゆる京焼の素地と製品の両方がみられた。つまり、当地出土の軟質施釉陶器は、17世紀中頃という時期においてもなお当地において軟質施釉陶器の生産が継続していたことを示す遺物なのである。岡がとりあげた茶入はこの時期の遺物であり文献の年代と異なる。そして

第2章　京焼の生産 ―近世京都における窯業生産の開始―

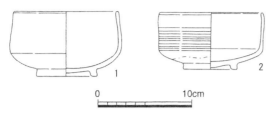

図10　公家町遺跡　穴蔵C548B出土遺物
軟質施釉陶器

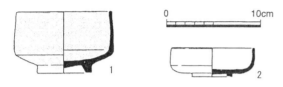

図11　京都御苑　土坑46出土遺物
軟質施釉陶器

共伴した京焼は、17世紀中頃から1670年代にかけて印銘をもつ京焼の平碗・丸碗が当地でさかんに生産されたことを示すものである。

当地では陶器窯片が出土しているが窯体が未確認であり、窯本体の構造は不明である。しかしほぼ17世紀中頃の時期に、当地出土遺物にみるような京焼を大量に生産する窯が導入されたと推測できよう。第1節の（5）・第2節で述べたように、当地で印銘をもつ素地と製品が大量に出土したことから、上絵付をするために他の窯から素地が持ち込まれた可能性がある。ということは、当地以外でも平碗・丸碗の生産が大規模におこなわれていたと推測できる。

ここで、あらためて図9の5の遺物をみると、鉄釉の碗で高台脇まで施釉した碗で、印銘をもたない。筆者の今回の調査によって生産遺跡ではじめて確認したものである。

消費地遺跡では公家町遺跡で2点が報告されている（図10の1・2）。この鉄釉碗について調査担当者の能芝勉は「成形技法や胎土・釉調などから瀬戸・美濃系、肥前系のものとは考えられず、高火度焼成の京焼の可能性が高い資料である。ただ窯跡出土資料ではなく消費地での出土資料でありただちに断言できるものではない。」(32)としていた。この碗について、尾野善裕は「高火度焼成と思しき陶器の出土が認められるようになる。ただし、現在確認されているのは、鉄釉がかけられた単色釉の茶碗だけで、釉上・釉下に絵付が施されているものは見当たらない。」(33)とした。

また、同種の遺物は、公家町に隣接する京都御苑内の発掘調査において第3遺構面で検出した土坑46からも2点出土している（図11の1・2）(34)。

この遺物の年代について、能芝は出土遺構である穴蔵C548Bの推定年代1620～1630年とした。また尾野は共伴する土師器皿の年代観から上限を1630年、下限を1650年とした。京都御苑内の調査で出土した遺物は、江戸時代中頃と報告されており年代幅をもつ。

能芝、尾野が示した年代観の1630年頃は東八幡町の遺物群の年代にやや先行する。ここから、当地に先立つ時期に、同種の碗が京都で生産されていた可能性を指摘することができる。また、東八幡町での出土状況と年代観から、この鉄釉碗が軟質施釉陶器と高火度焼成の上絵付の平碗・丸碗の中間的な様相を示す遺物と評価することができよう。

なお、岡佳子は公家町遺跡出土の鉄釉碗のうち1点（図10の1）をとりあげ「1630～50年代と推定されている穴蔵C548Bから出土した鉄釉茶碗である。本碗の素地・釉薬ともに同時期の瀬戸・美濃系や肥前系陶器とは異なり、この種の鉄釉陶器が、草創期の京焼の登窯で焼成された作例と推測される。やや下部が膨らんだ分厚い茶碗の形状は、先行する軟質施釉陶器の茶碗とも共通するが、ここには生産窯を特定できる印がないために、いずれの窯で焼かれたかは明確にな

らない[35]。」とした。尾野の年代を採用し、遺物の説明を能芝から引用し、さらに登窯で焼成されたと推測し軟質施釉陶器との共通点も述べている。当該遺物を筆者が東八幡町で確認したことをあらためて記しておきたい。

　現在までの発掘調査において、この鉄釉碗は京都の消費地遺跡で4点、生産遺跡で1点を確認したのみである。出土点数は少ないが、この遺物が軟質施釉陶器から登窯による高火度焼成＝本焼の最初期の遺物であることは間違いない。この遺物について、今回とりあげた京都における窯業生産遺跡の中で、最も新しい時期に相当する東八幡町において発見したことは意義がある。当地では17世紀半ばを中心とする時期において軟質施釉陶器と、鉄釉碗、平碗・丸碗の生産と上絵付けをおこなっていたと考えられる。そしてこれこそがこの時期の押小路焼の実態であったということができるのである。

おわりに

　本章では、京都市内の発掘調査で出土した窯業生産遺跡の遺物を研究・観察し、その出土状況から年代観の再検討をおこなった。弁慶石町では出土茶入の年代が文献の京焼の初見記事「肩衝京ヤキ」に最も近い年代をもつ可能性があることを指摘した。また秋野之町では素地が出土していることを確認して当地が軟質施釉陶器の生産遺跡であることを述べた。中之町の軟質施釉陶器の多彩な素地・製品は、多様な注文生産に対応する商業の成立と流通の整備をもうかがわせ文献にも対応するものであると考えた。この状況は元本能寺出土の軟質施釉陶器の出土状況と遺物の特徴にもつながるものであった。そして東八幡町においては、京都の消費地遺跡で出土していた、出現期の高火度焼成の製品とみなされる鉄釉碗を当地で生産していたことをはじめて確認した。

　また文献を使用した京焼研究の一部において、出土遺物が利用されるという事実について、とくに年代観と出土状況の点において、考古学の立場からは、たんに資料を提供するばかりでなく、その利用について精度を高めていく姿勢も今後必要になると痛感するものである。

注
(1) 軟質施釉陶器についての既往の研究は関西陶磁史研究会『軟質施釉陶器の成立と展開　研究集会資料集』2004年にまとめられている。
(2) 平尾政幸「近世京都出土の軟質施釉陶器—桃山・江戸前期の洛中出土資料を中心に—」（東洋陶磁学会研究会資料）2008年。
(3) 平尾政幸「京三条せとものや町の茶陶」『京三条せとものや町』茶道資料館（展覧会図録）2012年。
(4) 「素地」の語について、2012年度同志社大学文化史学会会大会の口頭発表において「そじ」と読んだが「陶磁器の焼成をする過程で各工程の素材となるもの。焼上品に対する生素地」の意をとって、本章においては「きじ」とする（『日本国語大辞典』第二版第四巻　小学館　2001年）。
(5) 「平安京左京三条三坊」『平成元年度　京都市埋蔵文化財調査概要』1994年。
(6) 「平安京左京四条四坊」『京都市内遺跡試掘調査概報　平成元年度』財団法人京都市埋蔵文化財研究所編集　京都市文化観光局発行　1990年。
(7) 注（2）文献。

（8）『平安京左京四条二坊十四町跡』京都市埋蔵文化財研究所調査概報　2003-5　財団法人京都市埋蔵文化財研究所　2003 年。

（9）「椀」の漢字表記は報告書に拠った。注（8）文献。

（10）『平安京左京三条四坊十町跡』京都市埋蔵文化財研究所調査概報　2004-10　財団法人京都市埋蔵文化財研究所　2004 年。

（11）小檜山一良「地中の京焼」リーフレット京都№243　2009 年。

（12）森毅「豊臣期大坂の美濃桃山陶」『豊臣期のやきもの　大坂城出土の桃山陶磁』土岐市美濃陶磁歴史館　2000 年。

（13）加藤真司「織部様式の成立過程」『織部様式の成立と展開』土岐市美濃陶磁歴史館　2005 年。

（14）降矢哲男「京三条せとものや町と桃山陶器」注（3）文献所収。

（15）京都国立博物館『特別展覧会　京焼―みやこの意匠と技―』（展覧会図録）2006 年。

（16）『三条せと物や町出土の茶陶』資料　財団法人京都市埋蔵文化財研究所文化財講演会（講演会資料）2012 年。

（17）注（8）文献。

（18）注（8）文献。

（19）注（15）文献。

（20）尾野善裕「〈茶陶〉は何故大量に捨てられたのか？」注（16）文献所収。

（21）岡佳子『近世京焼の研究』思文閣出版　2011 年。

（22）『宗湛日記』（『茶道古典全集』第六巻）淡交社　1958 年。

（23）『松屋久好他会記』（『茶道古典全集』第九巻）淡交社　1957 年。

（24）注（22）文献。

（25）注（8）文献。

（26）佐藤隆「大坂周辺における軟質施釉陶器の生産と流通」注（1）文献所収。
尾野善裕・佐藤隆「大坂・京都出土の軟質施釉陶器」『開館一周年記念特別展　赤と黒の芸術　楽茶碗』（展覧会図録）三井文庫・三井記念美術館　2006 年。

（27）『茶道古典全集』第三巻　淡交社　1960 年。

（28）野村美術館『茶人のあそび心　形物香合番付の世界』野村美術館開館三十周年記念特別展（展覧会図録）2013 年。

（29）『松屋久重他会記』（『茶道古典全集』第九巻）淡交社　1957 年。

（30）東京大学史料編纂所『大日本古記録　梅津政景日記　五』1959 年。

（31）注（8）文献。

（32）能芝勉「第4節　出土陶磁器の様相」『平安京左京北辺四坊―第2分冊（公家町）―本文』京都市埋蔵文化財研究所調査報告第22冊　財団法人京都市埋蔵文化財研究所　2004 年。

（33）注（15）文献。

（34）『平安京左京一条四坊九町跡』京都市埋蔵文化財研究所発掘調査概報 2002-8　財団法人京都市埋蔵文化財研究所　2004 年。

（35）注（21）文献。

第3章　肥前京焼風陶器と京焼

はじめに

「京焼風陶器」は1983年に大橋康二によって紹介された。この遺物は肥前の窯跡の発掘調査によってはじめて発見されたものであり、それまでの陶磁器研究においては知られていなかった。したがって、近世陶磁器研究において考古学の立場から充分に研究をおこなうことができる数少ない資料と考えられた。大橋の生産遺跡での調査が発表されると、消費地遺跡出土の当該遺物についても研究が重ねら

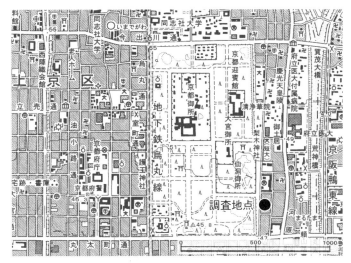

図1　同志社新島会館の位置 (1:25,000)

れた。大橋による継続的な研究によって生産が肥前の周辺諸窯に拡大したことと、全国の消費地遺跡に分布することが確認された。本章ではこの「京焼風陶器」と京焼との関係について、筆者は同志社新島会館地点（図1）における両者の共伴関係に着目し、京焼風陶器の京都における消費の実態を示す事例としてとりあげるとともに、京焼と肥前産京焼風陶器の出土状況を詳細に検討する。また、肥前の窯跡の調査において京焼との関係が注目された要因である「清水」印銘について、文献資料・伝世資料を援用して京焼風陶器に採用された背景についても言及する。

京焼風陶器と京焼との分別、同定は、消費地遺跡出土の京焼研究の出発点であり、両者の比較から京焼の特徴を導き、「京焼とはどのような遺物か」という問題に答えるための研究にほかならないからである。

第1節　京焼風陶器とは

(1) 生産地における出土状況

(a) お経石窯、清源下窯（図2）

京焼風陶器は1975年の伊万里市教育委員会による鍋島藩窯の発掘調査によって最初に発見された[1]。続く1982年のお経石窯、清源下窯の発掘調査では、大量の京焼風陶器が出土した。当時の発掘調査略報では当資料は「京焼写し」あるいは「京焼風の唐津」と呼ばれていた。以下、

第3章 肥前京焼風陶器と京焼

略報にそって遺物をみる[2]。筆者は伊万里市教育委員会の厚意により遺物を実見し一部を実測する機会を与えられた。実測図は、その後『九州陶磁の編年』に引用され[3]流布することになった。ここでは、その原図となった筆者の実測図（図2）を参照しつつ検討する。お経石窟、清源下窯出土遺物には陶器と磁器があり、いずれも丸碗が主体である。お経石窟から出土した陶器の器種では1のようなタイプのものが多い。略報では「呉器手風の唐津碗」と呼ばれている。2は体部外面に楼閣山水文を描いた丸碗である。釉調は淡黄色を呈し、高台周辺は露胎である。高台裏に「武」の印銘がある。共伴する磁器のうちほぼ9割が染付網目文碗であり、その他の器種は非常に少ない。

清源下窯からは3の丸碗が出土している。表面は灰緑色を呈し体部外面に楼閣山水文が描かれる。高台周辺は露胎で、高台裏中央に篆書体の「定」の印銘がある。4は半筒形の碗である。表面は灰緑色で、体部外面の下部にやや小ぶりの山水文が描かれている。文様は3本の樹木のように見える。高台周辺は露胎で高台裏の中央には篆書体の「定」の印銘がある。

このほか、略報には高台裏に草書体の「清水」印銘をもった碗が掲載されている。表面は灰緑色で、高台は無釉である。また同じく「清水」印銘をもった碗片も出土している。この遺物はハマ（窯道具）に溶着している。

共伴する磁器碗はすべて厚手でやや青みをおびており、呉須で唐草文、山水文などが描かれている。

(b) 鍋島藩窯（図3）

お経石窟、清源下窯の出土資料とさらに鍋島藩窯出土資料とを検討し、これらを「京焼風陶器」として研究を発表したのが大橋康二である。

大橋の論考は1983年から84年にかけて発表され[4]、大きな反響をよんだ。1990年、その後の新資料の発見や新知見をくわえて成果をまとめた[5]。

1は鍋島藩窯から出土した丸碗である。ふっくらとした体部下半から上半にかけて立ち上がり口縁部にいたる。高台は低く断面方形に削りだし、高台内は広く平坦につくっている。

体部外面には鉄絵で楼閣山水文を描いている。近年、京焼風陶器の文様の顔料について、呉須絵との意見があり、結論が出ていない。また、一部に色絵を施した製品もあることが報告されている[6]。本章では現在意見の相違があるという事実を了解した上で、鉄絵として記述することとする。表面は卵黄色味をおびる。底部は無釉であり、高台裏（外底面）中央に径1～2mmの円圏を削り「冨永次」の印銘を押す。2は同じく鍋島藩窯から出土した平碗である。丸碗にくらべて

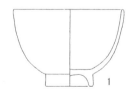

図2 お経石窟（1・2）、清源下窯（3・4）出土遺物　京焼風陶器

口径が大きく、器高が低い。この器形では文様は内面に描かれる。高台裏には「森」の印銘がある。なお、大橋は前者を碗、後者を皿と呼んでいるが、本章では丸碗、平碗とした[7]。

鍋島藩窯の調査では、この丸碗と平碗の両方が多数出土している[8]。

印銘の種類は豊富であり、「清水」「冨永次」「善」「木下弥」「森」「新」「市川」「柴」のほか篆書体の印がある。「清水」印が最も多く、「清水」印のみが草書体である。各印銘とも、同一の印であっても字体の変化がみとめられるものがある。

(c) 年代

大橋はお経石窯と清源下窯の資料について、染付磁器が網目文、唐草文、山水文の碗など、佐賀県有田町長吉谷出土の碗[9]と一部共通の意匠であり、1650年代後半から1680年代のうちにおさまるものと推定した。したがって共伴する京焼風陶器についても同年代と考えている。

また鍋島藩窯の製品は、物原から印銘のない京焼風陶器が出土し、共伴する磁器が底部内面に五弁花を描く青磁猪口など18世紀の遺物が主であることから[10]、下限を18世紀初頭と推測した。

お経石窯、清源下窯で生産された京焼風陶器と、鍋島藩窯で生産された京焼風陶器の相違については、同志社校地出土遺物の検討とあわせ後述する。

図3の3・4は印銘のない平碗である。高台の削りが粗く、印銘をもつものにくらべて高台内側の削り込みが大きい。高台内の円圏は粗雑に「の」の字状に彫り込まれる。内面の文様も印銘をもつものとやや異なり、印銘のないものには足付ハマの溶着痕が残存する個体がある。印銘をもたない資料は印銘をもつ資料にくらべて粗製であり、ハマによる焼成がうかがえるところから、印銘をもつものよりもさらに量産されたものと考えることができよう。

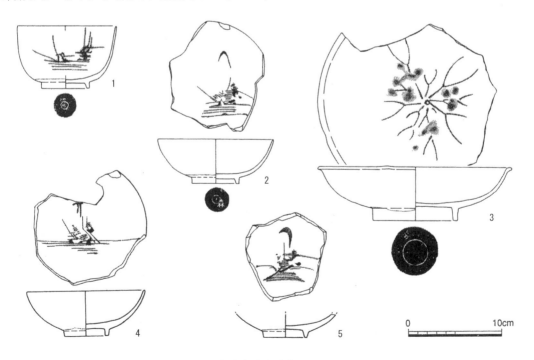

図3　鍋島藩窯出土遺物　京焼風陶器

第3章　肥前京焼風陶器と京焼

以上のように、肥前における京焼風陶器の生産は 1650 年代後半から 1680 年代にかけてお経石窯、清源下窯でおこなわれ、この 2 窯と川をはさんで対岸に位置する鍋島藩窯では 18 世紀初頭まで生産が続き[11]、のち印銘の無いタイプのものが生産されていたことが知られる。

(2) 京焼風陶器の特色

生産地において紹介された資料からあらためて肥前で生産された京焼風陶器の特色について筆者自身の観察を中心として考察する。

京焼風陶器は①黄味をおびた白色の胎土をもち、焼成は良好で、高台脇まで施釉する。表面を観察すると、青味をおびた灰色を呈するものと白味をおびた黄色を呈するものに大別できる。九州陶磁文化館において焼成実験後の陶片を実見したところでは、表面の色の相違は焼成時の温度差によるものと考えられる。お経石窯と清源下窯の資料では灰色味の強いものが多い、

京焼風陶器の特徴として、②鉄絵による楼閣山水文が描かれていることがあげられる。③高台中央に円圏を削り出し、その脇に印を押している。この、高台内に印銘をもつことが京焼風陶器の最大の特徴であると考えられる。鍋島藩窯において出土量が多いのは図6の拓影のタイプで、生産地では平碗のみが確認されていた[12]。

大橋は、印銘を施す習慣が江戸時代の肥前陶磁器にみられなかったこと[13]、あわせて鍋島藩窯において「清水」印がもっとも多く出土したことから、京焼の影響が強く働いたものと判断し、これらの遺物を「京焼風陶器」と名づけたのである。

なお、大橋は当初から京焼風陶器をⅠ類、Ⅱ類の 2 つに分けていた。Ⅰ類については、高台の断面を台形に削り、高台内兜巾（ときん）とよばれる突出した部分を残し、畳付（たたみつき）とよばれる高台底部を除きすべてに施釉するもの[14] としている。お経石窯の調査の略報において「御器手風の唐津碗」と呼ばれているものである。Ⅱ類が先に述べたような、高台脇まで施釉し、高台内に印銘をもち、楼閣山水文が描かれているものである。両者は胎土ならびに表面の色がよく似ている。筆者はこのⅠ類については京都からの影響を示す積極的な要素はないと考えている。Ⅰ類については御器（ごき）の伝統すなわち朝鮮半島の影響を考えるべきであろう。「御器手風」とは器形の相似を意味すると思われるが、御器といっても多様であり、用語については慎重を期すべきと考えている。以上のことから、本章でいう「京焼風陶器」とは大橋の分類のⅡ類のみをさす。しかし、Ⅰ類とⅡ類が生産地で共伴していることには留意しておきたい。

第2節　同志社校地出土の京焼風陶器

(1) 新島会館地点の発掘調査

同志社校友会新島会館地点の位置を図1に示した。改築にともなって 1984 年に発掘調査がおこなわれ、調査面積は約 700㎡ であった[15]。当地は寺町の北部にあたり、寛永 14 年（1637）の『洛中絵図』によれば当地には信行寺があった。宝永 5 年（1708）の大火後に中井家屋敷となり天明 8 年（1788）の大火後も数度にわたって建て替えられ、明治まで存続した[16]。明治 8 年（1875）、屋敷と屋敷地を公卿高松保実に貸しており、このとき同志社英学校の仮校舎として使用されてい

る[17]。明治11年（1878）、屋敷は取り壊され跡地に新島襄邸と新島会館が建てられ現在に至っている。

　新島会館地点の発掘区は東区と西区に2分される。陶磁器が大量に出土したのは西区の土坑SK103、SK124、SK128、SK135の各遺構である（図4）。

(2) 京焼風陶器の分類 （表1）

　京焼風陶器は沖縄県から北海道まで全国約100か所の消費地遺跡から出土している。このうち10点以上出土したことが報告されている遺跡は当地点を入れて12か所であった[18]。

　新島会館地点出土の京焼風陶器について1985年に新島会館地点の調査担当者の鈴木重治が紹介した[19]。大橋の生産地からの問題提起にいち早く対応しようとしたものとして評価される。しかし報告書刊行以前の作業であり検討された資料は断片的であった。本項ではあらためて123点すべてについて研究する。

　表1は筆者が作成した当遺跡における京焼風陶器出土状況を示した一覧表である。印銘を確認できるものが123点ある。以下、表1と図4を参照しつつ述べる。

　表の横欄は印銘の種類である。一覧表作成にあたっては印銘の分類を第一とした。そのため、高台周辺のみが残存する資料も1点として計上している。「清水」「新」「木下弥」「森」「冨永」「善」「小松吉」「眞」「柴」の順に点数が多い。「倍」が2点出土している。「虎」は記号であるが、明らかに同一印であると考えられているものが2点であったので特にあげている。このうち「清水」のみが草書体、「新」は多種の書体がみられた。右から2列目に文字の項として、「山下弥」「冨永次」「宝」「雲」「吉」をあげた。「雲」と「宝」、ならびに「倍」は篆書体（図6の2）であった。このほか文字とみなしえないものは記号として最終列に18点を計上した。

　縦欄には出土遺構をあげた。表の上列から、西区（NKW）の遺構をあげた。主要遺構SK103、SK124、SK128、SK135から多く出土しており、他の遺構からも出土しているが点数は少ない。遺構にともなう遺物は計98点で、全体の79.6%を占めている。表の太横線以下は、遺構周辺や覆土および天明8年（1788）と考えられる焼土面の上下（1面上、1面下）から出土しているものをあげた。最後の3行は東区（NKE）出土遺物で、遺構SK001出土遺物は5点のみで他は包含層から出土している。

　縦欄下には器形による分類をおこなった。平碗が最も多く全体の68%を占めており、丸碗がこれに次ぐ。平碗には内面に、丸碗には側面に楼閣山水文が描かれているので、印銘をもつ高台周辺であれば器形を知ることができるが、なお不明なものは不明とした。また香炉は内面に釉が施されていないことから器形が判明する。

(3) 京焼風陶器の特色 （図5）

　新島会館地点出土の京焼風陶器は、印銘、出土遺構、器形によって以上のように分類することができた。ここではさらに出土遺物の特色について述べてみたい。

　図5をみる。①いずれも淡い黄味をおびた白色の胎土をもち、焼成は良好で高台脇まで透明釉が薄くかかる。表面は淡い黄色を呈するものが多く、やや茶色味の強いものがある。また、青味

第3章 肥前京焼風陶器と京焼

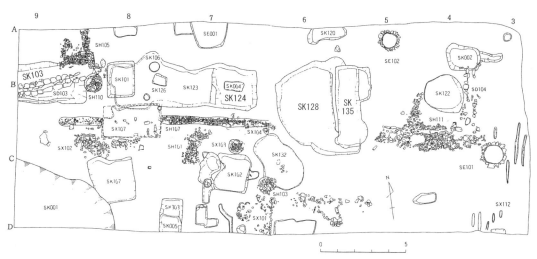

図4 新島会館地点第1遺構面遺構配置図

表1 新島会館地点出土の京焼風陶器の分類

		印銘	清水	新	木下弥	森	冨永	善	小松吉	眞	柴	倍	院	文字	記号
出土遺構		123	37	13	11	7	7	7	6	4	3	2	2	6	18
SK103		43	5	4	4	5	5	1	3	1	3	−	2	冨永次1 山下弥1	8
SK122		1	−	−	−	−	−	−	−	−	−	−	−	宝1	−
SK123		1	1	−	−	−	−	−	−	−	−	−	−	−	−
SK124		17	8	1	−	−	−	3	2	−	−	−	−	雲1	2
SK128		22	5	3	4	−	−	1	1	2	−	1	−	吉1	4
SK135		12	6	1	1	1	−	1	−	1	−	−	−	−	1
SK312		2	2	−	−	−	−	−	−	−	−	−	−	−	−
SX104周辺		1	−	1	−	−	−	−	−	−	−	−	−	−	−
SX110覆土		2	−	−	−	1	−	1	−	−	−	−	−	−	−
1面上		8	4	2	−	2	−	−	−	−	−	−	−	−	−
1面下		1	−	−	−	−	−	−	−	−	−	−	−	山原住1	−
NKE SK001		5	3	1	−	−	−	−	−	−	−	−	−	−	1
NKE 黒褐色土		7	2	−	2	−	−	−	−	−	−	1	−	−	2
NKE 砂礫		1	1	−	−	−	−	−	−	−	−	−	−	−	−
器形	平碗	83	28	11	6	6	4	5	1	3	2	−	2	2	13
	丸碗	18	4	1	4	−	3	−	3	−	1	−	−	2	−
	盤	6	1	−	1	−	−	1	1	−	−	−	−	1	1
	香炉	1	−	−	−	−	−	−	−	−	−	1	−	−	1
	不明	12	3	1	−	1	−	1	1	1	−	1	−	−	3

第 2 節　同志社校地出土の京焼風陶器

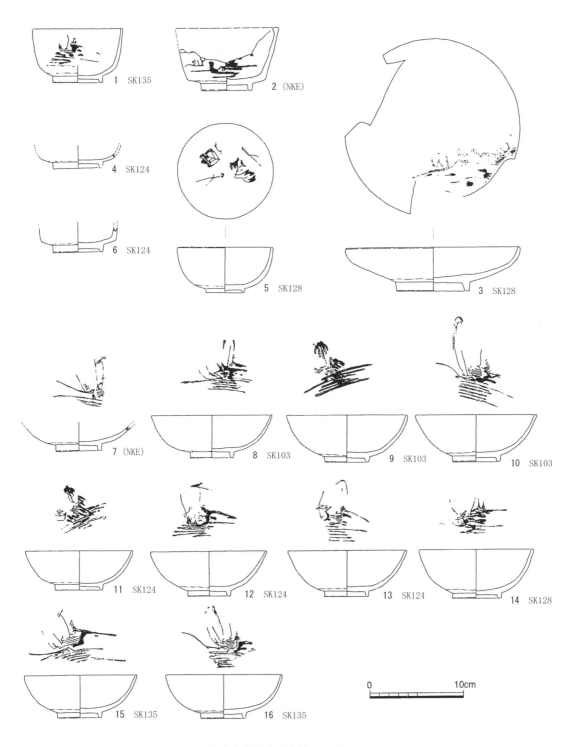

図 5　新島会館地点出土遺物　京焼風陶器

をおびたものもあるが点数は少ない。②平碗と盤3の底部内面と、丸碗と香炉2の側面に鉄絵で楼閣山水文が描かれている。最上部を山、中央の細い横線の重なりであらわされる部分を楼閣、下部のやや太い横線を水とみなしている。文様は崩れているものの手なれた筆致である。③高台中央に円圏を削り出し、その脇に印銘を押している。「清水」印が最も多い（表1）。

　第2節において、1650年代後半から1680年代にかけてお経石窯、清源下窯で生産された初現期の京焼風陶器には、18世紀前半まで鍋島藩窯で生産された製品にはないタイプのものがあることを述べた。ここで新島会館出土資料と比較してみる。

　お経石窯、清源下窯の京焼風陶器（図2）は丸碗が主体である。表面は灰色味の強いものが多い。高台内の円圏は大きく、高台径にくらべて高台が低い。お経石窯出土の丸碗2には「武」の印銘、清源下窯の出土の3・4には「定」の印銘がある。いずれも鍋島藩窯出土資料にはみられないものである。側面の楼閣山水文は2の丸碗では楼閣が2層描かれている。楼閣の後方と左の樹木の描法も丁寧である。また、正面裏には2連の山とみなされる曲線が描かれている。清源下窯出土の碗3では、楼閣とみなされる部分が左に、水とみなされる部分が右にある。ともに鍋島藩窯出土資料とはやや異なった意匠であり、鍋島藩窯出土資料の一筆書きを思わせる筆致はみられない。

　新島会館出土遺物の中には、以上のようなお経石窯、清源下窯の製品にみられる特徴をもったものはない。

　新島会館地点で出土した印銘のうち、「清水」「新」「木下弥」「森」「善」「眞」「柴」「冨永次」は生産地の鍋島藩窯で確認されている[20]。筆者はこれらの印銘をもった鍋島藩窯出土遺物について、一部を実際に観察する機会を得た。表面の呈色ならびに胎土、高台の形や削り、また各印銘の形などすべての点において新島会館地点出土資料と一致していた。したがって、新島会館の京焼風陶器は、鍋島藩窯において生産されたものとするのが適当であると考える。そして鍋島藩窯においても、「清水」印が最も多く出土している[21]。

　また、鍋島藩窯の製品として大橋康二が紹介した丸碗5は口径10.4cmである。大橋の教示によれば鍋島藩窯では口径10cmをこえるやや大型の碗と口径10cmをこえない小型の碗の2種が生産されていたという。しかしながら新島会館地点出土の京焼風陶器の丸碗の中には、口径10cmをこえるものはない。これは肥前から京都への製品の移入にあたってある程度の選択がなされていたことがうかがえる事実として興味深い。

　なお、新島会館地点では色絵を施した製品はみられなかった。また、印銘がなく、粗製の製品は出土していない。京焼風陶器は消費地での出土状況からみて日常の器であったと推定されるが、18世紀初頭までの製品は、生産地で量産されたといってもある程度抑制の効いたものであったと考えられる。

第3節　京焼との関係

（1）「清水」印銘をもつ京焼風陶器の再検討 （図5、図6）

　ここでは京焼風陶器が肥前において「京焼風」と考えられた重要な要素である「清水」印銘について考察する。

第3節 京焼との関係

　新島会館出土の京焼風陶器のうち、「清水」印をもつ資料をあらためてとりあげる。
　生産地において大橋康二が提示した字形（これをAタイプとする、図6拓影）は、新島会館地点出土遺物の中にもみられ、現在のところ12点と最も数が多い。Aタイプの印銘は「清」の字形に特色があるため識別しやすい（図5の4・10・14・15・16）。「清」の字のへんとつくりがややはなれ、つくりの「青」の上部では横線がほとんどみられない。下部の「月」では最終画がゆるく右側にほぼ水平に書かれる。鍋島藩窯出土遺物ではAタイプの印銘は平碗のみに押されており、丸碗は出土していない[22]。しかし新島会館出土遺物では丸碗にAタイプの印銘をもつものがある（図5の4）。高台と体部の一部が残存するのみで口縁部を欠くが、体部の立ち上がりや内面に文様がみられないことから丸碗とした。
　新島会館地点出土の「清水」印銘資料では、Aタイプ以外に同一印であると識別できるものはなかった。ただ、遺構外出土の遺物中に、特徴のある印銘をもつものを見出したので紹介する。
　図6の7である。字が大きく縦長で字形も異なる。器形は平碗で口縁は残存せず内面の文様は半分程度残る（図5の7）。
　新島会館地点出土の「清水」印銘をもつ遺物のうち遺構出土資料は西区（NKW）・東区（NKE）出土資料を合わせ30点であった（表1）。このうち残存状態から、印銘、器形、文様というすべての要素について検討が可能であるのは図6（実測図：図5）1・3・5・8〜16の12点である。遺構出土30点のうち半数にも満たない数であるが、土坑SK103、SK124、SK128、SK135の主要遺構すべてを網羅しており、また器形では平碗が9点でもっとも多く丸碗が1点、盤が1点と、表1と同様の傾向を示している。
　このうち先に識別した「清水」印Aタイプは図6（実測図：図5）10（土坑SK103出土）、14（土坑SK128出土）、15・16（土坑SK124出土）の4点である。

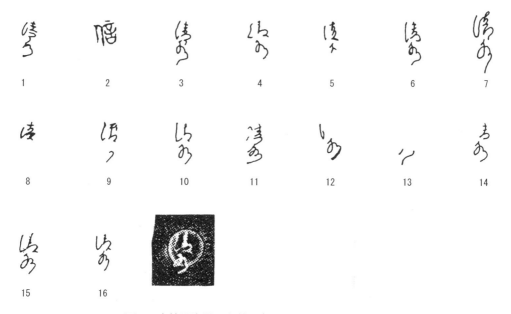

図6　京焼風陶器の印銘　（番号は図5に対応。原寸）

第3章　肥前京焼風陶器と京焼

　この4点はいずれも平碗である。内面に描かれた楼閣山水文についてこの4点を比較してみると、10と16が近い。上部の山の形は16では左側が短く、10と異なる。しかし、楼閣の上の縦方向の直線から楼閣の描き方、左に伸びる枝、右の部分を短い太線であらわすこと、またその太線の脇の、細い格子で描かれた小さい樹木のような部分までよく似ている。

　一方、14と15の楼閣山水文はこの10と16のものとは異なる。

　楼閣山水文のみを比較すると、9と11が近い。9の印銘は強く押された「清」の字形が判明せず、また「水」は摩滅のため字形は不明である。11の字形は先に提示したAタイプとは異なる。「清」のへんとつくりが離れず、つくりの上部が整然と書かれる。また「水」の最終画が第1画より左に曲がる。

　このほか図5の8と13の楼閣山水文の山の部分が似ている。印銘は8は「清」のみ、13は「水」の一部のみを判読することができる（図6）。いずれも印銘はAタイプとは異なる。

　また図5の12は山の形が傘を広げた形に描かれる。印銘は「水」のみが判読可能である。最終画が第1画より左に曲がる形である。

　以上のように、新島会館地点出土の京焼風陶器のうち、「清水」印をもつ資料にはさまざまな楼閣山水文と字形をもったものがあることが明らかになった。

　図5の3は、土坑SK128出土の盤である。一部を欠くが内面右下の部分に文様が描かれる。下部の横に流れる筆づかいの部分が水をあらわす。その上は地面がややもり上がり、左から順に網と思われるものが3基、低く左右に広がる樹木、2階建ての家屋、やや上に伸びる樹木が描かれる。絵は非常に丁寧に描かれており、省略や崩れはみられない。胎土は黄味をおびた白色で、表面は茶色味が強い。高台の削り方は他と同様である。印銘は今までに述べたどの字形とも異なる（図6の3）。全体に縦長で「清」はAタイプと比較してへんとつくりの距離がせまい。また「水」の丸い円形の部分が正円に近い。この字形とよく似た印銘をもつ遺物が当地点出土資料中にもう1点ある。高台周辺のみ残存する香炉（図5・図6の6）である。

　また土坑SK128から内面に楼閣山水文をもたない丸碗が出土している（図5・図6の5）。これは図5、図6の1の「清水」や他の印銘をもつ丸碗と比較して、器高が低く高台径が小さく口径が大きい。胎土は黄味をおびた白色で表面は淡い茶色を呈する。高台はやや低いが削り出しの大きさや削り方は他の遺物と変わらず、高台裏の印銘と円形削り出しの距離は近い。内面に鉄で3枚の葉と松葉が描かれている。松葉は葉脈を細く描き、葉の先端は濃淡を活かしている。印銘の字形は全く異なり（図6の5）、「清」のつくりの上部で円形をつくっている。「水」は摩滅し判読不明である。

　この盤と丸碗は他と比較して異なった要素をもっている点が注意される。しかし、生産地の鍋島藩窯において「清水」印銘をもち、内面に蓮葉文をもった遺物が報告されており（図3の3）、以上にとりあげた新島会館地点出土の京焼風陶器の中には鍋島藩窯で生産された京焼風陶器の範疇を大きく外れる遺物はないと考える。

（2）　京焼との比較

　これまで、生産地である肥前と、消費地である新島会館地点における京焼風陶器の出土状況と

その特色について述べ、とくに「清水」印銘をもつ資料について詳しく比較検討した。

　新島会館地点出土の京焼風陶器が消費地遺跡において重要である理由として、これらが主要遺構土坑SK103、SK124、SK128、SK135において京焼との共伴関係にあることがあげられる。

　そこで、あらためて両者を比較してみることとする。肥前で生産された京焼風陶器と、これに共伴する京焼は似ているのであろうか。

　大橋康二は肥前という生産地での京焼風陶器の研究を重視し、消費地における京焼の識別ということには積極的でなかった。当地点出土の京焼の特徴について、ここでは肥前産京焼風陶器との比較をとおして考察する。

　京焼の胎土は淡黄色のものとやや灰色味をおびたものがある。表面は青味をおびたものと淡い黄味をおびたものがある。これも焼成時の温度差によるものであろう[23]。京焼風陶器にくらべて全体に器壁が薄く、高台が小さい。

　器形について、京焼にも丸碗（図7の9）と平碗1～3がある。この2つがセットとなっていることは京焼風陶器と共通する。京焼風陶器にみられた香炉は、新島会館地点の当時の調査では出土しておらず共伴関係を確認できないが、別館地点の調査では京焼の香炉が出土している。これについては後章において述べる。また4・7のように、変化のある形の皿や、5の透かしをもったものや6の丸瓦をかたどったものがある。

　丸碗の側面と平碗の内面に文様が描かれており、草花が主体である。花の部分は呉須で描き、茎と葉の部分を錆絵[24]で描くというように2色を使っている。筆づかいは非常に精緻であり、京焼風陶器の文様が一筆書きで大胆であるのとは異なる。京焼は京焼風陶器にくらべて器形と文様において非常に変化に富んでいるということが指摘できる。

　京焼では印銘がないものが大多数を占める。印銘があるものの中には「和」（図7の2）「清閑寺」（図7の3）がある。「清水」印銘をもつものが1点もないことが注意される。

　新島会館出土の京焼風陶器と京焼は、丸碗と平碗のセット関係を除いては共通点が少ない。とくに文様については、京焼風陶器では先に述べた葉文をもつ1点を除いてすべて楼閣山水文をもつ。文様については肥前の製品は「京焼風」とはいえない。肥前においてなぜ楼閣山水文が採用されたのかが問題となろう。

（3）京焼との共伴関係

　次に出土状況について比較する。表1では京焼風陶器の高台裏の印銘を分類するという必要から、高台周辺が残存する資料をすべて抽出し計上したが、ここでは高台と口縁が残存するもの、すなわち復元可能なものの個体数によって比較する。

　表2は新島会館出土の京焼と京焼風陶器の出土点数を対照したものである。出土点数の右には器形による内訳を示した。京焼風陶器の出土点数は54点と全体の半数以下に減ったが、「清水」印銘をもつ資料が最も多く13点を数えること、平碗が42点と最も多いことから、ほぼ全体の傾向をあらわすと考える。

　各遺構ごとの出土点数をみると、土坑103では肥前産の京焼風陶器が30点に対して京焼が3点、土坑124では肥前産が3点に京焼が4点、土坑128では肥前産が14点に京焼が6点、土坑135

第 3 章　肥前京焼風陶器と京焼

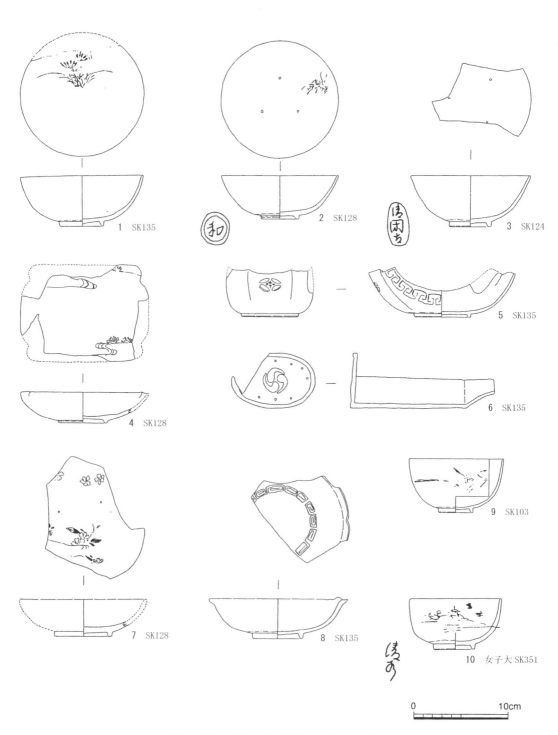

図 7　新島会館地点出土遺物　京焼 1 〜 9
　　　女子大学図書館出土遺物　10　（印銘は原寸）

表2　新島会館出土京焼風陶器・京焼の分類

出土遺構	印銘	清水		新		木下弥		森		冨永		小松吉		眞		柴		冨永次		山下弥		倍		記号		京焼	
SK103	30	4	平4	3	平3	4	平1 丸3	4	平4	3	平1 丸2	2	平1 丸1	0		1	平1	1	平1	1	平1	2	平2	5	平5	3	丸3
SK124	3	2	平2	1	平1	0		0		0		0		0		0		0		0		0		0		4	平1 丸3
SK128	14	3	平1 盤1	2	平2	4	平2 丸1 盤1	0		0		1	丸1	2	平2	0		0		0		0		2	平1 盤1	6	平1 丸3 皿2
SK135	7	4	平3 丸1	0		0		1	平1	0		0		1	平1	0		0		0		0		1	平1	7	平3 丸1 変2 変平1
平42 丸9 盤3	54	13	平11 丸1 盤1	6	平6	8	平3 丸4 盤1	5	平5	3	平1 丸2	3	平1 丸2	3	平3	1	平1	1	平1	1	平1	2	平2	8	平7 盤1	20	平5 丸10 皿2 変2 変平1

（平は平碗、丸は丸碗、変は器形に変化のあるもの、変平は器形に変化のある平碗をさす。）

では肥前産が7点に京焼が7点となっている。全体では肥前産が54点に対して京焼が20点とほぼ3倍に近い。京都において京焼の割合が低いことが特に注意される。

　京焼の器形では丸碗が10点で最も多く、ついで平碗が5点である。2点が図7の4と7の変化のある形の皿であり、2点が意匠をこらした器形のもの、1点が8の口縁に変化のある平碗となっている。

　これらの京焼は、肥前産の京焼風陶器と共伴することから1650年代後半から18世紀初頭の年代が与えられる。また、新島会館出土の京焼風陶器は第2節の(3)で述べたように、肥前の窯のなかでも鍋島藩窯で生産されたものと考えられる。したがって、お経石窯と清源下窯以降のほぼ1680年代頃から18世紀前半と年代をせばめることができる。

　上に述べた年代を確認するため、他の共伴資料に目を転じると、主要4遺構において、肥前染付碗では高台内に一重圏線をもつもの、「大明年製」銘をもつもの等、1680年代〜1700年代と考えられるものと共伴し、焼塩壺では土坑103・124・128の各遺構で「泉州麻生」印と「御壺塩師堺湊伊織」印をもつものがセットとなっており、ほぼ17世紀末から18世紀初頭の年代が与えられる。これは、前に述べた鍋島藩窯で生産された京焼風陶器の年代と矛盾しない。

　以上のことから、新島会館地点出土資料は、ほぼ1680年代頃から18世紀初頭頃の京都市内の一消費地における京焼と京焼風陶器の使用の状況をあらわすものと考えてよいであろう。

第4節　同志社校地出土の京焼風陶器が意味するもの

(1) 京焼と京焼風陶器の同時使用

　新島会館の主要遺構出土の京焼と京焼風陶器の出土状況から、当遺跡においては京焼と京焼風陶器が同時に使用され、肥前産の京焼風陶器が京焼よりも大量に使用されていたことがわかった。

　第2節の(1)で述べたように、新島会館地点に中井家寺町屋敷が建てられるのは宝永5年(1708)

の火災後のあとであるから、これらの京焼と京焼風陶器はそれ以前の信行寺に関わるものと推定される。

　京焼と京焼風陶器、それを上回る肥前磁器など大量の供膳具は、日常の什器として、また来客のための饗応の際に使用されていたものであろう。ここでは京焼と京焼風陶器が同時に使用されていたと推定する。使用する側がどの程度京焼と京焼風陶器を識別していたのか、またそのような識別がおこなわれていたのかは定かでない。

　京焼風陶器の器形と文様はかなり画一化したものであったことから、肥前産の京焼風陶器は組物（セット）で使用したと思われる。しかし京焼については点数が少なく、また同じ文様のものがなく、組物であるとは考えにくい。ちなみに土坑103と土坑124から体部に松を描いた京焼丸碗が各1点出土しているが口縁が異なっていた。この事実は、量産された京焼風陶器と共伴する程度の日常の器である京焼についても、ある程度の個数は廃棄されず伝世したことを示唆するものであろうか。

　新島会館地点においては京焼よりも京焼風陶器が大量に出土していることから、使用する頻度あるいは食膳にのぼる回数は、肥前産京焼風陶器のほうが多かったものと推測され、両者が同時に食膳にのぼった際の使い分けも興味深いところである。

(2) 共伴関係が意味するもの ―モデルとコピーの関係―

　新島会館地点では、ほぼ1680年代頃から18世紀初頭に京焼と京焼風陶器が共伴していた事実が知られる。これは、1680年代頃から18世紀初頭という時期には京焼が京焼風陶器に先行することが証明されないことを示している。

　「京焼風陶器」という呼称からは、京焼が肥前に何らかの影響を与えたことが想定される。両者が共伴関係にあり、京焼が先行しないことは、京焼がモデルであり、肥前の京焼風陶器がそのコピーであるという仮定が成立しないことを示す。少なくとも1680年代頃から18世紀初頭という年代にはこれが成立しないと考えられる。

　したがって、京焼風陶器のモデルとなった京焼とは厳密には肥前のお経石窯、清源下窯で生産が開始される1650年代後半以前の京焼を想定する必要がある。

　さて、ここであらためて「京焼風陶器」なる呼称について再考したい。かつて鈴木重治は肥前産京焼風陶器を「京焼写し」と呼んだ[25]。「写し」という概念はとくに陶磁史研究において頻用されるが、出土遺物の名称について受容するのもいかがかと考える。

　筆者は本章において、大橋の「京焼風陶器」の呼称を採用した。これは、「京焼写し」より「京焼風陶器」のほうが京都の影響が曖昧に表出されていると思うからである。「京焼風陶器」ならば、モデルとなる京焼の実像がある程度流動的であっても許容されると考えた。

　また、大橋康二は印銘のない鉄絵中皿や口縁部が直立する器形の遺物も京焼風陶器と称しているが[26]、これでは京焼風陶器の特徴が非常に曖昧になる。くわえてこれらの資料には京都の影響を想定しにくい。これらをすべて京焼風陶器とするのは困難である。

第5節　京焼風陶器にみられる京焼の影響

(1)「清水」印銘について

　それでは、肥前産の京焼風陶器にはどの程度京都の影響を看取することができるだろうか。

　大橋康二は、製品に印銘を施す作例や習慣が従来の肥前の窯にはなかったことから、その起源を野々村仁清の「仁清」印と楽家の「楽」印に求めた[27]。このことが大橋が肥前の製品を「京焼風」とした1つの要因と考える。しかしながら、生産地の鍋島藩窯において、また鍋島藩窯の製品を消費した新島会館地点においても、京都との関係が想定される印銘は「清水」印銘のみである。また、大橋は、京焼風陶器の印銘の性格について、「仁清」や「楽」と同様に陶家（陶工）名であると考えている[28]。

　ここであらためて新島会館出土の印銘を分類した表1を見たい。

　「清水」印銘は37点で最も多いが、全体の30%を占めるのみである。鍋島藩窯では京都のやきものの影響をうけ「清水」印に触発され、さまざまな印銘が創出したと考えられる。

　このうち「新」「森」「善」「柴」「冨永次」は、伊勢講碑の人名の記載から大川内地区の陶家名の可能性が大橋によって提起されている[29]。

　肥前においてはさまざまな印が創作され、押印された。そこには肥前の陶家のなみなみならぬ意欲が感じられるのである。

　新島会館地点の京焼の印銘には、「清閑寺」印と「和」印がある。図7の3は「清閑寺」印をもつ平碗である。黄味をおびた白色の胎土をもち、表面は淡い灰色を呈している。器壁が薄く、高台中央が突出するいわゆる兜巾がみられる。全体の半分以上が欠損しているため内面の文様は不明である。内面中央周辺に帯状の桃色の発色があり内面に3点の目跡がみられる。図化していないが「清閑寺」印をもつ遺物が当地点出土の京焼のなかにもう1点あり、器形は丸碗で全体の半分を欠損し文様は不明であった。図7の3の印にみられた小判形の外枠と「寺」の最終画と思われる形が残っており「清閑寺」印と考えた。また図7の1にも同様に小判形の枠が残るが文字は摩滅していた。

　図7の2は「和」印をもつ平碗である。高台脇の無釉部分は灰色味をおびた白色で、表面は青みをおびた灰色である。内面の口縁に近い部分に撫子と思われる花が描かれている。花の部分は呉須、葉の部分は鉄（顔料）で描いた錆絵染付による繊細な筆致である。見込には目跡が3点ある。印銘は2重の円圏の中に文字が入った形である。

　大橋康二は、「清閑寺」印の製品が肥前で出土しておらず京都の清閑寺窯の名を押していることから、肥前で生産された可能性はほとんどないとする[30]。肥前産の京焼風陶器と比較しても、これは明らかである。

　それではなぜ肥前において「清水」印だけが採用されたのであろうか。

(2) 初期の清水焼について

　ここで、1650年代前後の清水焼について考えてみたい。

第3章　肥前京焼風陶器と京焼

　京都鹿苑寺の鳳林承章が著した『隔蓂記』寛永20年（1643）10月22日条に「清水焼之水建（建水）」とあり、これが文献にみる清水焼の初見記事である。万治4年（1661）9月29日条に「清水花入」とある[31]。しかし具体的な形状や、これらが印銘をもっていたかどうかは不明である。やや時代が下がり、後水尾天皇の第12皇子である奈良一乗院宮真敬法皇の日記『三菩提院御記』には貞享3年（1686）4月25日条に「清水焼之香箱」の記事があり、当文献にみる清水焼の初出となっている。同年6月2日条には「清水焼堆朱手香合」、同26日条にも「清水焼堆朱手香合」とある[32]。以上の史料はいずれも茶に関わるものと推定され、肥前の「清水」印銘の製品との関連は見出しにくい。

　伝世資料の中で「清水」印をもつ作品は江戸時代初期から中期にかけて京都で焼造された、現在「古清水」と総称されている陶器の中にある。これらの作品は藍と緑、金彩を中心とした色絵の製品がほとんどであり、一部銹絵染付の作品もこの中に包摂されているようである。意匠は花文を中心にした優美なものである。あえていうならば新島会館地点出土の京焼は古清水の範疇に入るものと考えられよう。

　しかし、従来の研究では「古清水」の範疇に入ると考えられる紀年銘作品は、元禄年間（1688～）から文化7年（1810）までと年代幅が広い。また印銘をもつ作品は少ないが、印銘の種類は「清」「岩倉」「音羽」「京」「清閑寺」「清水」「きよ水」「粟田口」「粟田」「御菩薩池」「御菩薩」などがあり、すべて窯名をあらわすと考えられる。かつて河原正彦は「これら長期間にわたる作品の窯別の研究や製作年代、形式編年などは、基礎的な作品や史料の少ない現状では今後の研究をまたねばならない。」[33]とした。

　また日常使用されるような小皿や鉢、碗などが少ない[34]のも「古清水」の特徴である。

　東京国立博物館所蔵の『色絵菊文碗』（写真1）には高台裏の畳付に近いところに小判形の外枠に囲まれた「清水」印が押されている。口径12.8cmを測る。従来の研究では18世紀の年代が与えられている。新島会館出土の京焼には色絵の製品が少なく比較できない。なお、新島会館地点出土の復元不可能な破片の中に、色絵による装飾をもつものを4片確認している。この破片については後章において詳述する。

　ところが野々村仁清の作品の中に銹絵のみで文様を描いたものが知られている。管見では京都天寧寺所蔵の「銹絵水仙文茶碗」と鹿苑寺所蔵の「銹絵寒山捨得図茶碗」がある。口径は前者が12.4cm、後者が12.7cmである[35]。文様は体部外面に描かれている。

写真1　色絵菊文碗

これらは文様の意匠が肥前の楼閣山水文とは異なる。また、これが仁清の作品であることから、銹絵のみで文様が描かれた製品に「清水」印が押されたという事実には対応しない。

　さて、『万宝全書』巻八に収録の『古今和漢諸道具見知鈔』の「宋胡録」の項には、「染付下手也　日本にて清水焼の風に似たる物也（下略）」とある。この書が成立したのは元禄7年（1694）であるから、このときまだ京都におい

て磁器の焼成は始まっておらず、文中の「清水焼の風」とは、その絵付けをさすと思われる。文書の中で「右之品宋胡録二有」として挿絵に描かれている3点の資料のうち2点は絵付けが施されたもので、そのうちの1点の文様は山水文と考えられる[36]。

中ノ堂一信はこのことから初期の清水焼が「鉄釉による釉下絵付けの錆絵風のもの」[37]であったと述べている。清水焼の文献への初出は『隔蓂記』寛永20年(1643)の項であり、初期の清水焼とはほぼこの年代のものをさすと考えられる。このことは肥前産の京焼風陶器にみられるような錆絵のみによって文様が描かれた製品が「清水」印銘をもつということの1つの傍証とならないだろうか。

それではこの年代に肥前の京焼風陶器のモデルとなりえたような作品あるいは遺物を想定することはできないのであろうか。

(3) 京焼風陶器と共通する要素をもったやきもの

ここで再び同志社校地に目を転じてみる。1976年の同志社女子大学図書館建設に際して実施された発掘調査によって出土した遺物の中に、興味深い遺物がある[38]。

図7の10は土坑351から出土した丸碗である。黄褐色の緻密な胎土をもち、表面は茶色味が強い。体部に鉄絵で楼閣山水文を描いている。楼閣山水文は現状ではうすく残るのみであるが2層目の楼閣の屋根と左右の樹木の部分はよく残っている。水の部分はとくに右側によく延びている。丸碗でありながら楼閣の上部を描くことや右の樹木を楼閣の頂点より上に描くことに特徴がある。高台の削りは丁寧で、高台裏の直径2.7cmの円圏の中に「清水」印が押されている。印銘の形は鍋島藩窯と新島会館地点で出土した、Aタイプとは異なる。新島会館出土資料の中では図5の3の盤に押印されたもの(図6の3)に似ている。しかし図6の3では「清」のへんがつくりよりも上にあるのに対して、当資料ではつくりの方が上にある。また「水」の字形も異なり、全体に3の印の方が縦に長く、印の大きさが異なる。

この同志社女子大学図書出土遺物(図7の10)、共伴した土師器の年代から同志社編年のⅧ期(16世紀末～17世紀前葉)の年代が与えられた[39]。鍋島藩窯の製品とは胎土や表面の発色、高台の削り方、円圏の大きさが異なる。お経石窯、清源下窯の製品とは文様の描き方に省略が少ない点と円圏が大きい点が共通している。しかし胎土は当遺物の方が緻密である。

筆者はかつて、この丸碗が京都で生産された可能性は大きいと考える確証はないとしたが[40]、現在は、以上の特徴から、京都で生産された京焼と考えている

さらに、伝世資料の中にも、肥前産の京焼風陶器との関連をうかがわせる作品がある。東京国立博物館所蔵の『百間窯鮪釣貝附茶碗』(写真2)である。筆者の計測によれば口径11.6cm、器高7.8cm、高台径5.8cm、畳付

写真2　百間窯鮪釣貝附茶碗

第3章　肥前京焼風陶器と京焼

の幅 0.3 cm である。緑色がかった灰色の釉が畳付を除いて全面にたっぷりと掛けられている。釉は見込周辺でたまり、光る。直径 2 mm 程度の細かい貫入が入る。底部の厚さは口径中心から垂下した長さが 6.5 cm あり、かなり厚手と思われる。腰部中央下に楼閣山水文がみられる。左には山と枝、中央には楼閣、右には樹木と思われるものと小さい山が描かれる。さらに右に延びる部分は水の表現とも考えられる。口縁下に細い横線がある。また正面裏の口縁下には 3 連の山がみられる。鍋島藩窯の製品にみられた下部に線状に水をあらわす表現はみられない。高台裏はやや赤みをおび、畳付の露胎の部分で観察される胎土は緻密であり、焼成は良好である。印銘はない。

　この作品は内部の口縁下の位置に貝殻が付着していることからこの名がある。箱蓋表には「貝付御茶碗（ママ）伊萬里百間鮪釣茶盌」とある。おそらく採集されて伝世していたものと考えられ、箱書の百間すなわち肥前の百間窯の製品であるとそのまま受容することは難しい。また、年代も不明である。とはいえ、とくに器形や釉調、楼閣山水文の表現においてお経石窯、清源下窯の製品との共通点がみられることが注意される。

（4）1650年代後半から1680年代の京焼―京焼風陶器出現の意義―

　これまで述べてきたことを総合すると、肥前の地で生産された京焼風陶器とは当時の「京焼の丸碗と平碗という器形のみを模倣し、文様は京焼にはあまりみられない楼閣山水文を採用してこれを鉄絵によって画一的に描き、当時の京都の窯名の「清水」だけをとりあげて製品に押印したもの」と定義することができよう。これらすべての要素をもった製品が肥前で実現したものである。

　楼閣山水文をもった京焼作品について、管見では大和文華館所蔵の尾形乾山作『銹絵山水楼閣図火入』ならびに藤田美術館蔵の野々村仁清作『銹絵山水図茶入』が知られるのみであった[41]。

　さて、ここで肥前において京焼風陶器が出現した 1650 年代から 1680 年代の京焼の状況について。史料を参照しつつ考察する。

　延宝 6 年（1678）、土佐の陶工森田久右衛門が旅日記をまとめた『森田久右衛門日記』延宝 6 年 8 月 24 日条には、久右衛門が京中立売烏丸で御菩薩焼の「見事に焼申候、あわびなり皿壹つ」を買ったことが記されている。同年 12 月朔日条には「江戸町中の御室焼の皿、鉢、何にても見合買申様に」とあり、江戸において御室焼が売られていたことがわかる。さらに 2 日条にも「茶入壹つ、ふた有（中略）水差壹つ」を購入した記事があり、5 日条にも「町へ焼物買いに出る」とある[42]。これらの記録は、京焼が、京都ならびに江戸市中で販売されていることを記したものであり、京焼が茶に関係した製品ばかりでなく「不特定多数の需要者を対象とするやきものの販売「町売」[43] をおこなっていたことを示す重要な史料であると考えられる。

　このようにすでにこの時期には、京焼には、これまでにみられなかった、不特定多数の消費者を意識した「町売」がおこなわれていたことがわかる。文献にあらわれたこの事実から、肥前における京焼風陶器の生産は、京焼の町売の動向にいち早く対応したものであると推定することができよう。

　やきものの生産における京都と肥前の関係について、かつて河原正彦が、文献から慶長 7 年（1602）ごろ、京都三条の陶工が佐賀に下り、そこでやきものを焼かせて京都に持ちのぼってきたことを述べた[44]。肥前と京都との密接な関係を示唆するものであるが、製品についての具体

的な記載がなく、また肥前における京焼風陶器の生産の時期とは半世紀のへだたりがあり、京焼風陶器出現の直接の契機とみることはむずかしい。しかし、このような両者の関係を基礎にして、京焼風陶器が肥前で生産されたことは充分に想定できる。またこのような関係があったからこそ、京焼の町売という新しい動きに即座に対応することができたものと考えることができるのである。

第6節　山水─京焼風陶器に描かれた文様─

(1) 山水文の系譜と京焼風陶器

　遠方に山を描き、手前に水辺を配した山水は古来世界各地でさまざまに表現されてきた。平城宮跡から木板に楼閣を中心として池・岩・滝を描いた「楼閣山水之図」が出土して注目を集めたことも記憶されるところである[45]。自然の風景である山水を文様とした山水文は、わが国では古くは銅鏡や正倉院の織物などにみることができる。また、山水に楼閣を配した意匠は、のちに中国青花の文様としてさかんに使用されるようになった。

　本章前節まで、筆者は近世に肥前で生産された京焼風陶器について論じたが、京焼風陶器にはごく少数の例外をのぞいて、すべてに山水文が描かれていた。

　本節ではこの京焼風陶器に描かれた文様について検討し、とくに肥前における山水文の採用とその系譜について述べてみたい。

　ここで京焼風陶器の特徴について整理する。京焼風陶器は、肥前において1650年代後半から18世紀初頭まで生産された。初現期においては磁器と同じ窯で焼成されていた。

　各器種とも高台脇まで施釉し、高台裏に印銘を施すことを特徴とする。京都の窯名である「清水」印銘をもつ資料が大量に出土して注目され、大橋康二によって京焼風陶器と名付けられた[46]。

　ほぼ同時期に京都で生産されたと考えられる京焼と比較すると肥前産の方が全体に厚手である。ここで山水文に着目して実測図を再掲する。器形は丸碗（図8の1）と平碗（図8の2）で[47]、これは肥前産と京焼の両者に共通するが、肥前産では香炉と盤（図9の5）がある。そして文様は京焼では呉須と鉄の2色づかいによる繊細な草花文が中心であるが、京焼風陶器では鉄絵のみによって、くずれの多い山水文が大胆に描かれる。

　以上のことから、筆者は京焼風陶器を「当時の京焼の丸碗と平碗という器形のみを模倣し、文様は京焼にはあまりみられない楼閣山水文を採用してこれを画一的に描き、当時の京都の窯名の中の「清水」だけをとりあげて製品に押印したもの」と前節において定義した。

　京焼が草花文を中心とするのに対して、肥前の京焼風陶器に山水文が描かれた事実は、文様については肥前の陶工が京都の影響を受けなかったことを示している。

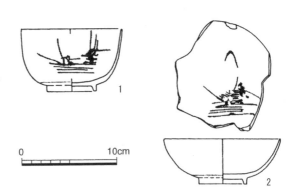

図8　鍋島藩窯出土遺物　京焼風陶器
（1「冨永次」印　2「森」印）

大橋はそれまでの肥前の製品に印銘を施す習慣がなかったことから肥前においての京焼風陶器の特殊性を考えた。では京焼の草花文を採用せずに京焼風陶器に山水文が描き続けられたことは、肥前においてどのような意味をもっているのであろうか。

(2) 肥前陶磁器と山水文

肥前で生産された京焼風陶器に描かれた山水文についてはすでに仲野泰裕が、肥前磁器製品や波佐見諸窯の呉須絵陶器の中に比較的多く認められる文様であるとしている[48]。

肥前磁器の編年研究の進展にともない、磁器に採用された文様について、編年にしたがって各期の製品を検討することが可能となった。

肥前磁器において山水文を施した製品は創始期から現れる。大橋の編年によるⅡ期（1610年～1650年代）[49]の中で1630年代までの磁器に当たる天狗谷Ｅ窯に碗と皿があるほか山辺田7号窯と小樽2号窯で窯筒形碗が出土している。天神森7号窯では碗のほか山水文に屋根をもった建物を描いた皿が出土している。天神森4号窯出土の皿には山水文とともに数軒の家屋と人物が描かれる。続いて1650年代までの時期には猿川窯から内面に山水文をもつ皿が多く出土している。山は上部に、全体の構図から見ると高い所にあり、山の下に切妻屋根の低い建物や辻堂のようなものを描いたものが大部分を占める。4本の足場の上に家の形をのせた建物が確認できる資料が1点出土している。また、山辺田7号窯からも、同様の建物を描いた皿が出土している。猿川窯の資料より省略の多い描法である。谷窯、小樽2号窯、天狗谷Ａ・Ｄ窯、百間窯、窯ノ辻窯からも山水文の碗、皿が出土しているが[50]、楼閣と思われる高層の建物を描いた資料はない。

Ⅲ期（1650年～1690年代）に入ると、1650年代頃の山辺田1号窯で大皿や直径30cm前後の鉢の内面に大きく山水文が描かれており、中央に三角形の屋根と脚をもった建物を描くものが2点ある。1655年ごろから1680年にかけて操業した長吉谷窯[51]ではとくに大皿の文様が多彩である。山水文を描いたものは少ない。水の上に木々を配して、木の間に切妻屋根の建物を描いたものや、岩の上に辻堂のようなものを描いた資料が出土している。建物は低い。ほかに脚をもった建物を描くものが1点あり[52]、この中に明らかに2層以上の塔がみえる。

以上のように山水文は磁器創始期から文様として採用されていた。全体の傾向をみるとⅡ期のなかでも1630年～1650年代の製品に多いが、ともに描かれる建物は低いものが多い。

Ⅲ期（1650年～1690年代）になると文様の多様性にともなって山水文は減少するが、楼閣とみなされる2層以上の建物[53]が確認できる数は増えてくる。

また、京焼風陶器にみられる鉄によって文様を描く技法は、肥前陶器の初期にすでにあらわれている。大橋による肥前磁器のⅠ期（1580年～1600年代）の主な装飾技法は鉄絵で、植物文が多く[54]、とくに野草が中心である[55]。この時期の鉄絵の表現について大橋が「おおらか、簡潔」[56]、筆致について水町和三郎が「減筆でなされる」[57]と述べていることに注意したい。陶器編年のⅡ期（1600年～1650年代）に入ると鉄絵はしだいに減少していく[58]。

このように肥前において京焼風陶器を焼成した陶工は、肥前磁器に取材した山水文を肥前陶器古来の装飾技法で描いたということができるようである。

(3) 明末の中国磁器にみる山水文

　明末の青花磁器について、これまで景徳鎮民窯の製品と、漳州窯などの華南地方で生産された
と考えられる粗製の製品とに大別する考え方が一般的であった。

　16世紀末から17世紀前半にかけて中国大陸から輸入された青花に関して、消費地遺跡出土の
資料の分類・編年研究が進展した。上田秀夫が設定した皿A-V-1類（型押しの菊皿で口縁の内弯
するもの）のうち1598年頃から1630年頃と考えられる堺環濠都市遺跡200、SS201出土の資料
は見込に山水文をもつ。先に述べた肥前の製品とは異なり、建物は層を重ねて高く描かれ、塔を
思わせる。また同じ型押しの菊皿で口縁が外反するもの（上田の編年による皿A-V-2類）が1615
年頃から1640年頃の島根県富田川河床遺跡から出土しており、底部内面に頂部を長く伸ばした
建物と山水文が描かれている[59]。大橋康二は1613年に大西洋のセントヘレナ島沖で沈没したオ
ランダ船ヴィテ・レーウ号から引き揚げた資料の中から同様の文様をもった折縁の皿を提示して
いる[60]。これよりややくずれた文様が描かれた皿が平安京内膳町遺跡から出土している[61]。

　17世紀前半は肥前における磁器生産の創始期にあたる。消費地遺跡での報告をみるかぎり、
この時期までに消費された中国青花の中に山水文をもつ資料が少ないことがわかった。

　17世紀前半に中国から輸入された青花の中に、遺跡からほとんど出土しない[62]にもかかわら
ずわが国に大量に伝世している資料がある。これは従来「古染付」とよばれてきた一群である。

　古染付とは明朝最末期の天啓（1621～1627）崇禎（1628～1644）時代に景徳鎮民窯で焼造され
たものをさしていう[63]。明の泰昌元年（1620）の御器廠の閉鎖を背景として生まれた独特の青花
である。中国で日常使用された碗や皿が舶載されたものと、日本で茶陶として使用するための注
文品とに分けられる。中国では全く伝わっていないと考えられてきたが、同年代の寺院址などの
発掘調査を契機に[64]中国でも研究が進んでいる[65]。

　この古染付が中国で生産された時期は、肥前で染付磁器の生産が開始された時期と近接してい
る。早くから矢部良明が肥前磁器の文様と古染付の文様を比較対照しており[66]、肥前磁器の文
様の取材が初め古染付に始まったことを述べている[67]。

　景徳鎮陶磁館には「人物山水図碗」と「山水図碗」が収蔵され、見込に山水文をもつ磁器片が
8片報告されている。故宮博物院（北京）には「山水人物図盤」がある。山水は装飾題材として
大いに流行しており、山水図の中に寺院、塔、家、四阿が描かれた[68]。山水とともに人物を描
くことは肥前ではほとんどみられないが[69]、この時期の中国では頻繁にみられ、日本の伝世資
料にも例が多い。

　わが国に伝わる古染付のうち、山水文をもつものは碗、皿のほか向付、香合、水次、手鉢など
の茶陶がある。筆致はのびのびとしていて[70]、自由奔放で[71]、乱雑[72]である。山水とともに描
かれた建物をみると2本の柱の上に三角形の屋根をのせたものがある。同様の図形を大きく描い
た「辻堂図葉形向付」[73]があるので、これが辻堂の形を意識して描かれたものであることがわかる。
このほか切妻屋根を描いたものもある。管見では楼閣を確認できる資料はない。

　中国青花に楼閣が描かれたのは、明代の民窯の製品にみられる、わが国で「雲堂手」とよばれ
る文様に始まるようである。15世紀末頃には大型の壺の胴部に楼閣を大きく描き、背景に雲形

を組み合わせている。16世紀になると雲と楼閣だけの簡単で粗略なものになる。この文様をもった碗が日本で茶陶として使用された[74]。

以上のように肥前の染付にみられる山水文は同時期に中国大陸で生産された青花にも描かれていた。消費地遺跡出土の資料には塔とも思われる高層の建物が確認できた。しかし、当時の肥前磁器が文様を取材したといわれる古染付の一群に山水とともに描かれた建物に楼閣はほとんどみられないことに注意したい。

（4）京焼風陶器に描かれた文様

これまで、京焼風陶器が出現した1650年代後半までの肥前磁器と中国青花について考察してきた。山水文は多用されていたが、ともに描かれる建物は楼閣と考えられないものが多かった。

あらためて京焼風陶器をみる。初現期のお経石窯では2層の建物が確認できる碗（図9の1）と、屋根の重なりがみえる建物を描いた碗がある。山水文をもつ盤には楼閣が確認できない[75]。清源下窯では口縁に向かって伸びる垂直の線が高い建物をあらわすようである（図9の2）。18世紀初頭まで鍋島藩窯で生産されたものではさらに簡略になる（図8の1、2）。筆者は同志社新島会館地点から出土した大量の京焼風陶器はこの鍋島藩窯の製品と考えている（本章第2節）。なお図8の1は「冨永次」印、図9の4は「冨永」印、また図8の2と図9の3は「森」印をもつ。

図9の3・4・5は新島会館地点出土の京焼風陶器の一部である。細かくみてゆくと、まず上の部分の曲線が山である。碗の体部に描かれる場合には文様を描く面積が狭いことからこの部分が省略される。建物と思われる部分は細い横線で表現される。これはお経石窯以来の描法である。肥前磁器ではⅡ期の1650年代までの製品にすでにこの描法がみられる[76]。この横線はすぐ下の水をあらわすやや太い線につながる。左に枝のような部分が張り出し、右に塗りつぶした部分があり、その上の細かい線の重なりは木のように見える。この、いたって簡略な木の描法は肥前磁器ではⅢ期（1650～1690年代）から確認できる[77]。建物は左右を挟まれて低い。新島会館地点

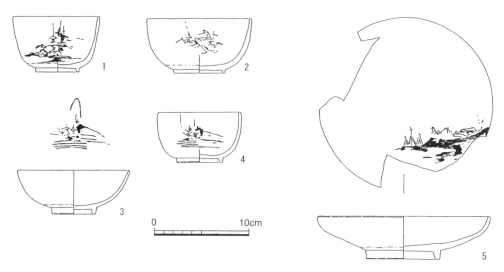

図9　お経石窯出土「武」印 1　清源下窯出土「定」印 2　新島会館地点出土「森」印 3
　　　同「冨永」印 4　同「清水」印 5

出土の京焼風陶器のうち、胎土、釉調が他の資料と同じであるにもかかわらず、内面の文様を丁寧に描きこんだ盤が１点ある。これには楼閣が確認できず、切妻屋根の低い建物が描かれている（図９の５）。これはいわゆる古染付にみられる山水文とともに描かれた建物の表現と共通し、肥前磁器にも例が多い。左にあるのは肥前磁器において大橋が網干文とよぶもので、Ⅱ期には１点のみであるがⅢ期には増える[78]。また京焼風陶器にみられる建物から山に向かって伸びる垂直の線は、高いものを意図したと考えられるが、これは塔のような高い建物を描いた消費地遺跡出土の皿の意匠を想起させるものである。

おわりに

本章において、筆者は「京焼風陶器」の呼称を選択した。本章の原本となった論文において、当初から「京焼風陶器という呼称を肥前で生産されたものに限って使用している。」[79]と述べたことがある。現在、京焼風陶器なる名称は定着して、近世の遺跡を対象とした発掘調査報告書で共通の認識をもった用語として使用されている。

京焼風陶器の提唱者である大橋康二によって、当時から生産地における年代観が提示されていた。これはのちに『九州陶磁の編年』[80]に記録され、消費地遺跡での研究の基礎となっている。

また大橋によって報告された京焼風陶器の全国的な消費地の集成につづいて、江戸遺跡における当該遺物の消長が明らかとなった[81]。そして大橋が京焼風陶器Ⅰ類とした呉器手碗について、東京大学構内遺跡の発掘調査に携わる成瀬晃司があらためて着目し、器形の選択と用途の問題について考察している[82]。さらに京焼風陶器の伝世資料が紹介された[83]。これは、京焼風陶器の考古学的な研究成果を基礎にして、時を経て認識されたものと筆者は考えている。草花文色絵鉢、素焼水差等、装飾技法ならびに器形において出土資料にはみられなかったものである。楼閣山水文をもつ作品が多いこと、高台裏の円形削り出しの径が大きく、中央に肥前の陶工名をあらわす印銘を押すことが、出土資料と共通することに注意しておきたい。

また肥前陶器と京焼の関係については、京焼風陶器と京焼のみならず、色絵陶器についても研究が進められている[84]。

肥前産京焼風陶器は京都の影響をうけながらも、文様については京焼の草花文を採用せず山水文を描いた。肥前陶器に鉄絵を施す装飾技法は肥前陶器の編年のⅡ期（1600 ～ 1650 年代）にはしだいに減少する。この段階の鉄絵にはこの時期に始まった肥前磁器の染付の影響をうけたものも少なくない[85]。京焼風陶器に山水文が採用されたこともこの傾向の１つであろう。京焼風陶器の簡略化された山水文には当時の肥前磁器の山水文がもつさまざまな要素が集約されていた。

肥前の陶工は初期の肥前陶器が採用した野草を中心した植物文ではなく、中国青花をめざして肥前で焼成に成功した染付磁器の文様である山水文を採ったのである。製品の高台脇に京都の窯名である「清水」印を押印しながら、染付に取材した山水文を描きつづけた意気はみごとである。この山水とその傍らの小さな建物はとくに「古染付」で好まれた意匠であった。最盛期の京焼風陶器に描かれた建物も小さいが、そこから山に向かって伸びる直線には、舶載の青花皿の文様にみられる高層の塔のなごりが感じられる。そして筆致は、乱雑ではあるがのびのびと自由である。

これは初期の肥前陶器と明末の中国青花の双方にみられる特徴である。そして京焼風陶器の文様はまさしく減筆で描かれていた。これが京焼風陶器の量産を可能にした一因でもあったにちがいない。

　なお、第2章において、京焼の生産遺跡で楼閣山水文を描いた素地が発見されたことを述べた。丁寧な筆致で描かれた文様は、肥前京焼風陶器にみる山水文が京焼の山水文の伝統にのっとったものであることを想起させる。しかし本章で述べたように、同時代の消費地遺跡から出土する京焼には草花文が描かれることが圧倒的に多い。肥前京焼風陶器が楼閣山水文を選択して量産しつづけた事実に、あらためて注目しておきたい。

注

(1)　『大川内山鍋島藩窯跡発掘調査概報　第3次調査』伊万里市教育委員会　1976年。

(2)　盛峰雄「お経石窯・清源下窯発掘調査略報」『烏ん枕』29伊万里市郷土研究会　1982年。

(3)　『九州陶磁の編年―九州近世陶磁学会10周年記念―』九州近世陶磁学会　2000年。

(4)　大橋康二a「鍋島藩窯出土の京焼風陶器（上）―印銘を中心として―」『セラミック九州』№7佐賀県立九州陶磁文化館　1983年。

　　　大橋康二b「鍋島藩窯出土の京焼風陶器（中）―印銘を中心として―」『セラミック九州』№8佐賀県立九州陶磁文化館　1983年。

　　　大橋康二「鍋島藩窯出土の京焼風陶器（下）―印銘を中心として―」『セラミック九州』№9佐賀県立九州陶磁文化館　1984年。

(5)　大橋康二「いわゆる京焼風陶器の年代と出土分布について―肥前産の可能性があるものを中心として―」『青山考古』第8号　青山考古学会　1990年　13～26ページ。

(6)　森田孝志「肥前陶磁にみる京の影響」『陶説』631　2005年　26～33ページ。

(7)　成瀬晃司・堀内秀樹「消費地遺跡における陶磁器の基礎的操作と分析―東京大学構内遺跡出土資料を中心に―」『東京大学本郷構内の遺跡　医学部病院地点』東京大学遺跡調査室　1990年。

(8)　注（1）文献。

(9)　大橋康二・尾崎葉子『有田町史　古窯編』有田町史編纂委員会　1988年。

(10)　注（5）文献。

(11)　注（5）文献。

(12)　注（5）文献。

(13)　注（5）文献。

　　　大橋康二『肥前陶磁』考古学ライブラリー55　ニュー・サイエンス社　1989年。

(14)　注（5）文献。

(15)　『同志社大学徳照館地点・新島会館地点の発掘調査』同志社大学校地学術調査委員会　1990年。

(16)　明治2年（1869年）の『京都全図』でも中井家が存続している。

(17)　『同志社九十年小史』学校法人同志社　1965年。

(18)　注（5）文献

(19)　鈴木重治「京都出土の伊万里産「清水」銘陶器をめぐって」『同志社大学考古学シリーズⅡ』1985年　537～555ページ。

(20)　注（5）文献。

(21)　注（5）文献。

(22)　注（5）文献。

(23)　佐藤雅彦『京焼』日本の美術28　至文堂　1968年。

(24) 鉄による装飾技法で、京焼の場合に鉄絵ともよぶ。『やきもの事典』平凡社　1984 年。

(25) 鈴木重治 a「京焼と京焼写し」『江戸の陶磁器』（江戸遺跡研究会第 3 回大会資料）江戸遺跡研究
　　 会　1990 年。
　　 鈴木重治 b「出土資料にみる京焼と京焼写しの検討」注（15）文献所収。（a・b は同文）

(26) 注（5）文献。

(27) 注（5）文献。

(28) 注（5）文献。

(29) 注（5）文献。

(30) 注（5）文献。

(31) 鳳林承章原著　赤松俊秀註編『隔蓂記』（復刻版）第 1（自寛永十二年八月至正保二年十二月）第 5（自
　　 萬治四年正月至寛文四年十二月）京都鹿苑寺　思文閣出版　1997 年。

(32) 水谷川紫山撰「三菩提院宮御記抄」（二十）『日本の茶道』第 5 巻第 1 号　日本の茶道社　1939 年
　　 25 〜 28 ページ。
　　 同（二十一）『日本の茶道』第 5 巻第 3 号　日本の茶道社　1939 年　40 〜 44 ページ。

(33) 河原正彦「初期の京焼」『日本やきもの集成 5　京都』平凡社　1981 年。

(34) 注（33）文献。

(35) 作品の名称と口径の数値は『日本やきもの集成 5　京都』に依った。注（33）文献。

(36) 『古今和漢諸道具見知鈔』（『茶道全集』15）創元社　1937 年。

(37) 中ノ堂一信『京都窯芸史』淡交社　1984 年。

(38) 『同志社校地内埋蔵文化財調査報告書資料編 II』同志社大学校地学術調査委員会　1978 年。

(39) 松藤和人「同志社キャンパス内出土の土器・陶磁器の編年—中・近世を中心として—」注（38）
　　 文献所収。

(40) 角谷江津子「肥前京焼風陶器と京焼—新島会館出土資料を中心として—」『関西近世考古学研究』
　　 III 関西近世考古学研究会　1992 年　170 〜 201 ページ。

(41) 作品の名称については『世界陶磁全集』6 に依った。

(42) 『森田久右衛門日記』『陶器全集』第 3 巻　法雲舎編　思文閣　1976 年。

(43) 注（37）文献。

(44) 河原正彦「京焼についての覚書—とくに肥前とのかかわりを中心に—」『文化財報 40』1983 年　3
　　 〜 7 ページ。

(45) 奈良国立文化財研究所『平城京長屋王邸宅と木簡』吉川弘文館　1991 年。

(46) 注（4）文献。

(47) 大橋康二（注 4・5 文献）と仲野泰裕は碗・皿とよび、成瀬晃司と堀内秀樹（注 7 文献）は丸碗・
　　 平碗としている。
　　 仲野泰裕「江戸時代の瀬戸窯と京焼風陶器」『愛知県陶磁資料館研究紀要』6　愛知県陶磁資料館
　　 1987 年　56 〜 68 ページ。筆者は丸碗・平碗という呼称を採用している。

(48) 注（47）仲野文献。

(49) 大橋康二『肥前陶磁』考古学ライブラリー 55　ニュー・サイエンス社　1989 年。

(50) 注（9）文献。

(51) 大橋康二・西田宏子『古伊万里』別冊太陽 No.63　平凡社　1988 年。

(52) 注（9）文献。

(53) 諸橋轍次『大漢和辞典』「槵」の項。『大漢和辞典』修訂第二版　大修館書店　平成元年。

(54) 注（49）文献。

(55) 水町和三郎『古唐津』出光美術館　1986 年。

第3章　肥前京焼風陶器と京焼

(56)　注（49）文献。

(57)　注（55）文献。なお、「減筆」とは、水墨画の技法で、筆致を極端に省略することをいう。

(58)　大橋康二「肥前磁器の変遷」『第3回九州近世陶磁研究会資料』（研究発表資料）1993年。

(59)　上田秀夫「16世紀から17世紀前半における中国製染付碗・皿の分類と編年への予察」『関西近世考古学研究』I　関西近世考古学研究会　1991年　56〜74ページ。

(60)　大橋康二「16・17世紀における日本出土の中国磁器について」『東アジアの考古と歴史』下　岡崎敬先生退官記念論集　1987年。
　　　内面の文様には2層の建物2棟と、6層の塔が確認できる。
　　　Amsterdam RIJKS Museum THE CERAMIC LOAD OF 'WITTE LEEUW' Amsterdam, 1982

(61)　『埋蔵文化財調査概報（1980-3）』京都府教育委員会　1980年。

(62)　長崎出島オランダ商館跡から小片と、大坂城の18世紀前半の遺構から出土が報告されている。
　　　長崎市教育委員会『出島和蘭商館跡範囲確認調査報告書』1986年。
　　　鈴木秀典「輸入貿易陶磁器の編年の検討—天正から江戸前期—」『貿易陶磁研究』No.10　日本貿易陶磁研究会　1990年　67〜73ページ。

(63)　斉藤菊太郎『古染付　祥瑞』（陶磁大系第44巻）平凡社　1972年。

(64)　「合肥市发现明代瓷窖蔵和唐代邢窖瓷」『文物』第8号　1978年。

(65)　『景徳鎮民間青花磁器』中国陶瓷全集19　中国上海人民美術出版社編集　美乃美　発行　1983年。

(66)　矢部良明「初期伊万里染付の起源と展開」「初期伊万里染付・中国青花対照表」『世界陶磁全集』8　江戸（3）小学館　1978年。

(67)　矢部良明「17世紀の景徳鎮と伊万里—その作風の関連」『17世紀の景徳鎮と伊万里』佐賀県立九州陶磁文化館　1982年。

(68)　注（65）文献。

(69)　II期の天神森4号窯から1点と猿川窯から2点例がある。注（9）文献。

(70)　注（65）文献。

(71)　注（63）文献。

(72)　『日本人が好んだ中国陶磁』（展覧会図録）京都国立博物館　1991年。

(73)　作品の名称は注（63）文献に依った。河原正彦は「青花辻堂文木葉形向付」という。注（72）文献。

(74)　藤岡了一『明の染付』陶磁大系第42巻　平凡社　1975年。

(75)　盛峰雄「伊万里市内の17世紀の陶器窯について」『第3回九州近世陶磁研究会資料』（研究会資料）九州近世陶磁研究会1993年。

(76)　注（9）文献。

(77)　注（9）文献。

(78)　注（9）文献。

(79)　注（40）文献。

(80)　注（3）文献。

(81)　長佐古真也「消費地遺跡における陶磁器組成研究の視点と一例」『江戸の陶磁器』〔発表要旨〕（江戸遺跡研究会第3回大会資料）江戸遺跡研究会　1990年。「時間のものさし」『東京の遺跡展　お江戸八百八町地下探検　図録』東京都教育委員会　朝日新聞社　1991年。

(82)　成瀬晃司「肥前産「呉器手」碗の需要に関する予察」『竹石健二・澤田大多郎先生古希記念論文集』2010年。

(83)　『常設特別展　肥前陶磁にみる京の影響』（展覧会パンフレット）佐賀県立九州陶磁文化館　2005年。

(84)　注（6）文献。

(85)　注（49）文献。

第4章　同志社校地出土の京焼 —その組成と年代観—

はじめに

近世遺跡を対象とした発掘調査の歴史において、その劈頭をかざるのが同志社大学による調査であった。そして、京焼を出土遺物として、研究史の上で最初に認識したのは、同志社大学教授の松藤和人である。ここで、その文章全体を引用する。「これらは洗練されたロクロ技術、独特なモチーフ、華麗な絵付けなどにより他と峻別される」[1]。早くも1970年代に京焼の成形技法、意匠、装飾技法を認識していたことは特筆すべきである。

以来、同志社大学では校地学術調査委員会、現在は歴史資料館を中心に調査が継続されている。

本章では、同志社校地で出土した京焼について、出土遺構、遺物の特徴、共伴資料について述べるとともに、校地出土の京焼について年代的考察を試みようとするものである。

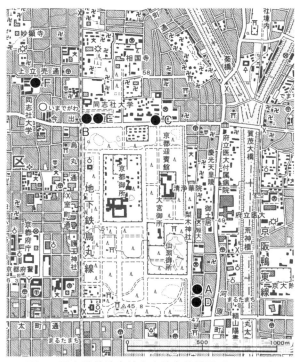

図1　同志社校地京焼出土地点位置図（1：25,000）
A 新島会館地点　B 地下鉄今出川駅南口地点
C 同志社女子中学・高校静和館地点　D 新島会館別館地点
E 同志社大学徳照館地点　F 同志社大学育真館地点

第1節　同志社校地出土の京焼（図1）

（1）新島会館地点（図2～5）

同志社校友会新島会館地点の発掘調査の概要は、第3章第2節に述べたとおりである。報告書は1990年に刊行された[2]。筆者は調査主任の鈴木重治先生の下、報告書作成にあたり遺物整理ならびに実測、浄書を担当した。本節はその成果を基礎に研究をおこなったものである。

検出された遺構の中で、主要遺構とされる土坑は第1遺構面の廃棄土坑103、124、128、135（第3章の図4）であった。宝永5年（1708）の火災によると推定される焼土を被っており、18世紀初頭以前の年代が与えられる。ここから、遺物が最も多く出土した土坑103の出土資料の様相について述べる。遺物の様相を詳細に研究し、かつ年代観を明瞭にする目的で、報告書に掲載さ

第4章　同志社校地出土の京焼 ―その組成と年代観―

図2　新島会館地点土坑103出土遺物（1）　土師器 1～12　磁器 13～28

第1節　同志社校地出土の京焼

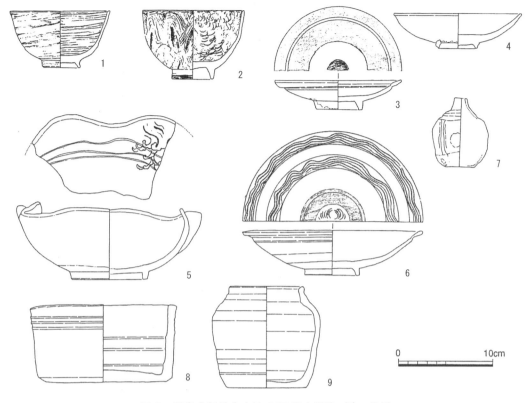

図3　新島会館地点土坑103出土遺物（2）　陶器

れていない、筆者の実測による図をくわえて掲げる。

　肥前磁器では器厚3mm程度で体部外面の文様の精緻なもの（15・16・18）が多い。底部内面中央の五弁花は手書きで描く。高台裏の銘款には「大明年製」「大明成化年製」「富貴長春」がみられる。このほか器高にくらべて底径が小さい薄手の碗（13）があり、コンニャク印判（19・20）や型紙摺（21・23）による装飾が施されている。色絵の製品には22・27がある。肥前陶器では第3章で述べた京焼風陶器と呉器手碗に加えて刷毛目碗（図3の1・2）があり、折縁皿や灰緑色の釉薬を施した蛇の目釉剥ぎの皿（3）がみられる。信楽産では擂鉢（図4の6）が多く、小型の壺（図3の9）もみられる。備前産では擂鉢（図4の5）、桶形の容器（図3の8）小瓶（7）がある。焼塩壺では「泉州麻生」印をもつものと「御壺塩師堺湊伊織」印をもつものが共伴している（図2の10・12）。

　以上の遺物の年代は、土坑の直上に宝永5年（1708）の焼土層が堆積していることから、その下限を知ることができる。土坑124、128、135もこの焼土層の直下にあって類似した遺物が数多く出土しており、その様相は土坑103と同様であった。

　さて、これらの遺構から、京都で生産された陶器、すなわち京焼が多く出土している。ここから、その特色について考察する。

　表面は淡黄色あるいは灰青色を呈し胎土は淡黄色、淡茶色、淡灰色。胎土が精良で器厚は2〜2.5mm程度と薄く、器形には丸碗（図5の1〜5）、平碗（8〜11）のほか、変化のある形の平碗

85

第4章　同志社校地出土の京焼 ―その組成と年代観―

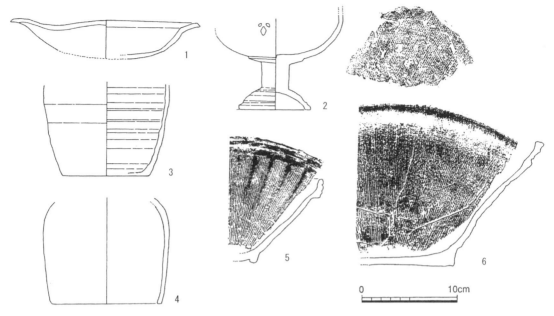

図4　新島会館地点土坑103出土遺物（3）　土師器 1　瓦器 2・4　陶器 3・5・6

（12・15）がみられる。碗の口径には大小の違いがあり、いずれも体部下半から口縁にかけてやや開くのが特徴で、後代に出現する、いわゆる半球形とは明らかに異なる。皿としたものは、平碗にくらべて器高が低く、内面の文様が底面全体に広がるものである（13・14）。これに対して平碗では文様が底部の中央からやや端に配される。このほか透かしを施す（7）などの工夫を凝らした形がある。

装飾は次に説明する破片の一部を除いて、鉄による錆絵（3）と呉須の錆絵染付によるものである。復元不可能な破片の中には色絵による装飾をもつものがあった。土坑124では14片のうち2片が色絵金彩、残る12片が錆絵染付であった。土坑128では11片のうち2片に色絵と金彩が施されており、残る9片が錆絵染付、土坑135では4点すべてが錆絵染付であった。しかし数量としては装飾が残存していた破片の10分の1以下であり、復元可能であったものにはすべて錆絵染付による装飾をもっていたことから、主要遺構出土の京焼と考えられる資料について、錆絵染付による装飾をその一つとすることができると考える。

意匠には草花が多くみられるほか、宝尽し（図5の4）、注連縄（10）、雷文に近い文様（12）がある。6は京焼の天目碗である。

高台裏の印銘がないものが多数を占めるが、「清閑寺」印をもつ丸碗（図5の5）と平碗（8・11）があり、平碗には小判形の「清閑寺」印がみえる。

5には小判形の枠と1字目「清」のさんずい、2字目の「閑」のもんがまえが読み取れることから「清閑寺」と考える。図化していないが土坑128出土の丸碗1点にも高台裏に小判形の印がみえ、3字目の最終画が残ってこれが「寺」と読めることから「清閑寺」印と考える。この碗は体部の半分を欠損し文様は不明である。上記2点の印銘を掲載できなかったことをご容赦願いたい。

86

第1節 同志社校地出土の京焼

図5 新島会館地点土坑103（1～16）、土坑124（17）出土遺物 京焼

87

第4章　同志社校地出土の京焼 ―その組成と年代観―

　平碗（図5の8）には錆絵染付によって草花が繊細な技法で描かれ、平碗（11）は文様の部分を欠く。したがって、当地出土の「清閑寺」印銘をもつ京焼は4点で、うち2点に草花文が描かれていることがわかった。

　9には二重円の中に「和」という印がみられる。印銘の有無によって色調・胎土・器形・装飾に差がみとめられない。焼成時には三叉トチを用いることがあり、底部内面に痕跡が残るものがある。

　以上の遺物から、筆者が京都で生産された陶器、すなわち京焼と考える要素をあげると、①色調は淡黄色あるいは灰青色である、②胎土は淡黄色・淡茶色・淡灰色のものがありいずれも精良である、③器厚2.5mm内外の薄づくりである、④器形は丸碗と平碗が大部分を占め、これに変化のある形が加わる、⑤装飾は錆絵染付による、⑥意匠は主に草花（植物）である、⑦文様を繊細な絵付けで描く、というものである。

　これらの特徴をもつ出土遺物は、京都で生産された可能性が高い陶器であると判断でき、「京焼」と呼ぶことができる。

　同地点から、京都で焼成されたと考えられる土瓶が出土している。土坑103出土の土瓶（図5の16）は注口を欠くが表面は淡黄色で胎土は精良であり、体部上部に草花を錆絵染付の技法で描く。他にも復元完形の土瓶（17）が土坑124から出土している。表面な淡茶色で外面に錆絵染付で蔦を描く。注口の形が曲線であり、後の時代にあらわれるものより長くなだらかであることが特徴である。

（2）地下鉄今出川駅南口地点土坑104（図6）

　つづいて、地下鉄今出川駅南口地点発掘調査で出土した遺物をとりあげる[4]。図6は平碗で、底部内面に枇杷が錆絵染付で描かれている。遺物の特徴は①表面は淡黄色、②胎土は淡黄色で精良、③器厚2.9mm、④平碗、⑤錆絵染付、⑥枇杷を描く、⑦繊細な筆使いである。先に筆者が提示した、京焼と判断する要素、すなわち①色調は淡黄色あるいは灰青色である、②胎土は淡黄色・淡茶色・淡灰色のものがありいずれも精良である、③器厚2.5mm内外の薄づくりである、④器形は丸碗と平碗が大部分を占め、これに変化のある形が加わる、⑤装飾は錆絵染付による、⑥意匠は主に草花（植物）である、⑦文様を繊細な絵付けで描く、を検討してみると、すべての要素をみたすことから、この遺物は京都で生産された京焼であると考える。遺構上面の堆積土が宝永5年（1708）の京都大火後の整地層であると考えられ、遺物の年代の下限を知ることができる。肥前磁器の様相は新島会館地点土坑103から出土したものとほぼ等しく、出土した焼塩壺の1点は「天下一堺ミなと藤左衛門」印をもつ。

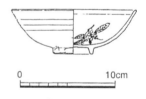

図6　今出川駅南口地点
　　　土坑104出土遺物

（3）地下鉄今出川駅南口地点井戸103（図7）

　（2）と同地点で検出した井戸103から出土した遺物を図7に示した。1の表面は淡灰色で胎土は黄味をおびた白色で精良である。新島会館地点出土の図5の1とよく似ているが、1では器厚

第1節　同志社校地出土の京焼

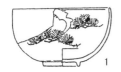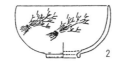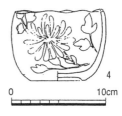

図7　今出川駅南口地点井戸103出土遺物

が3mm前後でやや厚く、口縁にかけてすぼまる。松の幹は鉄、葉は呉須で描き、松葉を1本ずつ細かく描いている。先に提示した京焼と判断する要素のうち、③の器厚について、約0.5mm厚くなる点と、新島会館地点の図5の1が体部上半から口縁にかけて開くのに対し、当地点出土資料では開きが少なくなり、ややすぼまる点が異なっている。図7の2は表面が淡茶色で胎土は茶色味をおびた白色である。器厚は4mmで、錆絵のみで柴束を繊細な筆づかいで描く。先の要素のうち、③の器厚について、4mmと厚くなる点と、体部下半がさらに厚くなり口径にくらべて高台が小さくなることに加え、⑤の装飾技法について、新島会館地点の京焼にみられた錆絵染付ではなく錆絵のみであることが特徴である。3の碗の表面は灰色で、胎土は灰色味をおびた白色である。器厚は2.6mmで杉形である。体部の根付き松は葉の部分を染付で、他は錆絵で細かく描く。杉形という形以外はすべて先に提示した要素にあてはまる。筆者はこの器形について、後代に信楽で生産され江戸遺跡で大量に出土する、いわゆる小杉碗の原型であろうと考えている。4は火入で、表面は淡黄色、胎土は淡茶色である。器厚は4mmで、色絵による装飾が施され、菊の花弁にはピンク色、茎の部分には緑色がわずかに残る。これらは新島会館地点の京焼で検討した要素のうち、③の器厚が4mmと厚くなる点、④の器形が火入である点、⑤の装飾技法が色絵であることが異なっている。

そこで、これら図7の1〜4の遺物の特徴を京焼と判断する要素と比較すると、1では器厚と口縁部形態、2では器厚と口縁部形態と高台径と装飾技法、3では器形、4では色絵がみられるものの、植物を繊細な筆づかいで描くことも特徴である。これらの状況は、新島会館地点出土の京焼と共通する要素に時期差による新しい要素がくわわるものと考えることができ、ゆえに、これらを新島会館地点出土の京焼に後出して京都で生産された一群に比定する。なお、この4点の京焼には印銘はない。

遺構に隣接する部分の堆積状況から、天明8年（1788）の京都大火後の整地にあたって廃棄されたものと考えられ、使用年代の下限を知ることができる。上限については、前述した土坑104から出土した遺物に接合したため、18世紀の初頭にまでさかのぼる可能性があると報告されている[5]。

以上のように、新島会館地点と地下鉄今出川駅南口地点土坑104出土の京焼と、今出川駅南口地点井戸103出土の京焼について、「時期差」を想定した。この問題についてはのちに詳説する。ここでは、京焼の個体としての特徴の変化を観察することによって、時期差が想定できるものと仮定したうえで、ひきつづき同志社校地出土の京焼について遺物をみていくこととしたい。

（4）同志社女子中学・高等学校静和館地点土坑14（図8）

　この遺構から、図8に示した京焼と考えられる遺物が出土した。丸碗の器厚は4.5mmと厚く、4と5のいわゆる半筒形の碗があらわれる。草花を描くもの（4）と、無文のもの（5）がある。4では花弁の部分は白泥を盛り上げる技法が使われている。花芯を呉須で、左右の草を鉄で描いて錆絵染付の技法を残すものの、これに白泥が加わるのが特徴である。1の丸碗と6・7の平碗では、それぞれ葉と草花の文様が鉄で塗りつぶされている。7の平碗の残存部分の文様は繊細であるが丸碗でみたように器厚が厚くなる。3の碗は鉄で樹花を描き、漢詩の一部と思われる「風過復葉」の文字が読みとれる。9の火入の器形は地下鉄今出川駅南口地点の井戸出土の図7の4に似るが、文様は鉄のみによって竹を描く。8の蓋にも鉄による草花の装飾がある。これらの遺物にはすべて印銘がない。しかし、1には「信乃」2には「三」という墨書があり、器の使用者や番号をあらわすと推定される。

　これらの遺物について、京焼と判断する要素と検討してみると、①の色調と②の胎土では要素をみたしている。異なる点として③の器厚ではすべての器種においてさらに厚くなる、④の器形では丸碗、平碗、火入に加えて半筒形の碗や蓋があらわれる、⑤の装飾は、錆絵染付の技法に代わって白泥を用いる方法が始まり、⑥の意匠は主に草花であるが、⑦の筆づかいは鉄一色で塗りつぶすなど繊細さが失われている。

　以上の点から、筆者はこれらの遺物を京焼の要素をもちつつ、さらに新しい要素をあわせもつ

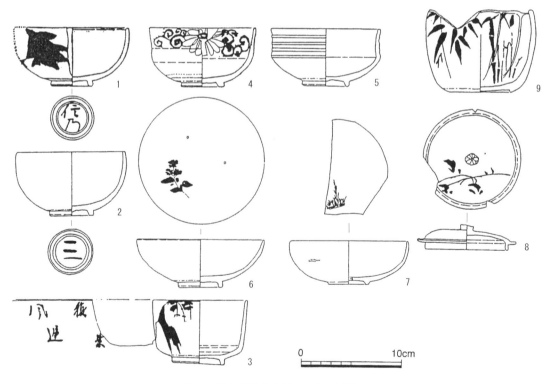

図8　静和館地点土坑14出土遺物

遺物という点で、(3)の地下鉄今出川駅南口地点井戸103の京焼と同様に、京都で生産された一群と考える。

　土坑14は、天明8年（1788）京都大火の際の焼土を被っていたことから、これを年代の下限におくことができる[6]。筆者は当地点の発掘調査の補助と報告書作成のための遺物整理、実測、浄書を担当した。上記の観察はこの作業をもとに研究したものである。

(5) 同志社女子中学・高等学校静和館地点土坑57（図9）

　この遺構から、平碗(1～7)が出土している。表面は灰青色や淡黄色で、胎土は白色で精良である。内面には文様がないのが特徴である。器厚は4mm前後で厚く、内面の高台が付く部分から底部内面にかけてやや凹む。4～7には高台裏に墨書があり、4では数をあらわす「二」、5では人名の一部をあらわすと思われる「皇」、7では「三林」と推定される文字がある。6には「申定」と書かれている。これらはすべて厚手で、器形としては平碗のみで丸碗がなく、文様もない。これらの遺物は①色調は淡黄色あるいは灰青色である、②胎土は淡黄色・淡茶色・淡灰色のものがありいずれも精良である、③器厚2.5mm内外の薄づくりである、④器形は丸碗と平碗が大部分を占め、これに変化のある形が加わる、⑤装飾は銹絵染付による、⑥意匠は主に草花（植物）を、⑦繊細な絵付けで描くという、筆者が本節(1)で提示した京焼と判断する要素のうち、①②と④の平碗という器形のみがあてはまる。本節(3)の地下鉄今出川駅南口地点井戸103と(4)の同志社女子中・高等学校静和館地点土坑14出土の京焼と比較しても、筆者が提示した京焼の要素がより少なくなっている。しかし胎土と成形技法は、これまでに述べた京焼と考えられるものと差はなく、器形が平碗のみとなり、無文となってもこれらが京都で生産された可能性は残る。

　土坑57と焼土の関係はわかりにくいが、出土遺物の様相から、天明8年（1788）の大火以降の時期の遺構と考えられている。土師器皿、花形塩皿などが共伴する[7]。

　なお、信楽の近世の窯跡で採集された遺物の中に平碗がみられる[8]。この平碗には内面に鉄によると推定される簡素な文様があるが、器厚や高台の削り、底部内面の高台が付く部分の凹みがとくに図9の2に近い。このように京都で生産されたか、あるいは信楽で生産されたのかを判断しにくい製品については、本節ではしばらく「京都・信楽系陶器」と考え、このように呼ぶことにしたい。

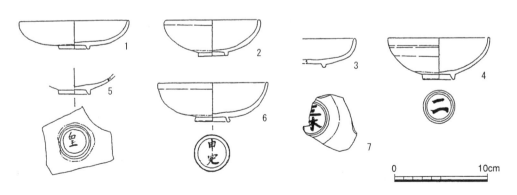

図9　静和館地点土坑57出土遺物

第4章　同志社校地出土の京焼 ―その組成と年代観―

　この、京焼と近世において信楽で生産された施釉陶器との生産、流通の問題については、次章において詳しく述べる。

(6) 新島会館別館地点土坑5 (図10)

　この土坑から平碗 (図10の1)、灯明受皿2・3、灰緑色の蓋4、落とし蓋5が出土した。1は表面が灰白色で精良である。口縁3.2mmとやや薄手で、高台裏はいくぶん突出し底部内面の凹みは少ない。内面に色絵で梅と枝が描かれ、梅の赤がよく残存している。以上の特徴から、この平碗は京都で生産された可能性がある。灯明皿・灯明受皿は信楽の神山窯で採集されており[9]、4は後代に消費地遺跡で出土量が増加する鍋蓋で、生産遺跡では滋賀県下の茶碗山窯[10]や石塔窯から出土している[11]。さらに5と同様の蓋が石塔窯から出土したことが報告されている[12]。以上のことから、この遺構出土の遺物には、京都で生産さ

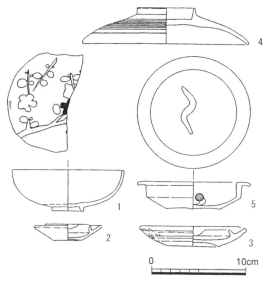

図10　新島会館別館地点土坑5出土遺物

れたものと、信楽で生産されたと推定されるものの両方があり、1の色絵平碗については伝世の可能性があることに注意したい。

　土坑5は隣接する土坑2の底部から天保3年 (1832) の陰刻をもつ砥石が出土していることから、この時期に近く、また肥前磁器では、土坑2で多く出土しているいわゆる広東形の碗や端反碗がまったくみられないことから、土坑2よりも早く、19世紀に入るまでに廃棄を終えた土坑と考えられている[13]。筆者は発掘調査の補助ならびに報告書作成にあたり、遺物整理、実測、浄書を担当した。

(7) 同志社大学徳照館地点土坑108 (図11～13)

　当地点の報告書[14]作成にあたり、筆者は遺物整理ならびに実測、浄書を担当した。その成果を基礎に研究をおこなったものである。遺物の様相を詳細に研究し、かつ年代観を明瞭にする目的で、報告書に掲載されていない、筆者の実測による図をくわえて掲げる。

　この遺構から、平碗 (図11の30・31)、灯明皿 (図11の28・29、図12の1) 灯明受皿 (図12の2)、蓋 (図11の23～25) にくわえ、端反碗 (図11の26) 蓋物身 (図11の32・33)、水注 (図11の35)、両手鍋 (図11の34、図12の7)、行平鍋 (図12の6)、土瓶 (図12の5) が出土している。

　図11の30の平碗は底部内面中央が凹み無文、31の平碗は内面に崩れた文様がある。26の端反碗は小型で、平碗などと同様の胎土、表面の発色である。鍋 (図11の34) には鉄釉、図12の5・6・7には灰色がかった緑色の釉薬がかかる。

　以上の陶器と同様の陶器が、信楽の窯跡で採集されている。灯明皿は本節 (6) で述べたよう

第 1 節　同志社校地出土の京焼

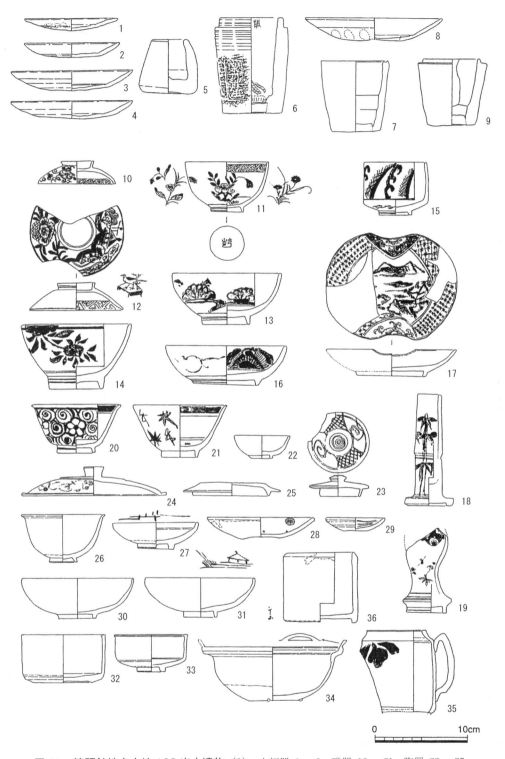

図 11　徳照館地点土坑 108 出土遺物（1）　土師器 1～9　磁器 10～21　陶器 22～35

第4章　同志社校地出土の京焼 —その組成と年代観—

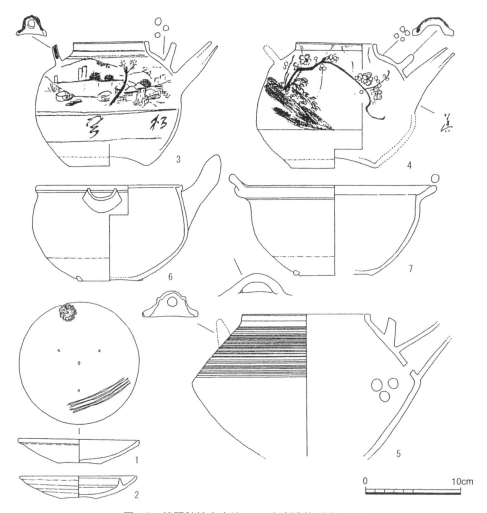

図12　徳照館地点土坑108出土遺物（2）　陶器

に信楽の神山窯、平碗（図11の31）は漆原を含む地域に位置する牧窯跡群[15]、端反碗（図11の26）は信楽の勅旨地区で採集されている[16]。鍋は滋賀県下の石塔窯で生産されている[17]。

　また土瓶（図12の3・4）が出土している。いわゆる山水土瓶といわれるものである。表面は淡黄色で4がやや白味が強い。胎土は淡黄色で精良である。3の船と山の筆づかいは繊細で遠山は淡緑色と淡黄色に彩色されている。4では梅花をあらわす部分に白泥を盛り上げているのが特徴で、直行する注口の下部に「道八」の筆書きによる銘がある。3に類似した製品が信楽の神山窯跡群で出土しているが[18]、文様が一筆書きのようにやや乱雑に描かれる。

　図11の36は筒形容器で表面はやや赤みをおびた淡灰色で胎土は淡茶色である。図11の32と36を比較すると、32の胎土が緻密で硬質に焼きあげられている。筆者は32を信楽、36を京都で生産された可能性が高いと考える。また36の底面は無釉で「ふしみ」の墨書がある。

　以上のように、この遺構から出土した遺物には信楽で出土、採集された遺物と同一の器種、同様の製品が多数を占める。ただし図12の3・4の土瓶については胎土・調整・装飾技法に京焼の特徴を指摘できた。先に述べたように図11の36は京都で生産されたものである可能性がある。

94

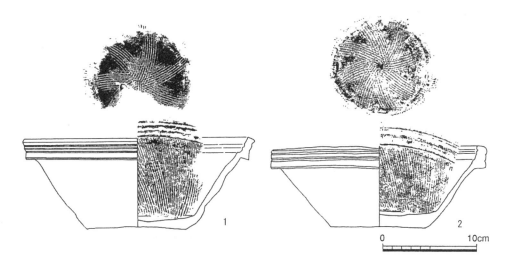

図13　徳照館地点土坑108出土遺物（3）　陶器

当遺構出土遺物においては京焼と信楽産施釉陶器の分別の問題が提起されてくる。これについては第5章で詳述する。

共伴する肥前磁器をみると、いわゆる広東形の碗（図11の14）や厚手で簡素な文様をもついわゆるくらわんか手といわれている13、小型で内面口縁下に四方襷を描き、体部外面の表裏に草花を描く11、筒形碗15がある。皿は厚手の16と精緻な文様を描いた17がある。碗蓋10・12の文様は細かい。線香立18、神酒徳利19がある。また、瀬戸美濃地方で生産された磁器碗20・21が出土しており、遺物の年代を18世紀末から19世紀後半と考えている。

（8）同志社大学育真館地点土坑01（図14）

この遺構から、染付碗5点が出土している。器形から煎茶碗と推定される。1～3は高台裏に「道八」銘をもつ。1～3が京都の陶工である高橋道八の銘をもつことから、京都で生産されたものと考え、これに類似した4・5についても京焼と報告されている。1は遺構外のB地点から出土しているが、B地点は発掘区の北10～15mに位置し、土坑01が北西に延びてこの地点に達している可能性がある。またB地点の層序をみると、現地表より90cm下部の焼土層が天明8年（1788）と推定され、1は上層の一括遺物であり、土坑01は上層で検出されている[19]。

ここであらためて、「道八」銘の碗を再検討していく。1の胎土を高台底部で観察すると、ねっとりとして、瀬戸美濃産の磁器にみられるガラス質と異なる。呉須の色は明るめで、文様を描く筆使いは精緻である。3の胎土は1よりやや灰色味が強い。銘の「道」の筆法は1に近いが、呉須の色は3の方が深く、文様の筆致は1の方がより細かい。2も「道八」銘をもつ3点の中では筆法が1・3と異なって「道」が大きく「八」が小さい。高台が高く、胎土はガラス質で表面は光沢がある。呉須の色は1より明るく青みが強い。文様の筆致は3点中もっとも細かい。「道八」銘をもつ3点では、2の胎土が異なっていることが注意される。

次に、4・5について検討する。4は「宣化」銘をもつ。胎土はガラス質で2に近く、表面は光沢がある。呉須の色は1よりも明るくやや紫がかる。文様は笹の葉を塗りつぶしており、他と異

第4章　同志社校地出土の京焼 ―その組成と年代観―

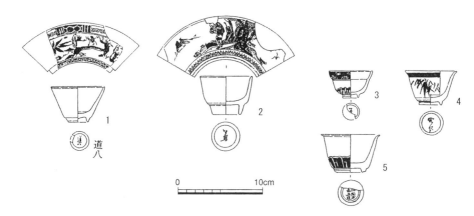

図14　育真館地点土坑01出土遺物　磁器

なる。5には「松風舎嘉延造」の銘がある。胎土はガラス質でなく、ねっとりとしていて、1と3の中間の色調である。呉須の色は1より暗く3より明るく、文様は体部下半に描くのみである。

以上5点が肥前、瀬戸美濃地方で生産された染付磁器ということは現在の研究状況では想定しにくいため、「道八」銘から京都と判断するのはいたしかたない。ただし、2が「道八」銘をもちながら胎土が他と大きく異なることは、京都における磁器生産を消費地の出土資料から考えなければならない現状では、大きな問題である。また、これらの煎茶碗はもと数客揃いであったと推測されるが、遺物としては1個体ずつしか確認されないことに注意しておきたい。

また、この遺構から「乾山」の筆書きによる銘をもつ鉢が出土している。「道八」「乾山」について、これが道八、乾山の作品であるか、他の「乾山」「道八」銘をもつ出土資料とどのように関係するのかについては、本章の主旨から離れるため遺物の出土を記すのみとしておく。ここでは陶工銘をもつ陶磁器には真贋の問題が内在するものとしておき、詳述をひかえることとしたい。

土坑01からは信楽の製品と同一と考えられる土鍋・行平が大量に出土していると報告されており、これに「道八」銘をもち京都で生産された可能性が高い染付磁器碗、「乾山」銘鉢が共伴していることが知られる。信楽で量産された施釉陶器と、陶工銘をもち、おそらくは少数生産されていたものの両方がみられることに注目したい。筆者は、この様相が19世紀代後半の京都を消費地とする京焼の出土状況を示すと考えるものである。

遺構の年代には、近代産業の廃棄物であるゴムパッキンが出土していることから明治時代の後半に使用年代の一端が与えられ、さらに瀬戸・美濃系の摺絵の碗の出土状況などから明治20年代後半から30年代初め（1890年代）と報告されている。遺物の様相は、幕末から明治時代にわたる資料が多く、瀬戸・美濃の器が約半数を占め、つぎに多い肥前磁器ではいわゆるくらわんか手といわれる粗製の製品が2割を占める[20]。

(9) まとめ

以上、同志社校地出土の京焼とその共伴資料について述べた。なお、本節においては、一括遺物に占める京焼の割合について言及していない。数量的な作業すなわち定量分析について、筆者はかつて試みたが[21]、個人でおこなうには時間がかかり、破片による生産地の特定と個体数の

計上の方法が一定していないことに当時から疑問を感じていた。1990年代前半以降、定量分析によるデータの提示が継続されないことについて、堀内秀樹が「資料化にあたっての作業量の膨大さ、分類基準の不統一、単位系の問題」[22]と述べた。この問題をふくむことから、本節では研究の主題から除外した。なお、京都市埋蔵文化財研究所が発行する調査報告書では分析のグラフが掲載されており、評価できるところである。

最後に、土地利用の変遷について説明を加える。本節でとりあげた同志社校地の発掘調査地点の中で、(1)新島会館地点は寺地から武家屋敷地へと変遷、(8)育真館地点は武家屋敷地、他はすべて公家屋敷地であった。武家屋敷地と公家屋敷地の出土遺物の分析は、年代がほぼ同時期の良好な一括遺物がないことから現状ではむずかしい。しかし、遺構ごとの様相をみるかぎり、18世紀後半〜19世紀においてはとくに差はみられないものと考えている。

第2節　編年的研究

(1)「京焼」という呼称

前節では同志社校地出土の京焼の特徴を列挙し、筆者が京焼と判断した要素、すなわち京焼の特徴について詳述した。これらの遺物は従来、発掘調査報告書等において「京焼」「京焼系陶器」「京都・信楽系陶器」などと呼ばれ、分別は曖昧であった、

同志社大学では校地の発掘調査に携わった鈴木重治の研究があった。新島会館地点の報告書考察において鈴木は一貫して京焼という呼称を用いたが、育真館地点の報告書考察では、大量に出土する鍋などの煮沸具を京信楽系、碗など銹絵染付による装飾を用いたものを「京焼」と呼んで区別した。さらに「道八」銘磁器碗を京焼としていた[23]。

ここであらためて、前項で提起した京焼と判断する要素を記すと、①色調は淡黄色あるいは灰青色である、②胎土は淡黄色・淡茶色・淡灰色のものがありいずれも精良である、③器厚2.5mm内外の薄づくりである、④器形は丸碗と平碗が大部分を占め、これに変化のある形が加わる、⑤装飾は銹絵染付による、⑥意匠は主に草花（植物）である、⑦文様を繊細な絵付けで描く、の7要素が基本である。

当該要素を提示できる消費地遺跡出土遺物について、筆者は基本的に「京焼」と考え「京焼」と呼ぶ。時代が下がり生産地を京都か信楽か断定しにくい遺物が増加する状況において、京焼の要素を多く提示できる遺物を「京焼系陶器」、信楽の生産遺跡出土遺物と共通する要素を多く指摘できる遺物について「京都・信楽系陶器」と呼ぶことは現状では適当であると考えている。

さて、「京都・信楽系陶器」という呼称が東京大学構内の報告で使用されている。これは堀内秀樹が「両者の区別が困難な現実もさることながら、京都とその普及品の産地である信楽を区別する必要性の有無から議論しなくてはいけないだろう。」[24]という理由から、「江戸後期以降の京都および信楽を含めた周辺地域を京焼生産を行う大きな一窯業地としてとらえ」[25]たという見解によるもので、大消費地である江戸遺跡の出土資料研究からは、京焼の普及品を信楽周辺の窯で生産するという視点が重視される結果であろう。しかし同志社校地ではこれまでに述べたように京焼の年代的な変化を把握することができ、また17世紀以前の資料では信楽の製品との区別が

第4章　同志社校地出土の京焼 ―その組成と年代観―

可能であることから、あえて筆者は「京焼」と「信楽産施釉陶器」の両者を区別して認識することを主眼としている。

　さらにいえば、大学徳照館出土の容器や土瓶でみたように、京焼が普及品となる段階でも京都で焼成されたと考えられる技法と特徴をもったものが少数ながら存続する事実を重視したく、京焼において普及品とならないものが存在すること、そして普及品については普及品となる過程こそが重要であると考えている。この問題については第6章において再びとりあげ検討する。

（2）京焼の変遷

　以上の根拠から、筆者は新島会館地点主要遺構と地下鉄今出川駅南口地点土坑104出土遺物について「京焼」、今出川駅地点井戸103と女子中学・高等学校静和館地点土坑14出土遺物について、時期差による新しい要素がくわわるものとして、これらも「京焼」、静和館地点土坑57出土の無文平碗について、無文となり京焼の要素がより少なくなっているものの、胎土と成形技法が京焼と差がないことから京都で生産された可能性は残るとしたうえで、「京都・信楽系陶器」とした。

　そして新島会館別館地点土坑5の遺物のうち、図10の1の平碗を京焼の可能性があるとし、これ以外の灯明皿・蓋類は信楽で生産された可能性が高いと考えた。

　次に大学徳照館地点土坑108から出土した遺物について、信楽の窯跡や信楽周辺で生産されたと考えられるものが多数を占めることを述べた。

　なお、これら19世紀になって消費地遺跡で大量に出土する鍋・土瓶やこれに付くと推定される蓋類については、和泉音羽焼の伝承をもつ大阪府貝塚市の遺跡で大量に出土したことを契機として研究が進められ[26]、関西近辺での当該遺物の生産地を信楽と特定せずに報告がおこなわれるようになった。江戸遺跡においても当該遺物については生産地不明として分類と報告がおこなわれている[27]。ただし、徳照館地点土坑108出土の土瓶・鍋については、同じ土坑108出土の灯明皿等の胎土に近く、筆者は信楽周辺の製品と考えている。なお、図12の3・4の土瓶は5の土瓶と形が異なり器厚はより薄い。3の意匠と繊細な筆致、4の梅花の意匠と白泥による装飾は筆者が先に抽出した京焼と判断する根拠となった要素にあてはまり、3・4の土瓶は京焼の技法で焼成された可能性が高いと考える。また図11の36も胎土と焼成から京焼と判断した。

　以上の京焼の変遷について、筆者が提起した要素、①色調は淡黄色あるいは灰青色である、②胎土は淡黄色・淡茶色・淡灰色のものがありいずれも精良である、③器厚2.5mm内外の薄づくりである、④器形は丸碗と平碗が大部分を占め、これに変化のある形が加わる、⑤装飾は銹絵染付による、⑥意匠は主に草花（植物）である、⑦文様を繊細な絵付けで描く、をあらためて対照すると、③の器厚が薄いものから厚いものへと変わり、④の器形では杉形碗、火入、半筒形碗、筒形碗、蓋類があらわれてくる、⑤の装飾技法では色絵につづいて銹絵のみや白泥による装飾がおこなわれ、⑥の意匠では無文の製品が出てくる、⑦の筆致では、鉄によって塗りつぶしたり、一筆で大まかな描き方となる、といった時期差による変化をとげていることが理解された。

　そして、19世紀になり信楽で鍋・土瓶・蓋類が量産される時期に、図12の3・4の京焼の特徴をもった土瓶が同時に存在していることに注意したい。さらに、京都で生産されたと推定され

る染付磁器碗が報告されている。

（3） 編年試案

京焼の年代観について、鈴木重治が先駆的な研究をおこなっている[28]。

第Ⅰ期は楽焼といわゆる軟質施釉陶器が出土する時期で、肥前磁器出現以前。第Ⅱ期aは銹絵染付と色絵が出現して粟田口・八坂などの古清水の一群と仁清の作品群によって代表される時期で、肥前磁器が普及する時期。第Ⅱ期bは鳴滝乾山窯以後、粟田口・八坂などの盛行期で肥前磁器の中にコンニャク印判が急増する時期。第Ⅲ期は京焼の中に磁器が登場して以後で、京焼の中から銹絵染付が急激に姿を消し、信楽産の雑器を彷彿させる製品が大量に生産され、肥前磁器にいわゆる広東形の碗が登場した時期となっていた。のちに鈴木はこれを一部変更し、第Ⅰ期に16世紀末から17世紀前半、第Ⅱ期a段階に17世紀後半、b段階に18世紀前半という実年代を与え、第Ⅱ期の資料として「京都盆地の周辺の窯跡群の製品、つまり東山一帯の清閑寺・粟田・御室などの一群」を挙げた。さらに第Ⅲ期を18世紀後半のa段階と19世紀前半のb段階に分け「頴川や道八による京都での磁器の生産と展開の時期」であるとした。そして新たに第Ⅳ期を設定して明治以降の近代資料の時期としている[29]。

鈴木の年代観は、考古資料にみる京焼と肥前磁器の様相、伝世資料、作家研究、印銘にみる窯名を一括して説明し、先行研究を踏襲して概観したものであった。鈴木の研究について、文献史料を中心として京焼研究を牽引した岡佳子は高く評価している[30]。

さて、筆者はここで、前節と本節において詳述した京焼の概念規定と変遷の内容にもとづき、同志社校地出土の京焼の編年を試みる（表1）。

Ⅰ段階は、同志社新島会館地点出土遺物に代表される「京焼」である。筆者が京焼と判断する基準とした、①色調は淡黄色あるいは灰青色である、②胎土は淡黄色・淡茶色・淡灰色のものがありいずれも精良である、③器厚2.5㎜内外の薄づくりである、④器形は丸碗と平碗が大部分を占め、これに変化のある形がくわわる、⑤装飾は銹絵染付による、⑥意匠は主に草花（植物）である、⑦文様を繊細な絵付けで描く、という7要素をすべてみたす。同基準により地下鉄今出川駅南口地点土坑104出土遺物も同段階とする。

Ⅱ段階は、地下鉄今出川駅南口地点井戸103出土資料で、碗にやや厚手で高台の小さいものがあらわれ、杉形、色絵などⅠ期の京焼がもっていなかった要素をもちつつ、銹絵染付という装飾技法を残すことが特徴である。なお、器厚が薄く、高台が小さく、高台裏に円形削り出しを施し、褐色の釉薬を掛けた、いわゆる京焼の天目碗（図5の6）はⅠ段階の新島会館地点ではみられるが、Ⅱ段階はみられない。

Ⅲ段階は、女子中学・高等学校静和館地点土坑14の遺物で、器厚はさらに厚くなり、半筒形碗、筒形碗があらわれる。装飾技法に白泥が使用さ

表1　同志社校地出土京焼の編年試案

略年代	角谷1999
1600 —	
1650 —	
1700 —	Ⅰ
	Ⅱ
1750 ----	
	Ⅲ
1800 —	Ⅳ
	Ⅴ
1850 —	
----	Ⅵ

れるようになり、鉄一色の装飾では、塗りつぶすことがおこなわれる。この段階から文様をもたない碗がみられるようになるが、他の特徴をもつものと比較して量は少ない。

　Ⅳ段階は、女子中学・高等学校静和館地点土坑57と新島会館別館地点土坑5の資料で、無文の平碗や灯明皿など信楽で出土、採集された資料と同様の特徴をもつ遺物がみられ、「京都・信楽系陶器」の概念があらわれる。新島会館別館地点土坑5では京焼色絵平碗と信楽で生産されたと推定される灯明皿が共伴する様相を確認した。

　Ⅴ段階は大学徳照館地点の資料で、信楽とその周辺諸窯で生産されたと推定される碗、灯明皿。容器にくわえ、鍋、土瓶が大量に出土する。そして、Ⅳ段階の新島会館別館地点土坑5においては共伴資料の中に瀬戸美濃産の磁器がみられないが、当地点ではふくまれることから、これをⅤ段階とする。

　Ⅵ段階は、大学育真館地点の出土資料で、信楽とその周辺で生産されたと考えられる大鍋・土瓶が大量に出土する状況の中で、京都の陶工「道八」銘をもった磁器が出現している。

　実年代の想定について、Ⅰ段階の下限は宝永5年（1708）の火災であり、共伴する肥前陶磁器と焼塩壺の様相から17世紀末から1708年とする。

　Ⅱ段階は下限を天明8年（1788）の火災とし、上限については出土遺物の接合関係から18世紀の初頭にまでさかのぼる可能性があり、共伴する肥前磁器に染付蓋・蛸唐草文の意匠がみられることから、18世紀初めから1788年までを想定している。

　Ⅲ段階についても天明8年（1788）の火災を下限とするが、共伴する肥前磁器に厚手の碗・渦福文を描いた染付蓋と蕎麦猪口、焼塩壺では「泉湊伊織」「難波浄因」の刻印をもつものが出土するなど、Ⅱ段階よりもやや新しく、18世紀後半から1788年を考えている。

　Ⅳ段階は女子中学・高等学校静和館地点土坑57の遺物の様相から天明8年（1788）以降で、新島会館別館地点土坑5に隣接する遺構から出土した遺物との関係と、共伴する肥前磁器に広東形碗・端反碗がみられないことから19世紀に入るまでの年代を想定している。

　Ⅴ段階は肥前磁器の様相と瀬戸美濃磁器が含まれることから18世紀末頃から19世紀前半頃と考えている。

　Ⅵ段階は、瀬戸美濃磁器に摺絵技法があらわれることから1890年代、19世紀末頃と考えられる。

　さて、ここであらためて印銘に着目してみたい。本節（2）の最後にまとめた、筆者が京焼と判断する7要素に、印銘をふくまないことに着目していただきたい。

　第3章において詳説したように、肥前産の京焼風陶器に京都の窯名である「清水」印銘があったことから、印銘を優先させての遺物の分類と抽出には慎重な手続きが必要とされると考える。したがって、新島会館地点出土の京焼について印銘ごとの分類をおこなっていない。ただし例外的に、同一の印銘をもつ遺物が印銘以外の要素すなわち器形や装飾技法において共通性をもっている場合で、さらに当該遺物の年代がある一定の年代に限定されるものについては、印銘が京焼と特定する手段として有効であろうと考えている。

　さて、印銘をもつ、京焼と推定される遺物について、江戸遺跡出土遺物を集成した及川登の研究があった[31]。遺物に加えて文献と伝世資料による成果を同時に提示し、かつ廃棄年代については江戸遺跡消費地編年として、基本的に東京大学の編年を汎用して江戸遺跡すべてに拡大して

いるなど考慮すべき問題を残すが、消費地遺跡において明確に京焼を同定する目的で集成された
ものとして意義がある。しかし、先に述べた理由から、印銘を、京焼を特定する第一の基準とす
ることはできないと筆者は考えるものである。

おわりに

　近世に京都で生産されたと考えられる陶器については、まず消費地の都市遺跡での分類が始めら
れ、その先駆となったのが同志社校地出土の京焼の成形技法、意匠、装飾技法についての認識
であった。その後、肥前の生産遺跡で京焼風陶器が出土したことから京焼そのものに対する関心
が高まった。このような研究動向にあって、筆者は同志社校地の新島会館地点において肥前京焼
風陶器と京焼が共伴した事実に着目し、両者を識別するため、京焼の特徴を明示するための研究
を開始した。発掘調査の成果が蓄積する中で、京焼の時代ごとの変遷をたどろうとする研究を継
続した。

　そして、遺構の検出状況、火災層を鍵とした層位学、遺構の切り合い関係、さらには共伴資料
の詳細な観察と分析という、考古学の基礎的な研究方法を用いることによって、遺物群の年代観
を導き、ついに同志社校地における京焼の編年試案を提示するにいたったものである。

　本章の執筆をとおして、筆者は出土遺物としての京焼の特徴を年代ごとにたどることによって、
すなわち京焼そのものの色調・胎土・器厚・器形・装飾技法・意匠・文様の筆致の7要素の変化
によって、京焼の年代的な変遷、すなわち編年が可能であると確信したものである。

　本章の研究成果をどのように検証してゆくのか、次章からさらに京都市域の消費地遺跡に視点
を拡大して述べることとしたい。

注

(1) 松藤和人「京焼・朝日焼陶器」『同志社キャンパス内出土の遺構と遺物』（同志社校地内埋蔵文化
　　財調査報告資料編 I ）同志社大学校地学術調査委員会　1977年。

(2) 『同志社大学徳照館地点・新島会館地点の発掘調査』同志社大学校地学術調査委員会　1990年。

(3) 鉄による装飾技法で、京焼の場合に銹絵ともよぶ（『やきもの事典』平凡社　1964年）。

(4) 『同志社構内地下鉄烏丸線今出川駅地点の発掘調査』同志社大学校地学術調査委員会　1981年。

(5) 注（4）文献。

(6) 『京の公家屋敷と武家屋敷―同志社女子中・高校静和館地点、校友会新島会館地点の発掘調査―』
　　同志社埋蔵文化財委員会　1994年。

(7) 注（6）文献。

(8) 服部郁「近世瀬戸窯と京都・信楽焼」『シンポジウム信楽焼と京焼』（信楽町公民館公開講座資料）
　　信楽町公民館　1992年。

(9) 稲垣正宏「信楽窯系」『貝塚・音羽焼の諸問題』（研究会資料）近世生活文化研究会・堺環濠都市
　　研究会　1993年。

(10) 『滋賀県高浜郡今津町妙見山遺跡発掘調査概要報告書』今津町教育委員会　1998年。

(11) 稲垣正宏a「滋賀県を中心とした江戸後期の陶器窯」『江戸中後期における九州・山口地方の陶器
　　―窯跡資料を中心として―』（第9回九州近世陶磁学会資料）九州近世陶磁学会　1999年。

稲垣正宏 b「信楽焼の生産と流通」『江戸の物流』（江戸遺跡研究会第 12 回大会発表要旨）江戸遺跡研究会　1999 年。

(12)　注（11）文献。

(13)　注（6）文献。

(14)　注（2）文献。

(15)　注（9）稲垣文献。

(16)　注（8）文献。

(17)　注（11）文献。

(18)　注（9）文献。

(19)　『上京・西大路町遺跡桜の御所跡隣接地点の発掘―同志社大学育真館地点の発掘調査―』同志社大学校地学術調査委員会　1997 年。

(20)　注（19）文献。

(21)　角谷江津子「同志社校地出土の 18・19 世紀の陶磁器―京都出土資料の一例として―」『近世陶磁器の諸様相―消費地における 18・19 世紀の器種構成―』第 6 回関西近世考古学研究会大会（研究会資料）関西近世考古学研究会 1994 年。

(22)　堀内秀樹「京都・信楽系陶器」『東京大学構内遺跡出土陶磁器・土器の分類（1）1997 年度』（東京大学構内遺跡調査研究年報 2　別冊）東京大学埋蔵文化財調査室　1999 年。

(23)　鈴木重治「考古学からみた京焼の展開と遺物組成」注（19）文献所収。

(24)　注（22）文献。

(25)　注（22）文献。

(26)　前川浩一・上野裕子「堀窯跡、所謂「音羽焼」について」注（9）文献所収。

(27)　成瀬晃司「生産地不明の陶器」注（22）文献所収。

(28)　鈴木重治 a「京焼と京焼写し」『江戸の陶磁器』〔発表要旨〕（江戸遺跡研究会第 3 回大会資料）江戸遺跡研究会　1990 年。
　　　鈴木重治 b「出土資料にみる京焼と京焼写しの検討」『同志社大学徳照館地点・新島会館地点の発掘調査』同志社大学校地学術調査委員会　1990 年。（a・b は同文）

(29)　注（23）文献。

(30)　岡佳子「京焼研究と近世考古学」『美術フォーラム 21』第 19 号　醍醐書房　2009 年　109～114 ページ。

(31)　及川登「江戸遺跡における京都・信楽系製品の流通について」『江戸の物流―陶磁器・漆器・瓦から―』江戸遺跡研究会第 12 回大会発表要旨（研究会資料）江戸遺跡研究会　1999 年。

第5章　近世京都出土の信楽焼と京焼

はじめに

　近世、とりわけ17世紀以降の京焼について考古学の立場から研究しようとするとき、まず問題となるのが生産地の信楽で実施された窯・窯跡の発掘調査事例が少ないことであった。このため、近世都市遺跡をはじめとする消費地遺跡から出土する信楽焼によって、遺物の同定、年代観についての考察をおこなう方法をとらなければならない。したがって、各消費地遺跡における一括資料の検討など、各消費地遺跡における基礎的な作業・研究が大変重要であるといえる。本章では、京都市内の遺跡調査の成果をもとに、京都における信楽焼の流通の問題について述べるとともに、京焼との関係についても言及してみたい。

　これに先立ち、現在までの主要な研究についてふれておく。

　消費地遺跡出土の信楽焼について、出土資料を紹介したのが1987年の『県外出土の信楽焼—流通の器種と範囲を探る—』[1]である。16世紀後半頃の茶陶を中心に17世紀代の擂鉢などを紹介し、京都市内の遺跡では伏見町、内膳町、富永町をはじめ、同志社校地出土資料の図版もあわせ掲載している。江戸時代後期にあたる18～19世紀の資料については、「信楽は江戸時代にその名を一般大衆にまで知られるようになったと考えられるが、その実態は明確でない。」としていた。

　1989年、仲野泰裕は、「江戸時代の信楽焼—その研究と課題—」[2]で、信楽神山地区の北出遺跡、勅旨地区の天神社遺跡の表採資料の実測図を掲載し、信楽において「原料産地から、緻密な水簸土を用いた日用的な雑器生産への転換はいつ頃はかられたのか」という問題提起をしている。

　1990年、漆原C窯の発掘調査がおこなわれ、灯明皿、灯明台、徳利、鳥餌入、仏飯器、御酒徳利、蓋付鉢、猪口、匣鉢、焼台などが出土した。操業年代は江戸時代末～明治中頃とされている[3]。窯跡出土遺物から、消費地遺跡出土の19世紀代を中心とする時期の信楽製品の同定について、一定の基準が得られることとなったのである。

　1992年、漆原C窯の調査の成果を受け、シンポジウム「信楽焼と京焼—近世窯業をリードした信楽焼—」が開催された[4]。討論の成果は、1.信楽における京焼の「写し」の問題は考古学的には未確認であるが、2.近世において京焼を一般に知らしめる役割を果たしたのが信楽の製品であるということができ、3.漆原C窯の操業年代である江戸時代末～明治中頃という時期は、全国の窯業生産地において器種が多様化し、かつ製品がより日常雑器としての性格を強めている傾向をもつ時期と一致し、漆原C窯出土遺物もそうした傾向に沿ったものである、ということであった。

　1993年の研究会「貝塚・音羽焼の諸問題」は、和泉音羽焼の伝承地に隣接する堀新遺跡（大阪府貝塚市）の調査において匣鉢とともに鍋、土瓶などが出土し、遺物の1片に「音羽」の印銘を

もつものがあったことから和泉音羽に関する問題が提起され、19世紀代を中心に消費地遺跡出土の鍋、土瓶の出土状況が報告されたものであった。信楽については、稲垣正宏が生産地からの報告として漆原C窯の概要にくわえ、神山、長野、勅旨、牧・黄瀬の各窯跡で表採した陶片の写真を発表資料に掲載した[5]。写真では、陶片は漆原C窯出土遺物と同様の施釉薬陶器で、長野、牧・黄瀬において擂鉢・壺がみられた。

1997年、筆者は同志社大学において「京焼と各地の京焼写し」という主題で講演をおこなった[6]。この内容を基礎にして同志社校地での京焼と肥前京焼風陶器の共伴関係（本書第3第3節）、校地で検出した遺構ごとの一括資料から京焼の出土状況の変化を述べるとともに、同志社校地において信楽産の施釉陶器が出現する時期を18世紀末頃とした。

1999年3月、堀内秀樹は東京大学構内遺跡出土陶磁器の分類にあたり、「江戸後期以降の京都および信楽を含めた周辺地域を京焼生産を行う大きな一窯業地としてとらえ」[7]るという観点から、生産地分類について「京都・信楽系」という項目をたてた。これに対し、筆者は、同志社校地においては京焼の年代的な変化を把握することができ、19世紀以前の資料では信楽の製品と京焼との区別が可能であることから、両者を区別して議論することを説いた（本書第4章第2節）。

2000年から2001年にかけて、長佐古真也は、近世の日常の喫茶法を研究、江戸遺跡出土の陶磁器碗について碗大・碗中・碗小に分類し、京焼の意匠をもった碗小を主体とする陶器碗の新しい需要が高まり、こうした市場の動向に対応する形で、江戸時代中期にいわゆる小物生産が開始されたと述べた[8]。

2003年、畑中英二は窯跡採集資料の概要を述べた上で、18世紀中葉以降に京焼の影響をうけた碗など小物の施釉陶器の生産が開始されるとし、当初は京都・奈良北部・江戸に分布したと述べた。そして18世紀中葉後半以降には信楽においていわゆる小杉茶碗初現形態の生産が始まり、19世紀中葉まで継続したとした[9]。

以上の研究史から、問題点を整理すると、第一に信楽焼の研究には消費地遺跡出土資料に負うところが大きいこと、第二に18世紀中葉以降における信楽での施釉陶器の生産については京焼との関係について考察する必要がある、ということが挙げられよう。

第1節　信楽焼をふくむ一括資料

前に述べた研究史をふまえ、本章では18世紀代を中心とした信楽焼をふくむ一括資料をとりあげ、その様相と変遷を述べる[10]。各項には遺構の検出状況を可能な範囲で略述し、遺物の説明は信楽製品の詳説を主眼としたので共伴資料については図版を参照されたい。なお、各項の最後に遺物の様相から導かれる相対年代を記した。相対年代の把握にあたっては基本的に先行研究に依るものとし、一部に筆者自身の遺物観察と研究によってあらためたものがある。

（1）同志社女子大学図書館地点（上京区）土坑315

土坑315は江戸時代前期の遺構で、底部穿孔の大型土師器皿がまとまって出土した[11]。信楽の製品には擂鉢（図1の2）、壺（図1の10）がある。2は口縁部外面に縁帯を設けてその外面に

第1節 信楽焼をふくむ一括資料

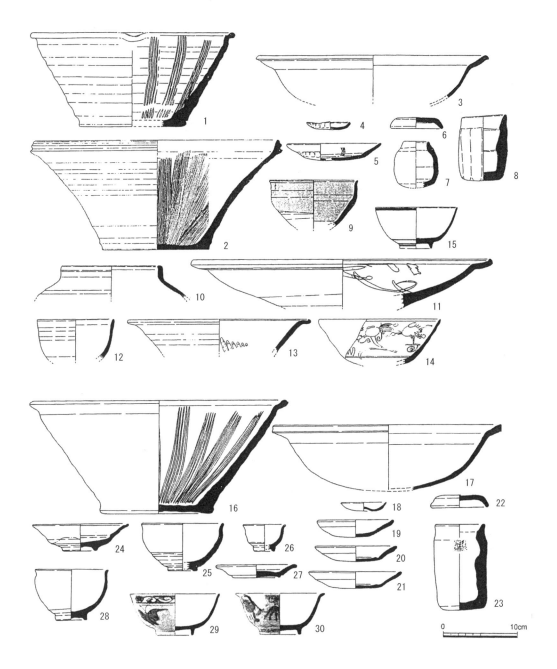

図1 同志社中学校体育館地点貯蔵庫1201出土遺物 (1) 陶器1 (図5につづく)
　　同志社女子大学図書館地点土坑315出土遺物　土師器3～8　陶器2・9・10・12　磁器11・13～15
　　京都地方・簡易裁判所地点土坑813出土遺物　土師器17～23　陶器16・24～28　磁器29・30

1～2条の深い凹線をめぐらす。灰褐色の緻密な胎土で長石を含み、素地は茶褐色で擂目は8条単位で施されている。10の胎土は灰褐色で硬質、釉薬は茶褐色の鉄釉薬で、表面に長石の吹き出しが見られる。肥前陶磁器は碗、盤、染付碗、青磁鉢、赤絵碗があり、17世紀中葉頃から18世紀初頭頃の遺物と考えられる。なお、当遺跡出土の擂鉢2よりも古い型式の擂鉢1が、同志社中学校体育館地点（上京区）から出土している。出土遺物の年代幅が広く、一括資料としてあつかいえないためここでは参考資料として実測図のみ掲載する。胎土は淡橙色で、5条の擂目をもつ。

（2）平安京左京二条四坊十町（京都地方・簡易裁判所地点）（中京区）土坑813

改築工事にともなう調査において、土坑813を検出した[12]。

この土坑からは、土師器皿、炮烙、焼塩壺、中国青花、肥前陶器、瀬戸美濃陶器などが出土している。信楽の製品には擂鉢（図1の16）がある。体部は直線的に開き、口縁端部は屈曲する。擂目は5条単位で、底部内面は斜格子、鉄泥（泥漿。濃厚な濁液）がかかっていない。表面に大粒の石英が吹き出す。内面は使用痕により摩滅、底部外面に板圧痕がある。共伴する擂鉢は丹波産が多く、備前の製品が少ない。出土した肥前磁器と中国青花の割合をみると、27.3%対72.7%で、青花が7割を占める。土師器皿の様相は小森・上村編年[13]のXI期新相を示し、肥前期磁器碗の形態や、胎土目をもつ皿と砂目をもつ皿（図1の24）が出土していることからみて、17世紀後半代の様相を示すものと考えられる。

（3）平安京左京北辺四坊（公家町遺跡）（上京区）土坑725

京都迎賓館の調査で検出された土坑725は江戸時代前半期の遺構で、信楽の壺（図2の31）が出土している[14]。壺の胎土は灰白色で硬質、表面に茶褐色の鉄釉薬がかかる。共伴の擂鉢に丹波はあるが備前はみられない。遺構出土の肥前磁器と青花を含む中国陶磁器の破片数の比率は前者が後者の約20倍となっており、肥前磁器の割合が大幅に増加している。焼塩壺は二重枠の「天下一御壺塩師堺みなと／藤左衛門」印銘のものがあり、肥前陶磁器との様相から1660年代を中心とした遺物群と考えられている。

（4）平安京左京二条四坊（竹間小学校跡地）（左京区）土坑353

調査で検出したごみ穴353は、埋土上部に宝永大火（1708年）の焼灰層が薄く覆っていた[15]。従来、京都市内の調査では、町屋に相当する地域では焼瓦が出土しないことから宝永大火の焼土層の検出は困難とされていたが、当地点では検出するに至ったものである。信楽の製品には三耳壺（図2の44）がある。淡茶色の粗い胎土をもち、暗褐色の釉薬がかかり、表面に白色の長石粒が吹き出している。信楽擂鉢の破片はいずれも小片である。胎土は粗く、淡い茶色をおびた灰白色、全破片に鉄泥がかかる。胎土の灰色味が強く、鉄泥が光沢をもつものが1点みられた。焼締陶器はこのほかに丹波産の甕と擂鉢があり、破片数では信楽壺6点・擂鉢9点に対して丹波壺7点・擂鉢34点となっており、備前の製品はふくまれない[16]。共伴資料では肥前陶器では内野山系の銅緑釉薬の碗（図2の52）、皿（図2の53）、呉須絵陶器（陶胎染付）（図2の54）、京焼（図2の57）がみられる。肥前磁器と中国青花の割合は、113対2で中国青花が減少している[17]。こ

第1節　信楽焼をふくむ一括資料

図2　平安京左京北辺四坊土坑725出土遺物　土師器33〜39　陶器31・32・42・43　磁器40・41
　　　竹間小学校地点土坑353出土遺物　土師器45〜51　陶器44・52・53・57　磁器54〜56
　　　同志社新島会館地点土坑103出土遺物（1）　土師器60〜67　陶器58・59・68〜70

第5章　近世京都出土の信楽焼と京焼

れらの出土遺物は 17 世紀末頃～18 世紀初頭の良好な一括資料と考えられている。

（5）同志社新島会館地点（上京区）土坑 103

土坑 103 は、宝永大火の焼土層の下から検出した廃棄土坑である[18]。信楽擂鉢（図2の58）の胎土は暗灰色で、石英粒を含む。擂目は 5 条単位で、底部内面は斜格子、光沢のある鉄泥がかかる。擂鉢は他に備前系（図3の75）や丹波も若干みられるが破片数としては信楽が圧倒する。信楽の製品には他に壺（図2の59）がある。やや赤みをおびた褐色の胎土をもち、茶褐色の釉薬がかかる。中国青花はみられない。焼塩壺と肥前磁器から、18 世紀初頭頃の様相を示すものと考えている。

（6）京都大学病院構内 AG20 区（左京区）井戸 7・8

調査で検出した井戸 7・8 から、信楽擂鉢が出土している（図3の76）。長石粒を多く含む黄褐色の胎土で、鉄泥を全面に施す。口縁部外面に 2 条の凹線を横走させて縁は帯状につくり、端面に 1 条の沈線をめぐらしている。擂目は 8 条単位、底部内面にも斜格子状に施す。共伴の京焼（図3の88）は口径に比べて高台径の小さい色絵碗である。肥前磁器（図3の86・87）の様相から、18 世紀前葉から中葉頃のものとされている[19]。

（7）同志社同窓会館・幼稚園地点（上京区）井戸 1001

検出した井戸 1001 から、信楽擂鉢（図3の90）が出土している。形態は前述した図3の76に近く、長石粒を多くふくむ胎土、8 条単位で密に入れる擂目、底部内面に斜格子を施すなど共通点が多い。遺物の様相は 18 世紀後半代のものが中心であるが、18 世紀中葉以前に属するものがふくまれるとあり[20]、18 世紀中葉以前～後半代にかけての遺物であると考えられる。

（8）相国寺事務棟建設地（上京区）溝 II

調査で検出した溝 II は 18 世紀以前に形成されたと考えられる遺構である[21]。ここから土師器皿、焼塩壺、肥前陶磁器、京焼（図4の119・120）など大量の遺物が出土した。信楽の製品には擂鉢（図3の101、図4の112・113）と火鉢（図4の114）がある。3 点の擂鉢は胎土が明黄褐色で径 2～3 mm の長石粒を多くふくみ粗い。表面には暗褐色の鉄泥を施す。口縁部は幅広の口縁帯で厚さは体部と変わらず、口縁帯上端部に至り肥厚し端面を形成する。また内面には重ね焼きによる溶着痕が認められ、18 世紀以降に出現する形式と考えられている[22]。火鉢は明黄白色のやや密な胎土で、径 0.5 mm 前後の長石粒を含み、径 0.1 mm 前後の黒色～暗褐色斑が認められる。表面には長石釉薬が掛けられているが均一ではなく、外底面には施釉しない。共伴した擂鉢には備前（図9の346）と「長上」印をもつ堺 I 型式の擂鉢[23]（図9の347）がみられる。遺物には 17 世紀末～18 世紀前半代のものもふくむが、全体として 18 世紀後半代のものが多いことが報告されている。これは後代に形成された遺物包含層に関連するものとみられており、この包含層が形成される以前に溝 II は部分的に埋没が進行していたものと推定されている。

第1節 信楽焼をふくむ一括資料

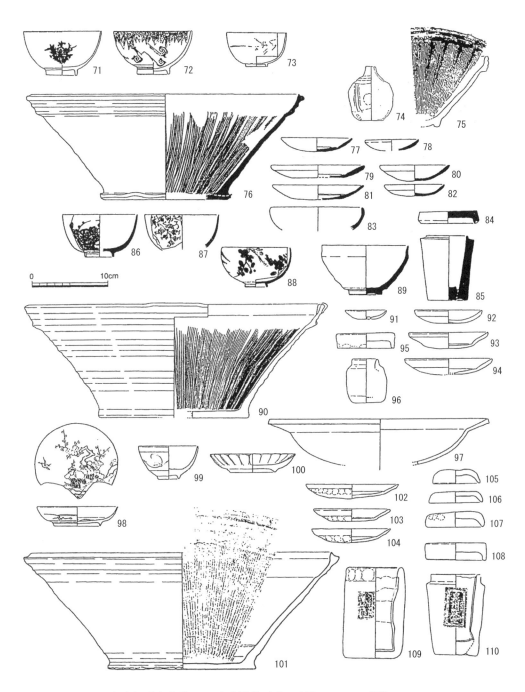

図3 同志社新島会館地点土坑103出土遺物（2） 陶器73〜75 磁器71・72
京都大学病院構内AG20区井戸7・8出土遺物 土師器77〜85 陶器76・86〜88
同志社同窓会館・幼稚園地点井戸1001出土遺物 土師器91〜97 陶器90 磁器98〜100
相国寺事務棟建設地点溝Ⅱ出土遺物（1） 土師器102〜110 陶器101

109

第5章　近世京都出土の信楽焼と京焼

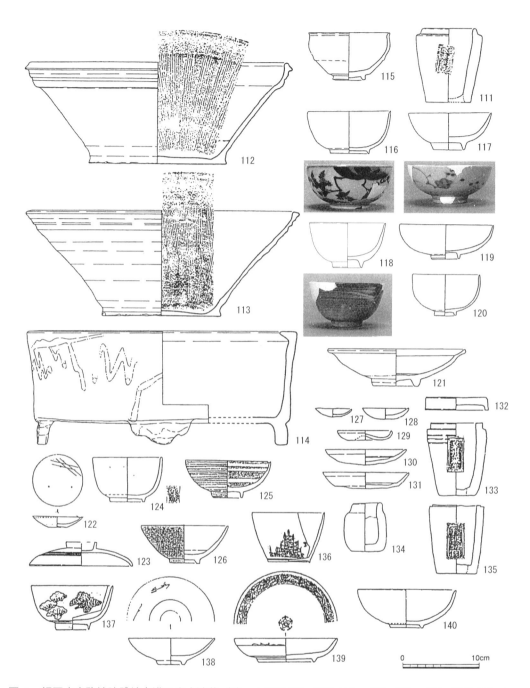

図4　相国寺事務棟建設地点溝Ⅱ出土遺物（2）　土師器111　陶器112〜115・118〜121　磁器116・117
　　平安京左京北辺四坊土坑674出土遺物　土師器127〜131・134〜135　陶器122〜126・140　磁器136
　　〜139

（9）平安京左京北辺四坊（公家町遺跡）（上京区）土坑674

　検出した土坑674から灯明皿（図4の122）と鍋蓋（図4の123）が出土している。この2点は従来みられなかった新しい器種である。122の胎土は淡茶色でほどよく焼成され、釉薬は淡灰色で内面に3点の目跡をもつ。123は胎土・調整が122と同様で、灰緑色の釉薬薬がかかる。これらの器種の中には、京焼とよく似た胎土、調整をもつものがみられ、またこれらの器種が後代の信楽および信楽周辺の窯の調査において出土し、信楽で生産されていることが確認できることから、現状では消費地遺跡の遺物整理作業において「京都・信楽系陶器」として認識されている。またこの2器種はこの時期までの京焼にはみられず、京焼の範疇からはずれるものである。遺物の様相は、肥前陶磁器に銅緑釉の碗、そば猪口、くらわんか手の皿、蛇の目釉剥ぎ皿があり、焼塩壺は「泉州麻生」銘のものと「難波浄因」のものが共伴することから、18世紀半ばまでの遺物群と考えられている[24]。

（10）京都大学病院構内AF20区（左京区）池1

　調査で出土した池から、土師器皿、焼塩壺、肥前陶磁器、京焼などが出土している。灯明皿（図5の141）は底部外面から口縁端部にかけて施釉し、口縁部内面にボタン状の貼付けをもつ。仏飯器（図5の142）は底面を除いて灰緑色の釉薬をかける。片口（図5の144）は胎土が乳白色を呈し、底部外面を除いて灰釉を施す。土鍋（図5の143）には鉄釉がかかる。口縁部の2箇所には紐状の把手があり、その一方には注口が口縁下にとりつく。底部には三足がつき、底部外面には煤が厚く付着する。これは19世紀代に消費地遺跡で出土する鉄釉鍋に先行するものかと考える。京焼（図5の156・157）は色絵である。肥前染付は四方襷をもつ筒形碗、碗蓋が出土しており18世紀中頃を中心とする時期のものと考えられている[25]。

（11）同志社中学校体育館地点（上京区）貯蔵庫1201

　貯蔵庫1201[26]から、蓋物身（図5の158）が出土している。胎土は乳白色で密、釉薬は青みがかった灰色で口縁端部と底部は露胎である。内外面ともに篦削りが施されている。共伴する肥前磁器から、18世紀半ば頃の遺物と考えられよう。

（12）平安京左京二条四坊十町（京都地方・簡易裁判所地点）（中京区）土坑190

　検出した土坑190[27]からは、信楽擂鉢（図5の168・169）が出土している。胎土は淡茶色で粗、鉄泥がかかる。鉄泥は168の方が濃く光沢がある。擂目は密で、内面に焼成時の重ね焼き痕がある。この土坑から灯明皿（図5の166）、灯明受皿（図5の167）が出土している。底部と体部外面は回転削り、内面は回転ナデ。内面に施釉する。166の胎土は柔らかく表面は黄味がかった淡茶色を呈し、2mmの貫入が入る。167は淡茶色の柔らかい胎土をもち、表面は淡灰緑色を呈する。全体に薄くつくられる。166の胎土も軟質で、京都産の製品である可能性がある。遺物の様相は肥前陶磁器に17世紀末〜18世紀前半頃の遺物があるが、これにくらわんか手の碗（図5の181）が入るなど新しい組み合わせがみられる。土師器皿はXII期新段階の様相を示すものとされてお

第5章　近世京都出土の信楽焼と京焼

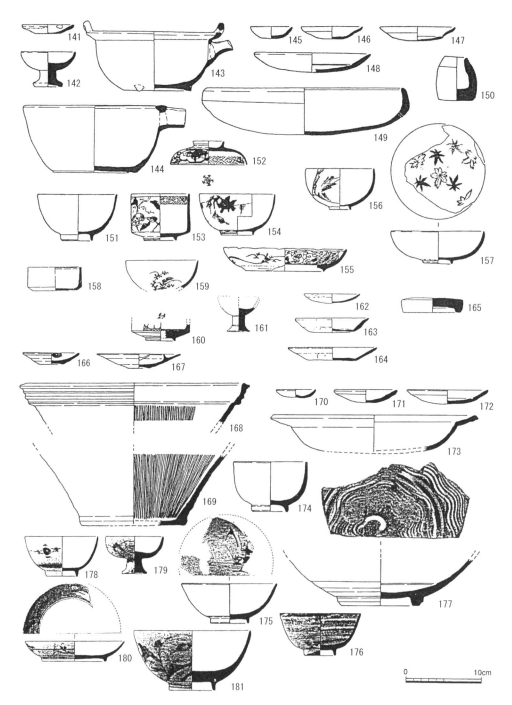

図5　京都大学病院構内 AF20 区池 1 出土遺物　　土師器 145 〜 150　陶器 141 〜 144・151・156・157
　　磁器 153 〜 155
　　同志社中学校体育館地点貯蔵庫 1201 出土遺物（2）　　土師器 162 〜 165　陶器 158　磁器 159 〜 161
　　京都地方・簡易裁判所地点土坑 190 出土遺物　　土師器 170 〜 173　陶器 166 〜 169・175 〜 177
　　磁器 178 〜 181

112

第1節 信楽焼をふくむ一括資料

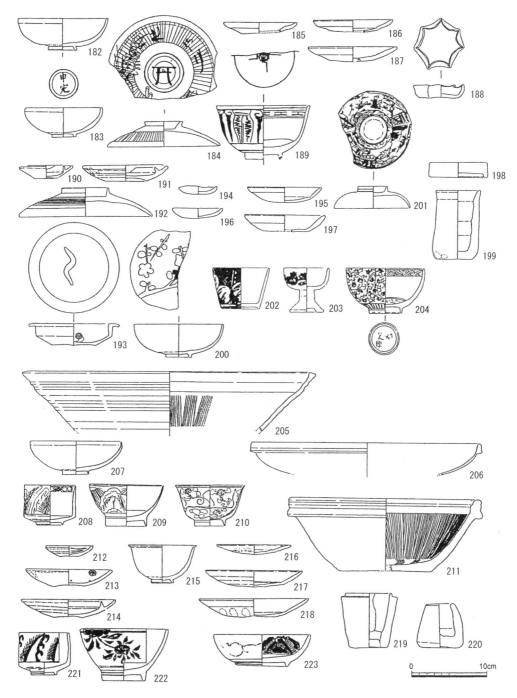

図6 同志社女子中学・高等学校静和館地点土坑57出土遺物　土師器185〜188　陶器182〜184
　　磁器189
　　同志社新島会館別館地点土坑5出土遺物　土師器194〜199　陶器190〜193・200　磁器202〜204
　　同志社同窓会館・幼稚園地点土坑1051出土遺物　土師器206　陶器205・207・211　磁器208〜210
　　同志社大学徳照館地点土坑108出土遺物（1）　土師器216〜220　陶器212〜215　磁器221〜223

113

り[28]、前述の様相と肥前染付に筒形碗がなく小型のいわゆる広東形碗の破片と端反小杯が各1片みられたことから、18世紀中頃を中心として後半にいたる遺物群かと考えている。

（13）同志社女子中学・高等学校静和館地点（上京区）土坑57

土坑57の埋土は指頭大の礫を含む砂質土で、炭化した木が混じる。この遺構から無文の平碗（図6の182）と鉋削りを施した鉄釉薬の蓋が出土している。遺構と焼土の関係はわかりにくいが、出土遺物から天明大火以降の時期と考えられている[29]。

（14）同志社新島会館別館地点（上京区）土坑5

土坑5は隣接する土坑との関係から19世紀に入るまでに廃棄を終えた遺構と考えられている[30]。この遺構から、灯明受皿（図6の190・191）と蓋（図6の192）、落とし蓋（193）が出土している。肥前磁器は18世紀中頃～後半頃のもので、焼継（磁器の断面に白玉を塗って焼成し接合すること）を施したもの（図6の204）がみられる。

（15）同志社同窓会館・幼稚園地点（上京区）土坑1051

土坑1051[31]から、信楽擂鉢（図6の205）が出土している。石英粒を含む淡茶色の胎土をもち、表面に鉄泥がかかる。平碗（図6の207）は先述の（13）の平碗（図6の182）と同様の遺物である。肥前磁器では筒形碗と小広東碗があり、これに瀬戸美濃と推定される染付碗（図6の210）が入り、18世紀後半～19世紀前半頃の遺物と考える。

（16）同志社大学徳照館地点（上京区）土坑108

土坑108[32]からは信楽の窯跡で表採、出土した遺物と共通する特徴をもった遺物が数多く出土している（第4章第1節）。灯明皿（図6の212・213）、灯明受皿（214）、端反碗（図6の215）、蓋物（図7の225・226）、内面に鉄絵を施した皿（図7の224）と平碗（図7の227）がある。端反碗と蓋物の胎土は硬質、皿と平碗の胎土はやや軟質である。端反碗には表面が淡灰色のものと灰緑色のものがあり、蓋物には淡灰色のものが多くみられる。ほかに灰緑色の鍋、行平鍋、土瓶があり、鍋には鉄釉をかけたものがみられる。肥前磁器には筒形碗といわゆる広東形の碗があり、瀬戸美濃産の端反碗（図7の235・236）が入る様相から、18世紀末～19世紀前半頃の遺物と考えられる。

（17）平安京左京北辺四坊（公家町遺跡）（上京区）土坑716

土坑716は、後に述べる土坑687の下層で検出したごみ穴で、天明大火（1788年）層を切り込んで形成されていたものである。この土坑出土の平碗（図7の238）は胎土が淡白色で、淡黄色の釉薬がかかり、内面に鉄で文様を描く。ほかに花形の貼文をもつ灯明皿（239）、片口（241）、白濁釉の手水鉢（240）があり、信楽の製品と推定されている。肥前磁器の様相から18世紀末～19世紀前半頃の遺物と考えられている[33]。

第 1 節　信楽焼をふくむ一括資料

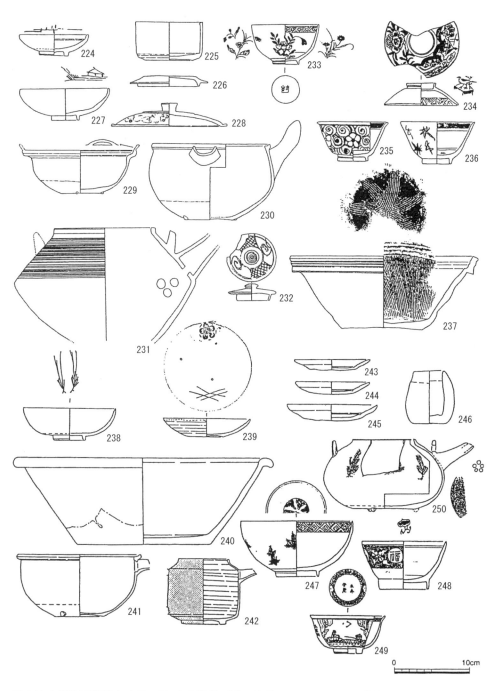

図 7　同志社大学徳照館地点土坑 108 出土遺物（2）　陶器 224 〜 232・237　磁器 233 〜 236
　　　平安京左京北辺四坊土坑 716 出土遺物　土師器 243 〜 246　陶器 238 〜 242・250　磁器 247 〜 249

（18）京都大学病院構内 AG20 区（左京区）土取穴 1

土取穴 1 は、調査区の西辺で検出した遺構で、灯明受皿（図 8 の 251・252）が出土している。共伴する肥前磁器の筒形碗と蓋の年代観からみて、18 世紀後半頃の年代が考えられる[34]。

（19）平安京左京一条二坊十四町（左獄・囚獄司）京都府庁隣接地（上京区）
漆喰遺構 310

調査で出土した漆喰遺構 310 は、遺構の構造から、台所や便所などの生活に密着した性格の遺構と推定されている[35]。この遺構から鍋蓋（図 8 の 260）が出土しており、19 世紀前半頃の遺物と考えられる。

（20）平安京左京一条二坊十四町（左獄・囚獄司）京都府庁隣接地（上京区）
土坑 312

土坑 312[36] から、灯明受皿（図 8 の 264・273）、蓋物（図 8 の 265・266）、行平鍋（図 8 の 267）、落とし蓋（図 8 の 274）が出土している。共伴する磁器から、18 世紀末〜19 世紀初頭頃の遺物と考えられる。

（21）京都大学医学部構内 AN20 区（左京区）井戸 1

近世の遺構は、基本的に畑地の耕作に関するものである[37]。調査で出土した井戸 1 は漆喰製の枠をもち下半が完存していた。ここから灯明受皿（図 8 の 285・286・287）が出土している。外面は施釉せず、内面に淡緑色の釉薬を施す。288 は垂下するかえりをもつ蓋である。染付碗（図 8 の 289・290）は形態と文様から瀬戸美濃の磁器と推定され、19 世紀前半の遺物ということができる。

（22）京都大学医学部構内 AN20 区（左京区）柱穴

調査では、土取穴の埋土の上面で耕作や境界に関わる柵列と推定される柱穴が散在していた[38]。この遺構から、鍋蓋（図 8 の 291）と鍋類が出土している。鍋（図 8 の 292）は内外ともに赤褐色、鍋 293 は暗緑色の釉を施す。行平鍋（図 8 の 294・295）には灰白色の釉が施される。19 世紀頃の遺物とみられる。

（23）京都大学総合人間学部構内 AR25 区（左京区）灰褐色土層

調査区にみられる灰褐色土層は、明治期の第三高等学校設置もしくは移転を契機とする地均し（整地）によるものと考えられている[39]。図 9 の 320 の肥前京焼風陶器は白色の精良な胎土で、楼閣山水文の描法、高台の調整、高台裏に円形削り出しをつくり、これにかかる形で印銘を押すことからみて 17 世紀末から 18 世紀初頭の鍋島藩窯での製品と考える（第 3 章第 1 節）。「十吉」銘は肥前の窯跡、消費地遺跡において例が少ない[40]。同時期の刷毛目碗（図 9 の 319）がある。肥前磁器の様相は 18 世紀後半が中心で、染付の散蓮華が入る点に新しい様相がみられる。図 8

第1節　信楽焼をふくむ一括資料

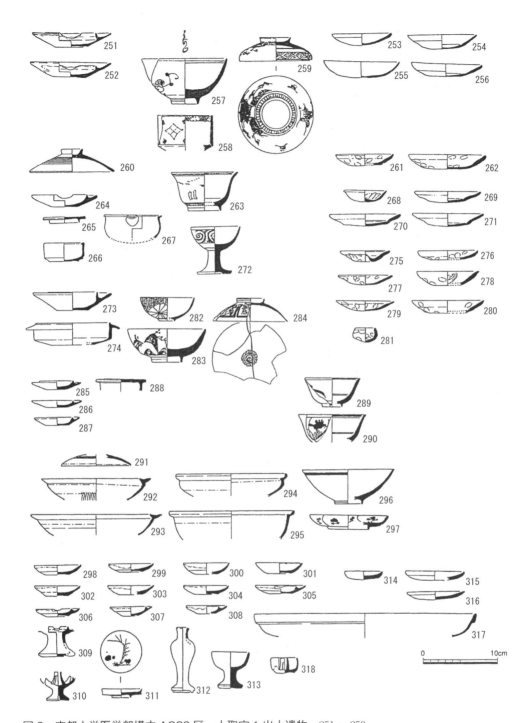

図8　京都大学医学部構内 AG20 区　土取穴 1 出土遺物　251 〜 259
　　　京都府庁隣接地　漆喰遺構 310 出土遺物　260 〜 263　土坑 312：3-6 層出土遺物　264 〜 272
　　　土坑 312 出土遺物　273 〜 284
　　　京都大学医学部構内 AN20 区　井戸 1 出土遺物　285 〜 290　柱穴出土遺物　291 〜 297
　　　京都大学総合人間学部構内 AR25 区灰褐色土層出土遺物（1）　298 〜 318

第5章　近世京都出土の信楽焼と京焼

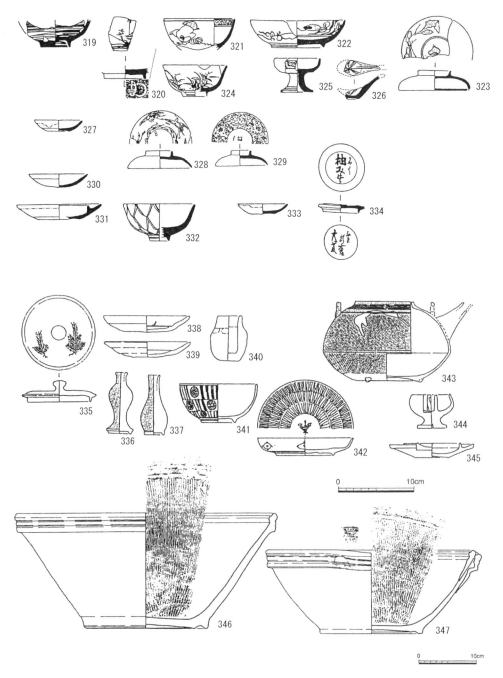

図9　京都大学総合人間学部構内 AR25区　灰褐色土層出土遺物（2）　319〜326　溝8出土遺物 327〜
　　 329　井戸16出土遺物　330〜332　井戸20出土遺物　333・334
　　　平安京左京北辺四坊土坑687出土遺物　335〜345
　　　相国寺事務棟建設地溝Ⅱ出土遺物（3）　346・347

の 298 ～ 304 は灯明皿。303 は灰色の胎土と釉薬、ほかは黄白色の胎土と釉薬である。外面調整は底部周辺の回転篦削りの範囲が体部中位までの 298・299・300、底面のみの 301・302、削り調整なしで回転糸切り痕が残る 303・304 の 3 種。299・301・302・303 の内面には目跡が 2 ～ 3 点残る。305 ～ 308 は灯明受皿。黄白色の胎土と釉薬である。灯明皿・灯明受皿は口径 6 ～ 7cm まで の小型品のみ。309 は脚付灯明受皿、310・318 はひょうそく（秉燭。碗や壺の形をした小型の灯火具）。310 は灯明皿と胎土や色調が同じ。318 は灰色の胎土に茶褐色の釉薬がかかる。311 の小皿は胎土や釉調が黄白色、内面に鉄絵で草木文を描く。底部に施釉せず回転篦削り調整する点、内面に 3 点の目跡がある点などが灯明皿と共通し同一産地とみられる。御神酒徳利 312 と仏飯器 313 の胎土は黄白色、底面以外に暗緑色の厚い釉薬がかかる。

（24）京都大学総合人間学部構内 AR25 区（左京区）溝 1

　表土直下で検出された溝 1 は畦道であった可能性があり、方位が他の近世遺構と異なることから明治期以降の遺構とされている[41]。ここから灯明皿（図 9 の 327）が出土している。共伴する染付蓋（図 9 の 329）の文様は型紙摺りの濃い藍色で、明治期以降にみられるものである。

（25）京都大学総合人間学部構内 AR25 区（左京区）井戸 16

　検出した井戸 16 から、土師器皿、灯明受皿（図 9 の 331）、染付碗が出土している。331 は口縁端部から内面全面に淡黄緑色の釉を施す[42]。

（26）京都大学総合人間学部構内 AR25 区（左京区）井戸 20

　検出した井戸 20 から、灯明皿（図 9 の 333）が出土している。黄白色の胎土と釉調をもち、内面に目跡が 2 点、底面には回転糸切り痕が残る。蓋（図 9 の 334）は外面のみ施釉され、朱書で外面に「名代／柚子みそ」、内面に「仲京／新京極／大菱」とあることから、販売用の柚子味噌容器であったことがわかる[43]。

（27）平安京左京北辺四坊（公家町遺跡）（上京区）土坑 687

　検出した土坑 687 は下層の土坑群の上層に広がる大規模な窪みの土坑である。この時期になると、生産地を特定できないものが多くなる。信楽の表採遺物と同様の製品は御神酒徳利（図 9 の 336・337）で、暗緑色の厚い釉がかかる。共伴の肥前磁器などから 19 世紀半ばまでの遺物と考えられている[44]。

第 2 節　一括資料にみる信楽焼の変遷

　前節では（1）～（27）の項目について、ほぼ 17 世紀中葉以降から 19 世紀半ば頃に至る一括資料の様相とその変遷を述べた。この中で、信楽焼はどのような変化をしているのであろうか。ここでは再び図版を参照しながら、信楽産の資料の出土状況について検討してみたい。
　（1）から（8）では信楽擂鉢と蓋がある。擂鉢の形態はおよそ 16 から 76・90・101 への変化が

第5章　近世京都出土の信楽焼と京焼

みてとれる。76・90・101 の形態はほぼ同じである。101 と同じ遺構から 112・113 が出土しているが、3点の擂鉢は胎土と調整を同じくするものである。壺には大小あり、暗褐色のいずれも茶褐色の鉄釉がかかる。

　(9) においては灯明皿と鍋蓋などの新しい器種が出現する。前章で述べたように、1.この器種の中に京焼とよく似た胎土、調整をもつものがあること、そして、2.これらの器種が後代の信楽および信楽周辺の窯の調査において出土し、信楽で生産されていることが確認できることから、これらの遺物を消費地遺跡において「京・信楽系陶器」として認識しているのが現状である。同時に、この2種はこの時期までの京焼にはなく、京焼の範疇からはずれるものである。京焼研究の立場から考えれば京焼の器種拡大と考えることができよう。ただし、17 世紀前半〜17 世紀中葉以前頃の一括遺物の中に、灰色の釉薬がかかり、内面に菊花状の貼り付けをもつ京焼の灯明皿が報告されており[45]、京都においてわずかながら灯明皿が生産された可能性はあろう。さらに、このように少量生産された灯明皿を、後代に信楽が模倣したものと推測することができる。

　(10) では他に仏飯器、鉄釉鍋があり、これらの器種は 19 世紀代に消費地遺跡で数多く出土し、またこれらの器種が後代の信楽および信楽周辺の窯の調査において出土し、信楽で生産されていることが確認できるもので、(11) の蓋物も同じように考えることができる。

　(12) の灯明皿 166 と灯明受皿 167 は、前章で述べたように京都で生産されたものである可能性が高い。灯明皿が京都で生産されたものか信楽で生産されたものかの区別について、筆者はこれまでの遺跡出土の京焼研究から、胎土が柔らかく焼成後にかたく締まりすぎず、全体に薄くつくられ、調整が丁寧なものを京焼と考えている。ここでは信楽擂鉢 168・169 が共伴している。口縁部形態は前代のものとほぼ同様であるが、口径、底径ともに小さくなっている。

　(13) (14) (15) ではこれまでの器種にくわえて、内面に文様のない平碗 182・183・207 がみられる。やや厚手で、口縁下にわずかに稜線をもつことが特徴である。平碗 200 の中央には赤い花文残るが形態と調整は文様のないものと変化はない。(13) (14) (15) と (16) はいずれも同志社校地の遺跡であるが、(16) では信楽および信楽周辺の窯の調査において出土し、信楽で生産されていることが確認できるものが数多くみられる。器種が多様となるばかりでなく、各器種ごとの出土量が圧倒的に増加する。全体的な特徴として胎土が緻密で硬く焼き締まることがあげられる。すべての器種において、胎土、調整が同様で、色調は淡灰色〜灰緑色で、一部に淡黄色〜淡茶色がみられるという共通点がある。器種としては内面に鉄で文様を描いた皿 224 と平碗 227 があり、(17) の平碗 238 も同様である。文様は一筆書きのようで、濃淡や太さは多様である。なお、この時期には信楽擂鉢はみられず、備前系が大部分を占めている。

　(21) から (27) では、さまざまな器種が出土し、灯明皿については小型化の傾向がうかがえる。この時期からあらわれる器種としては御神酒徳利 312・336・337 があり、底面以外に暗緑色の釉薬がかかる。

　(23) は、調査概要の中で信楽および信楽周辺の窯の調査において出土し、信楽で生産していることが確認できる資料について、詳細な検討がくわえられており興味深い。灯明皿の底部周辺の回転篦削りのおよぶ範囲には2種あり、削り調整なしで回転糸切り痕が残るものとあわせて3種があること、灯明皿・灯明受皿では黄白色の胎土と釉薬をもつものに灰色の胎土と釉薬をもつ

120

ものが1点入ること、全体として灯火具類の胎土、調整、釉薬調が同一であることが理解された。また灯明皿との比較から灯明受皿331は胎土や釉薬調が同じ黄白色で、底部が露胎で回転箆削り調整する点、内面に3点の目跡がある点が共通することから、灯明皿と灯明受皿を同一産地とみていることが注目される。これらは信楽で生産されたものであろう。さらに、310のひょうそくは灯明皿と胎土や色調を同じくするが、318は回転糸切り後が残るなど技法が相違することから、信楽とは異なる生産地が想定され、これが（27）の344・345にもあてはまる。

　（26）の蓋334は、外面の朱書から柚子味噌販売用の容器であったことがわかる。この容器の用途を考えるうえで、重要な手がかりを与える資料となろう。

　以上、京都の遺跡出土の一括資料にみられる信楽産の製品の変遷について述べた。ここで実年代を考えるにあたり、宝永5年（1708）と天明8年（1788）の二度の大火の焼土層を鍵として、（5）までを1708年以前、（13）を1788年以降と考えることができる。

おわりに

　おわりに、研究史から導かれた問題点について、本章の内容にもとづいて検討したい。

　仲野泰裕が挙げた信楽における日用的な雑器生産への転換期の検証は、生産遺跡での資料の研究に負うところが大きいが、これまでに発掘調査が実施された信楽とその周辺の窯は少数であった。管見では操業年代がもっとも遡るもので弥勒窯の第1盛期とされる18世紀中頃[46]、茶碗山窯の18世紀後半[47]となっている。

　第2節において一括資料にみる信楽産の製品の変遷を検討した結果、京都市内の遺跡においてはほぼ18世紀中頃から、信楽で生産されたと考えられる器種があらわれており、この時期から信楽製品が京都に流通したものと考えられる。しかし遺跡出土の遺物でみたように、この時期には同一の器種の中に京都で生産されたものがあり、両者が存したと考えることが適当である。しかし、逆にいうならば器種が限定されているのであるから、当該器種についてのみ胎土、調整を観察すれば分別は可能となろう。

　19世紀を操業年代とする信楽周辺の窯は多く、石塔窯の18世紀末〜19世紀初頭[48]、弥勒窯の第2盛期とされる19世紀初頭[49]、仮称地山窯[50]の1820〜30年代、そして漆原C窯の江戸時代末〜明治中頃と続く。これらの窯跡で確認された遺物については、消費地遺跡において信楽の製品とみなしてよいと考えている。各窯出土資料はほぼ同種の器種を生産しながら器形・装飾技法には違いがみられるものであり、消費地と生産地との出土資料の精密な比較研究において流通の実態が明らかになるであろう。信楽周辺の窯跡の遺跡の調査・研究にあっては、江戸遺跡出土の信楽産施釉陶器に着目する傾向がみとめられる。今後は京都における消費の動向についても具体的な成果を共有しなければならない。

　また、灯明皿、鍋などはこの時期までの京焼にはなく、京焼の範疇からはずれるものであった。京焼研究の立場からは京焼の器種拡大と考えることができ、京都で焼成された製品を模して信楽で大量に生産されたものと推定される。そして、信楽の製品には各器種において口径・器高・底径におよそ大中小3種の規格性がみとめられることを指摘しておきたい。

筆者は、かつて同志社校地で信楽産の施釉陶器が出現する時期を 18 世紀末頃としていたが、本章執筆を契機とした一括資料の研究をとおして、京都市内においてはこれより早く、ほぼ 18 世紀中頃から、信楽で生産されたとみられる器種が出現することを述べた。江戸遺跡においては信楽の小物生産の上限が 1720 年代から 1730 年代に遡る可能性も示されており[51]、今後の研究の進展が待たれる。

さらに、本章において、19 世紀以前の資料については信楽製品と京焼との区別が可能であることを述べた。両者を区別して認識することの重要性について、これをふたたび検証することができたと考えている。

注

(1) 『県外出土の信楽焼—流通の器種と範囲を探る—』滋賀県立近江風土記の丘　1987 年。

(2) 仲野泰裕「江戸時代の信楽焼—その研究と課題—」『愛知県陶磁資料館紀要』8　1989 年　56 ～ 58 ページ。

(3) 『漆原 C 窯遺跡発掘調査報告—近世信楽焼窯跡の調査報告—』信楽町文化財報告書第 6 集　信楽町教育委員会　1993 年。

(4) 『シンポジウム　信楽焼と京焼—近世窯業をリードした信楽焼—』（信楽町公民館紫香楽大学第 3 講座資料）1992 年。『シンポジウム信楽焼と京焼—近世窯業をリードした信楽焼—』信楽町文化財報告書第 7 集　信楽町教育委員会　1993 年。

(5) 稲垣正宏「信楽窯系」『貝塚音羽焼の諸問題』（研究会資料）近世生活文化研究会　貝塚音羽焼研究会　堺環濠都市研究会　1993 年。

(6) 角谷江津子「京焼と各地の京焼写し」『考古学に歴史を読む—発掘された陶磁器に日本歴史を読む—』（同志社大学公開講座資料）同志社大学　1997 年。

(7) 堀内秀樹「京都・信楽系陶器」『東京大学構内遺跡出土陶磁器・土器の分類（1）』（『東京大学構内遺跡調査研究年報 2　別冊』）東京大学埋蔵文化財調査室　1999 年。

(8) 長佐古真也「日常茶飯事のこと—近世における喫茶習慣素描の試み—」『江戸文化の考古学』吉川弘文館　2000 年。
長佐古真也「近世期の日常喫茶と陶磁器—信楽における小物生産転換への予察—」『近世信楽焼をめぐって』研究集会資料集　2001 年。『研究集会　近世信楽焼をめぐって　報告書』滋賀県立陶芸の森　2002 年。

(9) 畑中英二『信楽焼の考古学的研究』サンライズ出版　2003 年。

(10) 本章の原本となった報告の図版は、稲垣正宏「近畿地方 I」『国内出土の肥前陶磁—西日本の流通をさぐる』第一分冊（九州近世陶磁学会　2002 年）に全ページ複写掲載されている。

(11) 『同志社キャンパス内出土の遺構と遺物』同志社校地内埋蔵文化財調査報告資料編 II　同志社大学校地学術調査委員会　1978 年。

(12) 『平安京左京二条四坊十町』京都市埋蔵文化財研究所　2001 年。

(13) 小森俊寛・上村憲章「京都の都市遺跡から出土する土器の編年的研究」『研究紀要』第 3 号　京都市埋蔵文化財研究所　1996 年　187 ～ 271 ページ。

(14) 『平安京左京北辺四坊—第 2 分冊（公家町）—』京都市埋蔵文化財研究所調査報告第 22 冊　財団法人京都市埋蔵文化財研究所　2004 年。

(15) 「平安京左京二条四坊 1」『平成 10 年度京都市埋蔵文化財調査概要』京都市埋蔵文化財研究所　2000 年。

(16) 能芝勉「京都市内の近世遺跡―近年の発掘調査から―」『江戸遺跡研究会会報』№77　江戸遺跡研究会　2000年。

(17) 注（16）文献。

(18) 『同志社大学徳照館地点・新島会館地点の発掘調査』同志社大学校地学術調査委員会　1990年。

(19) 「京都大学病院構内AG20・AF20区の発掘調査」『京都大学構内遺跡調査研究年報』1996年度　2000年。

(20) 『公家屋敷二条家東辺地点の発掘調査―同志社同窓会館・幼稚園新築に伴う調査―』同志社大学校地学術調査委員会　1988年。

(21) 『大本山相国寺境内の発掘調査』Ⅱ　同志社大学校地学術調査委員会　1988年。

(22) 鈴木信「消費地遺跡出土の擂鉢」『同志社大学考古学シリーズ』Ⅱ　同志社大学考古学シリーズ刊行会　1985年　525～536ページ。

(23) 白神典之「堺擂鉢考」『東洋陶磁1989-90』VOL.19　東洋陶磁学会　1990年　83～103ページ。嶋谷和彦「堺擂鉢の生産と流布」『考古学ジャーナル』409　1996年　36～43ページ。

(24) 注（14）文献。

(25) 注（19）文献。

(26) 注（11）文献。

(27) 注（12）文献。

(28) 注（13）文献。

(29) 『京の公家屋敷と武家屋敷―同志社女子中・高校静和館地点、校友会新島会館別館地点の発掘調査―』同志社埋蔵文化財委員会　1994年。

(30) 注（29）文献。

(31) 注（20）文献。

(32) 注（18）文献。

(33) 注（14）文献。

(34) 注（19）文献。

(35) 「平安京左京一条二坊十四町（左獄・囚獄司）」『京都府遺跡調査概報』第63冊　京都府埋蔵文化財調査研究センター　1995年。

(36) 注（35）文献。

(37) 「京都大学医学部構内AN20区の発掘調査」注（19）文献所収。

(38) 注（37）文献。

(39) 「京都大学総合人間学部構内AR25区の発掘調査」注（19）文献所収。

(40) 大橋康二「いわゆる京焼風陶器の年代と出土分布について―肥前産の可能性があるものを中心として―」『青山考古』第8号　1990年　13～26ページ。

(41) 注（39）文献。

(42) 注（39）文献。

(43) 注（39）文献。

(44) 注（14）文献。

(45) 『平安京左京五条三坊八町発掘調査報告』古代学協会　1997年。

(46) 金子智子・前川嘉宏・竹内英昭「阿山町丸柱所在の弥助窯について」『研究紀要』第8号―創立10周年記念論文集―　三重県埋蔵文化財センター　1999年　193～210ページ。

(47) 『妙見山遺跡発掘調査概要報告書』今津町教育委員会　1998年。

(48) 『竹ノ鼻遺跡』滋賀県教育委員会・滋賀県文化財保護協会　1999年。

(49) 注（46）文献。

（50）稲垣正宏「滋賀県栗太郡栗東町地山古墳の近世窯跡について」『紀要』第14号　財団法人滋賀県
　　文化財保護協会　2001年　77〜88ページ。

（51）注（8）文献。

第6章　平安京左京北辺四坊（公家町遺跡）出土の京焼

はじめに

　第4章において、同志社校地出土の京焼をとりあげ、京焼を色調・胎土・器厚・器形・装飾技法・意匠・文様の筆致によって、他の遺物と分別でき、そしてこの7要素の時間的な変化を観察することによって京焼の年代的な変遷を導き、同志社校地における京焼の編年試案を試みた。

　さて、同志社校地以外の、京都市域の発掘調査において、京焼はこれまでどのように認識されてきたのであろうか。

　1982年の地下鉄烏丸線内の遺跡調査年報に「京焼としたものは、胎土がこまかく精良であり、軟質で軽く、器厚が比較的薄い白褐色もしくは褐色の釉を施したものである。」と記し、器種には碗と皿があり国産陶器の4.7％を占めたことが報告されている。京焼の判別については「現在京焼として扱っているが、将来にわたり検討が必要と考えている。」とされていた[1]。胎土と釉薬にくわえて器厚が薄いことが認識されていたことがわかる。

　以上のように、消費地遺跡京都で京焼が出土品から認識されたのは80年代のことであった。

　本章ではあらためて、近世京都の遺跡において、京焼をふくむ一括遺物の年代観がどのような方法で組み立てられているのか、いうなれば時間軸設定の基本的な要素あるいは基準となる出土遺物は何であるのか、ということについて留意した上で、平安京左京北辺四坊（公家町遺跡）出土の京焼に焦点を絞って考察する。

第1節　年代尺度としての時間軸の設定

（1）同志社編年

　京都においては、遺跡から出土する土師器皿の形態変化によって、時間軸を構成しようとする考え方があった。その先駆となるのが「同志社編年」である。1978年に同志社校地内埋蔵文化財調査報告資料編Ⅱとして刊行された『同志社キャンパス内出土の遺構と遺物』において「同志社キャンパス内出土の土器・陶磁器の編年—中・近世を中心として—」と題して松藤和人が執筆したものである。松藤は「特に手捏ね成形によって製作された土師質土器の皿という形式に年代変化の基準を設定し、その製作法や型式変遷の観察を基軸として他の伴出遺物から所属年代を推定するという方法を採用した」。その根拠は「時代・時期の変化を鋭敏に反映し、各時代・時期に普遍的に認められる遺物を時間の尺度（タイム・スケール）に措定する方法を採る」ことであった[2]。

　この研究方法は、古代の遺跡出土の土師器皿の研究に始まったものである。京都は古代においては宮都であり、また中世には朝廷と幕府の双方を擁した。そして近世にあっては三都のひとつに数えられる都市であった。消費地遺跡京都からは時代をとおして大量の土師器皿が出土してい

第6章　平安京左京北辺四坊（公家町遺跡）出土の京焼

る。土師器皿は主に京都郊外や周辺地域で生産されたものであり、また使用期間が短く、生産と廃棄の年代が近接していることから、土師器皿の形態変化をもって年代基準としようとするものであった。

（2）小森俊寛と上村憲章による編年

京都市埋蔵文化財研究所が発掘調査報告書に採用しているものに、小森俊寛と上村憲章による編年[3]がある。

小森と上村による編年（以降、小森・上村編年と称する）は、奈良時代中頃の750年頃から江戸時代末期～近代までをⅠ期～ⅩⅣ期の時期に区分し、各期の中心に土師器皿の特徴を最もよくあらわす資料をおき、これより古い様相、新しい様相の資料を配置したものである。各期は古・中・新の三段階に分けられ各段階に相当する時間軸が定められた。文中で「京都の都市及びその近郊遺跡からは上述してきたように平安時代以降近世まで途切れることなく、大量の土師器食器形態の出土が続く。」とした。小森・上村編年が、当初から近世までを視野に入れていたことにあらため注目しておきたい。

のちに小森は単独で土師器皿に共伴する陶磁器についても詳細な研究をおこなった[4]。この中で小森は「平安時代後期に至りより顕著となる土師器食器形態の特異な出土状況は、江戸時代前期頃まで継続する。」とし、「日本律令的土器様式の確立によって具現化した日本の首都における土器様相は、新相の各種の土器・陶磁器の登場においても基調が変化することなく、江戸時代末期まで土師器食器形態が主体の位置を保持し続けたと理解される。」と述べた。小森が、土師器皿の形態変化に基づく一括遺物の段階設定が江戸時代の前期～末期までの遺跡出土遺物に対して敷衍される、と想定していた点に着目する。

さて、ここでやや時代を遡り、1990年代以降の、土師器皿を用いた編年研究の歴史をふりかえり、その成果について略記する。

伊野近富は平安京内膳町遺跡出土資料を用いて発表した10世紀から17世紀までの編年を修正した[5]。森島康雄は織豊政権期の土師器皿の年代について、歴史的事実に関連する遺構との関係や共伴の陶磁器によって年代幅を修正[6]、さらに中世前期の土師器皿についても共伴する瓦器椀の年代観を援用して見直した[7]。また橋本久和は京都における古瀬戸の出土量の増加に着目し、記年銘資料を活用して土師器皿の年代観を修正してゆく研究の方向性を提起している[8]。また、藤澤良祐は古瀬戸の年代観を生産遺跡の研究によって提示した[9]。

以上の成果から、中世遺跡出土の土師器皿の形態変化による編年を、近世にまで敷衍することができるかという問題について考えたい。

まず、伊野の編年は17世紀までにとどまり近世後半以降を対象とした遺跡出土の土師器皿については言及していない。年代観の修正に用いた瓦器椀、古瀬戸は中世遺跡において特徴的な出土遺物であり、近世の遺跡からは出土しない。したがって、これらの方法は、近世の遺構出土の一括遺物の研究には最適とはいいがたい。

第2章で述べたように、近世京都における窯業生産の開始は17世紀末頃～18世紀初頭頃と考えられ、軟質施釉陶器が出土するのは慶長10年（1605）の伏見焼土層を嚆矢とする。また東八

126

幡町でみたように、丸碗・平碗と錆絵染付の装飾と印銘をもつ京焼の生産が確認されるのは17世紀中頃以降であった。

　以上の研究状況を鑑みれば、17世紀以降という年代においても継続して、土師器皿による形態変化に基づく年代設定すなわち編年が必要であることが了解される。なお、京都市埋蔵文化財研究所においては、小森・上村編年の共同研究者として名を連ねる平尾政幸の研究がある。平尾が調査を担当した遺跡の発掘調査報告書は、すべて自らこの編年を採用している[10]。平尾の編年は、小森・上村と同様に、750年頃から1860年頃までの期間を対象にしているが、小森・上村編年との相違は各段階を30年の年代幅に分割してA～Cとしていることである。そして、この3つの段階を1区切りとして750年頃から1860年頃までを1～14までの時期に細分している。例をあげると、1Aは750～780年、1Bは780～810年、1Cは810～840年、次の2Aは840～870年となっている。この編年については機械的に30年に細分する論拠が不明確であることなどが指摘されている。

　小森・上村編年の問題点は、近世中期から末期の段階設定において、当該期の発掘調査事例が少なかったことによる資料不足のため、段階を細分するに至らなかったことであった。

(3) 左京北辺四坊（公家町遺跡・京都迎賓館地点）の発掘調査報告書にみる編年

　1997～2002年、平安京左京四坊の京都迎賓館建設に伴う発掘調査によって近世遺跡を対象とした大規模な発掘調査が実施された。この成果によって、小森・上村編年において空白となっていた近世後半の年代について、これを埋める資料がはじめて小松武彦によって提示されることとなったのである。

　当遺跡出土の土師器皿による編年は、左京北辺四坊の発掘調査報告書の考察として小松によって発表された[11]。これは、小森俊寛が作成した図を基礎にして執筆したものである[12]。

　それまで、京都においては、江戸時代中期以降、遺物に占める土師器皿の割合が、町屋地域などにおいて急速に減少すると考えられてきた[13]。しかし、当地点が公家町であったこともあいまって、江戸時代中期の遺構から大量の土師器皿が出土した。当地点においては小森・上村編年において確定されていなかったXIII期～XIV期までの各期の複数の一括資料を確認し、空白部分の型式を提示する

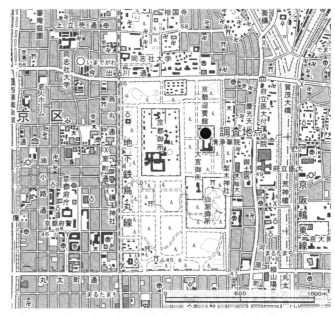

図1　平安京左京北辺四坊（公家町遺跡）の位置（1：25,000）

ことが可能となった。これによって、XI期からXIV期まで、すなわち桃山時代後期から江戸時代後期、幕末までの段階設定がおこなわれるようになったのである。本書ではこれを、従来の小森・上村編年を補足するものとして認識し、便宜上、調査担当者のひとりである小松武彦の名を冠し「小松編年」と呼称することとし、以後、論証の一部において引用する。

小松編年による土師器皿の形態変化の視点は、小森・上村編年に依拠したものである。土師器皿の形態変化の詳細は、報告書の考察を参照されたい。

以上のように、左京北辺四坊の調査によって、近世後半の土師器皿による年代観の空白が解消されることになった。そして、時をおかず、この成果を援用した当該遺跡出土の京焼の年代的考察が可能となった。

第2節　左京北辺四坊（公家町遺跡・京都迎賓館地点）出土遺物の様相と年代的考察

(1) 基準資料

2004年、報告書の考察「出土陶磁器の様相」[14]において13の資料が抽出された。これが、報告書の「主要遺構時期別対照表」（表1）において、基準資料とされた遺構群である。基準資料の抽出にあたっては、比較的短期間の使用を想定しうる小規模な廃棄土坑を中心に、器種構成や産地組成の多いものを対象にしたという。詳細については報告書考察を参照されたい。この考察は、調査担当者のひとりである能芝勉によるものである。以下、13の基準資料の概要を説明する。説明に使用する用語、表現は原則として考察の文章に沿った。

1は公家町成立期整地に伴う土坑F1605出土遺物。中国大陸・朝鮮半島からの輸入磁器。瀬戸・美濃陶器のなかに織部をふくまず。擂鉢は信楽に口縁端部外反しないものが出現し、他は丹波・備前。瓦質・土師質土器の比率が40％。

2は正親町三条家に付随する穴蔵C548B。肥前系磁器出現期の遺物で、肥前系磁器に高台無釉の碗類をふくまず。肥前系陶器は内野山系碗類多く、京焼鉄釉碗が2個体出土。

3は櫛笥家のごみ穴である土坑F1432。寛文火災（1661年）以前の遺物。堺系焼塩壺の刻印が「ミなと藤左衛門」（承応3年〈1654〉以前）のものでこれが年代下限。いわゆる初期伊万里類の肥前系磁器。備前陶器なし。大型で直立する縁帯部をもつ信楽擂鉢出現。瓦質土器激減。様相一変。京焼が出現。

4は富小路家のごみ穴である土坑B725。中国産磁器激減。肥前系磁器増大しいわゆる三角高台の肥前磁器碗、高台径が小さい皿、白磁・色絵増加しいわゆる古九谷様式と仁清手あり柿右衛門様式なし。瀬戸・美濃系陶器激減。この時期まで丹波擂鉢。焼締信楽擂鉢に鉄泥出現。肥前系磁器の様相と焼塩壺から年代を想定。京焼に銹絵染付と色絵、出土本格化。

5は柳原家のごみ穴である土坑F1455。焼塩壺に二重枠と一重枠の「天下一堺ミなと藤左衛門」。肥前系磁器に柿右衛門様式色絵、三角高台皿。擂鉢は信楽のみ。

6は櫛笥家のごみ穴である土坑F1244。焼塩壺にいわゆる輪積成形「御壺塩師／堺湊伊織」「泉州麻生」、京都産花塩壺。「天下一」銘使用禁止以降短期の年代を推定。肥前磁器に型紙摺り。京

第2節　左京北辺四坊（公家町遺跡・京都迎賓館地点）出土遺物の様相と年代的考察

表1　主要遺構時期別対照表　　　　※「土壙」の表記は原著による。

西暦	時代区分	土師器		基準資料	主要遺構	備考
1600	桃山		古	土壙F1605	土壙B1000・埋納土壙F2390・埋納土壙F2383	
		XI期	中	穴蔵C548B	堀G1940・池G2180・土壙G2418・池G2385 溝C918・井戸G3073 井戸D335 溝H270	
	江戸前期		新	土壙F1432	土壙G1156・土壙G1157・土壙G1164	
				土壙B725	土壙E310・土壙E235・穴蔵G749・整地G3751	寛文11年火災
			古	土壙F1455	土壙G1447	
		XII期		土壙F1244	穴蔵F1475	
1700			中		土壙H33・土壙G1717・土壙G1716・土壙G1370	
				穴蔵F1387	土壙G1273	宝永大火
			新		土壙B674・土壙G1133・土壙G639・土壙G302・整地G3725 土壙E211・井戸F950・土壙G593・井戸P69	
	江戸中期		古	土壙B776	土壙G555・土壙M12	
				土壙H166	土壙E188	
				土壙H271		
		XIII期	中	土壙E45	井戸G741・土壙G471 土壙C628・土壙E76・土壙F1265・土壙R21 土壙E12	天明大火
1800						
			新	土壙B716	土壙B721・埋納土壙G182・埋納土壙G2700・埋納土壙G1221	
	江戸後期		古	土壙G348	土壙H211	
				土壙B687	土壙F1400・土壙G348・池G250・池G364 溝E50	
		XIV期	中	土壙H15	整地A3・土壙E48・池F1200 溝A7・井戸A354・土壙G45・溝C10・溝C156・池G253 瓦組土壙B636	

焼に灯明皿・鍋類の日常雑器。

　7は櫛笥家のごみ穴転用の穴蔵F1387。宝永大火（1708年）後の整地層に覆われ下限を特定。焼塩壺に輪積成形と板作りの「御壺塩師／堺湊伊織」。肥前系磁器にU字高台・禁裏注文染付出現。信楽鉄泥擂鉢の胎土粗となる。京焼は陶器類に占める割合が最大。

　8は富小路家のごみ穴である土坑B776。肥前系磁器碗に粗製のいわゆる「くらわんか」と薄手碗が混在。京焼と京・信楽系に分類される遺物が出現。基準資料にはふくまれないが、同時期に堺・明石系擂鉢出現。

　9は柳原家のごみ穴である土坑H166・土坑H271。肥前系磁器に粗製の梅樹文碗、薄手半球碗、蛇ノ目凹形低高台。小型信楽擂鉢に高台付出現。土人形増大。京・信楽系丸碗・平碗・半筒碗・蓋物類に土瓶・鉄釉鍋類、日常雑器雑器生産本格化。この時期以降、京焼と京・信楽系の区別困難。

　10は柳原家のごみ穴である土坑E45。天明大火（1788年）整地層直下で年代下限を特定。肥前系磁器は粗製青磁染付碗、筒形碗少、比較的上手品多、禁裏注文染付多。肥前系磁器と京・信楽系陶器が組成比で拮抗。京・信楽系陶器の碗類の錆絵染付・上絵簡略化。

　11は園家のごみ穴である土坑B716。天明大火整地層を掘り込む。肥前系磁器に広東碗出現。瀬戸・美濃系磁器なし。京・信楽系陶器組成比で50％超、灰釉土瓶・行平、鉄釉鍋圧倒的。

12は二階町通路面の土坑G348と園家のごみ穴である土坑B687。G348は肥前系磁器端反碗、山水文輪花皿。瀬戸・美濃系磁器蓋付端反碗。三田青磁。薄手酒杯。陶器はイッチン描き（泥漿で堆白線を描く技法）、白化粧に鉄釉や緑釉で上絵の土瓶。B687は肥前系磁器に禁裏注文染付、鍋島藩窯製品、粗製白磁紅皿。瀬戸・美濃系磁器。中国大陸景徳鎮窯系・徳化窯系製品。三田青磁。珉平。陶器には京焼禁裏注文品、京・信楽系、瀬戸・美濃系、丹波、堺、萩。堺・明石系擂鉢法量多様。大型信楽擂鉢少量残る。

13は柳原家廃絶時の整理土坑H15。明治初年の公家町廃絶時が下限。肥前磁器は色絵中心に時代幅。瀬戸・美濃系磁器に木型打込皿、京都産磁器急須。陶器鍋・行平は鉄釉・灰釉から飛鉋（轆轤での削り仕上げの時、鉋による削り文様が点字を打ったようになる波状の目のこと）・イッチン描き主体へ。

　以上のように、基準資料の選定にあたっては遺構の検出状況や火災層を鍵とし、基準資料5・6・7では「土師器類に大きな変化はなく、編年資料として明瞭な変化を示す堺系焼塩壺の刻印を指標としている。」とし、基準資料9については「土師器皿の編年観や遺構・層位の関係から」年代を導いている。基準資料の年代設定について、土師器による編年ばかりでなく、焼塩壺の刻印を適宜援用したことがわかる。

　さらに、基準資料の年代観にもとづき報告書の考察C「出土京焼資料について」を執筆した能芝は、当遺跡出土の京焼の特徴について、1. 初現期に近い高火度焼成の京焼碗が出土、2. 1660年代の遺構から完成度の高い上絵陶器が出土、3. 碗類の器形の変遷、4. 京焼の日常雑器の生産は17世紀後半から始まる、という4点を指摘した。

　以上の点については第9章において詳述する。

　なお、能芝勉はこの内容を関西陶磁史研究会において口頭発表している[15]。

（2）主要遺構

　2006年、京都国立博物館で特別展覧会「京焼─みやこの意匠と技」を担当した尾野善裕は、図録に収録された「4　京焼の展開─出土品─」において、左京北辺四坊（公家町）から出土した京焼の変遷を概観し、共伴した土師器皿（尾野は土器皿と呼称する）の年代観にもとづいて10段階に区分している[16]。以下に略記する。詳細は図録を参照されたい。なお、尾野は、前項の「基準資料」以外に、左京北辺四坊の発掘調査報告書の「主要遺構時期別対照表」（表1）において「主要遺構」とされた遺構を数多くとりあげている。このことから、本項の表題を「主要遺構」としたものである。説明に使用する用語、表現は原則として尾野の文章に沿った。

　① 土坑F1605（1620年頃～1630年頃）。伴出の土器皿が上京の本満寺境内にある結城秀康（1574～1607年）正室・蓮乗院の石廟からの出土品[17]と高い共通性を示し、蓮乗院の没年が元和7年（1621）で石廟出土品は骨壺の埋納に伴うと考えられることから、この年代と推定。京焼は「軟質施釉陶器」のみ確認。

　② 土坑C548B（1630年頃～1650年頃）伴出の土器皿は断片的だが、共伴した陶磁器が京都市内では①段階より若干新しい様相の土器皿に伴う事例が多いことから、上限年代を1630年頃と推定し、下限年代は④段階の上限年代である1670年代頃までの40年を③段階とで案分して

1650年頃と推定。高火度焼成による京焼の鉄釉陶器茶碗が出土。

③ 土坑G1164・G1156（1650年頃〜1670年頃）。土器皿は①段階と④段階の中間的様相を示すが、④段階に近い内容なので②段階との関係上1650年頃〜1670年頃と推定。土坑G1164から「天下一堺ミなと藤衛門」印の焼塩壺が伴出し、印の使用期間が承応3年（1654）から延宝7年（1679）に限定されることと矛盾せず。京焼の装飾は錆絵染付で、「清」印銘をもつ碗や布袋をかたどった香炉が出土。

④ 土坑B725・E302・F1455・E310・F1244（1670年頃〜1690年頃）。土坑B725出土の土器皿は寛文11年（1671）の火災に伴う事例で、土坑B725・E302・F1455・E310からは「天下一堺ミなと藤左衛門」印の焼塩壺が伴出しており、土坑F1244では少数の「御壺塩師／堺湊伊織」が伴う。前者の印は延宝7年（1679）まで、後者の印は天和2年（1682）に天下一を称することが禁止されて以後使用されたことから、1670年頃〜1690年頃と推定。京焼は錆絵染付と色絵の技法がみられ、色絵は仁清手（赤・金を多用）と古清水手（青・緑を基調）の二手がある。器面を埋め尽くすほど文様を描くことは稀である。印銘は「清」「寶」「清水」「藤」「清閑寺」「岩倉」「御菩薩」「奉」がみられる。肥前京焼風陶器が出現する。

⑤ 穴蔵F1387・整地G3752・土坑G1716（1690年頃〜1710年頃）。宝永大火（1708年）に伴う整地層であるG3752、その整地層におおわれた遺構である（穴蔵F1387）から、この段階の土器皿が出土していることが年代観の根拠である。京焼は仁清手の色絵が減少し古清水手の色絵が継続している。印銘は「仁清」「音羽」「清水」「清閑寺」「御菩薩」がみられ、肥前京焼風陶器継続する。

⑥ 土坑G1273（1710年頃〜1740年頃）。⑧段階の上限年代が1770年頃と考えられることから、⑤段階の下限年代である1710年頃との間の60年を⑦段階とで案分して1710年頃〜1740年頃と推定。土器皿との良好な伴出例が減少。京焼の古清水手色絵の文様が器面全体に展開する。新しい装飾技法として釉下白泥文様確認。印銘をもつ京焼が減少する。

⑦ 土坑H271・G593（1740年頃〜1770年頃）。年代観の根拠は前述のとおり。京焼の絶対量が増加し、品質差が拡大する。錆絵染付の装飾。意匠に乾山焼の影響が看取され、釉下白泥が目立つ。色絵に赤絵具が多く使用され、やや大味な絵付となる。

⑧ 土坑E45・C628（1770年頃〜1800年頃）。土坑E45出土の土器皿が天明大火（1788年）に伴う整地層下で検出されているが、焼土層出土遺物と大差なく、上限年代を1770年頃と推定。下限年代は土坑C628出土の土器皿が三千院天盃（伝世資料で享和3年〈1803〉〜文化5年〈1808〉に承真法親王〈1787〜1841年〉が拝領した）よりも僅かに古相を呈する[18]ので1800年頃と推定。京焼は小杉碗など信楽産の陶器が出現し、京焼との識別は容易でなくなる。全体に粗雑化し、錆絵染付の文様が簡略する。色絵は赤・緑の2色が主流で、「錦光山」「寶山」「岩倉山」印銘をもつ京焼が散見する。

⑨ 土坑B721・B716（1800年頃〜1835年頃）。上限年代は前述の三千院天盃から1800年頃、下限年代は⑩段階の推定下限年代である1870年頃までの70年間を⑩段階とで案分して、1835年頃と推定。京焼・信楽焼の粗雑化傾向が進み、色絵は赤・緑の粗い絵付けとなる。

⑩ 土坑G348・G45（1835年頃〜1870年頃）上限年代については前述のとおり。下限年代は明

治2年（1869）の東京遷都に伴い、公家屋敷が退転した際の廃棄物処理穴（土坑G45）出土の土器皿から推定。京焼・信楽焼に煎茶急須・煎茶碗が散見し、色絵陶器は希少となる。イッチン描き、白地に緑彩の装飾が目立つ。

以上のように、尾野は10段階の設定にあたって能芝と同様に、遺構の検出状況や火災層、焼塩壺の刻印の変化を適宜援用したばかりでなく、乾山焼の動向や三千院天盃などの伝世資料にも着目していることがわかった。

以上に述べた尾野の10段階の年代観は岡佳子に採用された。その根拠について岡は、「短期で廃棄される土師皿による年代推定が妥当と思われるため」と述べている[19]。

（3）両者の比較

第1項でみた「基準資料」と、第2項でみた「主要遺構」を中心とする年代的考察を比較してみると、同じ左京北辺四坊に位置する公家町遺跡を研究対象としながら、両者の見解は異なっていることがわかる。

その背景には、前者が基準となる遺物が出土した遺構を設定する目的によって短期間の使用を想定しうる小規模な廃棄土坑を中心に選択したことに対して、後者が京焼出土遺構を中心に、尾野が自ら発掘調査を実施した蓮乗院石廟出土の土師器皿の形態と年代観を基礎にして、各遺構の年代を想定しているという事実がある。これは、両者が実際に発掘、取り上げ、実測、観察、研究が可能であった遺物をもとにして年代観を設定しようとしていることが理由であろう。ちなみに、筆者が本書でとりあげた遺跡・遺物群も同様の考えによって選択したものである。

さらに、当該遺跡において両者が選択した遺構は、本章第1節（3）の「小松編年」で選択された遺構と異なる。小松と尾野の選択が一致する遺構が多い傾向が指摘できる。

さて、本章の主題は土師器皿の年代観を中心として導かれた京焼の年代的考察についてその成果を述べることである。ここから能芝・尾野それぞれの見解を比較してみたい。

記述について、先に「基準資料」（能芝）の見解、後に「主要遺構」（尾野）の見解を続ける。実年代は両者の想定を記す。京焼の色調・胎土・器厚・器形・装飾技法・意匠・文様の筆致を詳述し、共伴資料の説明は最小限とする。用語は基本的に報文で使用されていたものを使用する。共伴資料のうち肥前京焼風陶器・信楽産施釉陶器と京焼の識別・禁裏御用の京焼については、第3章・第4章・第7章との関係から、筆者が説明を付加する場合がある。

当該遺跡出土の京焼について、筆者は発掘調査段階から見学・観察の機会をもった。本章の執筆にあたり当時の経験に思いをはせ、再度報文と図版を検討した。その作業を基礎に、第1節・第2節で能芝・尾野が選択した遺構について、報告書所載の「主要遺構時期別対照表」（表1）にみる「基準資料」「主要遺構」の年代観を勘案して筆者が作成したのが「左京北辺四坊（公家町遺跡）京焼出土遺構対照表」（表2）である。以下、この表を参照しつつ述べる。本節においては、表の左2列「基準資料」「主要遺構」を参照していただく。なお、能芝は「年代」、尾野は「年頃」を使用している。本項では両者が採用した遺物・遺構のうち共通しているものを重視しながら勘案し、出土京焼の推移の大概についてあえて比較を試みることとしたい。

1）能芝・尾野ともに、1段階は、左京北辺四坊（以下、この平安京の京・坊を略す）土坑F1605

第 2 節　左京北辺四坊（公家町遺跡・京都迎賓館地点）出土遺物の様相と年代的考察

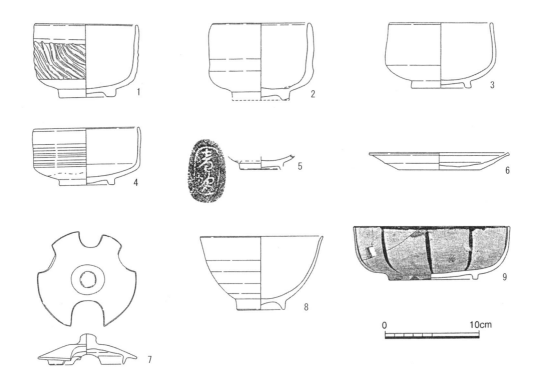

図 2　土坑 F1605 出土遺物 1・2　穴蔵 C548B 出土遺物 3・4　土坑 F1432 出土遺物 5
土坑 G1164 出土遺物 7～9

をあげる。軟質施釉陶器碗が 2 点出土している（図 2 の 1・2）。実年代の想定について、能芝は 1590～1600 年代、尾野は 1620 年頃～1630 年頃としている。

2）能芝・尾野ともに、2 段階は、穴蔵 C548B である。高火度焼成による碗が 2 点出土しており、鉄釉がかかる（図 2 の 3・4）。実年代の想定は、能芝 1620～30 年代、尾野 1630 年頃～1650 年頃である。

3）能芝は 3 段階として土坑 F1432 をあげる。碗底部が 1 点出土しており銹絵染付と推定される技法で文様が描かれる。小判形の「音次」印銘をもつ（図 2 の 5）。実年代は 1640～50 年代とした。

これに対して、尾野は、3 段階として土坑 G1164 と土坑 G1156 をとりあげる。

土坑 G1164 からは軟質施釉陶器の皿・蓋とともに、高火度焼成による呉器手碗とよばれる器形の碗が出土しており京都で生産されたものと報告されている。銹絵で文様が描かれた鉢がある（図 2 の 7～9）。

土坑 G1156 からは軟質施釉陶器の小型皿、高火度焼成された京焼の平碗で、銹絵で木の葉を描くものが出土している。布袋形の置物が 1 点出土しており、尾野はこれを京焼としている（図 3）。実年代は 1650 年頃～1670 年頃とされている。

4）能芝の 4 段階は土坑 B725 である。平碗、丸碗、壺が出土している。装飾は銹絵（図 4 の 1・2・7）銹絵染付（図 4 の 8）と色絵（図 4 の 3・9）がある。八角の「清」と「清閑寺」「藤」「仁清」「御菩薩」の印銘がみられた。

133

第6章 平安京左京北辺四坊（公家町遺跡）出土の京焼

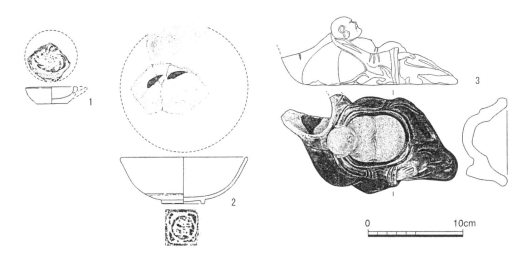

図3 土坑 G1156 出土遺物

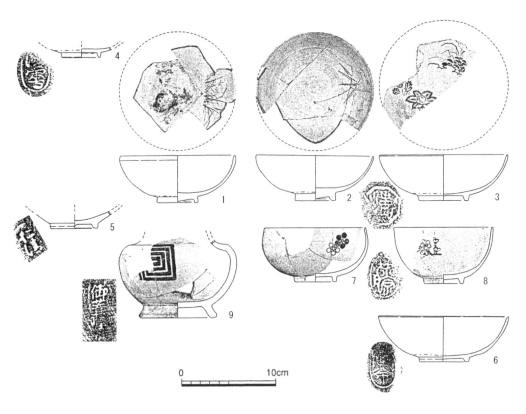

図4 土坑 B725 出土遺物

第 2 節　左京北辺四坊（公家町遺跡・京都迎賓館地点）出土遺物の様相と年代的考察

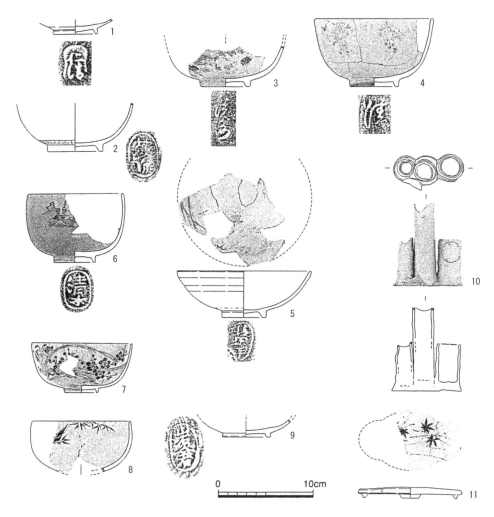

図 5　土坑 E302 出土遺物 1～6　土坑 F1455 出土遺物 7～11

　尾野の 4 段階は、能芝の土坑 B725 にくわえ、土坑 E302・F1455・E310・F1244 の 5 遺構がとりあげられている。選択遺構の記載順は尾野に倣った。

　土坑 E302 出土の京焼は、丸碗、平碗のみで、銹絵、色絵金彩（図 5 の 3）がある。印銘は「清」「清水」「清閑寺」である。肥前京焼風陶器丸碗（図 5 の 6）が共伴している。この遺物については第 3 章において詳述したが、この小判形の「清水」印は筆者にとって初見であった。

　土坑 F1455 からは丸碗にくわえ、筆立、蓋が出土している。色絵（図 5 の 7）銹絵（図 5 の 8）・染付（図 5 の 10）銹絵染付（図 5 の 11）があり、いずれも草花・葉を描く。印銘は「岩倉」があらわれる。

　土坑 E310 から「仁清」銘をもつ高台（図 6 の 1）、「清」印をもつ色絵碗（図 6 の 2）、銹絵で蟹を描いた平碗（図 6 の 3）が出土している。平碗は丸囲みの「寶」印をもつ。

　土坑 F1244 では丸碗、平碗に加えて灯明皿（図 6 の 6）、鉄釉両手鍋（図 6 の 8・9）があらわれることが特徴である。丸碗、平碗の装飾は銹絵染付である。「清閑寺」銘が確認できた。灯明皿

135

第6章　平安京左京北辺四坊（公家町遺跡）出土の京焼

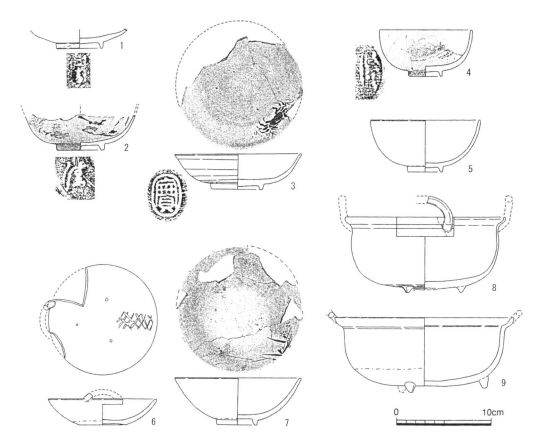

図6　土坑 E310 出土遺物 1〜3　土坑 F1244 出土遺物 4〜9

には灰釉、土鍋には鉄釉が施されている。

　実年代について、能芝は土坑 B725 の年代を 1660〜70 年代前半代とした。尾野は4遺構をくわえて 1670 年頃〜1690 年頃としている。

　5）能芝の5段階は尾野が先に前段階としてあげた土坑 F1455 で、1670 年代が想定されている。

　6）能芝は続く6段階として、尾野が先にとりあげた土坑 F1244 をあげる。年代は 1680 年代である。

　この段階で、能芝の設定が尾野と比較して細分されているのは、先述のように、能芝が比較的短期間の使用を想定しうる小規模な廃棄土坑を中心に基準資料としているからと推定する。

　7）能芝の7段階は、穴蔵 F1387 である。丸碗、平碗、鉢、壺、蓋が出土している。錆絵染付と色絵で草花を描く。丸碗では文様がやや類型化、平碗では内面中央をはずした位置に描かれることが顕著となる。印銘は、この遺構においては「音羽」印が数多くみられる（図7の3・4・5・6）ことに注意したい。肥前産の京焼風陶器の丸碗・平碗が共伴している。丸碗（図7の16）は山水文が精緻に描かれて、お経石窯・清源下窯で生産されたものと共通する特色が多い。平碗（図7の14・15）は一筆描きの文様から鍋島藩窯で生産されたものと推定する。この段階の実年代は 1690〜1700 年代とされている。

第2節　左京北辺四坊（公家町遺跡・京都迎賓館地点）出土遺物の様相と年代的考察

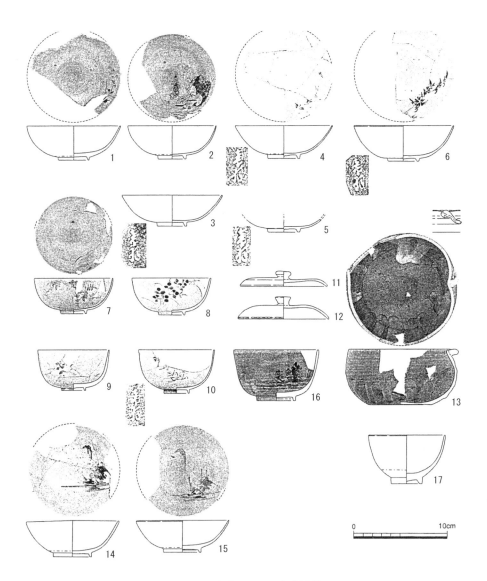

図7　穴蔵F1387出土遺物

　この穴蔵F1387に、整地G3752・土坑G1716の2遺構をくわえ、尾野は5段階を設定する。
　整地G3752から丸碗、平碗が出土している。碗に口径の大小があらわれ、錆絵染付で草花が精緻に描かれる。花弁を丸く盛り上げる、平碗の中心にも文様を配し花弁を広く塗りつぶす、などの新しい描法が登場していることに注意したい。印銘は「清水」「仁清」「御菩薩」（図8の10）が確認された。外面に16弁の菊文を描いた平碗が出土している（図8の9）。筆者はこれを禁裏御用の注文品と考えている。第7章において詳述する。内面に楼閣山水文を描いた平碗で、高台中央に渦巻を彫った図8の13が出土しており、肥前産の京焼風陶器と報告されている。またこの遺構から鬢水入（図8の21）、筒形容器（図8の22）が出現している。
　土坑G1716からは、丸碗、平碗が出土している。丸碗の高台径が口径に対して小さくなる傾向があらわれる。16弁の菊花文を施した平碗（図9の10・12）があり禁裏注文品と考える。体部

第6章 平安京左京北辺四坊（公家町遺跡）出土の京焼

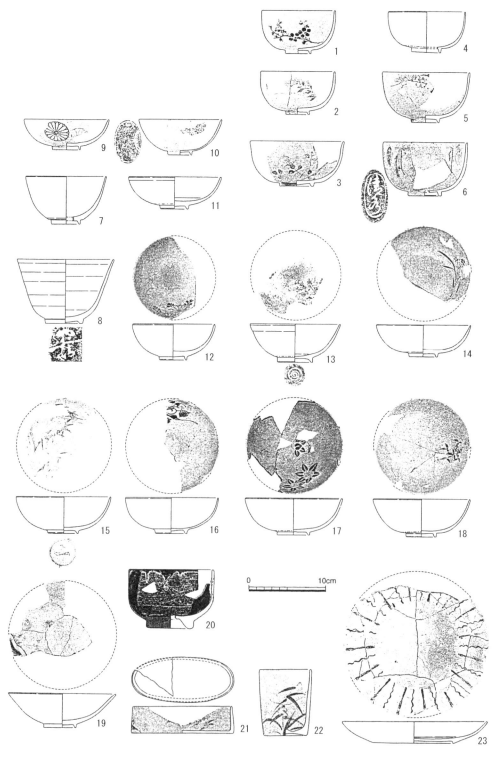

図8 整地 G3752 出土遺物

第2節　左京北辺四坊（公家町遺跡・京都迎賓館地点）出土遺物の様相と年代的考察

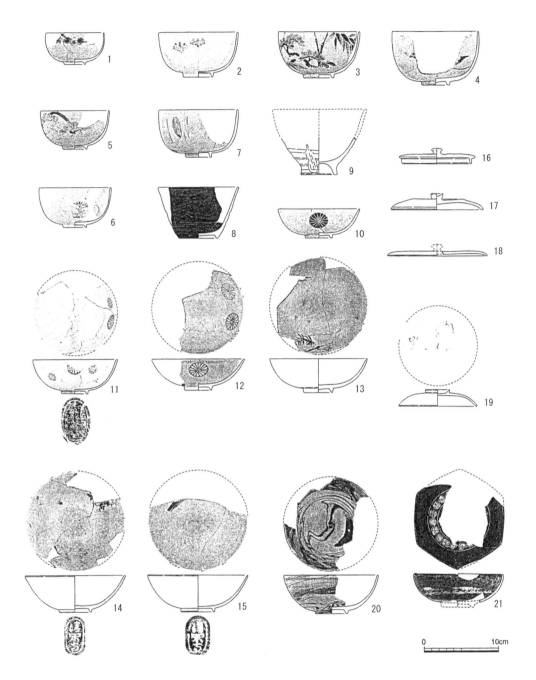

図9　土坑 G1716 出土遺物

　内外面に錆絵染付で菊文を描く図9の11 は「御菩薩」印をもつ。注文品には印銘がないと考えられることから（第7章）、禁裏注文品ではないと判断する。図9の7には色絵で注連縄文が描かれるが、錆絵染付で草花文を描くものが多い。印銘は「清閑寺」（図9の14・15）、「御菩薩」（図9の11）が確認できた。蓋が継続して出土する。

　以上の3遺構の実年代を、尾野は1690年頃～1710年頃としている。

　つづいて、尾野は土坑 G1273 をあげて自身の6段階とした。丸碗、平碗にくわえ半筒形碗（図

139

第6章　平安京左京北辺四坊（公家町遺跡）出土の京焼

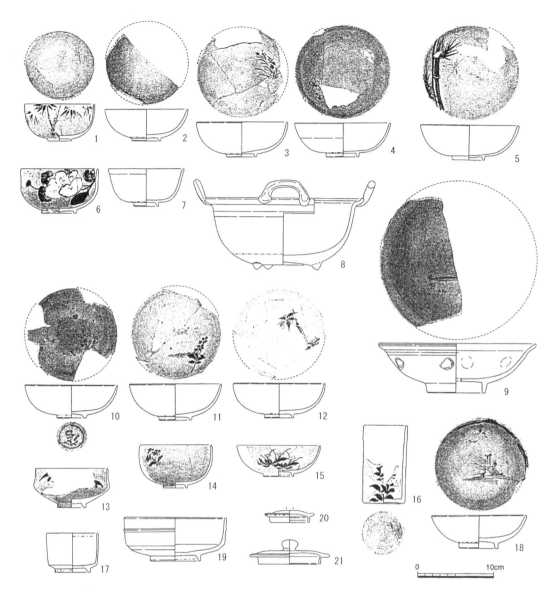

図10　土坑 G1273 出土遺物 1～9　土坑 B776 出土遺物 10～21

10の6）が出土する。器高が高く筒型がゆるやかである。色絵（図10の1）と銹絵染付で草花文が描かれる。花弁全体に白泥を塗るもの（図10の6）、筆を幅広く使い、鉄のみで竹枝を描いたもの（図10の5）がみられた。肥前京焼風陶器の深い盤（図10の9）、鉄釉両手鍋が共伴する。尾野の実年代は1710年頃～1740年頃である。

　8）能芝の8段階は土坑 B776 である。丸碗、平碗、半筒形碗がある。花入と報告される筒形容器（図10の16）がある。草花文は継続するが、銹絵染付の技法が少なくなり、銹絵のみで描く例が多い。筆致はやや緩慢となり、葉を鉄で塗りつぶすことが多用される。印銘はなく墨書をもつもの（図10の10）があらわれる。京・信楽系と報告される蓋物身（図10の17）、鉢、蓋類が出現する。肥前京焼風陶器平碗（図10の18）は内面中央に山水文を配置し鉄で描く。高台裏が

140

第2節　左京北辺四坊（公家町遺跡・京都迎賓館地点）出土遺物の様相と年代的考察

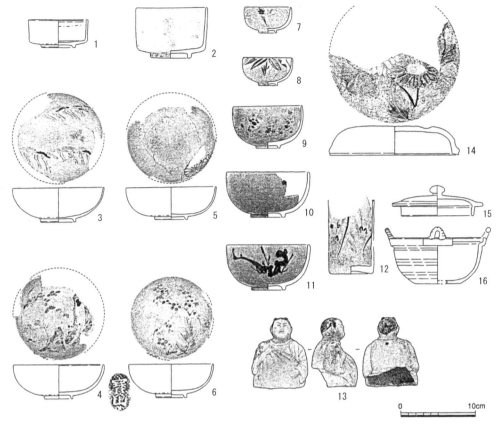

図11　土坑 H166 出土遺物

突出せず器底に向かってやや上がり、印銘をもたないことから肥前京焼風陶器のなかでも新しい時期に生産されたものと筆者は考えている。この段階の実年代は1730年代とされている。

　9）能芝の9段階は土坑 H166・土坑 H271 である。遺物表に京・信楽系陶器の語が常用され、京焼と京・信楽系陶器の区別が困難となる段階とされる。

　土坑 H166 出土の丸碗では口径に大中小があらわれる。平碗、筒形碗、花生と報告される筒形容器（図11の12）がある。色絵が大半を占め、鉄による装飾は減る。色絵平碗の草花文様は底面中央に配置されるが銹絵は内面口縁部に寄る。色絵平碗に「寶山」銘が1点確認された。京・信楽系と報告されているが、装飾技法ならびに京焼の窯名が押印されていることから、京焼とみなしてよいと考える。鉄釉両手鍋が共伴している。

　土坑 H271 においてもすべて京・信楽系陶器と報告されている。半筒形碗があり、花生、蓋が継続し、柄杓（図12の19、継手欠損）、土瓶があらわれる。土瓶の注口は曲線を描く。平碗では色絵によって草花文を内面中央に配置するものが多い。銹絵による草花文を描くものは少なく、図12の30は内面中央をはずした位置に配される。丸碗も色絵が多数で鉄による草花文は略筆で太い。金彩が残る丸碗もある。白泥は花弁、花芯に多用され、半筒形碗に白泥を用いて船を描くものがある（図12の17）。花生（図12の20）と平碗（図12の31）に掛分けの技法がみられた。柄杓には鉄釉を施す。銹絵染付で桐葉文を繊細な筆致で描く合子蓋がある（図12の21）。実年代

141

第6章 平安京左京北辺四坊（公家町遺跡）出土の京焼

図12 土坑H271出土遺物

第2節　左京北辺四坊（公家町遺跡・京都迎賓館地点）出土遺物の様相と年代的考察

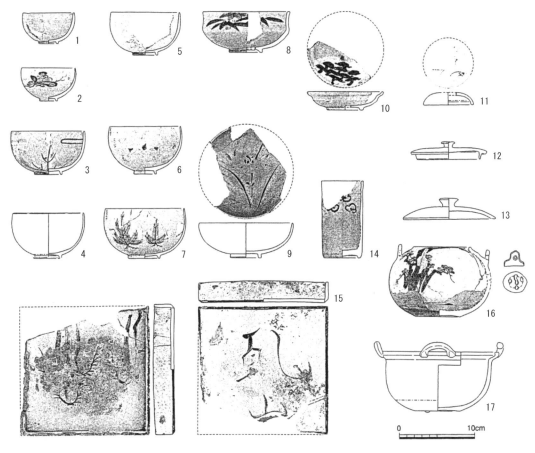

図13　土坑 G593 出土遺物

は1750年代とされている。

　尾野は、この土坑 H271 に土坑 G593 を加え7段階を設定した。

　この土坑 G593 は、報告書記載の「主要遺構時期別対照表」（表1）でⅩⅡ期新段階に位置づけられている。しかし、土坑 H271 は同表において次期のⅩⅢ期古段階に位置づけられた遺構である。これについて、筆者は本項執筆のため再検討の結果、以下の様相が土坑 H271 に相似するものとみなし、尾野の見解にもとづいて土坑 G593 をⅩⅢ期古段階と判断したものである。したがって筆者が作成した「公家町遺跡京焼出土遺構対照表」（表2）において、「主要遺構時期別対照表」（表1）の設定を（　）で表記している。

　土坑 G593 出土遺物について報告書では施釉陶器はほとんどが京・信楽系で、丸碗がほとんどを占めるという。平碗、半筒形碗、筒形容器、両手鍋、土瓶、蓋類が継続している。加えて小皿（図13の10）があらわれる。装飾は錆絵染付と色絵の両方があり、色絵平碗では中央に配置する。錆絵染付の技法によって根付松2枝を精緻に描いた丸碗（図13の7）があり注意される。この碗は高台内にも施釉されている。小皿（図13の10）には白化粧の上に松が太く描かれている。また、この遺構からは乾山銘をもつ角皿（図13の15）が出土した。胎土は軟質である。尾野の実年代は1740年頃～1770年頃となっている。

第6章　平安京左京北辺四坊（公家町遺跡）出土の京焼

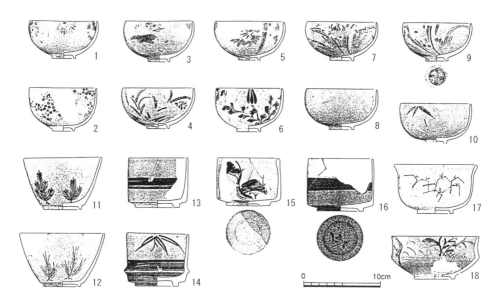

図14　土坑 E45 出土遺物（1）

10）能芝の10段階は土坑 E45 である。この遺構から、いわゆる半球形丸碗（図14の1〜10）があらわれる。口径に比較して高台径が小さく、口唇部がややすぼまることが特徴である。色絵による装飾をもつ。さらに杉形碗（図14の11・12）があらわれる。錆絵や錆絵染付によって根付松を比較的丁寧に描いていることが特徴である。筒形碗（図14の13〜16）があらわれ、半筒形碗（図14の18）が継続する。花入、蓋、小皿、柄杓、土瓶とともに、灯明皿、灯明受皿、ひょうそくなどの灯火具類があらわれる（紙幅の都合上、図版を掲載していない）。印銘はみられず墨書をもつものがある。「岩倉山」銘をもつ鉢が出土しており京焼と報告されている（図15の22）。この製品は轆轤目がはっきりとあらわれ調整は良好で、白泥を用いた松に2本の錆絵の松が重なる工夫をこらした意匠である。図15の24は工夫をこらした形の花生である。実年代は1760〜70年代とされている。

尾野はこの土坑 E45 に土坑 C628 を加えて8段階とした。

土坑 C628 では施釉陶器は京・信楽系がほとんどを占めると報告されている。丸碗に半球形のほか、口径・高台径ともに大きいものがみられる。平碗、半筒形碗、筒形碗がある。錆絵染付と色絵の装飾がみられる。錆絵染付で草花を細筆で精緻に描いた大ぶりの丸碗は「洛東山」銘をもつ（図16の8）。高台から撥形にひらく碗に「錦光山」銘がある（図16の13）。花生、蓋、鍋、注口曲線の土瓶が継続する。尾野の8段階の実年代は1770年頃〜1800年頃である。

11）能芝の11段階は土坑 B716 である。丸碗に替わって端反碗（図17の16・17）が、平碗に小型のものがあらわれる。丸碗には大ぶりのもの（図17の15）がみられる。筒形碗は継続する。灯明皿、筆立（図17の20）、蓋物身、火入（図18の9）もみられる。鍋、土瓶は継続し、土瓶の注口は直線となる。錆絵染付と鉄による単純な草花文の装飾が多く、体部に鉄で横縞を描いた単純な文様をもつものがある（図17の14・15）。鬢水入（図17の19）と図18の8には白化粧染付で同じ文様が描かれており、図18の8は化粧道具を立てるための道具と筆者は推定する。白化

第2節　左京北辺四坊（公家町遺跡・京都迎賓館地点）出土遺物の様相と年代的考察

図15　土坑 E45 出土遺物（2）

第6章　平安京左京北辺四坊（公家町遺跡）出土の京焼

図16　土坑 C628 出土遺物

粘に緑彩（図17の20）や褐彩（図18の9）を施すものがみられるようになる。京焼と報告されている陶器が2点あり、1点は錆絵染付で16弁の菊花文を描いた柄杓（図18の2）で、筆者は禁裏御用の注文品と考えている。もう1点は土瓶（図18の10）で、錆絵の根付松を中央に配し、左右に染付の根付松を精緻に描き「錦光山」の印銘をもつ。信楽産の施釉陶器が当遺跡で大量に出土する時期になっても、なお京焼と考えられる製品が存在することに注意しておきたい。実年代は1780〜1800年代である。

　尾野はこの土坑B716に土坑B721を加えて9段階とした。土坑B721では丸碗・平碗に大小

146

第 2 節　左京北辺四坊（公家町遺跡・京都迎賓館地点）出土遺物の様相と年代的考察

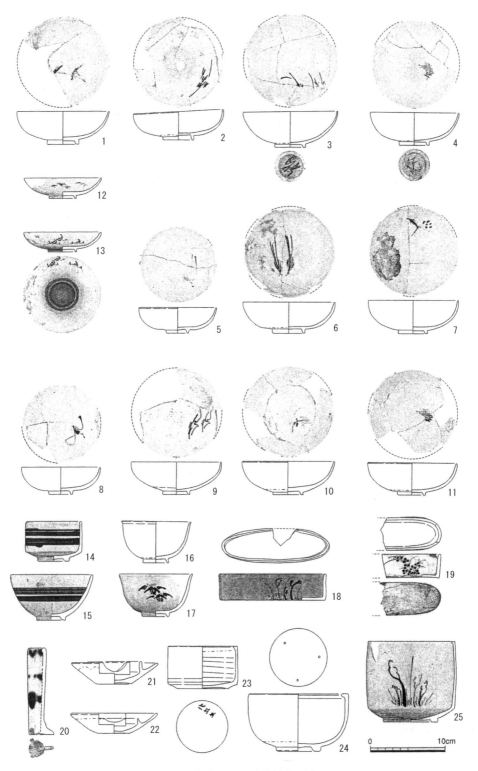

図 17　土坑 B716 出土遺物（1）

第 6 章　平安京左京北辺四坊（公家町遺跡）出土の京焼

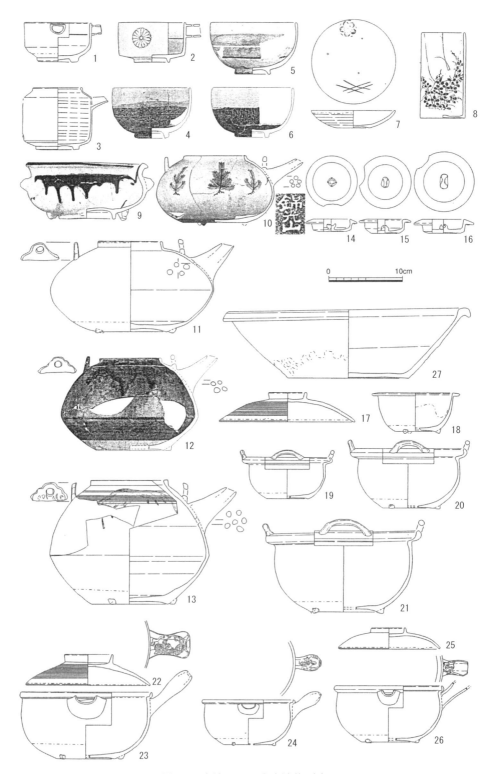

図 18　土坑 B716 出土遺物（2）

第 2 節 左京北辺四坊（公家町遺跡・京都迎賓館地点）出土遺物の様相と年代的考察

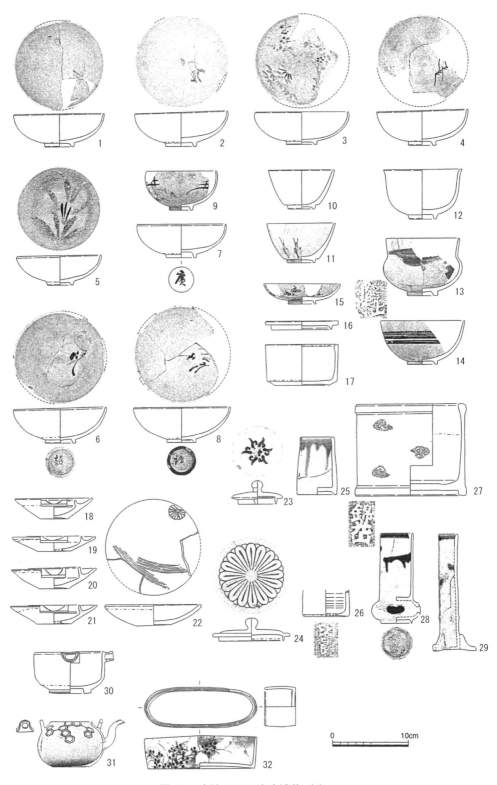

図 19 土坑 B721 出土遺物（1）

第6章　平安京左京北辺四坊（公家町遺跡）出土の京焼

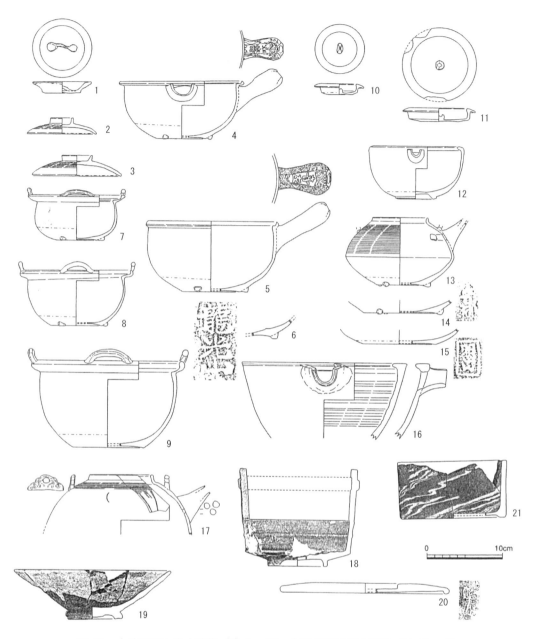

図20　土坑B721出土遺物（2）1～17　土坑B687出土遺物（1）18～21

ある。端反碗と杉形碗がみられる。灯明皿、蓋物の身と蓋、柄杓、火入、筒形容器がある。丸碗・平碗は色絵と単純な鉄による装飾がある。白化粧に緑彩（図19の25・28・29）、褐彩（図19の13）、青絵（図19の23）がみられ、この技法で装飾されたものは京焼と報告され、筆者もそのように考えている。鬢水入（図19の32）には白化粧染付で細かく草花が描かれ、土坑B716出土の図17の19を想起させる。図19の13と、火入（図19の27）は「錦光山」銘をもつ。錆絵染付によって精緻な16弁菊文を描いた蓋（図19の24）、体部上に錆絵染付で亀甲文を描いた小土瓶（図19の31）が出土している。土瓶の注口は曲線で古様を示す。この2点は禁裏御用の注文

第 2 節　左京北辺四坊（公家町遺跡・京都迎賓館地点）出土遺物の様相と年代的考察

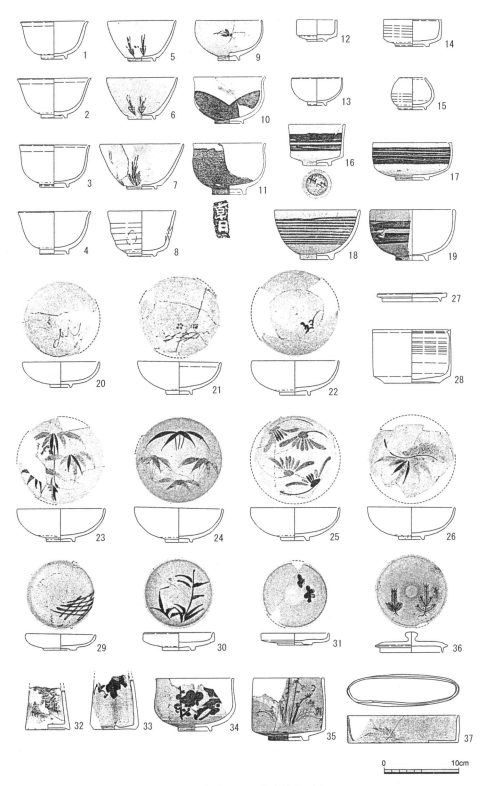

図 21　土坑 B687 出土遺物（2）

第6章 平安京左京北辺四坊（公家町遺跡）出土の京焼

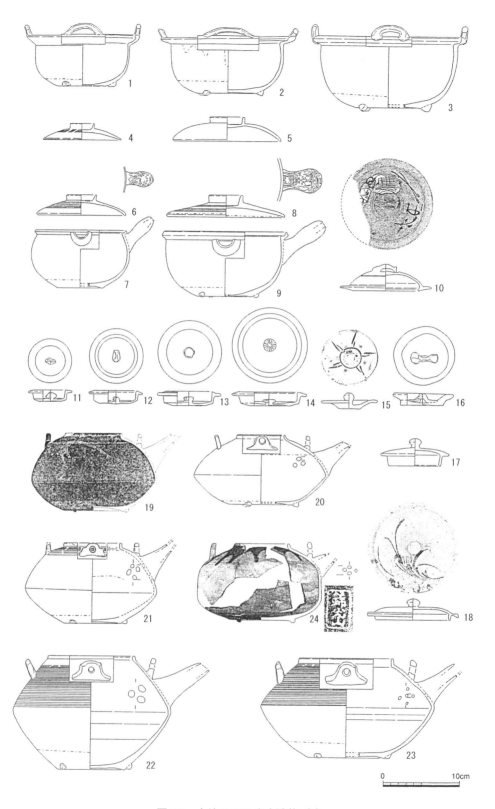

図22 土坑B687出土遺物（3）

第2節　左京北辺四坊（公家町遺跡・京都迎賓館地点）出土遺物の様相と年代的考察

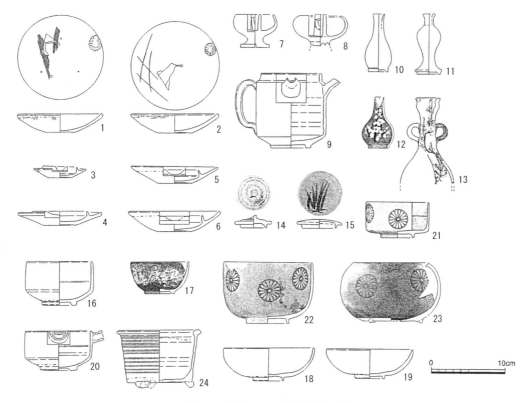

図23　土坑 B687 出土遺物（4）

品である可能性が高い。鍋・土瓶に「龍光山」「音羽」「明山」の銘をもつものがあった（図20）。尾野は実年代を1800年頃～1835年頃としている。

　12）能芝の12段階は土坑 B687 と土坑 G348 である。

　土坑 B687 では軟質施釉陶器の鉢、皿、灯火台と推定される器（図20の20）、絞胎の火入（図20の21）が報告されすべて京都で生産されたと推定されている。図20の20には「霞晴山」の印銘がある。施釉陶器（図21）では端反碗、杉形碗が増加し丸碗が減少する。灯明皿、蓋物、蓋、小皿が継続する。丸碗、平碗には鉄のみで単純な草花文を描く。碗体部の縞模様には太細がある。杉形碗には根付松を簡略化して描くものと丁寧に描くものがある。色絵平碗では形式化した草花文が内面中央に配置される。口縁下に緑彩を施す図21の10、花弁を白泥で描く図21の30がある。鍋、土瓶が継続し、水注（図23の9）、銅緑釉の仏餉具（図23の10・11）、植木鉢があらわれる。土瓶の注口は直行する。京焼と報告されているのは、白化粧の上に染付で細筆で精緻に草花文を描いた灰吹（図21の32）と銹絵染付の蓋（図21の36）、髭水入（図21の37）、「錦光山」の印銘をもつ白化粧緑彩の土瓶（図22の24）、白化粧に染付で根付松を描きさらに色絵と金彩によって装飾した壺（図23の13）である。体部外面に銹絵染付で16弁の菊文を描いた碗（図23の21）、鉢（図23の22）、蓋物身（図23の23）は調整と文様から禁裏御用注文品と報告されており、筆者も同様に考えている。

　土坑 G348 では丸碗、平碗、端反碗、灯明皿、柄杓、水注、蓋物、蓋が継続する。銹絵と色

153

第6章 平安京左京北辺四坊（公家町遺跡）出土の京焼

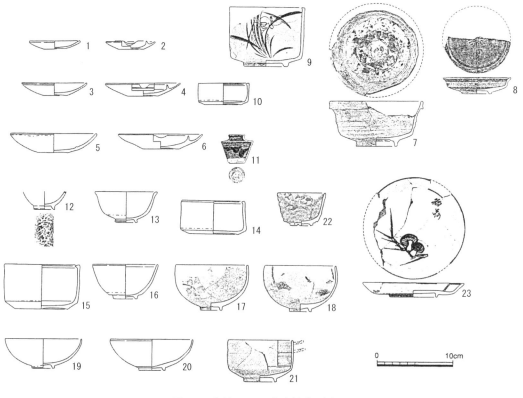

図24　土坑 G348 出土遺物（1）

絵によって文様を描く。土瓶・鍋が継続し急須（図25の20）があらわれる。植木鉢が継続する。白泥盛り上げ（図25の9）、白化粧に緑彩（図25の14）の装飾技法に、イッチン描き、飛鉋がくわわる。小碗片に「岩倉山」の印銘をもつものがあった（図24の12）。なお図24の7は軟質施釉陶器、図24の23は錆絵皿である。信楽産茶入（図24の11）、小碗（図24の22）が報告されている。実年代は1810～1850年代とされている。

尾野は、能芝の土坑 G348 に土坑 G45 を加え、自身の最終段階となる10段階を設定した。施釉陶器は京・信楽系が大部分を占めると報告されている。端反碗、小皿、鉢、土瓶が継続する。鉄による単純な装飾、白化粧、イッチン描き、飛鉋、白化粧に錆絵で楼閣山水文を描いた火鉢（図26の21）が出土している。京焼の陶工「寶山」銘をもつ筒形碗の底部（図26の1）、高台内に京焼の陶工「道八」銘を入れた染付端反碗（図26の16）、同じく京都の陶工音羽乾亭の「乾」銘をもつ涼炉（図26の20）が出土しており、以上の3点は京都産と報告されている。京焼の陶工銘が根拠となっていることが注意される。尾野の実年代は1835年頃～1870年頃である。

13）能芝の最終段階は土坑 H15 である。端反碗、蓋物、蓋、水注、灯明皿、仏餉具、行平鍋、土瓶、急須が継続する。鉄による単純な装飾、白化粧に緑彩（図27の26）、イッチン描き、飛鉋が継続する。京都で生産されたと報告されているものは、磁器では「福」銘（図27の27）、「道八」銘（図27の34）をもつ染付小碗、「平安陶工恭二製」と蓋裏（図27の43）に書く染付急須（図27の42）、陶器では「喜久」銘をもつ急須（図27の25）、「与三」ヘラ書き銘の急須蓋（図27の30）と身（図

154

第2節 左京北辺四坊（公家町遺跡・京都迎賓館地点）出土遺物の様相と年代的考察

図25 土坑 G348 出土遺物（2）

第6章 平安京左京北辺四坊（公家町遺跡）出土の京焼

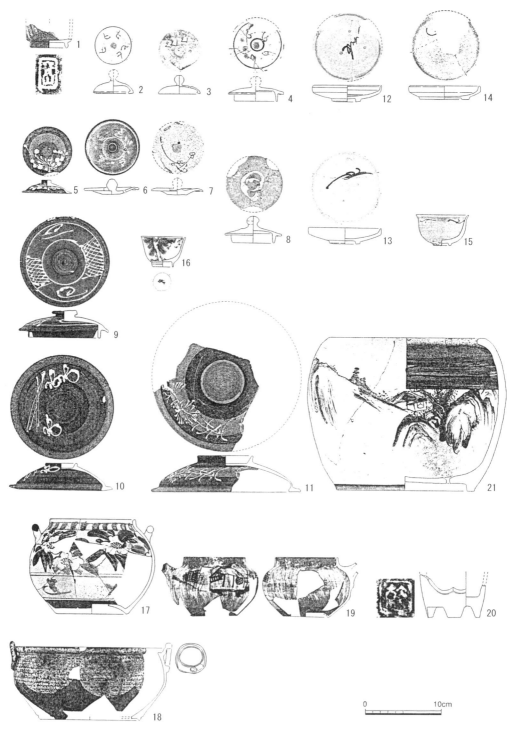

図26 土坑G45出土遺物

第 2 節　左京北辺四坊（公家町遺跡・京都迎賓館地点）出土遺物の様相と年代的考察

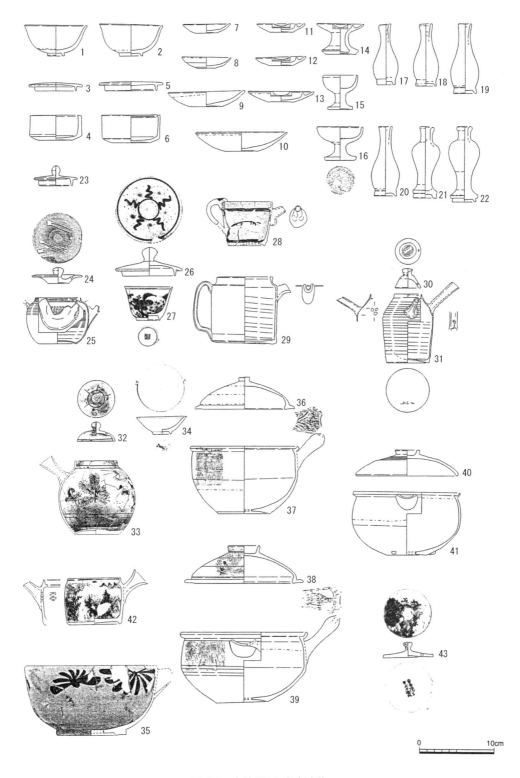

図 27　土坑 H15 出土遺物

第6章　平安京左京北辺四坊（公家町遺跡）出土の京焼

表2　左京北辺四坊（公家町遺跡）京焼出土遺構対照表

左京北辺四坊（公家町遺跡）					
基準資料 能芝 2004	主要遺構 尾野 2006	小松 2004			
土坑 F1605 (1590〜1600)	(1620〜30)	古	XI	1580〜90 頃	桃山期
穴蔵 C548B (1620〜30)	(1630〜50)	中			江戸時代前期
土坑 F1432 (1640〜50)	土坑 G1164 土坑 G1156 (1650〜70)	新		1660 頃	
土坑 B725 (1660〜70)	土坑 E302 土坑 E310 (1670〜90)	古		寛文 11 年火災 1671	
土坑 F1455 (1670 年代)					
土坑 F1244 (1680 年代)		中	XII		
穴蔵 F1387 (1690〜1700)	整地 G3752 土坑 G1716 (1690〜1710) 土坑 G1273 (1710〜40)			1708　宝永火災	
	(土坑 G593)	新		1720〜30 頃	江戸時代中期
土坑 B776 (1730 年代)	土坑 G593 (1740〜70)	古			
土坑 H166 土坑 H271 (1750 年代)					
土坑 E45 (1760〜70)	土坑 C628 (1770〜1800)	中	XIII	1788　天明火災	
土坑 B716 (1780〜1800)	土坑 B721 (1800〜35)	新			江戸時代後期
土坑 B687 土坑 G348 (1810〜50)		古		1820 頃	
土坑 H15 (1850〜60)	土坑 G45 (1835〜70)	中	XIV		

27の31）がある。陶器急須は器壁が1mm程度の轆轤成形である。実年代は1850～1860年代とされている。

（4）「基準資料」「主要遺構」出土の京焼の年代観からわかること

前項の比較研究は、能芝・尾野の両者が抽出した平安京左京北辺四坊（公家町遺跡）の発掘調査で検出した遺構を年代順に記したものであった。本項では「主要遺構時期別対照表」（表1）にもとづいた当遺跡出土の土師器皿による段階設定を中心として述べる。筆者作成の「左京北辺四坊（公家町遺跡）京焼出土遺構対照表」（表2）中央、XI期古段階からXIV期中段階までの設定を参照していただきたい。先に前項の成果を略記し、あとに筆者の見解を述べる。

なお、本表において、左列の基準資料の順序は、報告書の年代観のとおりである。しかし主要遺構の年代観は、前項で説明したように、報告書所載の「主要遺構時期別対照表」の配列を基礎として、これに尾野が想定した年代を勘案して表に記したものであることを了解いただきたい。なお、能芝は「年代」、尾野は「年頃」を使用している。本表は両者が採用した遺物、遺構のうち共通しているものを手がかりとし、出土京焼の変遷について大略を示そうと企図するものである。

XI 期
古段階
基準資料、土坑F1605から軟質施釉陶器碗が出土。

中段階
基準資料、穴蔵C548Bから高火度焼成によって焼成された京焼鉄釉碗が出土。

この鉄釉碗は、第2章第1節の5でとりあげた東八幡町出土の碗と同様の遺物であると筆者は判断する。現状では生産地での年代はやや下がることから、この年代まで生産が継続したものと推定する。

新段階
基準資料、土坑F1432から銹絵染付碗出土。小判形「音次」銘。

同時期の主要遺構、土坑G1164から呉器手碗・銹絵鉢出土。同主要遺構、土坑G1156から軟質施釉陶器小皿、銹絵で木の葉を描く平碗出土。布袋形置物を尾野は京焼と断定。

古段階の軟質施釉陶器が継続している。中段階の丸碗・平碗に加え鉢が出現する。装飾は銹絵のみ確認でき、銹絵による装飾が色絵に先行することが指摘できる。印銘をもつ碗が出現していることに着目したい。しかし「音次」銘は後世に継続しない。京焼呉器手碗は朝鮮半島の呉器を写したもので、肥前においても同様の碗が生産されたことを確認している（第3章）。

XII 期
古段階
基準資料、土坑B725から丸碗・平碗出土。色絵と銹絵染付。草花文は精緻。印銘は八角の「清」と「清閑寺」「藤」「仁清」。「御菩薩」銘壺出土。

第6章　平安京左京北辺四坊（公家町遺跡）出土の京焼

　同段階の基準資料、土坑 F1455 から丸碗・筒形容器、合子蓋。銹絵と色絵で草花文。「岩倉」銘出現。

　同時期の遺構、土坑 E302 から丸碗・平碗。銹絵・色絵・金彩。印銘は「仁清」「藤」「清水」「清」「清閑寺」銘。同時期の主要遺構、土坑 E310 から丸碗・平碗・高台。銹絵・色絵。「仁清」「清」「寶」銘。

　［古段階の様相］　壺、筒形容器、合子蓋が出現して器種が増加している。銹絵は継続し銹絵染付と色絵が同時に出現する。印銘は「清」「仁清」各3点、「清閑寺」「藤」各2点、「御菩薩」「清水」「岩倉」「寶」がみられた。

中段階

　基準資料、土坑 F1244 から丸碗・平碗・灯明皿・鍋出現。銹絵染付。「清閑寺」銘。同段階の基準資料、穴蔵 F1387、ほぼ同時期の主要遺構、整地 G3752・土坑 G1716 では丸碗・平碗が多い傾向。鉢、壺、盤、鬢水入、筒形容器、蓋類。丸碗・平碗の口径に大小。丸碗の口径に対して高台径が小さいもの出現。丸碗・平碗は文様が精緻なものと類型化する傾向に2分。草花文・注連縄文。盛り上げ、塗りつぶす新描法。「清水」「清閑寺」「仁清」「御菩薩」に「音羽」銘出現し多数。禁裏御用注文品平碗出現。段階後葉に相当する主要遺構、土坑 G1273 では丸碗・平碗。白泥・鉄による太筆の描法。鍋共伴。

　［中段階の様相］　丸碗の器形が多様となり、文様の描法に新しいものがみられ、平碗の文様は内面中央をはずした位置に描かれるもの、中央に文様を配置するものの両方がみられた。この段階から禁裏注文の京焼が出現していることに注意しておきたい。器種では灯明皿と土鍋が出現し、この段階から京都で同器種を生産したことを確認した。鬢水入、筒形容器、蓋類が出現。印銘は「清閑寺」が3点報告され「清水」「仁清」「御菩薩」が継続。「音羽」銘出現し多数。禁裏御用注文品平碗出現。後葉から装飾技法において白泥の装飾出現。鉄のみによる太い筆致。器厚は口唇部から口縁部、体部から底部にかけて変化がやや少ない画一的なものとなり、さらに印銘がみられなくなる。

　新段階として表中に（　）で示した土坑 G593 は、前項に説明したとおりである。詳細についてはつぎに述べる。

XIII期

古段階

　基準資料、土坑 B776 では、筒形碗、蓋物身出現。筒形容器継続。装飾技法では塗りつぶす描法多用、筆致は緩慢。「京・信楽系陶器」と報告。鍋継続。

　基準資料、土坑 H166 と土坑 H271 では京・信楽系陶器大量。京都の窯名「寶山」銘平碗は京焼。丸碗の口径に大中小。半筒形碗、筒型容器、蓋類、鍋継続。注口曲線の土瓶出現。銹絵平碗草花文内面中央より口縁寄り、色絵平碗草花文内面中央。白泥多用。掛分け出現。文様略筆傾向だが繊細筆致の蓋が存在。

　当段階に相当する主要遺構、土坑 G593 においても報文に「京・信楽系」の語継続。丸碗がほとんどと報告。丸碗、半筒形碗、筒形容器継続。小皿出現。蓋類、鍋、土瓶継続。色絵と銹絵染

付。色絵平碗では文様を中央に配置。銹絵染付根付松を精緻に描く丸碗。白泥に太筆の小皿。乾山銘角皿。

　［古段階の様相］　この段階から「京・信楽系陶器」と報告される蓋物身、鉢、蓋類が出現することは重要である。前段階後葉で指摘した事実につづき、この段階の京焼には印銘をもつものがみられない。入れ替わるように墨書をもつものが出現してくる。信楽産施釉陶器の出現に連動して墨書をもつものが出現するものと筆者は考えている。京・信楽系と報告される遺物が大量に出土する中で、「寶山」印銘、銹絵染付による精緻な草花文が存続する遺物については京焼と判断した。当遺跡において信楽産施釉陶器が大量出土する段階にあっても、京焼と判断できる要素をもった遺物が存在しつづけること、そして消費地遺跡にあって両者の分別は可能であることを筆者は重視し再確認する。なお、当遺跡において「寶山」銘は初出となる。乾山銘角皿（図13の15）が出土している。尾野は陶工尾形乾山が作品に使用したいわゆる光琳松が遺物に描かれていると述べた（図13の10）[20]。筆者が白泥に太筆としたものである。ここでは装飾技法・意匠・文様の筆致において出土遺物と伝世資料との対照研究が可能であると指摘するにとどめたい。

中段階

　基準資料、土坑E45と、同時期の主要遺構、土坑C628では半球形丸碗、杉形碗出現。杉形碗に根付松を描く。「岩倉山」銘鉢、「洛東山」銘丸碗、「錦光山」銘撥形碗が京焼と報告。灯火具類出現。鍋、注口曲線土瓶継続。墨書存在するものあり。

　［中段階の様相］　半球形丸碗、杉形碗が出現する。胎土について京焼か信楽産か判断しにくいものがある。他の器形、土瓶等についても、筆者が第4章第1節で提示した京焼と判断する要素にしたがい、調整良好、文様精巧。意匠に工夫を凝らしたものを京焼と判断した。これらの要素をもち、かつ京都の窯を示す印銘をもつものをつぎに京焼とみなしたものである。「岩倉山」「洛東山」「錦光山」は当遺跡において初出である。一部の墨書をもつもの、灯火具類は信楽産と判断する。

新段階

　基準資料、土坑B716と同時期の主要遺構、土坑B721では端反碗、小型平碗、水注出現。半球形丸碗、杉形碗、丸碗、平碗、筒型碗継続。筒型容器、灯明皿、蓋、蓋物継続。鍋、土瓶継続。土瓶は注口が直行する形に変化。単純な草花文・横縞。白化粧染付で精緻に草花文を描いた筒形容器と鬚水入、白化粧染付で精緻に草花文を描いた筒形容器と鬚水入、白化粧に緑彩・褐彩・青絵を施す装飾の京焼出現。「錦光山」銘碗と火入。鍋・土瓶に「龍光山」「音羽」「明山」の銘あり。禁裏注文品の柄杓と小土瓶あり。

　［新段階の様相］　器種が増大するが前述の調整良好、文様精巧、意匠に工夫を凝らしたものを京焼と判断。印銘はこれに準ずる。「錦光山」銘が継続。新出の器種の大半を信楽産と判断するが、鍋・土瓶で「龍光山」「明山」の銘があるものを京焼とみなした。「音羽」銘が再出。信楽産施釉陶器では草花文は単純で崩れ、横縞など省略の多い意匠が描かれる。これに対して京焼では白化粧染付や白化粧緑彩・褐彩などの新しい技法が始まる。装飾技法によって京焼を明瞭に分別することが可能である。新技法によって装飾された京焼は継続して消費され、大量に消費される信楽産施釉陶器とは異なる発展をみせることが出土状況から確認される。この段階で禁裏注文品が再

第6章　平安京左京北辺四坊（公家町遺跡）出土の京焼

度出現することにも注意しておきたい。

XIV期
古段階

　基準資料、土坑 B687 と土坑 G348 では、軟質施釉陶器鉢、皿、絞胎火入、灯火台。灯火台に「霞晴山」銘、白化粧緑彩の土瓶に「錦光山」銘、白化粧染付小碗に「岩倉山」銘、以上を装飾技法と印銘から京焼と判断。白化粧染付による文様をもつ筒形容器、錆絵染付による装飾をもつ蓋と鬢水入れ、染付で根付松を描き色絵と金彩によって装飾した壺、以上を装飾技法から京焼と判断。錆絵染付で 16 弁の菊文を描く碗、鉢、蓋物身、以上を調整と文様から禁裏注文品の京焼と判断。急須出現。イッチン描き出現。土坑 G348 から第 4 章第 1 節で同志社校地出土資料でとりあげた山水土瓶と同一の梅花の意匠を同様に装飾した土瓶蓋が出土。信楽産銅緑釉仏餉具出現。

　［古段階の様相］　軟質施釉陶器が再出している。第 2 章で述べたように、軟質施釉陶器は近世京都において窯業生産の開始を示す遺物であり、この伝統が軟質施釉陶器の復活の背景となったと考えられる。この段階で急須が出現している。京都・信楽系と報告されているが素焼であることに注意しておきたい。禁裏注文品が継続する。これに対して信楽産施釉陶器ではイッチン描きや飛鉋の技法が始まる。

中段階

　中段階の基準資料、土坑 H15 では京焼に白化粧緑彩継続。磁器では「福」銘染付碗「道八」銘染付小碗。「平安陶工恭二製」染付急須。陶器では「喜久」銘急須、「与三」ヘラ書き銘の急須蓋と身。信楽産施釉陶器では銅緑釉仏餉具継続。イッチン描き継続。

　同時期の主要遺構土坑 G45 では京焼の陶工「道八」銘の染付磁器碗が出現。陶器では「寶山」銘筒形碗と「乾」銘をもつ涼炉が出土。火鉢。飛鉋出現。

　京焼陶工「道八」銘染付磁器が出現している。第 3 章第 1 節で同志社校地出土資料でとりあげた資料と同様の遺物である。器形から煎茶碗と推定され、涼炉が出土していることから、煎茶の流行とともに京焼が器種を拡大し生産していったことが遺物群から知られた。煎茶具には京焼の伝統にのっとって陶工名が入れられている。器種により京都産と信楽産を分けることが可能である。

おわりに

　左京北辺四坊（公家町遺跡）出土の京焼について、「基準資料」と「主要遺構」を中心とした年代観について比較研究をおこなった。土師器皿による XI 期古段階から XIV 期中段階まで、ほぼ段階ごとに順序だてて述べた。

　ここであらためて前項の内容について表 1 を対照させて述べる。

　当遺跡では XI 期新段階から錆絵染付碗が出土する。同時期の遺構から錆絵鉢・平碗が出土しており、つぎの XII 期古段階から色絵の装飾をもつものがあらわれ、出土遺物としての京焼においては錆絵染付が先行することが確認できた。鉢を変化のある器形の 1 種と考えることができよ

う。

　XII期古段階から色絵と銹絵染付が同時にみられるようになる。一部に金彩がある。器種が増加し壺・筒形容器・合子蓋がみられる。中段階では丸碗・平碗が多い傾向は変わらないが口径に大小あり丸碗の口径に対して高台径が小さいものがあらわれる。この傾向に付随して文様の描法が精緻と類型化に二分、盛り上げ、塗りつぶす描法に加え後葉に鉄のみによる太い筆致、白泥による装飾が出現し平碗の文様配置が中央と中央をはずすに二分された。この段階までの京焼の特徴は第4章で基準とした要素とその時期差に対応するものである。この段階の京焼に押印された銘については前項を参照していただきたい。

　さらに、以上の特徴から、XII段階の京焼においては量産を企図したと推察する。丸碗の口径に対して高台径が小さいものはいわゆる「半球形丸碗」の祖形であると考えられ、平碗の文様が内面中央に描かれることは後述する信楽産施釉陶器にみられる特徴である。また京都産の灯明皿と鍋が出現したことは注目に値する。京焼において器種を拡大し、日常的な煮沸具を生産しようとしているのである。しかし量産は一時的な傾向でありかつ日常器具の生産は後代に継続しない。これらの器種の生産は信楽へと移行する。

　XIII期古段階から京・信楽系陶器と報告される遺物群が出現する。器形では半筒形碗と蓋物身が出現した。信楽で量産される器種である。これらの器種にあって文様はさらに簡素となり略筆となる。印銘はなく、高台に墨書をもつものが出現する。この段階で京焼を識別する場合は印銘が手掛かりとなり「寶山」「乾山」銘をもつものを京焼とみなす。根拠は第3章に述べたように「同一の印銘をもつ遺物が印銘以外の要素すなわち器形や装飾技法において共通性をもっている場合で、さらに当該遺物の年代がある一定の年代に限定されるものについては、印銘を京焼と特定する手段として有効であろう」としたことによる。ここでは京焼と判断したものは精緻な草花文や伝統的な意匠をもつことが特徴であり、同段階に属する遺物であった。

　中段階では前出の京・信楽系陶器では半球形丸碗と杉形碗が出現する。京焼はこれらの遺物よりも調整良好で文様精巧かつ意匠に工夫を凝らす。判断基準は既述の7要素であり、この要素をもちかつ京都の窯名「岩倉山」「洛東山」「錦光山」銘をもつものを京焼とした。

　新段階では新出の端反碗、小型平碗等を信楽産施釉陶器と考えた。調整良好で文様精巧かつ意匠に工夫を凝らす京焼が継続して出土し、印銘には「錦光山」「音羽」「明山」があった。この段階から京焼に白化粧染付、白化粧緑彩・褐彩という新装飾法が開始される。この段階において京焼は大量に消費される信楽産施釉陶器とは異なる発展をみせることが明らかとなった。

　XIV期古段階においては軟質施釉陶器が再度出現し、絞胎が出土している。京焼の新装飾法が継続し、印銘には「霞晴山」「錦光山」「岩倉山」「寶山」「乾」がある。同時に「道八」銘の染付磁器碗が出土している。煎茶碗と推定され、急須、涼炉の出土とともに煎茶の流行が京焼の器種拡大につながったものと考えた。信楽産施釉陶器ではイッチン描き、飛鉋の装飾が始まり、器種構成とともに京焼と識別することが容易である。

　中段階では染付碗に「福」「道八」銘があり、煎茶具が継続する。「平安陶工恭二製」「喜久」「与三」等、窯名あるいは山号[21]ではなく陶工の個人名となっていることが注意される。野々村仁清以来の京焼の伝統を出土遺物から確認することができた。当然のことながらこの特徴は信楽

163

第 6 章　平安京左京北辺四坊（公家町遺跡）出土の京焼

産施釉陶器にはなく、前段階同様に銅緑釉仏餉具等を生産する。

注

(1) 『京都市高速鉄道烏丸線内遺跡調査年報Ⅲ』京都市高速鉄道烏丸線内遺跡調査会　1982 年。

(2) 松藤和人「同志社キャンパス内出土の土器・陶磁器の編年—中・近世を中心として—」『同志社キ
ャンパス内の遺構と遺物』（同志社校地内埋蔵文化財調査報告資料編Ⅱ）同志社大学校地学術調査
委員会　1978 年

(3) 小森俊寛・上村憲章「京都の都市遺跡から出土する土器の編年的研究」『研究紀要』第 3 号　京都
市埋蔵文化財研究所　1996 年　187 ～ 271 ページ。

(4) 小森俊寛『京から出土する土器の編年的研究』京都編集工房　2005 年。

(5) 伊野近富「土師器皿」『概説中世の土器・陶磁器』中世土器研究会　真陽社　1995 年。

(6) 森島康雄「中世末から近世初頭の陶磁器」『考古学ジャーナル』№ 442　1999 年　15 ～ 18 ページ。
同「織豊期の基準資料と暦年代の再検討—京都を中心に—」『織豊城郭第 7 号』織豊期城郭研究会
2000 年　1 ～ 14 ページ。

(7) 森島康雄「瓦器椀編年からみた京都系土師器皿の年代観—13 世紀を中心に—」『中世土器研究論
集—中世土器研究会 20 周年記念論集』中世土器研究会　2001 年。

(8) 橋本久和「畿内の土器生産と古瀬戸の流通」『研究紀要』第 5 輯　瀬戸市埋蔵文化財センター
1997 年　135 ～ 145 ページ。

(9) 藤澤良祐「古瀬戸」注（5）文献所収。
同「瀬戸・美濃大窯編年の再検討」『研究紀要』第 10 輯　瀬戸市埋蔵文化財センター　2002 年
53 ～ 175 ページ。

(10) 『平安京左京四条二坊十四町跡』京都市埋蔵文化財研究所調査概要 2003-5。

(11) 小松武彦「第 11 章第 3 節　近世の土師器皿」（『平安京左京北辺四坊』—2 分冊（公家町）—本文）
京都市埋蔵文化財研究所調査報告第 22 冊　財団法人京都市埋蔵文化財研究所　2004 年。

(12) 注（4）文献。

(13) 注（11）文献。

(14) 能芝勉「第 11 章第 4 節　出土陶磁器の様相」注（11）文献所収。

(15) 能芝勉「京都・公家町出土の京焼—17 世紀～ 18 世紀前半の様相—」『京焼の成立と展開—押小路、
粟田口、御室—』研究集会資料集　関西陶磁史研究会　2006 年。

(16) 尾野善裕「4　京焼の展開—出土品—」『京焼—みやこの意匠と技』（展覧会図録）京都国立博物館
2006 年。

(17) 尾野善裕「本満寺境内所在　蓮乗院廟発掘調査報告」『学叢』第 29 号　京都国立博物館　2007 年
97 ～ 107 ページ。

(18) 尾野善裕「三千院の天盃と土師器皿に関する二・三の問題」『学叢』22 号　京都国立博物館
2000 年　149 ～ 157 ページ。

(19) 岡佳子『近世京焼の研究』思文閣出版　2011 年。

(20) 注（16）文献。

(21) 注（19）文献。

第7章　禁裏御用品としての京焼

はじめに

　平安京左京北辺四坊の京都迎賓館地点は江戸時代の公家町に該当する。この公家町で検出した遺構から、16弁の菊を文様とする京焼が大量に出土し、禁裏御用の注文品と報告されている。この遺物について、従来は文献と伝世資料の一部が紹介されるのみであった。発掘調査の成果から、出土資料の分析によって、受容と消費の実態を研究することが可能となったわけである。

　これら注文品の京焼は遺跡の性格を特徴づける遺物として注目されており、京都市域の遺跡でも例が少なかった。

　本章では禁裏御用の京焼について出土遺構年代順に述べ、さらに共伴するその他の京焼について検討し、江戸時代の京都において京焼そのものが、どのように消費されてきたのかを解明するための一歩としたい。

第1節　研究史

（1）文献

　孝明天皇（在位弘化3年〈1846〉～慶応2年〈1866〉）は、幕末の混乱期に長く天皇の位にあった。『幕末の宮廷』の述者下橋敬長は天皇の朝御膳について「御膳番が、そのお茶碗を取って（外側を）拭きまして、」と記した。

　このお茶碗について、羽倉敬尚が「御飯、お汁の器などは全部白地の陶器で、花びら十六枚の菊の模様が青色の呉須であしらってあり、多くは京の東山清水焼だったようである。」と注している[1]。

　三好一は「菊の御文入りの焼物には宮廷御用と皇室ゆかりの寺院のものがあり、注文に応じていたのは粟田窯である。江戸時代後期から幕末の時期に禁裏御用を仰せつかっていたのは帯山与兵衛であった。種類は食器・香道具・酒器・化粧用具・置物・花器・茶道具・火鉢などである。粟田の帯山を中心に錦光山・暁山・宝山などが納入していた。また岩倉山は青蓮院門跡出入りの焼物師で菊の御文入りの品々を焼成していた。」と述べている[2]。

（2）伝世資料

　前節の三好一が粟田焼御文入り帯山銘の水指・花入の写真を掲載している[3]。

　京都文化博物館には禁裏御用と考えられる16弁の菊を文様とした京焼が収蔵されている。筆者は洲鎌佐智子氏のご厚意により以下の資料について実見の機会を得たので、所見を略述する。

　①小型の盃台が2点あり、1点は表面が淡黄色で高台裏まで施釉し畳付のみ露胎、体部に銹絵

の菊が2、染付の菊が1描かれ、高台脇に「帯山」銘をもつ。もう1点は灰青色で高台脇まで施釉、体部の表と裏に染付による16弁の菊を描く。②箸置は淡黄色で内面に染付、口縁から外面にかけ錆絵で菊を描く。底面無釉で中央に「帯山」銘を押印する。③鼓を模した形の盃台があり、淡黄色で畳付のみ露胎、上部表に染付の菊、裏に紅葉を、下部表に錆絵で紅葉、染付で根付松、裏に錆絵の紅葉を描いている。④小型の水注は淡灰色で高台脇まで施釉、染付で頸部～胴部の3か所に菊を描き、底部に「錦光山」銘をもつ。⑤蘭引[4]は淡黄色で、蓋を除く胴部を上中下に3分することができ、各部に錆絵染付による菊が描かれる。中下部の文様は①～④にみるように錆絵染付の菊を表文・裏文とするか、散らす意匠である。⑤の上部では錆絵と染付の菊を組み合わせて施していることが特徴である。底部脇まで施釉し3足が付き、底部に「岩倉山」銘をもつ。

　以上のように文献と伝世資料から、禁裏御用の陶器とは、錆絵染付による16弁の菊の文様があり、器種は多様で、印銘から推定される生産地は京焼の窯の中でも粟田・帯山・錦光山・岩倉山などであるということができよう。

第2節　公家町遺跡出土の禁裏御用の京焼
―遺物と出土遺構ならびに年代観―

　平安京左京北辺四坊（図1）の発掘調査は1997年から2002年まで実施され、2004年に報告書が刊行された[5]。報告書では調査区を細分して主要遺構を提示した上、土師器を中心とする編年的研究からⅠ期～XIV期の時期区分をおこない、この年代観にもとづいて江戸時代を前期・中期・後期に3区分している。本節ではこの区分にしたがって、禁裏御用の京焼と考えられる遺物について時期ごとに検討する。

　なお、本節でとりあげる遺構について、報告書において同時期とされている場合はその先後関係を筆者自身が報告書掲載の遺物実測図の検討によって判断した。共伴資料に関する詳細は省略した。遺物の説明は原則として実測図から判断できる特徴

図1　調査地点位置図（1：25,000）
A 平安京左京北辺四坊　B 同志社大学今出川校地　C 同志社大学新町校地　D 同志社新島会館　E 同志社新島会館別館

を優先し、器形の名称等については筆者が一部改変したものがある。

　以下、出土遺構の年代順に述べる。禁裏御用の京焼は江戸時代前期から出土している。

（1） 江戸時代前期

　当該遺物は、江戸時代前期では①土坑 G1716、②石組土坑 P82、③土坑 G3752、④土坑 G1133 の 4 遺構から出土している。①は「XII 期中」期の主要遺構の一つで、④はこれにつづく「XII 期新」期の主要遺構の一つとされている。②は出土遺物が少なく③は共伴資料に蓋・灯明皿・鬢水入れが報告されていることから②の後の年代を想定した。

　①土坑 G1716 から平碗（図 2 の 1 〜 3）が出土している。1 では菊の花弁が紺色に見え、染付で強く描かれたものと思われる。3 も内面右に錆絵と染付の菊を描く。体部の錆絵の菊が大きく周囲に他の文様はない。②石組土坑 P82 からは平碗（図 2 の 9）が出土している。外面左右に菊を描く。③土坑 G3752 からも平碗（図 2 の 13）が出土した。左に錆絵右に染付で菊を描き菊の円周がやや大きい。④土坑 G1133 からも平碗（図 2 の 20）が出土している。③の平碗（図 2 の 13）と比較すると、13 では中央の錆絵の菊より下げて染付の菊を配置していたが、20 では双方の菊を並列させている。菊の円周は平碗 13 と 20 でほぼ同じ大きさとなっている。

　また、図 5 の 91 は C 区の土坑 C1B から出土した建水である。錆絵染付で菊が描かれ「寶山」の印銘をもつ。遺構年代から 18 世紀前半の年代が与えられる。第 5 章第 2 節で詳説した年代観によってこの時期の遺物とする。

（2） 江戸時代中期

　当該遺物は、江戸時代中期では⑤井戸 F950、⑥土坑 B674、⑦土坑 G471 の 3 遺構から出土している。⑤と⑥は「XII 期新」期の主要遺構である。前項の④も「XII 期新」期であったが、報告書の「遺構概要表」において前期の遺構に分類されていたため前項の最後に入れた。

　⑤では共伴する焼塩壺が「泉州麻生」「御壺塩師堺湊伊織」であるのに対し、⑥では「泉州麻生」「難波浄因」となっているため⑤を先行するものとした。また⑥では堺系擂鉢が出土している。

　⑤井戸 F950 から平碗（図 3 の 24・25）が出土した。両者とも左に錆絵右に染付で大きく菊を描き、24 では笹を、25 では松葉を配する。図 3 の 30 は燗鍋で高台脇まで施釉する。胴部中央に染付の菊があり右口縁下から錆絵の半菊が重なり合う意匠である。⑥土坑 B674 では丸碗（図 3 の 32）が出土する。体部左に錆絵、そのやや右上に染付の菊が配置されている。⑦土坑 G471 からは蓋（図 3 の 39）が出土している。つまみ部を花芯として花弁の縁を錆絵、内側を染付で描いている。2 分の 1 を欠損しているが復元すると 16 弁となるものと推定される。土瓶（図 3 の 41）は横から見ると正円に近い器形で、胴部左に染付の菊、やや下に錆絵の菊が残存する。

（3） 江戸時代後期

　当該遺物は、江戸時代後期では⑧石組土坑 E12、⑨土坑 B716、⑩土坑 B721、⑪土坑 B687 から出土している。

　⑧石組土坑 E12 は「XIII 期中」期の主要遺構の一つである。⑨の出土遺物は当遺跡の「XIII 期新」期の基準資料で（第 6 章表 1「主要遺構時期別対照表」[6]）、1780 〜 1800 年代という推定年代が与えられている（「基準資料一覧表」[7]）。⑩も「XIII 期新」期の主要遺構の一つである。⑩からは共

第 7 章　禁裏御用品としての京焼

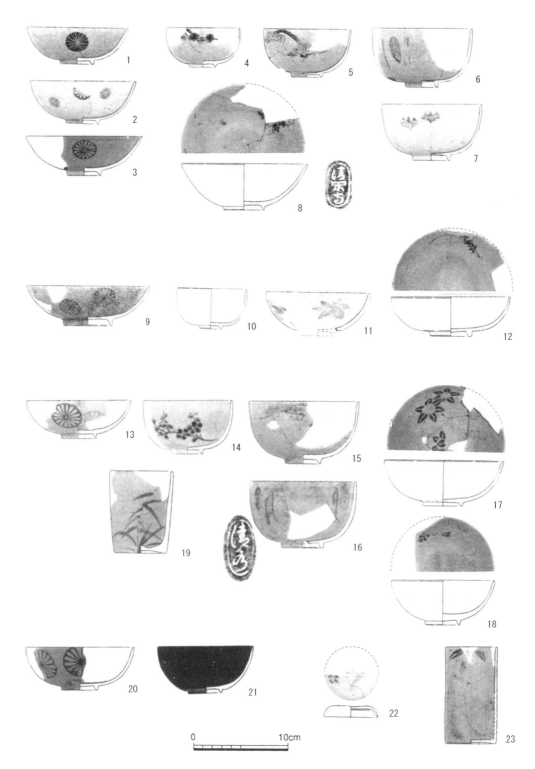

図 2　土坑 G1716 出土遺物 1 ～ 8　石組土坑 P82 出土遺物 9 ～ 12
　　　土坑 G3752 出土遺物 13 ～ 19　土坑 G1133 出土遺物 20 ～ 23

第2節　公家町遺跡出土の禁裏御用の京焼―遺物と出土遺構ならびに年代観―

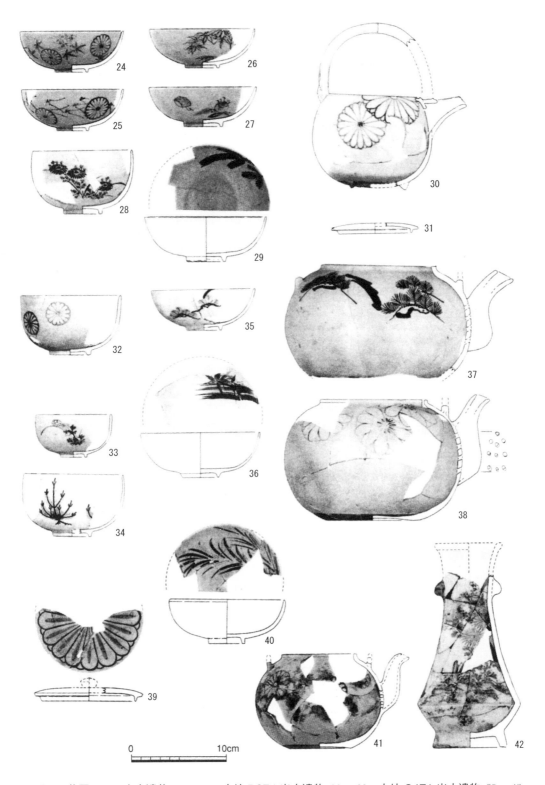

図3　井戸 F950 出土遺物 24〜31　土坑 B674 出土遺物 32〜38　土坑 G471 出土遺物 39〜42

第 7 章　禁裏御用品としての京焼

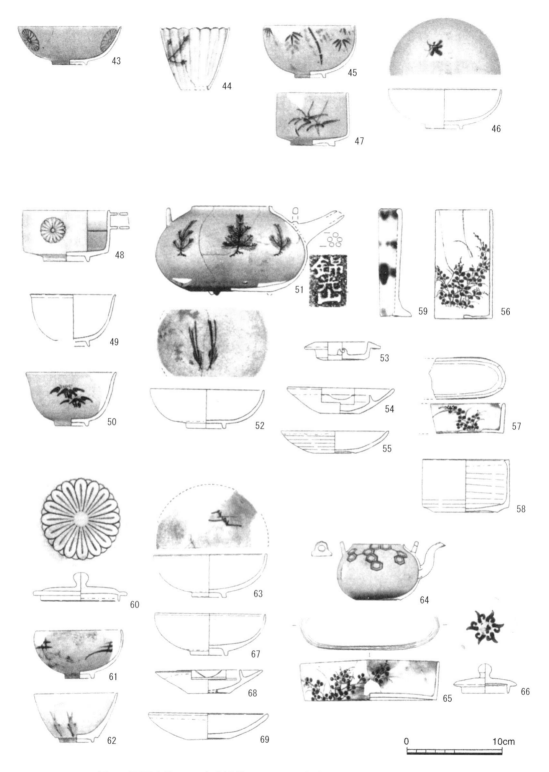

図 4　石組土坑 E12 出土遺物 43 〜 47　土坑 B716 出土遺物 48 〜 59
　　　土坑 B721 出土遺物（1）60 〜 69

第 2 節　公家町遺跡出土の禁裏御用の京焼―遺物と出土遺構ならびに年代観―

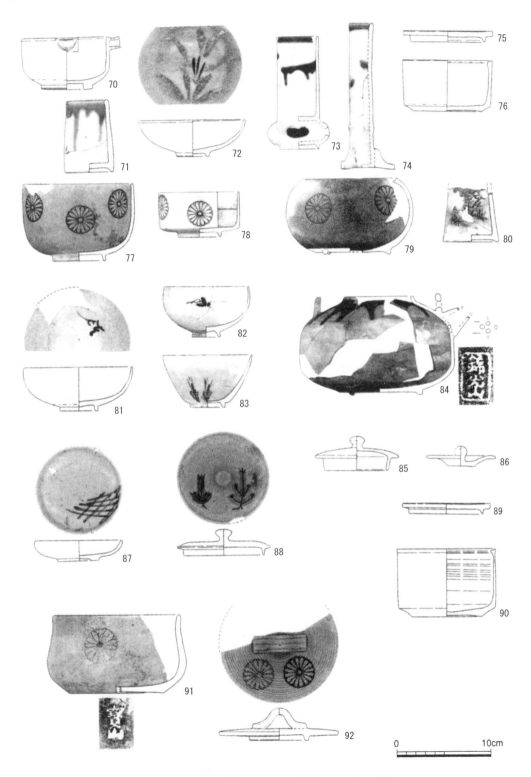

図 5　土坑 B721 出土遺物（2）70〜76　土坑 B687 出土遺物 77〜90
　　　その他の遺構出土遺物 91・92

第7章　禁裏御用品としての京焼

伴資料として堺系擂鉢が報告されている。⑪の出土遺物は当遺跡の「XIV期古」期の基準資料の一つで推定年代は1810〜50年代である。

　⑧から平碗（図4の43）が出土している。左の菊を錆絵で、右の菊を染付で描く。⑨からは柄杓（図4の48）が出土し、体部に染付の菊がよく観察される。⑩からは蓋（図4の60）が出土。錆絵で16弁花弁を精緻に描き花弁の内側に染付の線を施す。図3の39に相似するが図4の60の方が蓋面に対して菊の円周が小さい。⑪からは鉢（図5の77）、筒型碗（図5の78）が出土。図5の79は3足が付き手焙りなどの用途をもつと推定される。文様は77では中央の菊が染付で、やや上に配置された左右の菊が錆絵で描かれている。78では左の菊を染付、右にやや下げて錆絵の菊を配する。79は左の菊が染付、右の菊は錆絵である。

　図5の92はE区の土坑E268から出土した蓋である。丁寧な調整で右の菊を錆絵で左の菊を染付で描く。遺構年代から18世紀後半の年代が与えられる。第5節で詳説する年代観によってこの時期の遺物とする。

　以上、図の1・3・9・13・20・24・25・30・32・39・41・43・48・60・77〜79・91・92の19点が当遺跡から出土した16弁の菊文をもつ禁裏御用の京焼である。計13の遺構から出土している。

第3節　禁裏御用の京焼にともなうその他の京焼

　本節では、前節で述べた禁裏御用の京焼と共伴した他の京焼について年代順に述べる。遺物の選択は筆者がおこない、遺物に関する説明および用語は実測図と報文を参照した上で、主として筆者の見解を示している。

（1）江戸時代前期

　①土坑G1716出土の平碗（図2の2）は内面右に錆絵の菊と染付の小菊、体部中央に錆絵の菊、左右に染付で小菊を描き高台内に「御菩薩」の印銘をもつ。図2の1・3と比較すると底部から体部への立ち上がりの形がゆるやかで、また生産窯の印銘をもつことが特徴である。丸碗の口径は小（図2の4）、中（図2の5）、大（図2の6・7）がある。平碗（図2の8）は「清閑寺」印銘をもつ。文様は松枝5、桐葉7などの草花が錆絵と染付によって繊細な筆致で描かれている。

　②土坑P82からは口径の小さい丸碗（図2の10）と平碗（図2の11・12）が出土している。12は内面に緋色がよく観察できる。文様は10では体部外面に染付が残り、11では紅葉、12では草花となっている。

　③土坑G3752出土の丸碗は中程度の口径の図2の14と大きい図2の15・16からなる。16は「清水」印銘をもつ。平碗は図2の17とこれより口径が小さく底部が厚い18が出土している。19は杓立などに使用した筒形容器。文様は錆絵染付で14は草花15は松枝が描かれる。16は①土坑G1716出土の丸碗（図2の6）と器形・文様が相似する。16に残存する文様から注連縄を描いたものと推察する。17では花弁を呉須で広く描き弁中央を白く残すという描写法を用いている。18は細筆で半菊と菊葉を錆絵染付で描く。19では笹葉を幅広く表現し葉によって錆絵と染付で描き分ける。

④土坑 G1133 からは丸碗（図2の21）と蓋（図2の22）、筒形容器（図2の23）が出土した。21は高台脇まで鉄釉を掛ける。22は錆絵染付の花弁がわずかに残存する。23は青・緑で笹葉を描き金彩を施す。この文様は葉の間を白く残す表現が、③の土坑 G3752 から出土した図2の17と、笹葉を幅広く描く点が19と似ている。

（2）江戸時代中期

⑤井戸 F950 からは16弁の菊文をもつ平碗（図3の24・25）と同じ口径・器高・高台径をもつ26・27が出土している。26の文様は笹で、葉の外郭を細筆で描き錆絵の葉と染付の葉を組み合わせている。27は打出小鎚を錆絵で他を錆絵染付で描いた宝尽しの意匠である。丸碗28の口縁はややすぼまり、文様は菊花と茎を錆絵で葉を染付で描くもので、筆は26・27よりも太い。口径の大きい平碗29の文様は根付松の先端が口縁から内面に延びる構成で、右の松と左の枝を錆絵で、右の松の葉を染付で描いている。

⑥土坑 B674 出土の丸碗の口径には小（図3の33）と大（図3の34）がある。平碗にも小（図3の35）と大（図3の36）がみられる。これにくわえて土瓶（図3の37・38）が出土している。文様には錆絵染付の菊花33、根付松34、松枝35・37の意匠がある。34・35・37は枝を錆絵、葉を染付で丁寧に描く。36は筆を幅広く使い一筆書きのように竹と竹葉を描いている。38には錆絵によって簡素な菊花を半菊と重ねる意匠がみられる。

⑦土坑 G471 から平碗（図3の40）が出土している。口縁と底部が厚く高台裏を深く削りこむ。文様は内面全体に葉を描いたもので、火にかかったため銀化しているが当初は色絵であったと推定される。器形と文様から信楽産の可能性が高い。図3の42は瓶で、白化粧を施した上に染付で菊と思われる草花を精巧に描き、左の耳の部分を呉須で塗る装飾を施す。

（3）江戸時代後期

江戸時代後期になると信楽産の施釉陶器が大量に出土するが、本項ではこの時期の京焼であると筆者が判断したものについて述べる。判断の基準は第4章第1節に述べたとおりである。信楽産の平碗・小杉碗・蓋・容器・灯明皿等については、京焼との共伴関係を明示する目的で実測図を引用したが、鍋・土瓶類については煩雑さを避けるため引用していない。

⑧石組土坑 E12 から器壁を薄く調整して輪花とし、口縁に鉄で口紅を施した鉢（図4の44）が出土している。文様は若松で、茎と先端を錆絵、葉を染付で繊細に描く。

⑨土坑 B716 から「錦光山」銘の土瓶（図4の51）が出土している。前項⑥土坑 B674 出土図3の37・38と比較して小型であり、腰部の張る位置が低く注口が真直である。文様は中央に錆絵で根付松を大きく描き、左右に枝を錆絵、葉を染付で描いた松を配置する。左右の根付松は右枝の数を少なくし工夫を凝らし、筆致は繊細である。図4の56は表面に白化粧を施し青で文様を描く。呉須よりも強い青味を呈する。胎土・調整から京焼と考えられる。筒形容器（図4の56）と鬢水入（図4の57）には丁寧な筆致で草花が描かれており、化粧具として一揃いであったと推察される。図4の59は白化粧に緑色の釉を掛けたもので胎土・調整から京焼と考えている。59の筒形容器は線香立てに使用されたものであろうか。

⑩土坑 B721 からも⑨の土坑 B716 出土の図 4 の 57 に相似した鬢水入れ（図 4 の 65）が出土している。図 4 の 66 も同様の技法で装飾された蓋である。また小型の土瓶（図 4 の 64）がみられる。胴がほぼ正円に近く、胴に対して注口が長いことが特徴である。文様は錆絵染付で亀甲を描く。⑨の土坑 B716 出土の 59 と相似した筒型容器図 5 の 71・73・74 が出土している。

⑪土坑 B687 出土の遺物には筒形容器（図 5 の 80）があり、灰吹として使用されたものと推定されている。白化粧染付による繊細な文様が残存しており、描法が前項⑦土坑 G471 出土の図 3 の 42 に相似する。土瓶（図 5 の 84）はやや肩が張り胴部中央で垂下、底部は上部と同様にすぼまる。装飾は白化粧を施した上に緑色の釉が掛かり「錦光山」の印銘をもつ。蓋（図 5 の 88）は錆絵染付による文様が⑨の土坑 B716 出土の図 4 の 51 に近く、京焼と考えている。

第 4 節　公家町遺跡出土の禁裏御用の京焼とその他の京焼

本節では第 2 節・第 3 節でみた出土資料とその共伴関係から、禁裏御用の京焼と他の京焼との関係について分析する。

（1）禁裏御用の京焼

禁裏御用の京焼は当公家町遺跡では江戸時代前期に出現し、前期に相当する「XII 期中」期〜「XII 期新」期の端緒まで小型の平碗のみが出土している。中期の「XII 期新」盛期では、平碗に燗鍋 30、丸碗 32、蓋 39 がくわわる。

図 5 の 91 の建水はこれに続く時期の遺物と考えられる。建水という器種、「寶山」銘ともに禁裏御用の京焼としては当遺跡では他に報告されていない。次の「XIII 期古」期〜「XIII 期中」期にかかる時期に 92 の蓋の年代が想定できよう。

後期前半に相当する「XIII 期新」期では柄杓 48 がくわわり蓋 60 がやや意匠を変更して継続する。続く後期後半の「XIV 期古」期では鉢 77、筒型碗 78 や三足の付く 79 が出現する。

以上のように、前期に平碗が出現しこれが中期の初めまで続き、中期に増加した器種の一つである蓋が後期まで継続する以外は、ほぼ時期ごとに器種が交代するという傾向が看取されるようである。なお、64 は 16 弁の菊文をもたないが、丁寧な調整と文様から禁裏注文品である可能性が強い。管見では伝世資料に亀甲文の作品をみるが、同様の出土遺物の蓄積を待つこととしたい。

（2）禁裏御用の京焼に共伴する京焼の変遷

次に禁裏御用の京焼に共伴する京焼について、段階を追って述べる。

禁裏御用の京焼が出現する「XII 期中」の段階（図 2）では、丸碗の口径は大中小の三種がある。平碗は 8 から 18 へと高台から口縁にかけての形状が変化し底部が肥厚するが、この傾向は禁裏御用の平碗にはみられない。文様は錆絵染付による草花文を繊細に描くことに始まり、塗りつぶす 14、幅広く描く 17・19 などの表現が新たに現れる。印銘をもたないものが多い中で「清閑寺」銘、後に「清水」銘が現れる。

続く「XII 期新」の段階（図 3 の 24〜38）から出現する器種は蓋 31、土瓶 37・38 である。文様

では錆絵染付による繊細な草花文を踏襲し、とくに平碗26・27は16弁の菊文の有無によって禁裏注文品かどうかを判断できると考えている。28・29では筆がやや太く、36では幅広く使っている。

さらに「XIII期中」の段階（図3の39〜42）では白化粧染付の技法で精巧な文様を描く京焼42が出現する。意匠は草花で伝統を踏襲したものと考えられる、反対に、この段階から色絵で内面全体に文様を描く信楽産の平碗40が現れる。内面中央をはずした位置に錆絵染付で文様を描くことが通例であった京焼の平碗とは、異なる装飾となっている。

そして、同じ「XIII期中」の段階の後半（図4の43〜47）では、調整が丁寧で口紅を施し伝統的な若松を錆絵染付で描く京焼の鉢44が出土している。丸碗45・平碗46・筒型碗47など信楽製品の出土量が増大する中で44が存続することに注意したい。

「XIII期新」（図4の48〜69、図5の70〜76）の段階になると、京焼の中に白化粧に青絵という新しい装飾技法をもつもの（図4の56・57・65・66）が現れ盛行している。意匠は伝統的な草花である。また本段階から、もう1種の新しい京焼として、白化粧に緑色の釉を掛ける59・71・73・74が出現する。この緑彩も京焼の新装飾技法である。信楽製品に器種がさらに増大し出土量が急増する中で、京焼に2つの新しい傾向が指摘できることは注目される。なお、器形では土瓶の形状に前段階と異なるもの51が現れるが、前段階と相似する形の小型の土瓶64が存続している。

これに続く「XIV期古」の段階（図5の77〜90）では「白化粧染付」によって草花を描く80が存続する。文様の精巧さは42と同様である。また白化粧に緑釉を流し掛けた土瓶84は類例の少ない器形であり、当時の錦光山窯における生産の一端を知ることができよう。この段階でも信楽製品が継続して多数出土するが、前段階に始まる京焼の新装飾技法は、消滅することなく存続していることが知られる。

（3）各段階の京焼の様相

以上のように、「XII期中」「XII期新」「XIII期中」「XIII期新」「XIV期古」と段階を追って本遺跡から出土する京焼の変遷をたどった。なお、「主要遺構時期別対照表」では「XII期新」「XIII期中」の間に「XII期古」という段階が設定されているが、この段階の遺構からは禁裏注文の京焼が報告されておらず、今回は分析の対象から除外した。

ここで「主要遺構時期別対照表」と報文から、第2節に示した基準資料以外の、各段階の実年代を想定すれば、「XII期中」と「XII期新」の区分は1708年の宝永大火であり、「XII期新」は主要遺構出土遺物の年代から18世紀初頭〜前半となる。次に禁裏注文の京焼が出土する「XIII期中」の段階は1788年の天明大火の前後で2分され、⑦土坑G471は天明大火前の18世紀前半、⑧石組土坑E12は大火後と推定される。続く「XIII期新」は⑨土坑B716が基準資料で1780〜1800年代という推定年代が与えられている。⑩土坑B721は主要遺構で18世紀後半〜19世紀初頭となっている。これに続く「XIV期古」は⑪土坑B687が基準資料で推定年代は1810〜1850年となっている。「主要遺構時期別対照表」では1708年を江戸時代前期と中期の区分とし、1788年を江戸時代中期と後期の境目としている。

あらためて各段階での変化をみると、禁裏注文の京焼では小型の平碗に始まり丸碗・柄杓・土

瓶などの器種を増加させながら蓋が後期まで継続する以外は、ほぼ時期ごとに器種が交代する。これは注文品であることをよくあらわす特徴であるといえる。蓋の意匠は39が早く、これが後代の60まで継続し92が後出する。91の建水も増加した器種の一つである。印銘は18世紀前半の「寶山」91が確認された。そして、図3の24～27にみられるように菊文の有無によって禁裏注文品であるかを判断することができる京焼がみられた。

　以上のことから禁裏注文の京焼とは信楽における施釉陶器生産の影響を受けることなく京焼の伝統的な器形を維持し、また古来の錆絵染付技法によって天皇家を象徴する意匠である16弁の菊文の装飾を継続するものであると結論することができよう。

　また、共伴する京焼については第3節と前節（2）で述べたように、①器形は平碗・丸碗に始まり、他の器種（筒形容器・蓋類、後に土瓶・鬢水入等）がくわわる。②平碗・丸碗は初期の器壁が薄いものから厚いものに変化する。③装飾技法は錆絵染付による精巧な草花文から筆を太く幅広く使う技法へと変化し、後に信楽産と推定される色絵の製品がくわわる。③信楽産の施釉陶器が大量に出土する中でも依然として京焼が継続して生産される。④③の時期において京焼の中に新しい装飾技法をもつものが出現する。という4点を指摘することができよう。

第5節　同志社校地出土の京焼との比較研究

　筆者は本書の第4章において同志社校地の発掘調査で出土した京焼について変遷と組成を研究

表1　編年対照表（試案）

西暦	角谷 1999	京都市埋文研 2004	
1700-	I	XII期	中
			新
	II		古
50-	III	XIII期	中
	IV		新
1800-			新
	V	XIV期	古
50-			
	VI		中

し、編年試案を提示した。この中で、出土遺物から京焼を分類する基準として、新島会館地点出土の京焼の特徴を7点挙げた。新島会館地点出土京焼には大小の口径をもつ丸碗、錆絵染付によって草花の意匠を繊細に描く文様、「清閑寺」銘をもつ平碗があったが、これは禁裏注文の京焼が初出する遺構としてとりあげた土坑G1716から出土する京焼（図2の4～8）と一致する。ことに筆者が「体部下半から口縁にかけてやや開く」（第4章第1節）と指摘した器形の特徴が共通であり、さらに、「清閑寺」銘をもつ平碗の体部下半から口縁にかけての形状が合致する。

　新島会館地点出土の京焼の年代は、遺構の直上に宝永大火（1708年）の焼土層が堆積することから18世紀初頭の年代が与えられるが、この点も当遺跡の土坑G1716の年代観に一致する。

　そして、京焼の変遷について「器厚が薄いものから厚いものへと変わり、器形では丸碗と平碗に他の器種があらわれ、装飾技法では錆絵染付の後に色絵が続き、筆致では塗りつぶしたり一筆で大まかな描き方となる」（第4章第2節）としたが、これは前節の最後で指摘した①②に一致するものである。以上の観点から本章では第4章の「編年案」と報告書掲載の「主要遺構時期別対照表」との対照表を提示する（表1）。

なお、本章の執筆にあたって、報告書所収の当遺跡出土の京焼および京・信楽系陶器に関する「まとめ」[8] を参照していない。これは、本章における遺物の選択、用語の選定、年代観の決定は筆者の見解によるものであること、また本章が最初に禁裏注文の京焼を特定し、その出土遺構を抽出した上、共伴する京焼について考察するという研究方法を採ったことに起因する。

さらに本書第4章第2節では「京焼が普及品となる段階でも京都で焼成されたと考えられる技法と特徴をもったものが少数ながら存続する事実を重視したく」と述べたが、これは前節最後の③に一致するものであった。なお、④については、第8章においてあらためてとりあげることとしたい。

おわりに

本章でとりあげた左京北辺四坊（公家町遺跡）の調査報告書においては、器形と生産地の分類について東京大学の分類[9] を採用しており、この分野では江戸遺跡において研究が先行するところであった。

本章の主題とした禁裏御用の京焼は京都の公家町を象徴する遺物であるということができ、共伴する京焼の考察を通して、京都における京焼の消費という問題を考古学的に研究する一つの方向性を見出すことができたのではないかと考えている。

禁裏御用の京焼とは、伝統的な器形に、古来の装飾技法によって、天皇家を象徴する16弁の菊の意匠を描くものであった。その製作は江戸時代後期の信楽における施釉陶器生産の隆盛にかかわらず継続したことを、出土資料の研究から確認することができた。

禁裏御用の注文品は「京焼において普及品とならないものが存在すること」（第4章第2節）と筆者が述べたそのものに相当し、公家町出土の京焼の研究について「信楽製品と京焼との区別が可能である」（第5章　おわりに）ことをあらためて認識させる遺物であったということができよう。

付記

本章の執筆中、同志社大学歴史資料館から報告書が刊行された。

『相国寺旧境内発掘調査報告書　今出川キャンパス整備に伴う発掘調査第1次〜第3次』同志社大学歴史資料館調査研究報告第10集　同志社大学歴史資料館　2010年では、菊文をもつ陶器の口縁部破片の写真（写真図版7の373）が掲載されている。

『相国寺旧境内発掘調査報告書　今出川キャンパス整備に伴う発掘調査第4次〜第6次』同志社大学歴史資料館調査研究報告第13集　同志社大学歴史資料館　2015年では、禁裏御用品の京焼とみられる陶器が7点，素焼きの陶器植木鉢が1点報告されており、植木鉢は禁裏からの下賜品と推定されている。

今後、これらの遺物についても研究の対象としたいと希望している。

注
(1) 述者下橋敬長・羽倉敬尚注『幕末の宮廷』東洋文庫353　平凡社　1979年。

第7章　禁裏御用品としての京焼

(2)　三好一「京都禁裏御用陶磁器について」『陶説』560　日本陶磁協会　1999 年　60 ～ 64 ページ。

(3)　注（2）文献。

(4)　蘭引とはポルトガル語の alambique を語源とし、酒・香料・薬種などを蒸留する器具のことをさす。多くは陶製の深い鍋の上に冷水を入れた鍋を蓋とし、下から火をたいて蒸留させるもので江戸時代に用いられたという。（『日本国語大辞典』第 2 版第 13 巻　小学館　2002 年。）

(5)　『平安京左京北辺四坊―第 2 分冊（公家町）―』京都市埋蔵文化財研究所調査報告第 22 冊　財団法人京都市埋蔵文化財研究所　2004 年。

(6)　注（5）文献所収。

(7)　注（5）文献所収。

(8)　「C　出土京焼資料について」（第 11 章「まとめ」第 4 節「出土陶磁器の様相」）注（5）文献所収。

(9)　『東京大学構内遺跡出土陶磁器・土器の分類（1）1997 年度』東京大学遺跡調査研究年報 2 別冊　東京大学埋蔵文化財調査室　1999 年。

第8章　常盤井殿町遺跡（旧二條家邸跡）出土の京焼

はじめに

　常盤井殿町遺跡は京都市上京区今出川通西入常盤井殿町に位置し（図1）、万治4年（1661）以降、幕末を経て明治に至るまで、二條家の屋敷地であったことが知られている[1]。

　当遺跡の既往の発掘調査によって、主要遺構出土遺物の中に京焼をふくむことが報告されていた。同志社女子大学体育施設建設にともなう発掘調査（2007年）（図2）においては、一括性の高い遺物群をとりあげることができ、その遺物の組成に京焼がふくまれることを確認した[2]。さらに当該調査においては一括資料中の土師器皿による遺構編年表が中屋啓太によって提示されており[3]、この年代を基準にして京焼をふくむ遺物の年代を検討することができた。

　本章では同志社女子大学体育館建設にともなう調査で出土した京焼について述べたうえで、既往の常盤井殿町遺跡の調査で出土した京焼についてとりあげ、考察する。なお、本章では体育施設地点調査において検出した主要遺構の年代観ならびに一括資料中の土師器の編年試案を基礎として、既往の調査で出土した京焼を年代順に述べることとする。

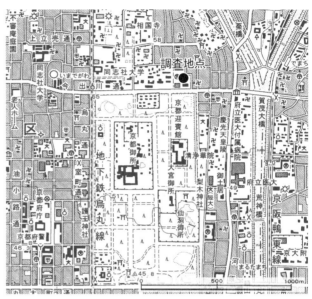

図1　調査地点位置図（1：25,000）

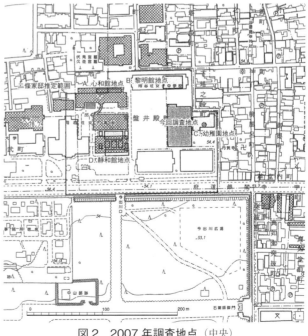

図2　2007年調査地点（中央）

第8章　常盤井殿町遺跡（旧二條家邸跡）出土の京焼

第1節　同志社女子大学体育施設地点調査で出土した京焼

　体育施設地点調査で出土した京焼について、「土師器による遺構編年表」（表1）にしたがって年代順に記載する。この調査において筆者は、調査担当者のひとりである浜中邦弘先生のご厚意により考察の一部を執筆する機会を得、また表1に関連する遺構出土遺物の観察をおこなった。遺物を京焼と判断する基準については、第4章を参照していただきたい。肥前京焼風陶器、信楽産施釉陶器についても言及するが、肥前京焼風陶器と京焼、信楽産施釉陶器と京焼の識別の問題は、第4章第1節、第5章に述べたとおりである。なお、表1は報告書にもとづき遺構を略号で記しており、本章では一部に略号を併記する。

（1）　Ⅰ期新段階

土坑 SK2169
　向付と推定される容器が1点出土している（図3の1）。柄の部分を欠損するが、当初は体部両側から延びて柄がついたものである。柄のとりつきが布をおりたたむような意匠となり、この部分に銹絵染付で小花文が描かれる。

建物跡 SB3120
　図3の2は高台、3はいわゆる山水土瓶の破片、4は肥前京焼風陶器の盤である。内面の鉄による山水文は精緻である。高台裏の印銘は四角で囲む部分のみが残存している。

（2）　Ⅱ期新段階

遺構 SX1006
　銹絵染付によって松枝の文様を描いた平碗が出土している（図3の5）。

石組遺構 SX2062
　半球形丸碗（図3の6・9）、若松文碗（図3の7・8）、灯明皿（図3の10）、蓋（図3の11・12）等の信楽産施釉陶器が出土している。

土坑 SK2098
　半球形丸碗の中に胎土がやや粗で焼成があまく、京都で生産された陶器に近いもの（図3の19・20・22・23・24、図4の1）がある。24には赤絵で簡略な文様が施されている。図4の1には色絵の緑色が銀化した笹文が残存する。灯明受皿（図3の13）、灯明皿（図3の15）の胎土はやや粗で焼成があまい。14は硬質である。他に蓋類が多く出土している。これに、表面に白化粧を施し呉須で文様を描いた火入（図4の5）がともなう。絞胎の製品が多くみられる（図4の6～11）。
　図示しなかった破片の中に、薬味入と推定される小型容器、内面に銀化した草文をもつ平碗、轆轤がよく残り一部に緋色がみられる平碗片、鍋蓋、小行平鍋があった。いずれも表面は黄～黄橙色、胎土がにぶい橙色～浅黄橙色、やや粗であり、京都で生産された陶器に近いものと判断した。表面が灰色で外面に緋色を呈する小片も出土しており、これも京都で生産されたものと推定した。

180

表1 土師器による遺構編年表（中屋 2010） ※「土壙」の表記は原著による。

常盤井殿町遺跡 試案			主要遺構	できごと	主要遺構	左京北辺四坊 (小松2004)	
1590頃		古	幼稚園SE1008(1)	本能寺の変(1582)	左京四条二坊十五町土坑53(6) 左京北辺四坊土壙F1605	古	1580～90頃
			SD6002(最上層) 幼稚園SK2019	浄福寺・大超寺移転 徳川和子下屋敷造営 (1615～20頃)	左京二条四坊十町土壙353(7) 武家屋敷中井家土坑77・78(3) 左京三条三坊十五町土壙04(8)	中	XI
	I	中	SX3126 心和館SK204(2) 静和館土坑71・72(3) 図書館SX201(4) 黎明館SK106(5)				
		新	図書館SK205 幼稚園SK1134・1161 SX2109 幼稚園SK1062 SK3056 SX2087 SK2169 SB3120(～II古) SD2099(下層)	万治4年火災(1661) 二條家今出川邸・伏見宮邸造営 (1661～63頃) 寛文11年火災(1671) 延宝3年火災(1675)	左京四条二坊十四町SK2053(中～)(9) 左京二条四坊十町土壙813 左京三条四坊十町土壙328(中～)(10) 武家屋敷中井家土坑25	新	1660頃
1670～80頃					左京二条四坊ゴミ穴353(11) 左京北辺四坊穴蔵G749 左京北辺四坊土壙B725・G1447	古～II古	
		古	幼稚園SK1152 幼稚園SE1001 幼稚園SK1032 SX3138		左京北辺四坊土壙F1244 左京北辺四坊穴蔵F1387・1475 左京二条四坊十町土壙190	中	XII
		中	SX2116 SK3057 SD2060 SX3004 静和館土坑14	宝永大火(1708)	左京北辺四坊土壙G1133 左京北辺四坊土壙B674	新	1720～30頃
	II				左京北辺四坊土壙H166 左京三条四坊四町SE7(12)	古	
		新	SX1006 SE1023 SK2148(上層) 黎明館SK105 SX2062 SK1005 静和館焼土だめ59 SK2098(～III古)	天明大火(1788)	左京北辺四坊土壙E45	中	XIII
1770～80頃		古	SE2100 SX4030 黎明館SE101 SK6007 SD2159 SD1021 幼稚園SK1051 SK2158(上層)		左京北辺四坊土壙B716 三千院天盃(伝世資料)(13)	新	1820頃
	III		？		左京北辺四坊土壙B687 左京北辺四坊土壙G348 武家屋敷中井家土坑2	古	XIV
		新	静和館土坑57 SK1036 SX1022	元治大火(1864) 東京遷都(1869)	左京北辺四坊土壙H15	中	
1870頃							

・地点名を冠していない遺構は今回報告の体育施設建設地点である。遺構の分類名称は統一せず各報告からそのまま転載した。
・各地点の出典は以下を参照。
  (1)同志社大学校地学術調査委員会1988『公家屋敷二条家東辺地点の調査』
  (2)同志社女子大学・同志社大学校地学術調査委員会1978『常盤井殿町遺跡発掘調査概報』
  (3)同志社埋蔵文化財委員会1994『京の公家屋敷と武家屋敷』
  (4)同志社大学校地学術調査委員会1976『同志社女子大学図書館建設予定地発掘調査概要』
  (5)同志社女子中学・高等学校・同志社大学校地学術調査委員会1983『公家屋敷二条家北辺地点の調査』
  (6)京都市文化市民局2008「平安京左京四条二坊十五町跡・本能寺跡」『京都市内遺跡発掘調査報告 平成19年度』
  (7)(財)京都市埋蔵文化財研究所2001『平安京左京二条四坊十町』
  (8)古代文化調査会2004『平安京左京三条三坊十五町』
  (9)(財)京都市埋蔵文化財研究所2003『平安京左京四条二坊十四町跡』
  (10)同上2004『平安京左京三条四坊十町跡』
  (11)同上1999「左京四条二坊」『平成9年度 京都市埋蔵文化財調査概要』
  (12)同上2003『平安京左京三条四坊四町跡』
  (13)尾野善裕2000「三千院の天盃と土師器皿に関する二・三の問題」『学叢』22号、京都国立博物館

第 8 章　常盤井殿町遺跡（旧二條家邸跡）出土の京焼

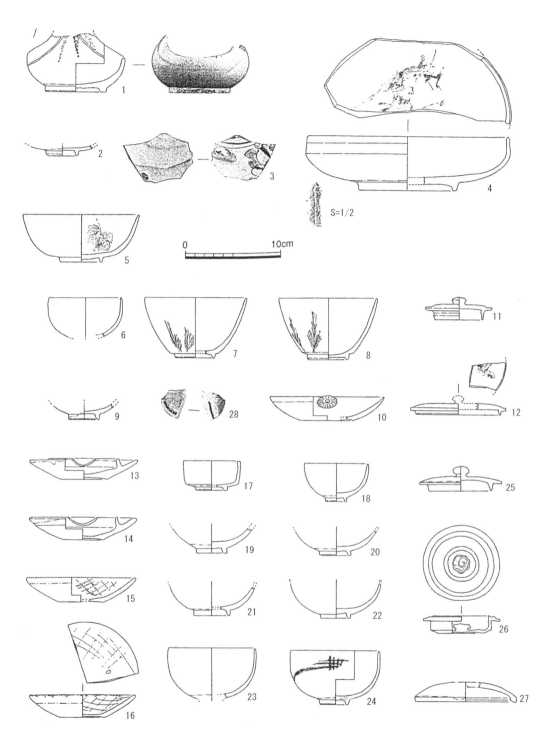

図 3　土坑 SK2169 出土遺物 1　建物跡 SB3120 出土遺物 2 〜 4　遺構 SX1006 出土遺物 5
　　　石組遺構 SX2062 出土遺物 6 〜 12　土坑 SK2098 出土遺物（I）13 〜 28

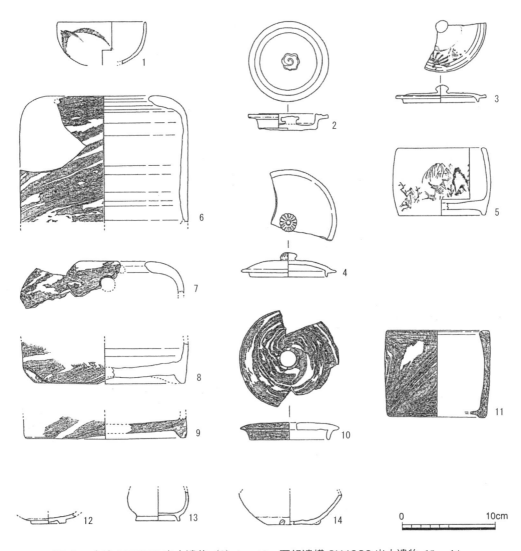

図4　土坑 SK2098 出土遺物（2）1～11　石組遺構 SX4030 出土遺物 12～14

（3）Ⅲ期古段階

石組遺構 SX4030

　図4の12は京焼の平碗の高台。内面に三叉のトチの痕跡をもち錆絵で文様が描かれ、高台裏中央に「十三」の墨書がある。図4の13の瓶は外面に白釉を施し、内面に淡茶色の釉薬をかける。図4の14の陶器小土瓶の胎土は硬質である。図示していない遺物には、13と同様に外面白釉内面淡茶色釉を施した13よりやや底径が小さい瓶があり、残存部外面にわずかに緑色の顔料が残存していた。破片のなかには、信楽産施釉陶器で鉄絵による文様をもつ蓋物身、水注があった。

土坑 SK6007

　信楽産の端反碗（図5の6・7）、若松文碗（図5の8）、灯明皿（図5の3）、灯明受皿（図5の4・5）

第8章　常盤井殿町遺跡（旧二條家邸跡）出土の京焼

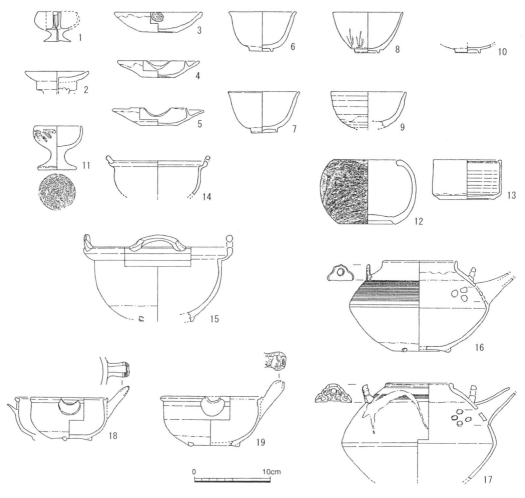

図5　土坑SK6007出土遺物

蓋物身（図5の13）、段重蓋、両手鍋（図5の14・15）、土瓶（図5の16・17）、行平鍋（図5の18・19）が出土している。

　溝SD2159

　鉄で文様を描いた高台が出土している（図6の1）。他に平碗（図6の2）、灯明受皿（図6の3）、段重身（図6の7・8・10）、段重蓋（図6の9）、仏餉具蓋（図6の6）、水注（図6の11）、鍋蓋（図6の12・13）が出土している。図6の12は飛鉋を施し、イッチン描きで花文を描く。図6の4・5は白化粧に文様を施した山水土瓶とよばれるものである。

　以上の遺構以外に、以下の遺構からも京都・信楽で生産されたと考えられるものが出土しているが、いずれで焼かれたものか確定できず、ここでは遺物のみを提示する。

　石組遺構SX2092

　体部に鉄絵による草文をもつ半球形の丸碗（図6の14）が出土している。

　石組遺構SX2116

　内面に銹絵染付による草花文をもつ平碗（図6の15）が出土している。

第2節　出土京焼からわかること

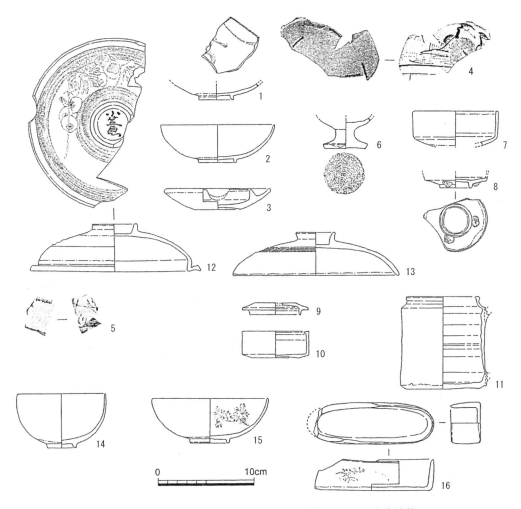

図6　溝 SD2159 出土遺物 1～13　石組遺構 SX2092 出土遺物 14
　　　石組遺構 SX2116 出土遺物 15　井戸 SE4037 出土遺物 16

井戸 SE4037
　体部に錆絵染付による草花文をもつ鬢水入（図6の16）が出土している。

第2節　出土京焼からわかること

　調査において、一括遺物の中に京焼が確認できるのはⅠ期新段階からである。全体として出土量は少ない。SK2169 出土の向付と考えられる容器は当初は5客あるいは10客揃いであったと推定されるが1点のみの出土にとどまる。SB3120 出土の肥前京焼風陶器は鍋島藩窯の製品と考える。
　つぎに京焼が出土するのはⅡ期新段階である。出土状況からみて、火災後の処理にともなって他の陶磁器とともに京焼が廃棄されたと推定することができる。
　SX1006 から京焼錆絵染付松枝文平碗、SX2062 から信楽産の施釉陶器が多く出土している。

器種は半球形の丸碗、若松文碗、灯明皿等であった。SK2098出土遺物を観察すると、胎土が粗で硬質に焼き上げられていないものが見られる。半球形丸碗、灯明皿はこの段階以降、信楽で大量に生産され流通する器種である。しかしこの段階では、胎土の観察と焼成の具合によって京都で生産された陶器に近似したものが抽出できることに着目したい。さらに、白化粧染付で文様を描いた火入が出土する。京焼の装飾技法が拡大するという観点からみて重要な遺物である。

つづくⅢ期古段階のSX4030から平碗が出土している。胎土は硬質であるが京焼の特徴である三叉のトチ目をもつ。またこの段階から、表面に白釉をかけた遺物が出土する。なお、信楽産施釉陶器の中に高台裏に漢数字などの墨書をもつものが多くみられた。SK6007から信楽産の鍋・土瓶類が出土している。SD2159からは山水土瓶や飛びカンナをもつ蓋が出土している。

以上のことから、①京焼が確認できるのはⅠ期新段階からである、②調査で出土した京焼は遺構検出状況と共伴する土師器の年代観からみて火災後の処理にともなって廃棄されたものと推定される、③出土個体数が少ない、ことを指摘できる。②③については調査地点が二條家屋敷母屋とは離れた空閑地にあたることが原因であろう。そして④信楽産の施釉陶器が出土する遺構が、土師皿の年代観のⅡ期新段階からであることが判明する。

第3節　体育施設地点調査以前の常盤井殿町遺跡調査で出土した京焼

本節では、体育施設地点調査以前の常盤井殿町遺跡調査で検出した京焼、ならびに京焼出土遺構と共伴資料について、前節と同様、提示された土師器の編年案（表1）にそって年代順に述べる。この場合、既往の報告書の年代観と異なることがあるが、本節では当編年案の年代観を採用することとしたい。常盤井殿町遺跡検出遺構の中で、編年案で採りあげられたものについては、同志社校地における京焼出土以前の年代観の段階設定作業のため、遺物組成において京焼がふくまれていなくても考察の対象とした。

以上の主旨から、既往の報告については土師器による段階設定の対象となった遺跡・遺構名を例示し、遺構と遺物の説明と用語は基本的に報文に依る[4]。発掘調査を担当された鈴木重治先生、門田誠一先生にあらためて敬意を表する。既往の報告内容に続いて、本章執筆にあたって実施した遺物再調査の結果を記している。

京焼出土以前と以後に分けて述べるが、土師器による編年案において京焼が出現したⅠ期新段階を重視し、この段階以降を境に以前、以降とした。体育施設地点調査における、京焼出現以前の遺構については、体育施設地点報告書を参照していただきたい。

（1）京焼出土以前

①Ⅰ期古段階

幼稚園　井戸SE1008

1979年の同志社同窓会館・幼稚園新築にともなう調査で検出された井戸である。

1988年の報文によれば、埋土中から出土した遺物は、美濃陶器天目碗、絵志野向付、黄瀬戸皿、唐津天目碗を含めた碗・皿（すべて砂目）、備前甕、中国産白磁、青磁、青花、土師皿、焼塩壺で

ある。近世初頭の供膳形態の組成をよく示していると記されている。

幼稚園　土坑 SK2019

同上の調査で検出した円形土坑である。報文によれば、美濃天目碗、黄瀬戸皿、唐津砂目積み碗皿、丹波1本並列の擂目をもつ擂鉢、土師皿が出土している。安土桃山時代に限定される。

②Ⅰ期中段階

心和館　土坑 SK204

1977年の同志社女子大学心和館実験棟建設予定地の発掘調査で検出した土坑から出土した一括遺物である。1978年の報文によれば、美濃天目碗、唐津碗皿、備前焼瓶、信楽擂鉢、明染付碗、土師質皿・堝・小壺が出土している。特に土師質皿の出土量が多い。桃山時代のセットをなすものである。

図書館　貯蔵庫 SX201

1976年の同志社女子大学新図書館建設予定地の発掘調査で検出した、石塔、墓石を壁石として転用した地下式貯蔵庫である。同年の報文によれば、埋土中から絵志野四方筒向付、丹波1本描き摺目擂鉢、土師質小皿が出土している。

静和館　土坑 71・72

1991年の女子中・高等学校静和館地点の調査で検出した小土坑で土坑71と72は東西に並ぶ。1994年の報文には、魚骨、貝殻などの動物遺存体と土師器皿、焼塩壺が主な遺物で、染付は中国製を主とする、とあった。

黎明館　土坑 SK106

1979年の女子中・高等学校黎明館地点の調査で検出した遺構である。1983年の報文によれば、遺物組成において京焼・伊万里をふくまず、美濃・瀬戸の割合がもっとも多く、唐津、備前、信楽の順で、器種では、瀬戸・美濃では天目碗に織部などの茶陶、唐津では碗・皿などの供膳具、備前では甕、瓶、擂鉢、信楽では擂鉢となっている。輸入陶磁器は中国産の青花碗・皿のみである。

（2）京焼出土以降

③Ⅰ期新段階

図書館　土坑 SK205

1976年の同志社女子大学新図書館建設予定地の発掘調査で検出した「土器溜め」土坑である。同年の報文によれば、土師質小皿・塩壺・小型壺・伊万里焼碗・皿である。皿は初期伊万里の特徴をとどめているという。京焼は報告されていない。

筆者は遺物を再調査し、京焼の錆絵三足火入を確認した。肥前産呉器手碗、砂目皿が共伴する。

幼稚園　土坑 SK1134

1979年の同志社同窓会館・幼稚園新築にともなう調査で検出した土坑である。1988年の報文によれば、出土遺物は土師皿がほとんどで焼塩壺をともない、魚骨、貝殻をふくむ。

報告書には京焼の色絵丸碗の写真が掲載されている。再調査によって筆者が観察したところ表面が灰色を呈し、体部外面に赤・青・金彩で菊と流水文を描くものであった。

遺物を再調査し、銹絵による文様をもつ京焼丸碗を確認した。施釉灯明皿が共伴していた。

幼稚園　土坑 SK1161

同上の調査で検出した廃棄土坑である。報文によれば、出土遺物は土師皿、焼塩壺、灯明皿、伊万里碗などで京焼は報告されていない。遺物再調査によっても京焼を確認できなかった。

幼稚園　土坑 SK1062

同上の調査で検出した廃棄土坑で旧二條家邸の裏庭に位置する。報告書には、土師皿・土師質土器、肥前染付碗、備前甕が掲載されている。京焼は報告されていない。

遺物を再調査し、銹絵で唐草文を施した京焼の容器を発見した。

④Ⅱ期古段階

幼稚園　土坑 SK1152

1979年の同志社同窓会館・幼稚園新築にともなう調査で検出し円形に近い形の廃棄土坑である。1988年の報文によれば、出土遺物は土師皿と伊万里産の染付碗である。京焼は報告されていない。

遺物再調査によっても京焼を確認できなかった。

幼稚園　井戸 SE1001

同上の調査で検出した石積み井戸である。報文によれば、埋土中から江戸時代中頃の土師皿や陶磁器が一括投棄された状態で出土した。多量に出土した伊万里焼の染付碗皿と焼塩壺、土師皿、信楽焼の擂鉢、京焼碗、唐津焼碗が出土している。京焼の実測図は掲載されていない。

遺物を再調査し、黄褐色の釉を掛けた高台をもつ髪水入れ、銹絵染付による装飾の染付部分がわずかに残る京焼丸碗、赤い花文をもつ色絵京焼丸碗口縁部、京焼丸碗の高台を4点確認した。これに、肥前京焼風陶器の丸碗高台が共伴していた。

幼稚園　土坑 SK1032

同上の調査で検出した廃棄土坑である。報文によれば、土師皿、焙烙、染付碗、信楽擂鉢が出土しており、染付碗はすべて伊万里産のものである。京焼は報告されていない。

遺物を再調査し、表面が淡紅色を呈する京焼平碗の破片を2点確認した。

⑤Ⅱ期中段階

静和館　土坑14

1991年の女子中・高等学校静和館地点の調査で検出した東西にのびる廃棄土坑である。1994年の報文では、検出時にうすく天明大火（1788）の焼土を被っていたので、この大火を年代下限におくことができるとした。土師皿、「泉湊伊織」印焼塩壺、「難波浄因」印焼塩壺、肥前染付蓋付碗、肥前色絵小碗が出土している。

この遺構出土の京焼は、筆者が同志社校地の発掘調査で出土した京焼について作成した編年案において「Ⅲ段階」としたものである（第4章第2節）。京焼の特色は、丸碗と平碗にくわえて半筒形の碗や蓋があらわれる、すべての器種において器厚が厚くなる、草花文の花弁に白泥を盛り上げる装飾が始まり、鉄で塗りつぶすという技法が使用され繊細さが失われることである。

⑥Ⅱ期新段階

黎明館　土坑 SK105

1979 年の女子中・高等学校黎明館地点の調査で検出した円形プランの廃棄土坑である。1983 年の報文では、出土遺物は貝殻、魚骨、土師皿、「大上々」印焼塩壺、陶磁器はすべて国産で輸入陶磁器は皆無。碗、皿では伊万里系の資料が多い。美濃・瀬戸の製品では志野中皿や瀬戸碗が検出されている。唐津産の資料では絵唐津の碗、刷毛目の浅鉢の破片を検出。瀬戸産の染付が出現する以前の京都での陶磁器の組み合せの実態を示すものと記されている。続いて、この遺構から出土した京焼に関する解説が掲載されていたので概要を記す。「碗では、金彩の松竹梅文や桜花文をもつもの、錆絵による単純な草花文をもつ例などが検出されている。黄灰色や淡灰色の釉を全面に薄くかけ高台及び高台脇にのみ露胎部を残す。口径に比して高台の径が小さく納められるため体部下半の丸味が強調され均整のとれた形態である。碗のほかに浅鉢や小皿も出土している。細かい貫入をもつ点や、釉調、素地などに斉一性を指摘することができる。」報告書には京焼丸碗と平碗の写真が掲載されているが、実測図は掲載されていない。

遺物を再調査し、鉄で唐草の文様を施した丸碗、色絵丸碗、金彩で松竹を描いた半球形の丸碗、色絵で桜花を描いた碗の口縁部、器厚が薄い半筒形碗、器厚が厚く白泥に鉄絵で文様を描いた半筒形碗、高台、注口が曲線をなし錆絵による桐文を描く土瓶等の京焼が出土していることを確認した。

静和館　焼土だめ 59

1991 年の女子中・高等学校静和館地点の調査で検出した、調査区の西半分を占める大遺構である。1994 年の報文によれば、焼土の下底付近から「宝暦七丁丑歳二月中旬」と陰刻された瓦が出土した。遺物には二條家の家紋である「二條藤」「下がり藤」を施した飾り瓦、「御壺塩師堺湊伊織」印焼塩壺、肥前産と推定される呉須絵陶器碗片があった。

遺物を再調査し、表面が淡茶色を呈する京焼の碗の口縁部を確認した。

⑦Ⅲ期古段階

黎明館　井戸 SE101

1979 年の女子中・高等学校黎明館地点の調査で検出した石組みの井戸である。1983 年の報文によれば、量的に多いのは伊万里系の染付磁器の碗・皿であり、次いで信楽産の擂鉢などの調理具がある。京焼の碗・皿は少なく、瀬戸・美濃産のものでは仏花瓶や火鉢が出土していると記されている。京焼の実測図は掲載されていない。

遺物を再調査したところ、信楽産の施釉陶器が大量に出土していたが、京焼と考えられる遺物は確認できなかった。

幼稚園　土坑 SK1051

1979 年の同志社同窓会館・幼稚園新築にともなう調査で調査区の東北部で検出した廃棄土坑である。1988 年の報文によれば、出土遺物は土師皿、焼塩壺、染付碗・皿、焙烙、短頸壺、擂鉢、土師質型造りの土面等である。染付碗には広東形碗があり、擂鉢は口縁部が肥厚し 2 本の凹線を縁帯状にめぐらす厚手の備前、長石粒を胎土にもち器面を鉄化粧した薄手の信楽産である。京

第8章　常盤井殿町遺跡（旧二條家邸跡）出土の京焼

焼は報告されていない。

遺物を再調査したところ、信楽産の施釉陶器が大量に出土していた。

⑧Ⅲ期新段階
静和館　土坑57

1991年の女子中・高等学校静和館地点の調査で検出した、天明大火（1788年）以降の時期と考えられる遺構である。1994年の報文によれば、出土遺物には京焼系陶器の碗が多く、その中には「二」「申定」「三林」「皇」などの墨書がみられる。また、信楽産の飛びカンナを施し白泥で文様を描いた蓋に墨書したものが報告されている。

遺物を再調査したところ、信楽産の施釉陶器が大量に出土していた。

出土した遺物は、筆者が同志社校地の発掘調査で出土した京焼について作成した編年案において「Ⅳ段階」としたものである（第4章第2節）。筆者はこの段階に出土する厚手無文平碗を、京都で生産されたか信楽で生産されたかを判断しにくいとして「京都・信楽系陶器」としている。

第4節　体育施設地点調査以前の常盤井殿町遺跡調査で出土した京焼からわかること

最初に京焼出土以前の段階をみる。①Ⅰ期古段階では遺物の中心が瀬戸美濃・唐津陶器と中国青花である。続く②Ⅰ期中段階に属する静和館土坑71・72はやや特殊な遺物組成であったが、共伴したのは中国青花である。心和館SK204、図書館SX201、黎明館SK106においても瀬戸美濃・唐津碗皿、備前甕類、丹波・信楽擂鉢と中国青花という組成をみせる。

京焼出土以降に分類した③Ⅰ期新段階の遺構では、図書館SK205から京焼の火入が出土していた。幼稚園SK1134からは色絵丸碗と銹絵丸碗が出土している。幼稚園SK1062からは銹絵で唐草文を施した容器が出土している。④Ⅱ古段階の幼稚園SE1001では、黄褐釉鬚水入、銹絵染付京焼片、色絵丸碗口縁、丸碗高台をみた。これに肥前京焼風陶器丸碗の高台が共伴していた。幼稚園SK1032からは表面が淡紅色を呈する京焼片がみられた。⑤Ⅱ中段階の静和館土坑14出土の京焼においては丸碗と平碗に加えて半筒形の碗や蓋があらわれ、全器種において器厚が厚くなり、白泥と、鉄で塗りつぶす装飾技法が使用される。⑥Ⅱ新段階に黎明館SK105からは、鉄絵唐草文丸碗、色絵丸碗、金彩松竹文半球形丸碗、色絵桜花文丸碗口縁、薄手半筒型碗、厚手白泥鉄絵文半筒形碗、高台、銹絵桐文土瓶が出土していた。静和館焼土だめ59からは、碗の口縁が出土している。⑦Ⅲ期古段階の黎明館SE101と幼稚園SK1051からは信楽産の施釉陶器が大量に出土する状況がみられた。⑧Ⅲ期新段階の静和館土坑57では、筆者が「京都・信楽系陶器」に分類した厚手の無文平碗が出土している。

以上の傾向が当地点特有のものであるか、上京地域の他遺跡においてどのような傾向をみせるのか、第9章において述べてみたい。

第5節　常盤井殿町出土の京焼―編年試案作成についての予察―

　本節では体育施設建設にともなう発掘調査の成果、常盤井殿町遺跡の既往の調査報告、本章執筆を契機とした遺物再調査の結果をまとめ常盤井殿町遺跡における出土京焼編年試案作成のための予察をおこなう。

　基準となるのは、体育施設地点の調査によって検出した主要遺構の年代観ならびに一括資料中の土師器の編年案である。表1を参照していただきたい。

　常盤井殿町遺跡において、京焼はI期新段階に出現する。幼稚園SK1134出土の色絵丸碗、体育施設SK2169から銹絵染付向付が出土している。当遺跡では色絵と銹絵染付の装飾をもつものが同段階で確認されることに注意したい。また体育施設SB3120出土の肥前京焼風陶器盤はこの時期の京焼と共伴する遺物である。

　体育施設地点において次に京焼が出土するのはII期新段階であり、土師器皿による編年試案（表1）において3段階、実年代に勘案して約100年後となる。この空白は、先に述べたように調査地点の土地利用と火災処理を背景とするものである。これを補う資料として、第3節（2）に述べた体育施設地点調査以前の調査で出土した京焼に着目する。

　京焼出現期のI期新段階に続く、II期古段階の幼稚園SE1001から、黄褐色鬢水入、銹絵染付丸碗、色絵丸碗口縁部、丸碗高台が出土している。前段階で確認した色絵と銹絵染付の装飾をもつ京焼がこの段階でも継続してみられる。共伴の肥前京焼風陶器丸碗は鍋島藩窯の製品と推定する。同段階の幼稚園SK1032出土の平碗は破片であるが京都で生産されたものと考えている。

　II期中段階の静和館土坑14出土の京焼では、新しい器形として半筒形の碗や蓋があらわれ、器厚が厚く白泥による装飾や鉄で塗りつぶす技法を開始し筆致に繊細さがなくなる。

　II期新段階について、まず黎明館SK105出土の京焼をみると、銹絵唐草文丸碗、色絵丸碗、金彩松竹文半球形丸碗、色絵桜花文丸碗、薄手の半筒形碗、器厚が厚く白泥に鉄絵で文様を描いた半筒形碗、銹絵桐文土瓶が出土していた。器形においては前段階と比較して平碗が減少し、前段階で出現した半筒形碗について器厚が薄いものと厚いものとがみとめられ、半球形丸碗があらわれる。なお、注口が曲線を呈する京焼土瓶は古いタイプで、後代には注口が直線をなす。装飾は鉄による銹絵、金彩、色絵と多彩で、前段階で出現した白泥技法が継続してみられる。意匠は主に草花文である。今回調査で検出したSX1006出土の銹絵染付松枝文平碗と同様の遺物が筆者の編年のI段階にあり（第4章第2節）、伝世したものと考える。体育施設SX2062では、信楽産の半球形丸碗と若松文碗の共伴関係がみとめられ、蓋が多種出現した。また体育施設SK2098では色絵半球形丸碗と灯明皿の中に胎土と焼成において京焼に近いものを抽出することができた。これらの製品に、京焼の特徴である緋色を残す平碗片がともなう。装飾では、白化粧に呉須をくわえた白化粧染付が出現する。

　以上のように、この段階から信楽産施釉陶器が出現すると考えられる。遺物の様相の相違は黎明館SK105出土資料がやや先行することに起因するものと推定する。黎明館SK105出土遺物には火災にかかったものがみられないが、体育施設地点で検出したSX2062・SK2098出土遺物に

第8章　常盤井殿町遺跡（旧二條家邸跡）出土の京焼

は火災をうけたあとがみられる。黎明館 SK105 出土の半球形丸碗を観察し、筆者は京都で生産された可能性を想定している。

　次のⅢ期古段階では、既往の調査で報告された黎明館 SE101 と幼稚園 SK1051 から信楽産施釉陶器が大量に出土したのみであった。体育施設地点で検出した SX4030、SK6007、SD2159 からも信楽産施釉陶器が出土していることを確認している。

　Ⅲ期新段階の静和館土坑 57 では墨書をもつ無文の平碗が出土していた。胎土が緻密で硬質に焼成されていることが特徴である。

　以上のことから、当遺跡出土の京焼について、Ⅰ期新段階で丸碗と向付、火入が出現、Ⅱ期古段階で平碗、中段階で半筒形碗があらわれる。装飾は色絵・金彩と銹絵・銹絵染付が同時にあらわれ、白泥、白化粧染付へと展開する。Ⅱ期新段階から信楽産の施釉陶器と判断されるものがあらわれるが、この段階の初期においては京都で生産された京焼の胎土に近似したものが出土する。また、半球形の丸碗が相当量出土する遺構を確認することができた。

　第4章第2節の編年案においては、半球形丸碗が相当量出土する遺構がなく、段階設定の基準とすることができなかった。体育施設 SX2062 と SK2098 において、これを確認することができた。SX2062 では半球形丸碗と若松文碗との共伴関係、SK2098 では後代に量産される信楽産施釉陶器と比較して、京都で生産されたものに近い胎土と焼成のものを検出した。これは報告書等で京都・信楽系陶器などとよばれ分類されてきたものであった。

　以上の予察をもとに、本章執筆を契機とした遺物再調査によって確認した京焼の実測図の提示、共伴資料の確認、筆者による編年案との比較研究について第9章に述べることとする。

第6節　新出の京焼について

　本節では、第3節の（2）で述べた、再調査によって発見した京焼について筆者による実測図を掲げ詳説する。なお、図7・8では遺物番号について京焼では番号のまま、共伴資料は（　）に入れている。実測について調査担当者のひとりである若林邦彦先生のご快諾を得ました。

（1）　Ⅰ期の京焼

Ⅰ期新段階

　図7の1は図書館 SK205 出土。火入で、高台がありさらに三足が付く。これに肥前陶器呉器手碗（図7の2〜4）と肥前陶器砂目皿（図7の5）がともなう。

　図7の6は容器片。瓢箪形の把手が付く。7は鍋。ともに白化粧に青絵の装飾が施される。

　8と9は幼稚園 SK1134 出土。8は丸碗。報告書に写真のみ掲載。灰白色の生地に赤青金の色絵で菊花流水文様を描く。9は丸碗で口縁部がすぼまり体部下半が厚い。外面に鉄による意匠不明の文様か黒色の付着物と判断されるものがある。これに信楽産の灯明皿 10 がともなう。11 は幼稚園 SK1062 出土。容器。当初は中央に蓋が付くか、あるいは中央が凹み蓋状を呈するものと推定。半菊形のつまみが2個残存。上部に銹絵で唐草を、つまみの花弁と花芯を銹絵で描く。全体に轆轤目がよく残る。

第6節　新出の京焼について

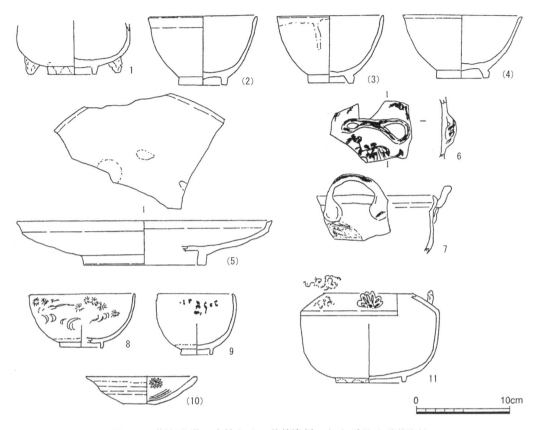

図7　Ⅰ期新段階の京焼とその共伴資料　（　）番号は 共伴資料

試案（表1）の幼稚園SK1161では京焼を見出せなかったことは、第3節（2）で述べたとおりである。

(2) Ⅱ期の京焼

Ⅱ期古段階

図8の12〜19は幼稚園SE1001出土。12は黄釉髪水入れ。高台の意匠に特徴がある。残存部に文様はない。13は丸碗片。錆絵染付の染付で描かれた花弁がわすかに残る。14は丸碗片。花文を推定される赤い点があり、この下に銀化した文様の一部が残る。15は平碗高台。16・17は高台片。18は体部片。これに19の肥前京焼風陶器の丸碗高台がともなう。

20・21は幼稚園SK1032出土。接合しないが観察により同一個体と考える。平碗片。残存部分に文様はない。

試案（表1）の幼稚園SK1152では京焼を確認できなかったことは、第3節（2）で述べたとおりである。

Ⅱ期中段階

「土師器による編年試案」（表1）ではこの段階の遺構として静和館土坑14をあげる。実測図と

193

第 8 章　常盤井殿町遺跡（旧二條家邸跡）出土の京焼

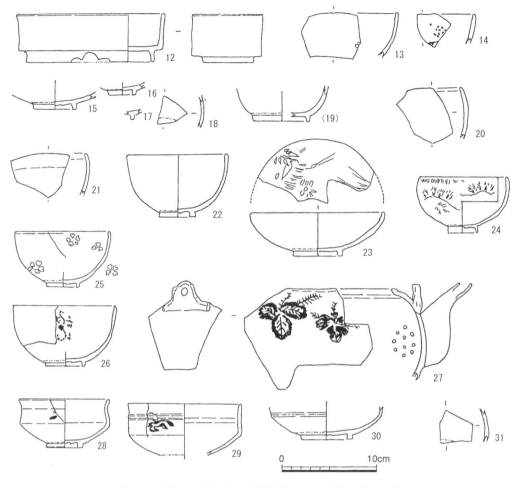

図 8　Ⅱ期の京焼とその共伴資料　（　）番号は 共伴資料

遺物の詳細については第 4 章第 1 節（4）を参照していただきたい。京焼の特色は、丸碗と平碗にくわえて半筒形の碗・蓋があらわれる。全器種において器厚が厚くなる。錆絵が鉄で塗りつぶす技法に変わり繊細さが失われる。草花文の花弁に白泥を盛り上げる装飾が始まることである。

Ⅱ期新段階

　図 8 の 22 〜 31 は黎明館 SK105 出土。22 は丸碗で残存部分に文様はない。23 は平碗。色絵で松竹葉を描く。文様の一部が銀化。22・23 は報告書に写真のみ掲載。24 は半球形丸碗。色絵で松葉と竹葉を描く。松葉と竹葉は白く残る。松葉の中心は金がよく残る。25 は丸碗。体部外面に色絵で桜花文が 4 点描かれる。花弁に銀化がみられる。26 は丸碗。錆絵染付で唐草を描く。中央の葉を呉須によって細かく描くことが特徴。27 は土瓶。注口が曲線をなすことが特徴。外面に錆絵で桐文を精緻に描く。鉄に濃淡をつける。28・29 は半筒形碗。ともに外面中央の花文は花弁を白泥、葉を鉄で描く。30 は半筒形碗の下半部。残存部分に文様はない。31 は平碗片。なお今回実測できなかった当遺構出土の京焼[5]（写真 1）は平碗。やや厚手で錆絵による樹文が

194

第6節　新出の京焼について

写真1　Ⅱ期新段階の京焼

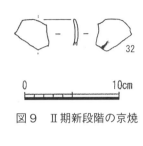

図9　Ⅱ期新段階の京焼

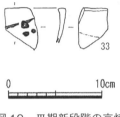

図10　Ⅲ期新段階の京焼

輪花の花弁ごとに描かれる。

　図9の32は静和館焼土だめ59出土の丸碗口縁片。外面に錆絵による葉文がわずかに残る。

(3) Ⅲ期の京焼

Ⅲ期古段階

　表1でとりあげた黎明館SE101の報告には「京焼の碗皿は少なく」とあるが実測図・写真掲載はない。再調査したところ信楽産施釉陶器が大量に出土していたが、京焼を確認できなかった。幼稚園SK1051には京焼の報告はないが、信楽産施釉陶器が大量に出土していることを確認した。

Ⅲ期新段階

　表1でとりあげた静和館土坑57出土遺物については「京焼系の陶器碗が多く」との報告があり、この中に墨書をもつものがみられた。信楽産の飛鉋、イッチン描きの蓋に墨書したものが報告されている。再調査の結果、信楽産施釉陶器の大量出土を確認し、また白化粧に青絵で文様を描いた1破片（図10の33）をみた。

(4) 新出の京焼からわかること

　Ⅰ期新段階の図書館SK205出土の火入は、軟質に焼きあげられていること、三足の丁寧なつくりに古い要素をうかがうことができる。共伴する肥前陶器の呉器手碗、砂目皿は生産地の年代で17世紀後半代と考えられ[6]、土師器皿の年代観と一致する。この京焼と肥前陶器の組み合わせを同志社校地において初めて確認した。同遺構から白化粧に青絵の装飾をもつ京焼片が出土し

195

ており、この装飾技法が18世紀末頃に出現し盛行するとみられる（第6章・第7章参照）ところから上層の廃棄は江戸時代後期と考えている。SK205の出土遺物の廃棄について少なくとも二回を想定することができよう。幼稚園SK1134では色絵碗と厚手の丸碗が共伴。後者は信楽産の可能性があり、灯明皿とともに後代に廃棄されたものかと推定する。土師器皿の年代観から同時期とされる幼稚園SK1062出土の容器は胎土、焼成が図書館SK205出土の火入に近い。容器は薄くつくられ、瀟洒な器形と繊細な唐草文、半菊文の意匠が調和し優品と考える。

　Ⅱ期古段階の幼稚園SE1001出土の黄釉鬃水入れは丁寧なつくりである。破片であるが銹絵染付と色絵が共伴していることが知られた。高台部分の出土状況から丸碗と平碗が使用されていたことがわかる。肥前京焼風陶器丸碗は鍋島藩窯の製品で、前段階で述べた呉器手腕に続く時期のものであり（第3章第1節）土師器皿の年代観と一致する。

　Ⅱ期中段階の静和館土坑14出土の京焼についてまとめると、器形では半筒形碗が出現、厚手となり、装飾では鉄と白泥が中心となることである。

　Ⅱ期新段階の黎明館SK105出土資料（図8の22〜31）について、筆者が提起した京焼と判断する要素（第4章第1節）から遺物の先後関係を述べると、26は文様に銹絵染付の技法がみられ、22は文様を欠くが器形が26に近く、25は色絵でやや薄手となり、27の銹絵桐文と曲線形注口は古様を示し、後代の注口は直線をなすことから、これらが古い時期の京焼と判断する。これに28・29の白泥と鉄による文様をもつ半筒形碗がくわわる。これは先のⅡ期中段階の静和館土坑14出土の京焼において出現した器形と文様で、この段階に存続することが知られる。24の色絵半球形丸碗について、体育施設地点で検出した同段階の遺構であるSX2062とSK2098（表1）から半球形丸碗が出現し、相当量出土している。したがって、当遺構出土の京焼のうち廃棄年代が土師器皿に最も近いものは24と考える。22と25〜27について伝世期間を想定できよう。このように黎明館SK105出土の京焼についておよそ2時期の時期差が想定される。写真1の平碗は器厚と文様から中間的な特徴をもち28・29よりやや早い時期の特徴をもつと考えている。

　Ⅲ期になると信楽産施釉陶器が多く出土し、京焼を抽出することが困難となる。33の白化粧に青絵の装飾はこの頃に盛行する（第6章・第7章）。信楽産の墨書をもつ無文の平碗が注意される。体育施設地点の調査においても京焼と信楽産施釉陶器に墨書をもつものがみられた。年代や遺構の性格によって墨書をもつ遺物がどのように変化するのかという問題については今後の課題としたい。

おわりに―編年予察―

　筆者は本書の第4章において同志社校地出土の京焼について「同志社校地出土京焼の編年試案」（第4章表1）を提示した。この試案では新島会館地点（寺町旧域遺跡）主要遺構出土の京焼をとりあげ宝永5年（1708）の火災層を鍵として18世紀初頭以前の年代に同志社校地において京焼の出土が確認できるとした。常盤井殿町遺跡においては土師器皿による年代観のⅠ期新段階から出土しており、同志社校地における京焼の出現はこれまでの認識よりもやや早まる。銹絵染付と色絵の装飾が同時にあらわれ優品が多い。この段階の遺構である図書館SK205と幼稚園SK1134

において後代の遺物が混入している。これは近世を対象とした発掘調査において頻繁におこることであり体育施設地点調査でも指摘された[7]。体育施設地点 SB3120 出土の山水土瓶についてもこの可能性がある。また体育施設地点の調査成果によって半球形丸碗の出現がⅡ期新段階であることが知られ、これによって黎明館 SK105 出土の京焼について時期差を想定することができた。

墨書をもつ京焼はⅡ期中段階の静和館土坑 14 においてみられる。この墨書がⅢ期において信楽産施釉陶器へと拡大していくものと推定する。

常盤井殿町遺跡の最近の発掘調査については報告書が近刊の予定である。その成果を待望し、ひきつづき研究を進めたい。

注

(1) 中川敦之「Ⅱ位置と環境」『常盤井殿町遺跡発掘調査報告書―近世二條家邸を中心とする調査成果―』同志社大学歴史資料館調査研究報報告第 8 集　同志社大学歴史資料館・同志社女子大学 2010 年。

(2) 浜中邦弘「Ⅳ出土遺物」注（1）文献所収。

(3) 中屋啓太「常盤井殿町遺跡における近世の土師器皿・蓋について」注（1）文献所収。

(4) 本節は未報告資料を新たな年代観によって検討しようとするものである。この主旨により既往の報告から土師器による段階設定の対象となった遺跡・遺構名のみを例示することとした。以下に書名を掲げ執筆者に深謝する。

図書館『同志社女子大学図書館建設予定地発掘調査概要』同志社大学校地学術調査委員会　1976 年。

心和館『常盤井殿町遺跡発掘調査概報』同志社女子大学・同志社大学校地学術調査委員会　1978 年。

幼稚園『公家屋敷二条家東辺地点の調査―同志社同窓会館・幼稚園新築に伴う調査』同志社大学校地学術調査委員会　1988 年。

静和館『京の公家屋敷と武家屋敷―同志社女子中・高校静和館地点・校友会新島会館別館地点の発掘調査』同志社埋蔵文化財委員会　1994 年。

黎明館『公家屋敷二条家北辺地点の調査―同志社女子中・高黎明館増築に伴う発掘調査』同志社女子中学・高等学校　同志社大学校地学術調査委員会　1983 年。

(5) 当資料は同志社女子大学において常設展示されている。

(6) 九州近世考古学会『九州陶磁の編年―九州近世陶磁学会 10 周年記念―』2000 年。

(7) 調査担当者のひとりである浜中邦弘先生からご教示を得ました。

第9章　近世京都出土の京焼―その編年―

はじめに

　本書第4章において、筆者は同志社校地出土の京焼について編年的考察をおこなった。第5章では江戸時代の信楽焼と京焼について論じ、京都市埋蔵文化財研究所が報告書で採用している土師器皿の形態変化による年代観について言及した。第6章ではこの編年が成立する過程と、左京北辺四坊（公家町遺跡）の発掘調査によって、近世の土師器皿編年に新資料が追加され、江戸時代後半期の段階設定が可能となったこと、これを活用することにより、当該遺跡出土の京焼の年代観に関する研究が大幅に進展したことを述べた。続く第7章では、左京北辺四坊の報告書で発表された年代観（小松編年）を基礎にして、当遺跡出土の禁裏御用の京焼とこれに共伴するその他の京焼の変遷について検討し、第4章でとりあげた同志社校地出土の京焼との比較研究をおこなった。さらに第8章においては、常盤井殿町遺跡（旧二條家邸跡）出土の京焼について、小松編年をも勘案して作成された試案を活用し、当該遺跡出土の京焼の年代観について再検討した。

　以上の研究をふまえ、本章では、同志社校地出土の京焼の新編年案ならびにこれに対応する遺構をまとめた「同志社校地出土京焼編年案ならびに京焼出土遺跡・遺構対照表」を発表する（表1）。

第1節　同志社校地と左京北辺四坊（公家町遺跡）の出土状況比較

　まず、表の1列を見る。表中の遺構については本書の各章を参照していただきたい

　第4章に掲げた筆者の「同志社校地出土京焼の編年試案」（表3）では、同志社校地において京焼が出現する段階として、新島会館地点主要遺構をとりあげてⅠ段階を設定していた。その後常盤井殿町遺跡の発掘調査によって、土師器皿による編年試案Ⅰ段階から京焼が出土している事実が判明した。ゆえに、従来のⅠ段階の前段階として、0段階を設定する。本来はこれをⅠ段階として以下をⅡ～Ⅶと変更すべきであるが、本章では筆者の研究過程と本節における各遺跡間の比較をわかりやすく説明する目的で、あえて0段階と呼称することとしたい。

　そして、寺町旧域遺跡・相国寺旧境内遺跡出土の京焼と常盤井殿町遺跡出土の京焼の対応を示し、さらに左京北辺四坊出土の京焼の様相との対応関係について記す。つまり、第4章と第8章の年代観を、京都市域の他の遺跡の状況と対照させる、表の横の関係を重視して述べるということである。

　2列には、寺町旧域遺跡で検出した遺構を掲載した。新島会館別館地点土坑77・78と土坑25は、第8章「土師器による遺構編年表」で採りあげられた遺構で、土坑77・78は左京北辺四坊のⅪ期中段階に、そして土坑25はⅪ期新段階に相当する。この土坑25は第1章において筆者が「京焼以前」の様相として研究対象としたものである。なお紙幅の都合上、角谷Ⅵ段階におい

第9章　近世京都出土の京焼―その編年―

表1　同志社校地出土京焼編年案ならびに京焼出土遺跡・遺構対照表

角谷 2016	寺町旧域遺跡	相国寺旧境内遺跡	常盤井殿町遺跡	中屋 2010		基準資料 能芝 2004	主要遺構 尾野 2006	小松 2004		
			幼稚園 SE1008 幼稚園 SK2019	古		土坑 F1605		古		1580 ～90頃
	(別館地点 土坑77 土坑78)					穴蔵 C548B		中	XI	
			心和館 SK204 図書館 SX201 静和館土坑71・72 黎明館 SK106	中	I					
	(別館地点 土坑25)	1620 上京火災				土坑 F1432	土坑 G1164 土坑 G1156	新		
0			図書館 SK205 幼稚園 SK1134 幼稚園 SK1062 体育施設 SK2169 体育施設 SB3120	新 1670～ 80頃		土坑 B725	土坑 E302 土坑 E310	古		1660 頃
I	新島会館 SK103 SK124 SK128 SK135	地下鉄今出川駅 南口 SK104	幼稚園 SE1001 幼稚園 SK1032	古		土坑 F1455				
						土坑 F1244 穴蔵 F1387	整地 G3752 土坑 G1716 土坑 G1273	中	XII	
II		地下鉄今出川駅 南口 SE103		中	II	＊土坑 G1133 ＊土坑 B674		新		
							(土坑 G593)			1720 ～30頃
III			静和館土坑14 体育施設 SX1006 体育施設 SX2062 体育施設 SK2098 黎明館 SK105 静和館土器だめ59	新		土坑 B776 土坑 H166 土坑 H271	土坑 G593	古		
						土坑 E45	土坑 C628	中	XIII	
IV			体育施設 SX4030 黎明館 SE101 体育施設 SK6007 体育施設 SD2159 幼稚園 SK1051 静和館土坑57	1770～ 80頃 古 ?	III	土坑 B716	土坑 B721	新		
	別館地点 土坑5									1820 頃
V		徳照館土坑108		新		土坑 B687 土坑 G348		古	XIV	
						土坑 H15	土坑 G45	中		
VI	（上京遺跡）育真館土坑02			1870頃						

第1節　同志社校地と左京北辺四坊（公家町遺跡）の出土状況比較

て相国寺旧境内遺跡の列に育真館土坑02を置いているが、当該土坑は上京遺跡に位置するものである。

　この遺構表に出土遺物の実測図を挿入したのが「同志社校地出土京焼編年案ならびに京焼出土遺跡・遺構対照表（挿図）」（表2）である。以下、表1・2を参照しつつ述べる。

　さて、同志社校地において京焼が出現する以前の、左京北辺四坊Ⅺ期古段階において軟質施釉陶器（挿図25）、続くⅪ期中段階では鉄釉碗（挿図26）が出土している。この鉄釉碗は現在まで同志社校地から出土を確認していない。

　角谷0段階は、同志社校地において京焼が出現する段階で、常盤井殿町遺跡Ⅰ期新段階の遺構から、銹絵の向付（挿図4）・火入（挿図1）・容器（挿図3）、この段階で色絵金彩丸碗（挿図2）が出土、肥前呉器手腕と京焼風陶器盤が共伴する様相がみられる。ほぼ相当する左京北辺四坊Ⅺ期新段階では、軟質施釉陶器が存続する中で「音次」銘銹絵染付碗（挿図27）、銹絵鉢、銹絵平碗（挿図28）、京都産呉器手腕が出土している。

　角谷Ⅰ段階では丸碗（挿図5）・平碗（挿図7）・変形皿（挿図6）・注口曲線土瓶。草花文、銹絵染付と色絵による装飾、「清閑寺」「和」銘。鍋島藩窯で生産された肥前京焼風陶器と共伴した。この段階で、寺町旧域遺跡・相国寺旧境内遺跡・常盤井殿町遺跡のすべてにおいて京焼の出土を確認した。器形は丸碗・平碗、装飾は色絵と銹絵染付であり、黄褐釉鬚水入が常盤井殿町遺跡で出土した。ほぼ相当する左京北辺四坊Ⅻ期古段階では丸碗（挿図30）・平碗・壺（挿図29）・筒形容器・合子蓋。この段階で色絵が出現。「清」（挿図30）「清閑寺」「御菩薩」（挿図29）「藤」「寶」「仁清」「岩倉」（挿図31）銘。つづくⅫ期中段階では器種が増加。土鍋と灯明皿（挿図31）が出現し、金彩が出現している。草花文は継続するが精緻と類型化に二分され、盛り上げ・塗りつぶす・白泥・鉄による太筆の描法が始まる。「清水」「清閑寺」「音羽」「仁清」銘。さらに、このⅫ期中段階から禁裏御用品の京焼が出現し、次のⅫ期新段階まで継続する。

　角谷Ⅱ段階は、丸碗・杉形碗（挿図10）・火入。杉形碗は後段階で出現するものの原型とみなす。器壁がやや肥厚。色絵・銹絵のみの装飾。印銘なし。ほぼ対応する左京北辺四坊Ⅻ期新段階では、基準資料と主要遺構に一括遺物を明示できる遺構がなかった。これについてはあとで説明する。

　角谷Ⅲ段階で、かつ常盤井殿町遺跡Ⅱ期中段階に相当する静和館土坑14では丸碗・平碗にくわえ半筒形碗（挿図11）が出現。鉄による簡略な草花文。装飾技法に白泥が出現した。つづく常盤井殿町遺跡Ⅱ期新段階では丸碗・墨書をもつ平碗・半筒形碗にくわえ、杉形碗（挿図13）、半球形丸碗（挿図14）が出現。注口曲線土瓶が継続。半筒形碗は器壁に薄厚の2種が存在。色絵・金彩・鉄絵・白泥が継続する。相当する左京北辺四坊Ⅻ期古段階では半筒形碗（挿図38）・筒形碗・筒形容器・小皿（挿図37）・注口曲線土瓶・鍋。塗りつぶす筆致は緩慢となる。略筆傾向の中に繊細な筆致が混在、掛け分けの技法開始。白化粧による装飾が出現。「寶山」銘平碗。角谷Ⅲ段階の後半に相当する左京北辺四坊Ⅻ期中段階では半球形丸碗、鉄絵根付松を簡略に描く量産型杉形碗が出現。岩倉山銘鉢（挿図39）。左京北辺四坊Ⅻ期古段階において「京・信楽系陶器」の語が報文に初出。調整・文様・意匠の精巧なものを抽出することが可能でありこれらを京焼と判断。当段階以降の左京北辺四坊挿図を京焼に限定した。土瓶が継続、灯火具が出現。「岩倉山」「洛東山」「錦光山」銘。墨書存在するものあり。灯火具・墨書をもつ器種を信楽産と判断。

201

表2　同志社校地出土京焼編年案ならびに京焼出土遺跡・遺構対照表（挿図）

角谷 2016	寺町旧域遺跡	相国寺旧境内遺跡	常盤井殿町遺跡 中屋 2010	左京北辺四坊（公家町遺跡）基準資料 能芝 2004	主要遺構 尾野 2006	小松 2004
			古		古	1580〜90頃
			中　I		中　XI	
		1620 上京火災			新	
0			新 1670〜80頃		古	1660頃
I			古		中　XII	
II			中　II		新	1720〜30頃
III			新		古	
					中　XIII	
IV			1770〜80頃 古　III		新	
V			新		古　XIV	1820頃
VI	（上京遺跡）		1870頃		中	

宝永大火 1708

天明大火 1788

角谷Ⅳ段階では色絵平碗（挿図20）が存続。無文平碗・鍋蓋・灯明皿が継続。墨書が継続。相当する常盤井殿町遺跡Ⅲ期古段階では信楽産施釉陶器が大量に出土、いわゆる山水土瓶が出現、高台に墨書をもつ京焼平碗、信楽産端反碗（挿図17）が出現、杉形碗・灯明皿・蓋物（挿図19）・蓋類（挿図18）・鍋・土瓶・仏餉具・水注・瓶・小土瓶（挿図16）が出土、飛鉋・イッチン描きの装飾開始。相当する左京北辺四坊ⅩⅢ期新段階では端反碗・杉形碗が継続、小型平碗。鬢水入にくわえ柄杓が出現。単純な草花文と横縞の装飾、白化粧染付（挿図42）、白化粧に緑彩（挿図40）・褐彩・青絵が出現。「錦光山」銘火入が出土。鍋・土瓶に「龍光山」「音羽」「明山」銘。禁裏注文品の柄杓と小土瓶（挿図41）あり。

　角谷Ⅴ段階では信楽産施釉陶器が大量出土、いわゆる山水土瓶、「ふしみ」墨書の京焼筒形容器（挿図23）あり。相当する常盤井殿町遺跡Ⅲ期新段階では器厚が厚い無文平碗に墨書「申定」（挿図21）が継続、これらを信楽産と判断。信楽産飛鉋・イッチン描き蓋出土。相当する左京北辺四坊ⅩⅣ期古段階では軟質施釉陶器あり。筒形容器・鬢水入・蓋に山水土瓶あり、蓋、壺。白化粧染付、白化粧に緑彩が継続。色絵・金彩・銹絵染付。「霞晴山」（挿図43）「錦光山」「岩倉山」銘。イッチン描き継続。

　角谷Ⅵ段階では信楽産施釉陶器の大量出土が継続。「道八」銘染付碗あり。相当するⅩⅣ期中段階では染付磁器碗・煎茶具・火鉢。飛鉋継続。「寶山」「道八」「乾」（挿図45）「福」「平安陶工恭二製」（挿図44）「喜久」「与三」銘。

第2節　同志社校地における出土状況―実年代の想定―

　表1の右、第5列「左京北辺四坊」（公家町遺跡）には、筆者作成の「左京北辺四坊（公家町遺跡）出土京焼出土遺構対照表」（第6章表2）の能芝勉と尾野善弘が採用した遺構を両者の実年代順に記し、第6列に左京北辺四坊における土師器による年代観（小松編年）を掲げた。

　また本表においては、左京北辺四坊と、常盤井殿町遺跡出土の「土師器による遺構編年表」（第8章表1）にもとづいて、同志社校地（寺町旧域遺跡・相国寺旧境内遺跡・常盤井殿町遺跡・上京遺跡）と左京北辺四坊（公家町）との対応関係を記した。

　表中に記した西暦は、以上の作業によって導いたものである。さらに常盤井殿町遺跡出土の「土師器による遺構編年表」をなかだちとして、筆者の同志社校地出土の京焼の新編年案（第1列、（仮称）角谷編年）について、実年代を想定することができる。

　0段階の開始は、常盤井殿町遺跡Ⅰ期新段階の開始と同時とみなし、1630年頃、終了は同様に常盤井殿町遺跡Ⅰ期新段階の終了と同時とみなして1670～1680年頃とする。

　Ⅰ段階の開始は前段階につづく1680年頃、終了は1708年の宝永大火とする。

　Ⅱ段階の開始は前段階につづく1708年頃、終了は左京北辺四坊の年代観を勘案して1720～30年頃とする。

　Ⅲ段階の開始は前段階につづく1720～30年頃、終了は天明大火1788年とする。

　Ⅳ段階の開始は前段階につづく1788年、終了は左京北辺四坊の年代観を勘案して1820年頃とする。

Ⅴ段階の開始は前段階につづく 1820 年頃、終了は左京北辺四坊 XIV 段階の様相から 1870 年頃とする。

　Ⅵ段階の開始は 1880 年頃、終了は遺物の様相から 1890 年頃と想定する。

　以上の、試案編年表からよみとれる京焼出土状況の年代的変化について、0 段階の開始は、左京北辺四坊の XI 期新段階にややおくれる。この 0 段階で色絵碗が先行したのは、実年代の推定がやや下がるためと推定する。Ⅱ段階は、左京北辺四坊の XII 期中段階にややおくれるものである。

　ここで、第 4 章に掲げた筆者の「同志社校地出土京焼の編年試案（表1）」（以下、前案と称す）について、本章の新編年（以下、現案と称す）との実年代の比較を示しておく。Ⅰ段階の開始は前案では想定なく、終了は 1708 年頃で、現案と同様である。Ⅱ段階の開始は前案では 18 世紀初頭としたが、現案では 1708 年頃とした。Ⅱ段階の終了は前案では 18 世紀初めから 1788 年までとしたが、現案では 1720〜30 年頃とした。Ⅲ段階の開始は前案では 18 世紀後半としたが、現案では 1720〜30 年頃とした。Ⅲ段階の終了は前案では 1788 年で、現案と同様である。Ⅳ段階の開始は前案では 1788 年で、現案と同様である。Ⅳ段階の終了は前案では 19 世紀に入るまでとしたが、現案では 1820 年とした。Ⅴ段階の開始は前案では 18 世紀末頃からと想定したが、現案では 1820 年頃とした。Ⅴ段階の終了は前案では 18 世紀末頃からとしたが、現案では 1880 年頃とした。Ⅵ段階の開始は前案では 19 世紀前半頃と想定したが、現案では 1880 年頃とした。Ⅵ段階の終了年代は前案では 1890 年代で、現案と異ならない。

第 3 節　京焼出土状況の年代的変遷からわかること

　第 1 節において「同志社校地出土京焼編年案ならびに京焼出土遺跡・遺構対照表」（以下、試案編年表と略記する）における各遺跡の対応関係を述べ、第 2 節では実年代の比定をおこなった。以上のような作業を経て、京焼の出土状況、ならびに京焼そのものの色調・胎土・器厚・器形・装飾技法・意匠・文様の筆致の 7 要素の変化によって、京焼の段階設定、年代的考察すなわち編年が可能であることが明らかとなった。そこで、本節ではあらためて、最新の試案編年表から提起される問題点を整理し、これまでに提起した諸問題について研究の成果を提示することとしたい。

（1）0 段階以前の京焼―高火度焼成鉄碗出現―

　同志社校地において京焼が出現する以前の、左京北辺四坊 XI 期古段階の土坑 F1605 から軟質施釉陶器が出土、続く XI 期中段階の土坑 C548B から鉄釉碗が出土している。

　この鉄釉碗は現在まで同志社校地から出土を確認していない。筆者は第 2 章において、京都市中京区の東八幡町から出土した遺物の実見によって、生産遺跡（窯跡）でこのタイプの碗を確認したことを述べた。しかし生産遺跡での年代観は 17 世紀中頃で（第 2 章第 2 節）消費地である公家町遺跡では XI 期中段階の遺物と考えられており、生産地の年代観がやや新しい。近世京都において高火度焼成によるいわゆる本焼の京焼生産がこの年代からおこなわれたことを示す遺物と

して重要である。遺物観察からは瀬戸の鉄釉碗と判断しかねないものであるが、能芝勉・尾野善裕のいずれも京焼と判断している（第6章第2節）。近世京都における高火度焼成による最初の製品がこのような鉄釉碗であることは注目に値し、瀬戸系の窯業技術が京焼の技術基盤の重要な一部を構成していたことの傍証となろう。また、この碗は器形・器高・口径からみて茶陶と考えられる。東八幡町出土遺物の年代からみて、このタイプの碗が17世紀中頃まで継続して生産された可能性が考えられよう。

　この鉄釉碗は、筆者がこれまでに述べた、京焼と判断する7要素から大きく外れる。また印銘もない。なお、遺跡から京焼の天目と判断される鉄釉碗が出土している。角谷I段階（第4章図5の6）、左京北辺四坊ではG区で検出した江戸時代前期〜中期の3土坑から出土している。初現期の鉄釉碗が、京焼の本焼焼成の発展とともに変容していった可能性を指摘することができよう。

　筆者は初現期の肥前京焼風陶器が生産以前すなわち1650年代以前の京焼を明示することの重要性を指摘した（第3章第5節）。1650年代後半以前の京焼とは、出土遺物に照らせば上記の鉄釉碗のみであるという点が確認される。

　表1にもどり、左京北辺四坊において鉄釉碗が出土したXI期中段階（表第1列　角谷0段階以前）に対応する寺町旧域遺跡の新島会館地点土坑77・78（表第2列）の状況を付記すると、出土遺物は土師器皿が主で、手づくね焼塩壺、瀬戸・美濃系天目碗が若干みられる[1]と報告されていた。同様に常盤井殿町遺跡のI期中段階（表第4列）の様相をふりかえると（第8章第3節）、土師器皿が多く美濃天目、唐津碗皿、備前瓶・甕、信楽擂鉢、中国青花が出土しており、絵志野・織部などの茶陶がふくまれていた。

（2）0段階の京焼―「京焼」の出現―

　角谷0段階において、丸碗・平碗・鉢・向付・火入・容器等の器形が出そろう。

　常盤井殿町遺跡出土遺物に向付（むこうづけ）とした容器がある（第8章図3の1）。筆者の7要素においては京焼の器形について丸碗・平碗・変形皿を基本とする。向付は変形皿の底が深いものとみなすことができるが、常盤井殿町遺跡出土遺物は把手が付く形であるためあえて茶陶の名称を付与したものである。

　装飾技法は銹絵が多い傾向を指摘でき、ついで銹絵染付がみられる。この段階で早くも色絵金彩丸碗が出現していることが注意される。京焼に初現期の銹絵染付・色絵の装飾技法がみられることが判明した。

　肥前京焼風陶器盤が共伴する。筆者は初現期の肥前京焼風陶器が1680年代まで生産されたことを記した（第3章第1節）。

　同じく共伴する呉器手碗を、常盤井殿町遺跡出土遺物について筆者は肥前産とみた。左京北辺四坊出土の呉器手碗について報文では京都産としている。呉器手碗は肥前京焼風陶器I類として分類された遺物であるが、筆者は京焼の影響がみられないとした（第3章第1節）。京都で呉器手碗が生産された背景には、京焼窯場の活力や製品の多様性が感じられる。さらにいうならば肥前が京都の呉器手碗を模倣したという推測も成り立とう。

常盤井殿町遺跡出土の京焼の残存部分に印銘はなかったが、左京北辺四坊からは「音次」印を
もつ銹絵染付平碗が出土している。この印は後代に継続しない。この段階の京焼に押印された背
景については課題としたい。

表1にもどり、寺町旧域遺跡において角谷0段階にやや先立つ年代の新島会館別館地点土坑
25の状況をみると、第2章に述べたように、瀬戸・美濃産の天目碗が大量に出土するのみで同
時期の京焼は出土していない。公家町と寺町の京焼の消費のありかたが異なることを示す事例と
して注目しておきたい。

（3）Ⅰ段階の京焼—盛行と変容—

角谷Ⅰ段階では、寺町旧域遺跡・相国寺旧境内遺跡・常盤井殿町遺跡すべてにおいて京焼の
出土を確認した。丸碗・平碗・向付が継続し、向付と判断した器よりも器高が低く、筆者が変
形皿と名付けたものがあらわれる。土瓶と黄褐釉鬢水入がこの段階で出土した。装飾は銹絵染
付と色絵で、文様は草花文が主体であり、1個体に宝尽文がみられた。印銘は「清閑寺」「和」
がある。本書において筆者が提起した7要素はこの段階の京焼によって提起したものである
（第4章第1節）。鍋島藩窯で生産された肥前京焼風陶器と共伴した。

左京北辺四坊Ⅻ期古段階では器形は丸碗・平碗・壺・筒形容器・合子蓋からなり、この段階
から装飾技法として色絵が出現している。

能芝勉は公家町遺跡報告書考察において「1660年代の遺構から完成度の高い上絵陶器が出土
したこと」と述べた（第6章第2節）。京焼の装飾技法である銹絵染付は釉下彩、色絵は釉上彩す
なわち上絵である。尾野は能芝がおよそ1660年代〜70年代前半とした遺構群をほぼ1670年頃
〜1690年頃とみた（第6章第2節）。印銘は「清」「清閑寺」「御菩薩」「藤」「寶」「仁清」「岩倉」
であった。

Ⅻ期中段階には以上の器種にくわえ、京都産の鍋と灯明皿が出土した。装飾技法ではこの段
階で金彩が確認された。文様の主体は前段階と同様に草花文が継続しているが、精緻な描法と類
型化するものに2分する傾向がみられる。盛り上げ・塗りつぶす・白泥・鉄による太筆の描法に
ついて、最初期のものが確認される。印銘は「清水」「清閑寺」「御菩薩」「音羽」「仁清」であった。

Ⅻ期中段階から禁裏御用の京焼が出現し、次のⅫ期新段階まで継続する。

上記のように、角谷Ⅰ段階の様相が左京北辺四坊Ⅻ期古段階と様相ほぼ一致する。しかし装
飾技法について、寺町旧域遺跡では色絵破片を確認した（第4章第1節）のみであったが、公家
町遺跡では完成度の高い色絵が出土しており様相は異なる。この事実もまた公家町と寺町の京焼
の消費のありかたが異なることを示すものであろう。

そして、左京北辺四坊Ⅻ期中段階で様相が一変する。

第一に、京都産の鍋と灯明皿が出現したことである。これを能芝勉は「京焼の日常雑器の生産
が17世紀後半から始まること」と述べた（第6章第2節）。次段階以降に出現する信楽産施釉陶
器の原形とみなされる遺物が確認されたことに意義がある。

第二に、器形、印銘とも多様となる中で、文様の筆致について、古い段階の精緻な描法を継続
するものと類型化するものに2分され、さらに盛り上げ・塗りつぶす・白泥・鉄による太筆の新

描法が一部の京焼で確認されたことである。

　第三に、第一・第二の傾向に相反して、禁裏御用の京焼がこの段階から出現したことである。器厚が薄く調整が丁寧で精緻・端正な16弁の菊文を描くことを特徴とするものである（第7章）。

　以上三点から、京焼の一大画期として角谷Ⅰ段階後半に相当する左京北辺四坊Ⅻ期中段階を挙げることができる。

（4）Ⅱ段階の京焼―変容の経過―

　あらためて表1の角谷Ⅱ段階をみると、寺町旧域遺跡では対応する遺構がなく、相国寺旧境内遺跡で1遺構（地下鉄今出川駅南口 SE103）を提示するのみである。常盤井殿町遺跡では土地利用の関係から遺構を提示できず、同様に左京北辺四坊Ⅻ期新段階でも基準資料と主要遺構に一括遺物を明示できる遺構がなく、表中に＊で筆者が選択した禁裏御用京焼出土遺構（土坑 G1133　土坑 B674）を掲げて共伴する京焼の様相を述べることとしたい。

　角谷Ⅱ段階は、器形に杉形碗があらわれる。これは、後に信楽で量産される小型杉形碗の原型と考える。この段階では調整は良好であり、若松文は枝の部分が銹絵、葉の部分が呉須で丁寧に描かれている。火入に色絵で描かれる桃色の花弁も精緻である。前段階の京焼と比較して、器壁がやや肥厚することが特徴であり、これは断面図で確認できる。装飾技法は銹絵染付と色絵による精巧な筆致が継続している。底部の残存部分に印銘はなかった。左京北辺四坊Ⅻ期新段階では、丸碗・平碗には口径に大小がみられ、小型の合子蓋・筒形容器・注口が曲線をなす土瓶が出土している。装飾技法は銹絵・銹絵染付・色絵で、繊細な草花文と、太く幅広い筆致が併存していた。

　上記の様相について、杉形碗の原型を京焼において確認した点は意義がある。京焼の器厚が厚くなるが草花文様は精緻であることを特徴とする。一部に太く幅広い筆致が確認された。禁裏注文品が引きつづいて確認される。Ⅰ段階後半の様相として掲げた三点が継続しているということができよう。

（5）Ⅲ段階の京焼―信楽産施釉陶器の共伴―

　本表の角谷Ⅲ段階で常盤井殿町遺跡Ⅱ期中段階に相当する静和館土坑14出土の丸碗・半筒形碗はⅡ段階の京焼よりも調整がやや粗雑であり、さらに肥厚する。高台裏に「信乃」という墨書をもつ丸碗がある。無論、墨書は使用時に書かれたものであるが、鉄で葉文を塗りつぶした碗（第4章図8の1）は、次段階以降、信楽で量産されるものの原型と推定する。当該遺物の胎土・調整・焼成は京焼と近似しており、京焼と判断した。つづく常盤井殿町遺跡Ⅱ期新段階では、半筒形碗に加え、半球形丸碗・若松文碗・灯明皿・蓋など、次段階以降、信楽で量産される器形が出現する。しかし胎土・調整・焼成は京焼と相似しているものを抽出可能であった。また、京焼と判断できる遺物も混在していた。

　この、角谷Ⅲ段階の前半に相当する左京北辺四坊ⅩⅢ期古段階において、報文に「京・信楽系陶器」の語が初出した。これは、先に指摘したような、京都で生産されたか信楽で生産されたか判断できないものが出土していることから名づけられたものである。この「京都で生産されたか

信楽で生産されたか判断できないもの」に「京焼」が混在する状況が、角谷Ⅲ段階の特徴であり、これは角谷Ⅲ段階の後半に相当する左京北辺四坊ⅩⅢ期中段階においても確認される。信楽産の灯火具、墨書をもつ器種と「岩倉」「洛東山」「錦光山」銘をもつ京焼が共伴していることもこの傾向を裏付ける根拠となろう。

　以上のように、角谷Ⅲ段階から、京焼と信楽産施釉陶器か区別しにくい遺物が混在することが明らかとなった。

(6) Ⅳ段階の京焼─新しい装飾技法─

　角谷Ⅳ段階においても、信楽産施釉陶器の割合が前段階よりも大幅に増加し、わずかに京焼色絵平碗・京焼高台が出土しているにすぎない。本段階に相当する左京北辺四坊ⅩⅢ期新段階においても信楽産施釉陶器が大量出土する状況において、京焼を識別することが必要となるが、本書におけるこれまでの論考にしたがえば、識別は可能である。「錦光山」銘火入を京焼と判断した。また筆者提示の7要素から京焼と判断できる遺物においては、白化粧染付、白化粧に緑彩・褐彩・青絵という新しい装飾技法が出現したことは注目に値する。この技法を有するものを京焼と判断することができるからである。

　なお、筆者は白化粧染付という呼称について、呉須による精巧な文様を描くものとみなし、現在のところ京焼においてのみ使用している。これに対し、白化粧青絵の呼称は青色顔料による文様が精巧でないものについて使用し区別している。白化粧青絵の語は磁器生産成功以前のヨーロッパ陶器の装飾にも使用されている。

　同様に白化粧に緑彩・褐彩とは、文様を描かず顔料のみで装飾しているものである。

　また、前段階に中断した禁裏注文品が再度出現してくる。禁裏注文品は言うまでもなく京都で生産された京焼である。信楽においていわゆる小物生産が盛行し、消費地遺跡から信楽産施釉陶器が大量に出土する段階にあっても、すでに筆者が提起した「京焼において普及品とならないものが存在する」(第4章第2節)、「信楽産の施釉陶器が大量に出土する中でも依然として京焼が継続して生産される」(第7章第4節)という観点をここで証明できたと考えている。

(7) Ⅴ段階の京焼─京焼の抽出─

　角谷Ⅴ段階でも信楽産施釉陶器の大量出土が継続する中で、京焼筒形容器と山水土瓶を識別し抽出した。白化粧染付、白化粧に緑彩が継続する。

　「霞晴山」「錦光山」「岩倉山」の印銘がある。また禁裏注文品が継続する。

　本段階で、同志社校地出土資料「道八」筆書き銘の山水土瓶の梅花の意匠と白泥の装飾が左京北辺四坊ⅩⅣ期古段階出土の蓋と共通することも興味深い。

(8) Ⅵ段階の京焼─煎茶具への新境地─

　角谷Ⅳ段階では、京焼陶工の銘をもつ染付磁器が出現する。相当する左京北辺四坊ⅩⅣ期中段階においても染付磁器碗が出土しており、この段階で磁器の出土を確認することができる。京都における磁器生産の実態の解明が待たれる。

煎茶の流行によって、京焼の生産は個体数が減少するものの安定的に継続したことを遺物から
うかがうことができた。煎茶具は在銘であり、陶工名あるいは陶家名を施す京焼古来の伝統がこ
こに継承されていることがわかった。

おわりに

　最後に、京焼の変遷と様相の変容について、ここで禁裏注文品との関係について付記すること
としたい。前に述べたように、禁裏注文の京焼は角谷Ⅰ段階の後半に相当する左京北辺四坊ⅩⅡ
期中段階から出現し、次のⅫ期新段階まで継続する。そして、その後約50年を経て、再びⅩⅢ
期新段階に再度出現し、次のⅩⅣ期古段階まで継続する（第7章第4節）。こうした状況は、角谷
Ⅳ段階以降の様相に対応してあらわれていることに着目したい。角谷Ⅳ段階以降、京焼は大量に
出土する信楽産施釉陶器と異なる展開をみせることが、同志社校地出土の京焼の新編年案ならび
にこれに対応する遺構表「京焼出土遺跡・遺構対応表」にとりあげた消費地遺跡出土の京焼、す
なわち出土遺物としての京焼の各期・各段階の様相とその変遷から検証することができた。

　この、信楽産施釉陶器と異なる展開とは、くりかえしていうならば、京焼には普及品とならな
いものが存在することこそが重要であるという観点である。そして禁裏御用の京焼とは京焼の伝
統的な器形を保ち、古来の錆絵染付技法によって天皇家を象徴する意匠である16弁の菊文の意
匠を存続させるものであった。禁裏御用とは注文品の最高峰ともいうべきものであろう。

　反面、京焼は磁器の生産にのりだし新しい装飾技法を創出し煎茶の流行に対応しつつ新器種を
生み出しながら、陶工名を押印する伝統を継承することを出土遺物から明らかにすることがで
きた。

付記

　表1について、3列の相国寺旧境内遺跡に位置する遺構を多くとりあげることができなかった。
　そこで、本章の執筆中に刊行された発掘調査報告から、京焼が出土したことが報告されている
遺構についてその概要を述べることとする。遺構配置図、遺物実測図等については報告書を参照
していただきたい。

　2009年に実施された同志社大学今出川キャンパス整備に伴う調査（『相国寺旧境内発掘調査報告
書　今出川キャンパス整備に伴う発掘調査第1次～第3次』同志社大学歴史資料館調査研究報告第10
集　同志社大学歴史資料館　2010年）は、以降に予定された本格的な調査前に地下に埋蔵された遺
跡の状況を把握する目的で実施された小規模なものであった。

　第2次調査の2b区で検出したSK3001から、表面が浅黄色を呈する京焼丸碗の底部が出土した。
外面に草木文が描かれ、器壁は薄いと報告されている。清水印銘をもつ肥前京焼風陶器碗と共伴
し、遺構には18世紀前半の土師器皿・染付などの遺物がぎっしりと収められていたと報告され
ている。

　第3次調査の3a区の3層から、高台裏に□内に○囲みの「清」印銘をもつ京焼碗が出土した。
同一の層から出土した焼塩壺、肥前陶磁器の様相から、ほぼ18世紀前半頃の遺物と筆者は考える。

2013 年に刊行された相国寺旧境内・上京遺跡の発掘調査報告書（『相国寺旧境内・上京遺跡発掘調査報告書　同志社大学烏丸キャンパス建設に伴う発掘調査』同志社大学歴史資料館調査研究報告第 12 集　同志社大学歴史資料館　公益財団法人京都市埋蔵文化財研究所編　同志社大学歴史資料館発行 2013 年）は、同志社大学烏丸キャンパス建設にともなうものであった。

　江戸時代の遺構は a 区において溝 666、土坑 601、井戸 500、溝 350 が報告されている。この報告書では京都市埋蔵文化財研究所が報告書で使用している土師器皿の形態変化による時期区分が採用されており、以上の遺構出土の遺物について X 期新段階〜 XI 期新段階の年代観が想定されている。京焼は報告されていない。b 区においては土坑 1334 が報告され「特に土師器皿が多量に集中的に投棄されている。町屋の廃棄土坑と考えられるが膨大な土器量のため、儀礼や宴席にともなう廃棄の可能性もある。土師器皿の時期は京都 XIII 期と考えられ 18 世紀の遺構であろう。」と記されている。この土坑から京・信楽系陶器が出土している。遺物について「土師器皿の形態や京焼系陶器・染付類の形態や装飾から京都 XIII 期に属すると考えられ、18 世紀を中心とした遺物群と推定される。」と述べられている。以上のように土坑 1334 出土遺物は土師器皿以外の共伴資料からも 18 世紀の年代観が与えられたことがわかる。やや器壁が薄い土瓶と鉢以外は信楽産施釉陶器であると筆者は考えている。

　以上の遺構群は本来表 1 に挿入すべきものであるが、京焼が出土していない遺構もふくめ、遺物組成等の研究を筆者がさらに進めたうえで完成させることとしたい。

　なお、2013 年度報告において、同志社大学烏丸キャンパス発掘調査について、京都市埋蔵文化財研究所が報告書で使用している土師器皿の形態変化による時期区分が採用されたことは意義がある。筆者が作成した表 1 が当該地域の遺跡発掘調査の年代観の想定に今後いささかでも寄与することができればと願うものである。

　2015 年 3 月には 2009 年度調査につづく大規模な発掘調査の報告書が刊行された（『相国寺旧境内発掘調査報告書—今出川キャンパス整備に伴う発掘調査第 4 次〜第 6 次』（同志社大学歴史資料館調査研究報告第 13 集　同志社大学歴史資料館　2015 年）。当遺跡出土の京焼について研究を継続することを希望している。

注
(1)　『京の公家屋敷と武家屋敷—同志社女子中・高校静和館地点、校友会新島会館別館地点の発掘調査』同志社埋蔵文化財委員会調査報告 I　1994 年。

終章　近世考古学の発展が京焼研究にもたらしたもの

　第1章では、遺跡から京焼が出土する以前の状況を、寺町旧域遺跡の調査からみた。そして、文献をひもといて茶の湯以前の寺院での喫茶について研究した。さらに、出土天目碗に着目して、南蛮寺、相国寺旧境内遺跡出土の天目碗をとりあげ、近世茶の湯への発展の状況を遺物から推測した。

　茶の歴史において、茶陶がとりあげられる場合、つねに歴史上の人物と作品を対象とし文献と伝世資料によって研究することが中心であった。しかし第1章では、禅宗寺院の儀式としての茶礼のありかたとも異なった、外国人宣教師がみた茶の湯ならびに相国寺における喫茶から茶の湯への展開、寺町での日常の茶について、考古資料から明らかにすることができた。

　京焼について、寛永12年（1635）から寛文8年（1668）まで書かれた鳳林承章の日記である『隔蓂記』には、「京焼」と記されるほかに「粟田口」「八坂」「御室」「楽」「御菩薩」「修学院」「音羽」の窯名が記載されていた。相国寺旧境内遺跡では17世紀前半から半ばという時期に茶の実態をとらえることができなかった。寺町旧域遺跡においても出土した碗の大半は美濃天目碗と唐津碗であり、京焼は出土しなかった。この事実は、当時の寺町においてはわび茶の影響をうけない形で茶が飲まれていたことを示している。

　そして、京都を消費地遺跡としてみた場合に京焼が出土しない遺跡があるということ、これは京焼がその遺跡において消費されなかったことを示すだけではなく、当地で消費されていた京焼が持ち出され後代まで伝世した可能性を考慮せねばならないということである。出土する京焼とは廃棄の段階を経たものであるということをあらためて考えてみれば、これが文献史料の記録と異なることは当然である。また、廃棄された京焼とは持ち出されなかった京焼ということであり、あえていうならば捨て置いてもよかった京焼ということである。ここに、考古学が研究対象とする京焼のありかたをみることができる。

　第2章では、京都市中心部の発掘調査の成果から、京焼の生産の実像について述べた。既往の研究では、近世京都における窯業生産の開始時期とその動向は、文献と作品の印銘の研究に負うところが大であった。しかし考古学による軟質施釉陶器の発見から、高火度焼成による京焼生産以前に窯業生産が開始されていたこと、京都で軟質施釉陶器が生産されていたことが証明された。そして軟質施釉陶器から高火度焼成の京焼への発展の一端も明らかとなった。さらに京都の生産遺跡において、初現期の高火度焼成の製品を見出すことができた。そして、これら考古学の成果が、学際的に利用される場合、考古学者が精度を要求していく姿勢の必要性を認識した。

　京焼の概念を規定する場合において、考古学が京焼を研究対象とする以前の時代から、京焼の中に楽焼をふくめないことが基本となっていたことは研究史に述べたとおりである。消費地遺跡の発掘調査の進展によって、伝世資料である楽焼にほぼ近似した軟らかい胎土をもち低火度で焼成され、白・黒・褐色の釉薬がかかり、緑色等で絵付けされた陶器が数多く出土することが明ら

終章　近世考古学の発展が京焼研究にもたらしたもの

かになり、考古学者はこれを「軟質施釉陶器」と名づけて研究を進めた。ここから考古学においてはおよそ小規模な内窯による低火度焼成の軟質施釉陶器とおそらく登窯導入以降の高火度焼成、つまり本焼による「京焼」という分類がおこなわれるようになった。研究史において京焼の範疇に楽焼をふくめないという慣例、慣習に対して、考古学が「軟質施釉陶器」「京焼」という2分類を明確にしたことは特筆すべき成果である。

　また既往の研究においては楽焼が桃山時代のやきもの、京焼が江戸時代のやきものとみなされたとおり、楽焼が京焼に先行するという考え方が一般化していた。考古学の立場からはとくに京都市域の生産遺跡の発掘調査の進展を背景として、近世京都における窯業生産の開始という観点から研究が進められた。その結果、京都市中においてはまず軟質施釉陶器の生産が始まり、その後元本能寺南町にみたような、注文に応じて茶陶を中心とした多様な意匠の軟質施釉陶器を積極的に、かつまとまった量生産したという様相が明らかになった。これに続く東八幡町では軟質施釉陶器の生産を継続しつつ本焼の京焼をも生産していくという様相を知ることができた。数種の印銘がみられたことから複数の窯場から上絵付の目的で素地を持ち込んだと推定され、これが当地における生産の実態であったといえる。東八幡町は周知の「押小路焼」の伝承地に近接することから、これが文献にみられた「押小路焼」の実態に相応するものであることを述べた。そして、出土した「軟質施釉陶器」「京焼」の年代観から、軟質施釉陶器が京焼に先行するものであることが証明された。著名な楽家代々の作品以外にも軟質施釉陶器が存在したことは、この時代の京都のやきものを研究する場合に今後一つの視点となるものとあらためて提起しておきたい。

　また、京都市内生産遺跡出土の窯業関係遺物に美濃陶器が共伴する。京都のせともの屋町における美濃陶器販売、ならびに京都における軟質施釉陶器と美濃における陶器生産との関連については今後の研究課題としたい。

　中世にあっては五摂家の一つである二條家の当主らが「押小路殿」なる邸宅に居住したことがわかっている。「押小路」を手がかりとして、当地の土地利用の変遷と出土遺物の様相についても研究を進めたい。二條家はのちに屋敷を上京区寺町西入（常盤井殿町遺跡、第8章）に移している。中世の京都から近世の京都へと、二條家を視点とした研究にも着手していきたい。

　第3章第1節において筆者は、考古学者が発見し命名した京焼風陶器について「京焼の丸碗と平碗という器形のみをまね、文様は京焼にはあまりみられない楼閣山水文を採用してこれを鉄絵によって画一的に描き、当時の京都の窯名の「清水」だけをとりあげて製品に押印したもの」と定義した。

　生産遺跡肥前と消費地遺跡京都における出土遺物の比較研究を通して、同志社校地出土の京焼風陶器が鍋島藩窯で生産されたものと判断し、共伴する京焼とともに1680年代頃から18世紀前半頃の京都における、両者の消費の状況をあらわすものと考えた。京焼風陶器の出土点数が京焼を上回ることから、肥前における量産を推定した。しかし粗製の製品が出土しないことから、18世紀初頭までの製品は量産とはいえ抑制のきいたものとした。京都で出土する丸碗の口径が10cm以内であることから、肥前から京都への移入にあたって選択がおこなわれたことを推定した。

　そして京焼風陶器が「清水」印銘のみを採用したことについて、共伴する京焼に「清水」印銘

がみられなかったことから、京焼風陶器出現期の京焼研究をすすめた。『隔蓂記』『三菩提院宮御記抄』をひもといて「清水焼之水建」「清水花入」「清水焼之香箱」の記事を見出し、さらに伝世資料の中で「清水」印をもつ作品は江戸時代初期から中期にかけて京都で制作された「古清水」と総称されている陶器の中にあり、藍と緑、金彩を中心とした色絵の製品が大部分を占めるが、一部錆絵染付の作品がこの中にふくまれていることを述べた。意匠が花文を中心とした優美なものであることから、同志社新島会館地点出土の京焼が古清水の範疇に入るものであると、初出文献「肥前京焼風陶器と京焼」において推論している。

さらに『古今和漢諸道具見知鈔』の「宋胡録」の項に「日本にて清水焼の風に似たる物也」と記され挿絵に山水文がみられること等から、当時の京焼の中に「清水」印銘をもつ錆絵の製品があったことを述べた。この時期には京都市中において京焼の「町売」がおこなわれていることが『森田久右衛門日記』に記されており、このような動向を背景に肥前において京焼風陶器が生産されたと結論した。

京焼の「清水」印銘のみを採用しつつも、京都の窯名を押印している認識が肥前の陶工にはあったものと考えられ、京焼を意識して京焼風陶器を生産したことは明白である。典型的な京焼風陶器の生産は短期間に限定されることから、消費地遺跡において遺物群の年代観を想定する場合に指標となる遺物であると筆者は考えている。

肥前京焼風陶器はもはや考古学者の共通認識となり発掘調査報告書において言及されることも少なくなった。しかし京焼風陶器の存在が出土遺物としての京焼研究の起点となったことをあらためて再認識するとともに、本章の初出段階で提起した問題を現在の研究状況の中で再考していくことの必要性を感じている。

第2節は、京焼風陶器が採用した、楼閣山水文の源流について研究したものである。楼閣山水文は肥前磁器に多くみられ、肥前陶器に初期からみられる鉄による装飾技法で描いたものと考えた。肥前の陶工は、初期の肥前陶器が採用した野草を中心とした植物文ではなく、中国青花をめざして肥前で焼成に成功した肥前磁器の文様である山水文を採ったのである。山水と傍らの小建物は中国青花の古染付で好まれた意匠であった。筆致は乱雑でのびのびと自由であり、これは初期の肥前陶器と明末の中国青花の双方にみられる特徴であった。京焼風陶器の文様はまさに減筆で描かれており、これが京焼風陶器の量産を可能にした一因でもあったと結論した。

第4章では、出土遺物の中から、京都で生産された陶器すなわち京焼を分別し京焼と同定する基準について①色調、②胎土、③器厚、④器形、⑤装飾、⑥意匠、⑦文様の7要素をあげ、具体的に①淡黄色あるいは灰青色、②淡黄色・淡茶色・淡灰色で精良、③2.5mm内外の薄づくり、④丸碗と平碗が大部分をしめ、これに変化のある器形が加わる、⑤錆絵染付、⑥主に草花（植物）、⑦繊細な絵付け、とした。そして当該要素を提示できる消費地遺跡出土遺物について「京焼」と考え「京焼」と呼ぶことにした。

同志社校地の8地点出土の京焼について共伴資料等から年代観を想定したうえで上記7要素について検討し、③の器厚が薄いものから厚いものへと変わり、④の器形では杉形碗、火入、半筒形碗、筒形碗、蓋類があらわれ、⑤の装飾技法では色絵が出現しさらに錆絵のみや白泥による装

213

飾がおこなわれ、⑥の意匠では無文の製品が出現してくる、⑦の筆致では鉄によって塗りつぶしたり、一筆で大まかな描き方となる、といった時期差による変化をとげていることを明らかにした。

なお、筆者がはじめにとりあげた同志社新島会館地点においては色絵の製品が破片のみしか確認できず、⑤の装飾について錆絵染付を当初の指標としていた。本書の第6章でとりあげた左京北辺四坊公家町遺跡ではⅪ期新段階に錆絵染付碗があり、続くⅫ期古段階において色絵と錆絵染付が共伴しており錆絵染付が先行して出現する。第7章でとりあげた常盤井殿町遺跡ではⅠ期新段階で色絵と錆絵染付が同段階で確認された。以上のことから基準⑤の装飾技法について、錆絵染付主体と改めることとする。この成果を基礎として、同志社校地出土の京焼の年代的考察の詳細な成果を本書第9章において論じた。

ところで、以上のように京焼について時期差による変遷を研究する場合、消費地遺跡における京焼と信楽産施釉陶器との識別という問題が生じてくる。左京北辺四坊公家町報告書では観察表を掲載した遺構において生産地を京・信楽系と信楽に分別していた[1]。ここであらためて本章につづいて執筆した第4章の成果をも提示して筆者の見解をまとめたい。

京焼については第4章で提起した7要素を基準とする。そして生産地を京都か信楽か断定しにくい遺物が増加する状況において、なお京焼の要素を多く提示できる遺物を「京焼系陶器」、信楽の生産遺跡出土遺物と共通する要素を多く指摘できる遺物について「京都・信楽系陶器」と呼ぶことは発掘調査報告においては許容されることと考えた。

第5章は、近世京都出土の京焼と信楽焼について、京都市域の27地点出土の信楽産施釉陶器について研究したものである。京都市域の遺跡においては、ほぼ18世紀中頃から信楽で生産されたと考えられる灯明皿、鍋蓋が出現する。この時期から信楽産施釉陶器が京都に流通したものと考えられる。遺物をみるとこの時期には同一の器種の中に京都で生産されたものがあり、両者が並行して消費されたと結論した灯明皿、鍋類等の器種はこの時期までの京焼にはなく、筆者が京焼と判断する基準からはずれており、京焼の器種拡大とみなされものである。あくまでも器種が限定されているのであるから、当該器種を観察することによって京焼との分別は可能である。信楽産施釉陶器の鍋・土瓶・段重・灯明皿は胎土が緻密でやや硬く焼きあげられ、各器種に規格性がみとめられた。

京焼において、一時的に灯明皿、鍋類等の普及品の生産を試みるものの量産に移行せず、信楽産施釉陶器にこれを委ねるという様相を明確にすることができた。京焼と信楽産施釉陶器は分別が可能であると結論したい。

さて、この京焼と信楽焼という問題について、江戸遺跡では「京都とその普及品の産地である信楽を区別する必要性の有無から議論しなくてはいけない」「江戸時代後期の京都および信楽を含めた周辺地域を京焼生産を行う大きな一窯業地ととらえ」る考え方が主流であった[2]。このように江戸遺跡にあっては普及品もしくは量産という概念が前提にあり、そこから時代を遡るかたちで遺跡出土の京焼を研究するという姿勢がみられていることに、あらためて着目したい。

この姿勢は長佐古真也による量産陶器碗の分類と変遷研究に反映する[3]。ここでは先に量産器種を抽出、これを数種に分類、量産以前に遡って型式を想定、変遷をたどるという方法がとられ

ている。これは京都市域出土の京焼研究において採られなかった方法である。

　筆者は、出土遺物としての京焼について、そもそも量産陶器碗であるという考え方をしていない。これは、筆者の研究の原点が京都出土の肥前京焼風陶器であったからである。ここで京焼風陶器については量産されたものと考えたが、共伴する京焼についてはそのように判断しなかった。さらに同志社校地8地点においても京都を生産地とする京焼の出土量は少ないという認識があった。研究開始当初より「京焼」という名称からこれに伝世資料があり文献に記録されているという理解はあった。しかし厳密に考古学的に研究をすすめることができるよう、筆者は京焼風陶器を研究の中心に据え、この共伴資料として京焼を研究するという方法を選択したのであった。

　本書の各章は、考古資料による遺跡・遺構・遺物研究を基本としたものである。これが近世という時代、京都という都市をその背景としていることから、文献・伝世資料を用いた研究を同時におこなっている。これは筆者が考古学の成果を文化史学に敷衍する目的でおこなったものである。かつて長佐古真也は「美術史・文献史学などの分野で、先学の蓄積の多い京焼を対象とした考古学研究は、はじめから与えられた枠のなかに考古資料を落とし込む作業から始まったため、本来の考古学的方法による整理と理解がやや疎かになった嫌いがある。」[4]と述べた。繰り返しになるが、筆者の研究の原点はあくまでも考古資料である京焼風陶器であった。そこから共伴する京焼研究に進み、文献をひもとき、伝世資料との比較もおこなってきた。長佐古のいう「与えられた枠」を筆者は意識せずに研究をすすめてきたということである。反対に、近年の京焼研究の動向をみれば、発掘調査によって導かれた考古学的な研究成果、中でもとくに年代観を用いて出土遺物と伝世資料の断片的な比較をおこなう、すなわち長佐古の言葉をかりれば「考古資料を落とし込む」ことがおこなわれた感が否めない。このような動向に対して、筆者をふくめて近世考古学を研究しようとする者が無力であったと痛感する。

　さて、江戸遺跡出土の京焼に話をもどせば、大消費地である江戸遺跡の出土資料研究からは、京焼の普及品を信楽周辺の窯で生産するという視点が重視されている。しかし第4章で述べたように、京都市上京区に位置する同志社校地においては京焼の年代的な変化を把握することができ、とくに18世紀代頃の出土遺物では信楽の製品との区別が可能であることから、あえて筆者は「京焼」と「信楽産施釉陶器」の両者を区別して認識することを研究の基礎としたものである。この観点から、京焼が普及品となる段階でも京都で焼成されたと考えられる技法と特徴をもったものが少数ながら存続する事実を重視し、かつ京焼において普及品とならないものが存在すること、普及品については普及品となる過程こそが重要であると結論したものである。

　第6章は、左京北辺四坊（公家町遺跡）出土の京焼について「基準資料」と「主要遺構」を中心とした年代観を比較し、XI期古段階からXIV期中段階まで、ほぼ段階ごとに順序だてて論じたものである。一遺跡出土の京焼ならびに高火度焼成による本焼以前に京都で生産された軟質施釉陶器の消費の状況を、四期11段階にわたって編年できたことは（第6章表2）、出土遺物としての京焼研究を大いに進展させるものと確信している。基準資料の年代観がこれまでの京都市埋蔵文化財研究所の研究の歴史にもとづいた土師器皿の形態変化を基礎としていること、主要遺構出

215

終章　近世考古学の発展が京焼研究にもたらしたもの

土京焼の変遷研究の基礎もまた土師器皿の形態変化であったことから、採用された遺構と実年代において微調整が必要ではあったものの、当該遺跡における京焼の年代的変遷を明らかにすることができたと考えている。ここで京焼の変遷のみについてあらためて述べる。

XI期新段階から銹絵染付平碗が出土、同時期の遺構から銹絵鉢・平碗が出土した。

続くXII期古段階から色絵が出現し銹絵染付が色絵に先行することを確認した。器形は平碗・鉢が早い。この古段階から色絵と銹絵染付が同時にみられ一部に金彩がある。壺・筒形容器・合子等器種が増加し、中段階で丸碗・平碗の口径に大小、口径に対し高台径が小さい丸碗があらわれる。これに付随して精緻と類型化に文様が2分する。描法は盛り上げ、塗りつぶすほか、後葉において太い筆致で鉄のみで描く、白泥が出現し平碗の文様が内側部寄り、もしくは全面に配置するものに2分された。以上のことからこの段階の京焼においては一時的に量産を企図したと推察した。新段階に相当する遺構は想定されていない。

この段階までの京焼の特徴は、第4章で基準とした7要素とその時期差に対応するものであると考える。印銘は「音次」が初出した後「清」「清閑寺」「藤」「仁清」「御菩薩」「岩倉」「寶」「清水」が登場し、次の段階で「音羽」が出現し多数を占めた。

XIII期古段階から京・信楽系陶器と報告される遺物群が出現する。器形に半筒形碗と蓋物身がみられる。半筒形碗の出現は基準とした要素の変遷にあげたものである（第4章）。第4章において京焼そのものについては17世紀以前、第5章において京焼と19世紀以降の信楽産施釉陶器の分別は容易としたが、この間の18世紀がまさに当遺跡の報告書が採用する「京・信楽系陶器」、そして江戸遺跡が採用する「京都・信楽系陶器」の時代であるということができる。第6章「左京北辺四坊（公家町遺跡）京焼出土遺構対照表」をみると、実年代の想定は1720～1730年代となっており、第5章の最後に指摘した年代観に合致していることが注目される。京焼と判断した遺物は精緻な草花文や伝統的な意匠をもつことが特徴であり、さらにこの段階以降、京焼を識別する場合は印銘が手掛かりとなり「寶山」「乾山」銘をもつものを京焼とみなした。中段階においても調整良好で文様精巧かつ意匠に工夫を凝らし、「岩倉山」「洛東山」「錦光山」銘をもつ。この段階から京焼には山号が押印される。新段階では調整良好で文様精巧かつ意匠に工夫を凝らす京焼が継続して出土し、印銘に「錦光山」「音羽」「明山」がある。この段階から京焼に新しい装飾技法として白化粧染付、白化粧緑彩・褐彩が施される。

XIV期古段階においては軟質施釉陶器が再度出現し絞胎が出土する。前段階の京焼にみられた新装飾技法が継続し、印銘に「霞晴山」「錦光山」「岩倉山」「寶山」「乾」があった。「道八」銘染付煎茶碗が出土している。煎茶の流行が京焼の器種拡大につながったものである。中段階では染付碗に「福」「道八」銘があり、煎茶具が継続する。「平安陶工恭二製」「喜久」「与三」等、窯名や山号でなく陶工の個人名へと印銘が変化する。

以上の変遷をたどれば、18世紀代のいわゆる「京・信楽系陶器」「京都・信楽系陶器」と呼称される時期、今これをすなわち京都から信楽へ量産器種の生産が移行する時期と考えるが、この時期を経て京焼は装飾技法と印銘において新たな展開をみせ、器形では煎茶具に伝統を結実させるという様相を出土遺物から明らかにすることができたと考える。出土遺物がものがたる京焼とは、日々の生活で使用される器を中心とするものであった。第4章において京焼には原則として

普及品が存在しないこと、量産を目的としないことを述べ、普及品の量産は信楽産施釉陶器が担っていくことを明らかにしたが、この問題提起について第6章の公家町遺跡における京焼の出土状況とその編年においても証明することができた。第4章では京焼が普及品となる過程の研究が課題であるとの問題も提起したが、XII期古段階において一時量産を企図あるいは量産に対処可能な器種や簡素な装飾技法等を使用するものの、XIII期中段階後葉を中心とする18世紀代に信楽産施釉陶器に移行、両者の識別は器種ごとに基準となる各要素を研究することで容易と考えた。

　第7章は、禁裏御用の京焼について京都左京北辺四坊（公家町遺跡）出土資料について検討したものである。禁裏御用の京焼はXI期中段階から出現し、XIII期古段階と中段階には出土せずXII期新段階で再度あらわれる。「左京北辺四坊（公家町遺跡）京焼出土遺構対照表」（第6章表2）を参照していただく。

　第7章では禁裏御用の京焼が出土する遺構について時期別に前期・中期・後期に3分して論じたが、第6章との対照研究のためあらためて段階にしたがって出土遺構順に並べると、XII期中段階では主要遺構である整地G3752、土坑G1716ほか1遺構をとりあげることができた。また表1について前章においては新段階に相当する遺構は想定されていないと述べたが、禁裏御用の京焼が出土した遺構として当段階の主要遺構である土坑G1133、井戸F950、土坑B674をあげることができた。そこで再度このXII期新段階の京焼の様相について述べることとしたい。

　主要遺構である土坑G1133では器形は丸碗、蓋、筒形容器であり装飾は鉄釉、錆絵染付、色絵、金彩であった。意匠は花文が残存し笹葉が幅広く描かれていた。前段階の様相が継続していることが知られる。井戸F950からは禁裏御用品と同口径・器高・高台径の平碗と口径の大きい平碗、口縁がすぼまる丸碗で、笹、打出小槌、菊花、根付松が錆絵染付で描かれ、一部にやや太線の描法がみられた。土坑B674では丸碗・平碗の口径に大小あり、植物を錆絵染付で精緻に描くもの、鉄による幅広い筆致で簡素な文様を描くものに2分された。この遺構からは京焼の土瓶が出土していることが注意される。注口曲線の土瓶は続くXIII期古段階で出現したことを第5章において述べたが、これより先XII期新段階から出現していることを確認することができた。

　以上、禁裏御用の京焼出土遺構としてとりあげた3遺構出土の京焼の様相は、前段階から継続かつ次段階に続くものであることが明らかとなった。

　筆者は禁裏御用の京焼を「信楽における施釉陶器生産の影響を受けることなく京焼の伝統的な器形を保ち、また古来の錆絵染付技法によって天皇家を象徴する意匠である16弁の菊文の装飾を継続するものである」と結論した。これは「京焼が普及品となる段階でも京都で焼成されたと考えられる技法と特徴をもったものが少数ながら存続する事実を重視したく」（第4章）と述べたことに一致し、禁裏御用の京焼は「京焼において普及品とならないものが存在する」（第4章）ことの証左となる遺物であったと結論することができる。これはまさに、普及品が存在せず量産を目的としない、京焼の典型的な姿であったといえよう。

　第8章は、京都市上京区に位置する常盤井殿町遺跡において同志社女子大学体育施設建設にともなう調査が実施されたことから、当調査によって出土した京焼について述べるとともに、当遺

終章　近世考古学の発展が京焼研究にもたらしたもの

跡の既往の調査で出土した京焼についても研究したものである。その過程において、既報の一括
遺物について再調査が実現し、ここで新たに見出した京焼についても言及した。

　体育施設地点の調査において京焼が出現するのはⅠ期新段階から、信楽産施釉陶器が出土する
のがⅡ期新段階からであることが判明した（第8章表1）。また既往の調査成果を再検討し、これ
を、土師器皿の年代観にもとづいてⅠ期新段階を中心に、京焼出土以前、以降とした。既往の調
査で出土した京焼の状況をあわせ、あらためてその変遷をたどると、Ⅰ期新段階では丸碗、向付
で色絵と銹絵染付が確認され、肥前京焼風陶器と共伴する。Ⅱ期では古段階に丸碗、平碗と鬢水入、
銹絵染付と色絵の装飾が継続する。鍋島藩窯で生産された肥前京焼風陶器と共伴する。黄褐色鬢
水入をこの時期の軟質施釉陶器とする考えがある[5]。中段階では半筒形碗と蓋があらわれ器厚が
厚くなり、白泥による装飾や鉄で塗りつぶす装飾が始まり筆致に繊細さがなくなる。新段階では
丸碗が継続するが前段階と比較して平碗が減少し、前段階で出現した半筒形碗に器厚が薄いもの
と厚いものの2種がみとめられ、半球形丸碗が出現した。注口曲線の土瓶が出現している。銹絵、
金彩、色絵、前段階で出現した白泥による装飾が継続し草花文を描く。同段階であるが遺物組成
がやや遅れると考えられる遺構においては信楽産施釉陶器が出土する。信楽産の半球形丸碗と若
松文碗が共伴関係をみせて多種の蓋が出土した。京焼の装飾では白化粧染付が出現している。Ⅲ
期では古段階で信楽産施釉陶器が大量に出土、新段階で墨書をもつ無文の平碗が出土していた。

　以上のように常盤井殿町遺跡においてはⅠ期新段階で丸碗、向付、火入、Ⅱ期古段階で平碗、
鬢水入、中段階で半筒形碗があらわれ、装飾では色絵・金彩と銹絵・銹絵染付が同時にあらわれ、
白泥、白化粧染付へと展開することがわかった。Ⅱ期新段階から信楽産施釉陶器が出土するが、
この段階の初期にあっては京焼の胎土に近似した遺物がみられた。

　第4章に掲げた編年案においては半球形の丸碗が相当量出土する遺構がなく、段階設定の基準
とすることができなかったが、体育施設地点の2遺構でこれを確認するとともに、半球形丸碗と
若松文碗の共伴関係、胎土と焼成が京焼に近似した遺物を検出することができ、これがまさに京
都・信楽系陶器あるいは京・信楽系陶器、略して京・信などと報告される遺物であることを確認
した。

　そして本章で遺構出土の遺物の中に後代の遺物が混入した可能性を指摘した。一括遺物群の研
究では、発掘現場においては遺構の基本層序と切り合い関係の精査、遺物研究にあっては生産
地・消費地双方の研究成果を常に念頭におき精密な研究をおこなっていく必要性を痛感したもの
である。

　第9章は、第1章から第8章までのすべての章の研究結果をふまえ、上京地域を中心とした京
焼出土遺跡を総括し、各遺構・遺跡の対照研究をおこなったものである。

　執筆の契機は、第8章の常盤井殿町遺跡体育施設建設にともなう発掘調査報告書において一括
資料中の土師器皿による遺構編年表が提示されたことに始まる（第8章表1）。この編年表は報告
書全体の遺構の年代観の想定について結果として寄与するものではなかったが、筆者が注目した
のは、左京北辺四坊（公家町）の報告書において発表された土師器皿の年代観との対応関係である。
この対応関係を基礎に、第3章と第5章の成果をもとに第7章の成果をも勘案する、すなわち各

218

章でとりあげた寺町旧域遺跡、相国寺旧境内遺跡、常盤井殿町遺跡、上京遺跡、左京北辺四坊（公家町遺跡）の各遺跡出土の京焼の状況を全体的に把握しその変遷をたどることができると考えたのである。

　第1節では第4章で設定したⅠ段階の前に0段階を置いた。表1左端の編年案について、各遺跡の段階がすべてローマ数字で表記されていたことから、混乱を避けるため便宜上筆者の姓を冠し、かつ仮称角谷編年としたことをご容赦願いたい。

　ここで再度京焼出土状況の年代的変遷をたどれば、角谷0段階以前に高火度焼成鉄釉碗が出現、出土遺物にあってはこの鉄釉碗のみが1650年代後半以前の京焼の様相を考古学の立場から示す現在のところ唯一の資料であることを述べた。かつこの鉄釉碗を生産地で確認した。

　つぎの角谷0段階から丸碗・平碗・鉢・向付・火入・容器等の京焼の器形が出そろう。筆者は京焼を識別する7要素において器形については丸碗・平碗・変形皿を基本とした上、当該遺跡報告書で京焼の器形についてどのような呼称が選択されているのかをも検討し本書で使用する用語を決定したものである。装飾技法について、当段階では銹絵が多く、ついで銹絵染付がみられ色絵が出現した。装飾技法を表現するための用語は、伝世研究における作品目録等で使用されるものを基本的にそのまま使用している。また印銘については「音次」が初出であるが印銘のないものが多数をしめる。以上のように当段階から京焼が出現するが、寺町旧域遺跡では瀬戸美濃産の天目碗が大量に出土するのみで同時期の京焼は出土していない。寺町の京焼の消費のありかたを示す事実を明らかにすることができた。

　つづく角谷Ⅰ段階では先に述べた寺町旧域遺跡をふくむすべての遺跡において京焼が出土する事実を確認した。器形では丸碗・平碗・向付が継続した。向付という呼称は茶の湯において使用される。第2章でとりあげた生産遺跡の報告書において調査担当者の平尾政幸が軟質施釉陶器の器形を分類した中で台付き鉢類を「向付？」と記したが[6]、近年軟質施釉陶器と美濃陶器について向付としており[7]、筆者もこの呼称を踏襲したものである。

　またこの段階から、この向付と判断した器形よりも器高が低い、筆者が変形皿と名付けたものがあらわれる。土瓶と黄色鬟水入が初出した。装飾は銹絵染付と色絵で、文様は草花文が主体で1個体に宝尽文があった。印銘は「清閑寺」「和」であった。左京北辺四坊ⅩⅡ期古段階では器形は丸碗・平碗・筒形容器・合子蓋で、装飾技法では角谷0段階に遅れて当段階から色絵が出現した。印銘は「清」「清閑寺」「御菩薩」「藤」「寶」「仁清」「岩倉」であった。このように角谷Ⅰ段階と左京北辺四坊ⅩⅡ期古段階の様相はほぼ一致していることが明らかとなった。相違点は角谷Ⅰ段階の寺町旧域遺跡では色絵破片を確認できるのみであったが、公家町遺跡では完成度の高い色絵が出土している事実で、これが寺町と公家町の京焼の消費のありかたが異なることを示すものと考えた。ついで角谷Ⅰ段階後半に相当する左京北辺四坊ⅩⅡ期中段階で様相が一変し、京都産の鍋と灯明皿が出現、器形が多様となり印銘に「音羽」が入る様相の中で、文様の筆致が古い段階の精緻な描法を継続するものと類型化するものに2分され、盛り上げ・塗りつぶす・白泥・鉄による太い筆の新描法が確認される。また上記の二傾向に相反して当段階から禁裏御用の京焼が出現したことは特筆に値する。

　角谷Ⅱ段階では器形に杉形碗があらわれ、これを後代の信楽産小杉形碗の原型とみなした。前

終章　近世考古学の発展が京焼研究にもたらしたもの

段階の京焼と比較して器壁がやや肥厚するものの装飾は銹絵染付、色絵ともに精巧な筆致が継続する。左京北辺四坊XII期新段階では注口曲線の土瓶が出現し、繊細な草花文と太筆が併存したことが角谷II段階と共通する。また禁裏注文品が継続して出土しており、前段階後半における様相の変容が継続していることがわかった。

　角谷III段階では常盤井殿町遺跡の状況をとりあげた。前段階の京焼よりもさらに肥厚し調整が粗い丸碗・半筒形碗、そして半球形丸碗・灯明皿等、次段階以降信楽で生産されるものの原型と考えられる器種が出現した。また胎土・調整・焼成において京焼と判断できるもの、京焼と近似するものを分別・抽出することが可能であった。当段階の前半に相当する左京北辺四坊XIII期古段階では報告書に「京・信楽系陶器」の語が初出しており、このような、京都で生産されたか信楽で生産されたか判断できないものに「京焼」が混在する様相こそが角谷III段階の特徴であると結論することができた。さらにこの様相は当段階の後半に相当する左京北辺四坊XIII期中段階においても継続しており、信楽産の灯火具、墨書をもつ器種に「岩倉」「洛東山」「錦光山」銘をもつ京焼が共伴していた。

　角谷IV段階では、相当する左京北辺四坊XIII期新段階と同様に信楽産施釉陶器が大量に出土する状況がみられる。この段階で京焼を識別する方法として、既に筆者が提示した7要素と印銘を基本とした。前段階で出現した「錦光山」銘が継続している。京焼の装飾において白化粧染付、白化粧に緑彩・褐彩・青絵という新技法が出現したことが注目される。また前段階で中断した禁裏注文の京焼が再度出現する。

　角谷V段階では前段階の様相が継続する。京焼の印銘は「霞晴山」「錦光山」「岩倉山」であり、山号[8]を使用していることが特徴であった。

　角谷VI段階では京焼陶工の銘をもった染付磁器が出現する。相当する左京北辺四坊XIV期中段階においても染付磁器碗が出土しており、当段階から京都で生産された磁器が出現することが明らかとなった。これらは小型の碗で煎茶に使用されたものである。煎茶の流行を背景に京焼の生産は安定的に継続したことを出土遺物から確認した。また煎茶具は在銘であり、陶工名・陶家名を施す京焼の伝統を継承したことが知られた。

　さて、考古学の方法によって京焼の変遷をたどり年代的考察をおこなう立場からは、以上の内容について変遷図の提示が必要と考えられる。

　今回は表2に出土遺構に対応する実測図を挿入するにとどまった。序章で述べたように、本書でとりあつかう京焼が基本的に筆者が実見、実測、観察可能であったものを基礎としていること、そして京焼というものが研究開始当初の筆者の予想をはるかにしのぐほど多様・多彩であり、かつ筆者が京焼について量産されないという事実を出土遺物から結論したように、代表的器種の抽出が困難をきわめたことがその原因である。これはまた京焼という遺物がもつ一面をよく示したものといえるであろう。また第6章で述べたように公家町遺跡においても京焼出土遺構の年代観は統一されていない。今後この課題に答えるため近年報告の京焼について遺物研究、編年研究を進め、変遷図の作成を実現し、かつ資料のデータ化を進めていく所存である。先に江戸遺跡を中心に活躍する研究者の見解を引用したが、江戸遺跡をはじめとする、他の遺跡出土の京焼の変遷ならびに年代的研究の成果との比較・対照研究が筆者に与えられた課題であり使命であると思わ

220

れる。

　さらに、序章から本章までを読みとおせば、さらにもう一つの課題が浮上する。それは、研究史においてとりあげた、考古学者らが出土遺物の一つとしての京焼を評価した用語に凝縮している。

　松藤和人は京焼を「これらは洗練されたロクロ技術、独特なモチーフ、華麗な絵付けにより他と峻別される。」（序章）と述べた。「モチーフ」とは、芸術作品の表現の動機、きっかけを意味する語であった。また永田信一は京焼の消費について「京都の幅広い需要層の存在があった。そこで育まれた陶磁器に対する知識や造形感覚が下地となって京焼は開花したのである。」と述べ、ここで「造形感覚」の語を用いた。このように考古学の先学は、考古資料すなわち出土遺物としての京焼をみたのみならず、すぐれた発想力によって同時に伝世資料、すなわち芸術作品としての京焼の姿をも垣間みていたのではないだろうか。これはまさしく慧眼というべきであろう。

　そこで、以上の成果を契機として、今後は本格的に両者の比較研究・対照研究を課題としていきたい。具体的には、考古学的な方法による京焼研究によって明らかとなった編年すなわち年代的考察の成果を活用するということである。序章において「古清水」の概念の成立について伝世資料の研究史を中心に述べた。その年代は17世紀頃から18世紀中頃までと幅をもつものであった。筆者は研究の基礎とした新島会館地点出土の京焼について当初から「古清水」との対照研究をおこなっており、ここに考古学的な年代観を採用すれば、従来「古清水」とされてきた作品群により明確に年代を付与することが可能となる。この研究法はすでに岡佳子によって試みられた[9]。

　岡は文献を使用して窯元の活動を詳細に研究し、出土遺物を市場の動向としてとらえた。そして「京焼色絵の展開—いわゆる「古清水」をめぐって—」なる章を立て、最初に「出土資料にみる窯業生産の展開」と題して17世紀後期〜18世紀までの京焼諸窯の動向を述べた上で、京都市左京北辺四坊の発掘調査で出土した京焼について「短期で廃棄される土師皿による年代推定が妥当」との考えから尾野善弘の年代観にもとづいて論じるとともに、及川登・鈴木裕子による江戸遺跡出土の京焼の年代観を援用しながら「17世紀後期の京焼色絵」と題して遺物と伝世資料の中から、同一の印銘「藤」「清」をもつものを比較する。そして「清水」印銘について岡いわく「伝世品と出土品」の比較に文献の記録を付加する。「御菩薩」「御菩薩池」印銘についても左京北辺四坊出土遺物に『隔蓂記』『森田久衛門江戸日記』を引用、結果、「出土京焼と伝世品の印を照合させた結果、数点の色絵作品が17世紀後期までさかのぼることが明らかとなった。」と結論した。続けて「音羽」印と「岩倉」印について同様の方法によって「印をもとに伝世品と出土品を対照させ、そこに文献史料を加えると、17世紀における、押小路焼を中核とした音羽焼・岩倉焼・清水焼の結合が浮かび上がってきた。」と結論した。次節では「典型的な古清水色絵」といわれる作品群について「18世紀の遺構出土の京焼から印が減少し、大半が無印になるという事実に注目するならば、無印の典型的な古清水色絵の製作時期も18世紀前期とみることができる。」とみなして、箱書、作品、出土遺物、文献を使用して「その完成期は1720年代とみて誤りはないだろう。」と結論した。考古学の成果の一つとしてもたらされた年代観は、作品研究では明確にできなかった古清水に年代を付与し窯元の作風の研究に示唆を与えたものである。しかし古清水の範疇に入るものには印銘をもつものが少ないのであるから、印銘との対照だけでは研究そのも

のが縮小され断片的なものとなることは否定できないであろう。

　岡の研究はまさに文献、伝世資料、出土遺物のすべてを駆使した見事な成果である。しかし、先にとりあげた考古学者長佐古真也の言葉をかりれば「美術史・文献史学などの分野で、先学の蓄積の多い京焼を対象とした考古学研究は、はじめから与えられた枠のなかに考古資料を落とし込む作業から始まったため、本来の考古学的方法による整理と理解がやや疎かになった嫌いがある。」における「考古資料を落とし込む」研究方法にたよったものという側面もあるのではないか。

　長佐古の言葉は、考古学者に対して発せられたものであり、考古学者が文献や伝世資料を援用して考古学的に遺構・遺物研究をすすめる場合においても、例えば文献を落とし込む等のあつかいをしてしまう場合もあると思われる。

　ここで筆者は、京焼研究において、以上の研究法・研究成果・研究姿勢等々をすべてふまえた上で、なお、考古学的な方法による京焼研究によって明らかとなった編年すなわち年代的考察の成果を活用し、かつ基準作例にもとづいた美術史学の方法にも学びつつ、真の意味での比較・対照研究を実現し、この問題に厳密に解答していきたい。そして、ひいてはこの成果をもって作品研究、作家研究の活用にも寄与したいというのが筆者の希望である。ちなみに、肥前京焼風陶器にあっても近年伝世資料が発見されている（第3章）。伝世資料と出土資料が存在し考古資料の年代観が明確であることから、同様の研究方法を採用することが可能と考える。この分野の研究も継続したい。

　また先に京焼を消費した「幅広い需要層」について述べたが、ここには京焼を消費する階層の問題が生じている。発掘調査で出土する遺物の一つである京焼は、他の出土遺物と同じく廃棄されたものである。本章で第1章の内容をまとめた中で考古学が研究対象とする京焼のありかたとして「廃棄された京焼とは持ち出されなかった京焼」というみかたを提示した。これが伝世資料との大きな相違である。無論、災害等で持ち出すことが不可能であった場合を考慮するとしても、考古学の立場から京焼を研究する方法を京焼研究全体に援用する観点からみれば、当然「廃棄の段階を経た京焼」「廃棄の段階を経なかった京焼」の2分が成立することとなる。

　本書のとくに第3章、第4章、第6章で述べた出土京焼の様相と伝世資料には差異があった。これが第4章でとりあげた普及品なる概念に展開する重要な要素となる考え方である。伝世資料すなわち作品の頂点には国宝・重要文化財が存在する。しかし出土する京焼は日常の供膳具が多数を占めていた。ここに先述の京焼を消費する「幅広い需要層」に、階層が存在したことがみてとれる。さらにこの階層の問題は、京焼の生産にも関係する。禁裏・幕府・大名・大寺院等からの注文をうけて生産される京焼と、不特定多数の消費を目的として町売等に対応するものとして生産された京焼である。これは、先述の「持ち出されなかった京焼」につながる考え方である。

　注文された京焼は「廃棄の段階を経なかった京焼」として伝世し作品として存在しつづけ、一般人が購入した京焼は「廃棄の段階を経た京焼」として発掘調査で出土する遺物の一部を構成するということである。

　さて、このように生産と消費の双方における階層性について考えるとき、つぎの問題が提起されよう。それは、両者の価値の問題である。芸術作品として伝世した京焼は価値が高く、考古学的な発掘調査で出土した京焼は価値が低いのであろうか、それは違うと筆者は考えている。

出土遺物である京焼は、従来の京焼研究に年代観を与えたのみでなく、陶磁器研究にこれまで全く知られていなかった新資料を提示することとなった。これが第1章にみた寺院址から出土する天目碗の様相と文献との相違であり、第2章に述べた京都市中心部での窯業生産の実態と軟質施釉陶器の発見、あえて換言するならば楽家のものでない楽焼と織部らしくない織部を提示したという事実であり、第3章でとりあげた肥前京焼風陶器の発見と京焼の関係であり、第5章にみた信楽産施釉陶器と京焼の関係であり、第4章、第6章にみた京焼の多様性とその変遷であった。第6章にとりあげた平安京北辺四坊出土の京焼については、伝世資料に近い要素を多くもつ京焼が確認され、公家町という遺跡の性格をよくあらわした消費動向をみせる。第7章では禁裏注文の京焼の消費を考古学的に研究し、第8章では遺跡出土の土師器皿の形態変化にもとづく年代観による京焼の変遷を再確認した。そしてこれらの研究成果を京都上京に位置する遺跡を中心に第9章にまとめた。

　以上のように、近世考古学の発展が京焼研究、陶磁器研究にもたらした成果はじつに大きかったのである。

　付篇Iは、第1章から第9章までに述べてきた、生産遺跡出土ならびに近世上京地域を中心とする遺跡出土の京焼に関する研究に付す内容として、京焼がもつ「ブランド」すなわち「商標」の力に着目し、遺跡出土の京都「小町紅」銘紅容器について研究したものである。

　まず元禄期17世紀末の史料には「小町紅」はみられず、天保期19世紀前半の京の紅を代表する商標として記録が頻出することを明らかにした。幕末期19世紀半ば過ぎにはあつかう店の数が少なくなる。19世紀初めの絵画資料には女性が店の前で紅を刷いて売る様子が描かれていた。店の表に小碗と浅皿が描かれ、内面に紅を刷いたものと空のものがあった。また数枚をまとめた皿状のものが束にして置かれていた。

　「小町紅」の流通について、「紅皿」「紅容器」と報告される遺物の出土状況を研究した。京都出土の当該遺物の生産地がすべて肥前もしくは肥前系と記されていたことから、肥前における呼称を採用して皿形を「紅皿」小碗形を「紅猪口」と呼ぶこととした。京都においては18世紀半ば頃に白磁紅皿と色絵紅猪口、18世紀末頃に赤絵の紅猪口が出現した。初め商標は「京都本家小町紅」であり、江戸時代後期に「小町紅／京都四条／遍に平」と書くものが出土し19世紀代まで継続した。

　江戸遺跡では18世紀第4四半期から出現し、外面に俳句を書くものと「小町紅」の一部が読みとれるものがある。19世紀第1四半期では「遍に平」以外に「たかき」「いせ五」の屋号を確認することができた。和歌を書くものもみられた。また同じ「遍に平」の商標をもつ端反形の碗がみられた。19世紀第2四半期では前代の傾向が継続するとともに「新町本家お笹紅」の商標をもつものがあり、小町紅以外の紅が江戸遺跡に流通していたことが知られる。さらに19世紀第4四半期には「大坂心斎ばし筋」と書かれる紅猪口もみられた。そして小田原城出土遺物から「商標／京都／四條／小町紅／紅平」と記された紅猪口が出土していることから「小町紅」商標が20世紀まで販売されていたことを明らかにした。

　京都以外の関西地方では大坂城周辺から「小町紅」と推定される文字を描く紅猪口と「大坂新

町笹紅屋」の商標がみられた。兵庫津遺跡からは「兵庫通上」と推定される文字を描く紅猪口が出土している。明石城城下町でも「大坂新町お笹紅」、滋賀県では肥田城遺跡から「の吉」「小町紅」、彦根藩家老屋敷から「小町紅」と描く紅猪口が出土した。

　以上のことから「紅皿」と「紅猪口」が遺跡で共伴すること、「小町紅」商標が書かれることで紅容器としての用途が特定できることを明らかにした。

　消費について、京都と関西周辺では公家屋敷・武家屋敷・城下町から、江戸と関東周辺では大名屋敷・旗本屋敷・組屋敷・町屋から出土しており、さまざまな階層の女性が「小町紅」を好んで使用していたことを明らかにすることができた。女性の墓に副葬された例や、滋賀県肥田城遺跡の例のように農村地帯からも出土していることから、日常生活に根ざして愛用された消費動向をみることができた。

　文献と絵画資料によれば、江戸時代初期は薄く後期には下地の上にさして青く光らせる「笹紅」が流行したことが知られた。紅と下地を調合するために現代のリップパレットとして使用されたのが紅皿、そして紅猪口は商標が書かれた店に持参して刷いてもらい、なくなればまた同じ容器を持参して買ったものと筆者は結論した。商標はこの目的で記されたものであり、紅猪口は現代のリターナブル容器に相当すると考えた。このリターナブルを念頭に紅猪口が繰り返し使用されたものと仮定すれば、遺跡出土の紅猪口から想定される小町紅の流行は、実際の出土量の何倍にも達するものと推察される。江戸時代には紅の下地に墨や油煙を使用した。筆者はこれを現代のリップグロスの役目をもつとみた。当時の女性は化粧に対する関心が高く、化粧本が多く刊行されていた。遺跡出土の「小町紅」容器は、江戸時代に京都で生産され、京都のブランドとして成立した「小町紅」の盛行をよく示すものであった。

　近世京都で生産された京焼と同様に、「小町紅」容器は近世後期の京都で生まれたまさに京都を代表する商標であった。出土遺物研究を通してその流通と盛行について詳しく論じることができた。江戸時代の文化史を京都を基点としてひもといてゆく鍵となる考古資料として、その価値は高いものと考えることができる。

　付篇Ⅱもまた、第1章から第9章までに述べてきた、生産遺跡出土ならびに近世上京地域を中心とする遺跡出土の京焼に関する研究に付す内容として、幕末から明治期の近代京都の遺跡出土遺物について研究したものである。いうまでもなくこの時代の混乱期にあって京都は歴史の一中心であった。京都左京北辺四坊の公家町遺跡の発掘調査においては、今出川通南に位置する宅地が柳原家の屋敷であったことがわかった。この旧柳原家跡の江戸時代後半期の遺構からイギリス製水差・ガラスボウル・ワインボトル・イギリス製皿・シャンデリアの一部とみられるランプ火屋等が出土した。水差と皿についてはプリントマークから操業期間が前者は1862年〜1882年、後者は1867年〜1875年とわかっている。出土遺構の年代は19世紀中頃と報告されており、輸入後時をおかずに廃棄されたものと考えられた。

　柳原家は明治2年に東京に移転、この屋敷を新島襄が借入れ明治8年（1875）10月 J.D.Davis の居宅とし、翌明治9年（1876）4月にアメリカン・ボード婦人宣教師 A.J.Starkweather が京都に入り、この Davis 宅に寄宿、半年後の10月24日から女子に対して教育を始めた。当時在籍し

た女子学生の記録等によれば屋敷の建物は古く板敷ばかりで、畳をひいた縁側で寝起きをしながら勉強したとあり、屋敷に寄宿して勉学に励んでいたことが知られる。

旧柳原邸において開始した女子塾は明治10年（1877）4月に同志社分校女紅場として認可され、同年9月に新島が女紅場を「女学校」とする改称届を提出し許可された。校舎については「当分之間（中略）華族柳原前光殿持家之一分ヲ以テ仮校ト為シ」との届が府知事宛に出された。

Davis一家は明治11年（1878）に柳原家から転居、その後女学校はStarkweatherを中心に婦人宣教師らが維持・管理を続け、同年7月に新校舎完成にともなって上京区寺町西入の現在地に移転した。この地は第7章でとりあげた旧二條家跡、常盤井殿町遺跡にあたる。

新校舎での授業は9月に開始された。この移転によって明治8年（1875）10月にDavis邸として借用以来、2年余にわたった当時の同志社女学校による柳原邸借用が終了した。このことから公家町遺跡の旧柳原邸跡発掘調査で検出した遺構については、その廃絶年代を少なくとも柳原家東京移転の明治2年（1869）と女学校移転（1878）の2時期に設定することが可能である。出土したイギリス製の水差と皿は、実用性と廃棄年代から女学校に関わる遺物である可能性が高いと筆者は結論した。持ち込まれて間もなく廃棄されたと推測できる。とくに、水差には丁寧に焼継が施されていた。運搬中に割れたものを京都で使用したとも想定される。

近世を対象とした考古学から、より新しい近代を対象とした「近代考古学」を標榜するとき、京都は東京と並ぶ重要都市であることは間違いない。遺跡を調査、保存し、遺構を精査し、遺物を丹念に研究する姿勢は、どの時代の考古学にあっても変わることはない。近代考古学はまた他の時代を対象とする考古学と同様に、歴史学の発展に大きく寄与あるいは主導していくものと考えたい。

研究史において問題を提起したように、陶磁器研究、とくに京焼研究の中心は文献と作品研究、作家研究であった。この研究状況の中で、近世考古学の発展がもたらしたものは甚大であったといえる。

出土遺物の研究とその成果が、京焼の生産と消費に関する新知見をもたらし、年代的考察の必要性をせまった。とくに京焼は、遺物の一つとして、考古学の方法によって新たに発見されたといっても過言ではないと筆者は考えている。

考古学において京焼をふくむ陶磁器を研究するとは、生産遺跡、消費地遺跡における出土遺物全体の様相の中における京焼の特徴を実証的にとらえ、かつこの視点を明確にして京焼の変遷、年代的考察について研究することである。考古学では出土遺物をたんに市場の動向ととらえるだけではなく、たとえば消費地遺跡にあってはその消費動向について段階設定のうえ詳細に研究する。ここに、発掘調査をしなければわからない、換言すれば掘らなければわからないという考古学の限界が存在する。しかし本書の各章ならびに本章で述べたように、京焼の定義、年代、変遷、生産と消費の動向、普及、需要の問題の解明は、考古資料によって可能であると結論したい。これは筆者が考古学研究と文化史学研究ならびに歴史学研究において最も心魅かれるものであった。

出土陶磁器を研究対象とする考古学は、想像力をかきたて、当時の人々の生活を実証的に復元する。この考古学が、歴史学に新たな分野を創造するものと確信している。

終章　近世考古学の発展が京焼研究にもたらしたもの

注

(1) 『平安京左京北辺四坊―第2分冊（公家町）―』京都市埋蔵文化財研究所調査報告第22冊　財団法人京都市埋蔵文化財研究所　2004年。

(2) 堀内秀樹「京都・信楽系陶器」『東京大学構内遺跡出土陶磁器・土器の分類 (1)』（東京大学構内遺跡調査研究年報2　別冊）東京大学埋蔵文化財調査室　1999年　111〜112ページ、図版55〜63ページ。

(3) 長佐古真也「考古学の方法でみる京焼―その多面性」『四国・淡路の陶磁器Ⅱ』（研究会資料）四国城下町研究会　2004年。

(4) 注 (3) 文献。

(5) 能芝勉「出土資料から見る京都の軟質施釉陶器」『軟質施釉陶器の成立と展開　研究会集会資料集』関西陶磁史研究会　2004年。

(6) 『平安京左京四条二坊十四町跡』京都市埋蔵文化財調査概報　2003-5。

(7) 平尾政幸「出土遺物からみた三条せと物や町」『三条せと物や町出土の茶陶』資料　財団法人京都市埋蔵文化財研究所文化財講演会（講演会資料）平成24年。

(8) 岡佳子『近世京焼の研究』思文閣出版　2011年。

(9) 注 (8) に同じ。

付篇Ⅰ　遺跡出土の「小町紅」銘紅容器
―小町紅の流行と江戸時代後期の紅化粧―

はじめに

　江戸時代の女性は、現代に生きる私たちと同様、美容と衣装に高い関心をもっていた。とりわけ当時の女性の心をとらえていたのは、「紅」による化粧であった。
　「小町紅」は江戸時代の京都でつくられた、紅を代表する商標である。女性たちは、当時の京都のブランドである「小町紅」を好んで買い求め、大切に使っていた。
　京ことばで「はんなり」とは、女性らしいしっとりとしたやさしさ、相手に心地よさを感じさせるさまといわれる。「京小町紅」をさす女性は、どのような美しさを表現しようとしたのだろうか。
　本章は、本書の付篇として、遺跡出土の「小町紅」容器をとりあげ、考古資料からその流通と消費について明らかにし、文献と絵画資料を援用して商標、販売方法、化粧法について言及しようとするものである。

第1節　生産と「商標」、販売方法について―文献から―

　「小町紅」は小野小町の美しさにあやかってつけられた商標である。紅は、原料となる紅花の収穫量の0.3％しか取れないので生産量は少なく、「紅一匁、金一匁」といわれるほど高価であった。したがって、製品としての「小町紅」も高価であったと考えられる。
　この「小町紅」という商標はいつごろからみえるのだろうか。江戸時代の文献をみる。
　元禄7年（1694）の『京獨案内手引集』[(1)]には「べにや」の項に「小町紅」はみられない。（図1）。天保2年（1831）の『商人買物獨案内』[(2)]では、「へ」の部に「小町紅／そめ紅／中紅染所」の項が設けられており、京の紅を代表する商標としてとりあげられている。この中に「御用／小町紅／本家仕入所／四條通麩屋町東へ入町／紅屋平兵衛」（図2の1）と記されている。
　小町紅を販売した店はこの「紅屋平兵衛」だけではない。続いて「ぎおん町北ガハ切通より七けんめ／小町紅／高嶋屋喜兵衛」「小町紅おろし／ぎおん町縄手東へ入／伊勢屋五三郎」「ぎおん町／小町紅／みのや吉郎兵衛」（図2の2）とある。

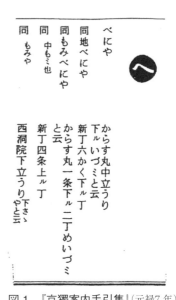

図1　『京獨案内手引集』(元禄7年)

付篇Ⅰ　遺跡出土の「小町紅」銘紅容器―小町紅の流行と江戸時代後期の紅化粧―

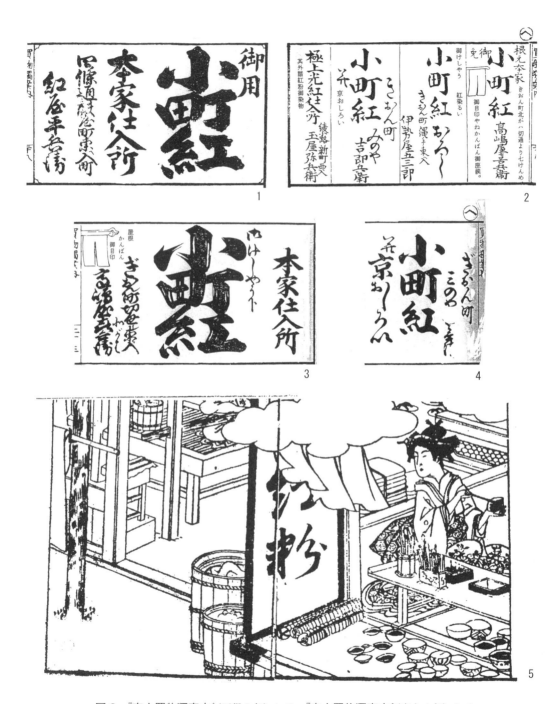

図2　『商人買物獨案内』(天保2年) 1・2　『商人買物獨案内』(嘉永4年) 3・4
　　　『容顔美艶考』(文政2年) 5

このように、19世紀の前半頃には、京の四条・祇園界隈に小町紅を商う店が、「紅屋平兵衛」「高嶋屋喜兵衛」「伊勢屋五三郎」「みのや吉郎兵衛」であったことがわかる。

20年後の嘉永4年（1851）に書かれた『商人買物獨案内』[3]では、「本家仕入所／御けしよう下／小町紅／ぎおん町切通し東入る／北が者／高嶋屋喜兵衛」（図2の3）「ぎおん町／三のや吉郎兵衛／小町紅／并京おしろい」と記されている（図2の4）。19世紀も中頃を過ぎると、小町紅をあつかう店の数が少なくなった。

では、小町紅がどのように売られていたのか、絵画資料を参照してみたい。

『容顔美艶考』（文政2年〈1819〉）[4]には、「紅粉」の看板を掲げた店で女性が紅を刷いている様子が描かれている（図2の5）。看板に「小町紅」の商標はみえない。女性の前におかれているのは紅筆である。店の表には小さい碗と浅い皿があり、内面に紅を刷いたものと空のものがある。看板の下には数枚を重ねた皿状のものが束になって置かれている。

この絵から、紅・白粉などの化粧品を商う店では女性が店頭に立ち、筆・碗・皿などの化粧道具も販売していたことがわかる。さらに、紅を小碗に刷いて、刷毛で軽く塗った状態で販売されたことが知られる。この色をみて客が実際に購入するので、色見本の役目も果たしたのではないだろうか。

第2節　流通について―考古資料から―

（1）京都（図3）

京都の「小町紅」は京都市域で広く流通していた。その状況を知るために、発掘調査によって出土した遺物について述べる。

江戸時代の遺跡を調査すると、多くの陶磁器が出土する。その中に「紅皿」「紅容器」と報告されるものがある。実際に京都で出土した資料をみよう。本節でとりあげる遺物の生産地がすべて肥前あるいは肥前系と報告されていることから、ここでは肥前磁器の分類[5]にしたがって皿型のものを「紅皿」、小碗型のものを「紅猪口」とよぶこととする。

図3の1～20は、平安京左京北辺四坊（京都迎賓館地点）[6]から出土したもので、この地は江戸時代には公家屋敷地であった。図3の6のタイプが「紅皿」、7のタイプが「紅猪口」である。江戸時代中期の遺構から出土した遺物（図3の1～6）では、染付に金・赤・緑・黒彩（1・2）、赤と金彩（3）、染付（4）、赤絵（5）など多様な紅猪口がみられる。そして18世紀末の遺構から、赤絵で「京都本家小町紅」と描いた図3の7が出土するようになる。さらに時代が下がり江戸時代後期の遺物（図3の8～14）には染付（11～13）、赤絵（14・15）があり、14には「紅葉のにしき」の和歌が描かれている。15の赤絵の文字は「京小町紅／平」と読める。これに続く時期の遺構から出土している16には、赤と金彩で文様が描かれている。19は19世紀代の遺物で、「京都小町べに平／小町紅」の文字を呉須と赤絵で描いている。20は染付に赤・緑・紫・黄彩で「花の色は」の和歌と小野小町の姿を描いている。

図3の23は同志社大学今出川校地で出土した紅猪口で、19世紀初めの遺構から出土している[7]。当時、この地には公家屋敷が存在した。紅猪口は完形に近く、「小町紅／京都四条／遍に平」と

付篇Ⅰ　遺跡出土の「小町紅」銘紅容器—小町紅の流行と江戸時代後期の紅化粧—

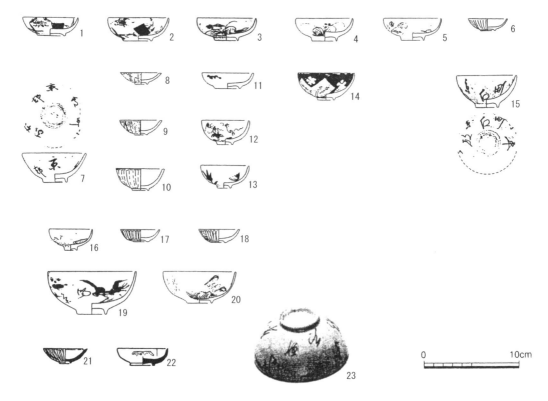

図3　京都平安京左京北辺四坊　土坑H166出土遺物 1〜3　土坑H271出土遺物 4〜6
　　土坑A184出土遺物 7　土坑B687出土遺物 8〜14　土坑F1280出土遺物 15
　　土坑H15出土遺物 16〜18　井戸F1223出土遺物 19　B区U1南北断割出土遺物 20
　　京都大学本部構内　AX25・AX26灰褐色土出土遺物 21　AG20区溝4出土遺物 22
　　同志社大学徳照館地点　土坑109出土遺物 23

赤色の上絵で書き、口縁の一部に呉須で笹が描かれている。

　このように、京都での紅皿、紅猪口の出土状況をみると、江戸時代中期、18世紀半ばごろに白磁紅皿と色絵紅猪口が出現し、18世紀末ごろに赤絵の紅猪口があらわれることがわかる。はじめ、商標は「京都本家小町紅」（図3の7）で、江戸時代後期に「京小町紅／平」、23と比較して「小町紅／京都四条／遍に平」と書いたものと推定される紅猪口があらわれる。19世紀代にも「京都小町べに平／小町紅」と書いた紅猪口が出土していることがわかった。

　なお、京都大学構内遺跡からも、図3の21・22が出土している[8]。

（2）江戸遺跡（表1・図4・図5）

　つづいて江戸遺跡での紅皿、紅猪口の出土状況について述べる。徳田隼也が集成した一覧表[9]（表1）にそって、「小町紅」の商標を記した磁器紅猪口を中心に、年代を追って検討する。実測図番号と表1左列の遺物番号が一致している。

　江戸遺跡では、18世紀第4四半期から出現している。図4の45と9には芭蕉の句「行すゑは誰肌ふれむ紅の花」の一部が書かれている。図4の2は「□町紅□之祇」と読みとれる。

230

第2節　流通について―考古資料から―

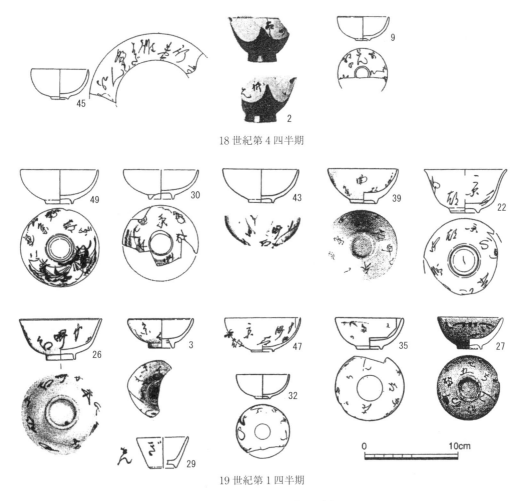

図4　小町紅および小型碗紅容器集成図（1）（徳田隼也原図）

　19世紀第1四半期になると文様とともに「京都四条遍に平」と書く図4の30、「小町紅京都四条遍に平」と書くものが多数報告されている（図4の43・39・22・26・47）。図4の35は「小町紅京□□まちたかき」、27は「本家小町紅京都ぎをんまちいせ五」で、京都で小町紅を商う店の屋号があわせて3種確認できた。他に3は〔小〕〔町〕〔紅〕京ぎ〔を〕ん〔ま〕ち」29は「ぎおん」で、32は「古のなら□□□乃里さくら」である。

　これらの紅猪口の中に、口縁部がやや端反る形のもの22・26がみられる。同じ「遍に平」の屋号をもちながら、器形が異なることは注意されるところである。

　19世紀第2四半期では、前代に続いて「小町紅京都四条遍に平」と書く図5の8・10、「京都四条〔へ〕に平」と書く41、「遍に平」の屋号を記すもの、「□家小町紅京都ぎをん」（図5の4）「□紅□」（図5の36）と書くもの、「小町紅祇園町たかき」と書くもの（図5の46）があった。そして図5の42には、「新町本家お笹紅」とあり、小町紅以外の紅が江戸遺跡に流通していたことが知られる。

　19世紀第3四半期になると、「小町紅京都四条遍に平」と書くもの（図5の18・13・16・14）が

231

付篇Ⅰ　遺跡出土の「小町紅」銘紅容器―小町紅の流行と江戸時代後期の紅化粧―

表1 小町紅及び小型碗紅容器集成表（徳田隼也原表）

番号	遺跡名	出土地	法量(cm)‥口径×器高×底径	銘文
東京都渋谷区				
1	北青山遺跡	16号遺溝	7.2×3.2×2.8	四条　べに
2	千駄ヶ谷五丁目遺跡	0931号遺構	7.0×4.2×3.2	□町紅□之祇
新宿区				
3	市谷本村町遺跡－市谷北地区－	6号石組遺構	6.6×3.0×2.5	(小)(町)紅　京ぎ(を)ん(ま)ち
4	市谷本村町遺跡－市谷西地区－	M1号遺構	6.7×3.3×2.7	□(家)小町紅　京都ぎをん
5	河田町遺跡	C-268号遺構	7.1×3.7×2.7	(小)町紅　京都四条　べに平
6	北山伏町遺跡	―	7.4×3.9×3.3	小町紅　たかき
7	三栄町遺跡	1-a号遺構	―	
8	信濃町南遺跡	A35号遺構	7.7×3.5×2.5	小町紅　京都四条　べに平
9	内藤町遺跡	A-53号遺構	5.2×2.4×1.5	[　]はだふれん紅[　]
10	内藤町遺跡	C-20号遺構	7.7×3.1×2.8	小町紅　京都四条　べに平
11	内藤町遺跡	C-140号遺構	5.2×2.7×1.8	[　]はだふれん紅[　]
12	内藤町遺跡	C-221号遺構	6.8×3.6×2.7	小町紅　京都四条　べに平
13	払方町遺跡	第588号遺構	7.6×3.3×2.5	(京)都四条　紅平
14	払方町遺跡	762号遺構	8.2〜7.9×3.9×3.3	小町紅　京都四条　□平
15	払方町遺跡	762号遺構	6.9×2.8×2.6	小町紅　京ぎおんまち　たかき
16	払方町遺跡	762号遺構	6.7×3.9×2.7	小町紅　京都四条べに平
17	百人町三丁目遺跡ⅴ	303号遺構	5.8×2.8×1.9	短冊内「恋しかなしき」
18	水野原遺跡	C-001-528号遺構	6.6×2.9×2.3	(小)町紅　京都四条　(べ)に(平)
19	南町遺跡	133号遺構	8.0×4.1×2.8	外面「ぞしる誰□に色をもみせん」内面「ならて」
20	矢来町遺跡	25号遺構	7.0×2.9×2.3	小町紅　京都四条　べに平
21	若松町遺跡	51号遺構	8.8×3.8×2.9	小町紅　京都四条　べに平
22	若松町遺跡	75号遺構	8.7×4.4×3.0	□町紅　京都四条　(へ)に平
台東区				
23	白鷗遺跡	F6	6.4×2.7×2.0	
24	白鷗遺跡	E3	―×―×2.7	□町紅　[　](ニ)(平)
中央区				
25	日本橋蠣殻町一丁目遺跡Ⅱ	113号遺構	(51)×23×(18)	町紅

232

共伴遺物													年代	備考
筒型碗	腰張碗	青磁染付	蛇ノ目凹形低	小広東碗	広東碗・肥	広東碗・瀬	端反碗	湯呑碗	蛇ノ目凹形高	幅広高台	木型打込	コバルト		
18-3				-4	19-1			-2			-3	-4		
○	○					○	○	○	○		○		19-4	端反碗瀬・美
				○									18-4	
							○						19-1	端反碗瀬・美／筆者実見
			○				○		○				19-2	端反碗瀬・美／筆者実見
													—	筆者実見
													—	法量は実測図を元に計測
													—	集成図なし
					○		○	○					19-2	筆者実見
	○		○	○	○								18-4	
								○					19-2	
○											○		19-3	
													1854～60年以降	安政銘の皿共伴
							○	○	○				1854年以降	安政元年の絵暦が描かれている薄手酒杯出土／筆者実見
							○	○	○				1854年以降	安政元年の絵暦が描かれている薄手酒杯出土／筆者実見
							○	○	○				1854年以降	安政元年の絵暦が描かれている薄手酒杯出土／筆者実見
													—	筆者実見
			○					○			○		19-3	筆者実見
													—	筆者実見
													—	
													—	筆者実見
							○						19-1	端反碗瀬・美／筆者実見

													年代	備考
													—	
													—	

													年代	備考
													—	

付篇 I　遺跡出土の「小町紅」銘紅容器—小町紅の流行と江戸時代後期の紅化粧—

番号	遺跡名	出土地	法量（cm）：口径×器高×底径	銘文
千代田区				
26	外神田四丁目遺跡	2771号遺構	8.6×4.2×3.0	小町紅　京都四条へに平
27	永田町二丁目遺跡	SX110	7.0×3.3×2.6	本家小町紅　京都ぎをんまちいせ五
28	峰山藩京極家上屋敷跡	—	—	本家小町　京都ぎおん　いせ五
豊島区				
29	巣鴨遺跡―中野組ビル地区―	16号遺構	(6.2)×3.0×2.7	ぎをん
30	巣鴨遺跡―中野組ビル地区―	16号遺構	(7.8)×3.1×2.5	□都四条　へに平
文京区				
31	駕籠町遺跡	1号井戸	7.8×2.9×2.6	大坂心斎ばし筋
32	駒込鰻縄手	56号遺構	5.6×2.5×1.6	古のなら□□□乃里さくら
33	駒込鰻縄手	91号遺構	6.4×3.0×2.4	小町紅　京都四条　べに平
34	駒込鰻縄手	115号遺構	6.6×2.6×2.4	[　]ね色や寒乃紅
35	駒込鰻縄手	188A号遺構	7.0×3.3×2.4	小町紅　京□□んまち　たかき
36	本郷追分	1号大型土坑	5.3×2.5×1.8	[　]紅[　]
37	弓町遺跡	494号遺構	—	
港区				
38	麻布本村町町屋跡遺跡	—	7.8×3.6×3.0	小町紅　京都四条　べに平
39	宇和島藩伊達家屋敷跡遺跡	BSK8	7.3×3.6×2.7	小町紅　京都四条　べに平
40	旧芝離宮庭園	A3. B22グリット	6.6×3.0×2.1	名もたかき花も都の小町紅
41	汐留遺跡	25号土坑	(8.2)×4.1×2.9	京都四条　（へ）に平
42	汐留遺跡 I	6J-015	7.7×3.7×3.1	新町本家お笹紅
43	汐留遺跡 I	6J-033	7.8×3.5×2.5	小町紅　京都四条　べに平
44	汐留遺跡 I	—	—	[　]紅　京都[　]
45	白金館址遺跡 I	62号遺構	5.9×3.1×1.7	行末□誰はだふれん紅[　]
東京都狛江市				
46	東和泉遺跡	1号墓	(7.5)×(3.6)×(2.4)	小町紅　祇園町　たかき
神奈川県小田原市				
47	愛宕山遺跡	井戸	(7.8)×3.5×2.2	「小町紅京都…」
48	小田原城三の丸東堀第IV・第V地点	三の丸東堀	(10.2)×3.8×3.2	商標　京都　四條　小町紅　紅平
石川県金沢市				
49	醒ヶ井遺跡	SK-702	8.1×3.6×2.8	京都四条　べに平
50	高岡町遺跡 I	整地層	6.8×3.3×2.7	小町紅（京）都（四）条（へ）（に）平
51	高岡町遺跡 I	整地層	6.8×2.8×2.4	小町[　]
52	長町遺跡	整地層	6.2×3.1×2.3	—
53	本町一丁目遺跡	SK236	0.7×3.0×2.8	小町□　たかき

234

共伴遺物													年代	備考
筒型碗	腰張碗	青磁染付	蛇ノ目凹形低	小広東碗	広東碗・肥	広東碗・瀬	端反碗	湯呑碗	蛇ノ目凹形高	幅広高台	木型打込	コバルト		
18-3				-4		19-1		-2			-3	-4		
							○						19-1	端反碗瀬・美/筆者実見
						○	○						19-1	端反碗瀬・美/筆者実見
													—	集成図なし
○				○	○		○						19-1	端反碗瀬・美、肥前
○				○	○		○						19-1	端反碗瀬・美、肥前
					○		○	○			○	○	19-4	端反碗瀬・美/クロム染付共伴
				○	○		○						19-1	端反碗瀬・美
											○	○	19-4	
		○											19-1	端反碗瀬・美
○	○	○	○	○			○	○					19-2	端反碗瀬・美
													—	集成図なし
	○		○			○	○						19-1	端反碗瀬・美/筆者実見
													—	法量は実測図を元に計測
○							○		○				19-2	端反碗瀬・美
							○	○					19-2	端反碗肥前/筆者実見
							○						19-1	焼継ぎ/端反碗肥前
													—	集成図なし
			○		○								18-4	
							○	○					19-2	端反碗瀬・美
							○						19-1	端反碗瀬・美
													20-1	小町紅は銅版転写
							○						19-1	端反碗瀬・美
													—	
													—	
													—	
			○				○	○	○	○			19-2	端反碗瀬・美

付篇Ⅰ　遺跡出土の「小町紅」銘紅容器—小町紅の流行と江戸時代後期の紅化粧—

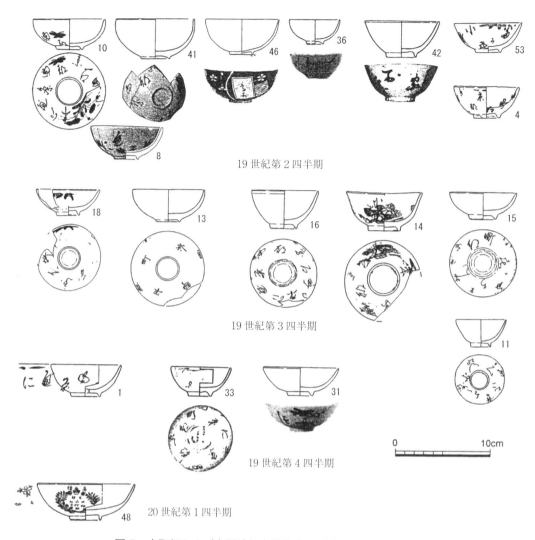

図5　小町紅および小型碗紅容器集成図（2）（徳田隼也原図）

多く報告されている。他に「小町紅京ぎおんまちたかき」（図5の15）、「□はだふれん□」（図5の11）がある。ここでは、同じ「べに平」の屋号を記した紅猪口18・13・16・14であっても、その意匠や文字の形が異なることが注意される。器形では、14がやや端反る形である。

続いて19世紀第4四半期には、「四条／べに」（図5の1）がある。この遺物は文字の形と「に」の上部の笹文からみて「小町紅京都四条遍に平」と書いたものと判断できる。図5の33にも「小町紅京都四条遍に平」とある。31は「大坂心斎ばし筋」と書かれており、当時大坂にも紅屋があり、この紅が江戸で流通していたことを推測させるものである。

集成表（表1）には、神奈川県小田原市と石川県金沢市出土の紅猪口がある。この中で、図5の48は、20世紀第1四半期の年代と考えられるもので、銅版転写の技法によって「商標／京都／四條／小町紅／紅平」と記されている。この遺物から、京都四条の紅平が20世紀まで小町紅を販売していたことや、小町紅の名が商標として使用されていたことがわかる。

（3） 関西（図6）

　ここでは、京都以外の関西での紅皿・紅猪口の出土例をみる。

　大坂城周辺から出土した図6の1には染付に赤絵で描いたとみられる「小町」の文字がみえる[10]。2には染付で「大坂新町笹紅屋」、3は笹の葉を藍、紅色で「小町紅祇」と描き、ともに18世紀の遺物と報告されている[11]。4は染付に赤字で上絵を施し「□□〔町ヵ〕紅／四条」と読める[12]。

　枚方宿遺跡でも8が報告されていた[13]。

　兵庫県の伊丹郷町出土の9には、赤絵で「詰町□七□□東はし」と書かれている[14]。兵庫津遺跡からは18世紀代の遺物に「日之□紅□〔兵ヵ、筆者注〕庫通ノ上」と書く紅猪口が（図6の10）出土している[15]。明石城武家屋敷出土の11には、「大坂新町お笹紅」と書かれている[16]。

　滋賀では紅色で「の吉」（図6の13）、「小町紅□」〔京ヵ、筆者注〕（図6の14）があり、いずれも18世紀の遺物と報告されている[17]。彦根藩家老屋敷からは、「小町紅京都四条ベニ平」と赤

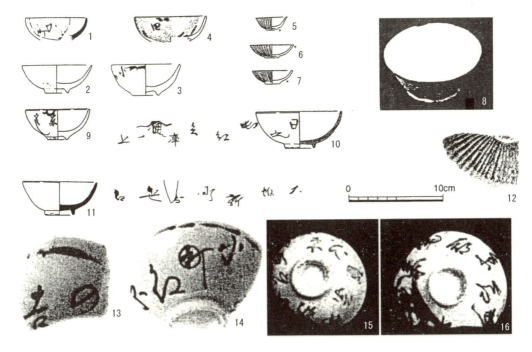

図6　大阪　徳川氏大坂城期土坑766出土遺物1　大坂城三の丸第Ⅸ層出土遺物2　第Ⅷ層出土遺物3
　　　　　広島藩大坂蔵屋敷跡土坑2065出土遺物4　土坑2247出土遺物6・7　土坑2420出土遺
　　　　　物5
　　　　　枚方宿跡出土遺物8
　　　兵庫　伊丹郷町Ⅲ-B期溝7出土遺物9
　　　　　兵庫津遺跡西地区入江内焼土層下出土遺物10
　　　　　明石城武家屋敷跡土坑2124出土遺物11
　　　滋賀　肥田城遺跡T4区上層遺構面土坑10出土遺物12　T5区下層遺構面石列出土遺物13
　　　　　T5区下層遺構面土坑2出土遺物14
　　　　　彦根城家老屋敷出土遺物15・16

絵で書いた15・16が報告されていた[18]。

（4）出土した紅皿・紅猪口からわかること

　ここで、これまでに紹介した紅皿と紅猪口の出土例から、どのようなことがわかるのか、そして、どのような問題が提起されるのかを考察する。

　平安京左京北辺四坊出土資料にみられたように、「紅皿」「紅容器」と報告される遺物には小碗形で、肥前において「紅猪口」と分類されるものと皿形のものが一緒に出土する、つまり共伴するということがわかる。

　さらに、「紅猪口」と報告される遺物は、実際に紅を入れた容器であるのか判断がむずかしいということである。碗の底に紅が付着しているか、あるいは紅の商標が印字されているか、紅に関する和歌や女性（小町紅の場合は小野小町である。）が描かれているかどうかで判断しなければならない。

　京都出土の図3の14には短冊内に「紅葉のにしき」、20には「花の色は」の和歌が書かれている。

　江戸遺跡出土遺物の実測図から、和歌あるいは和歌の一部とおもわれる語をひいてみると、図4の45と9は「行すゑは誰肌ふれむ紅の花」、32は「古のなら□□□乃里さくら」である。集成表（表1）の17は短冊内に「恋しかなしき」、19は外面に「ぞしる誰□に色をもみせん」内面に「ならて」とあった。34は「□ね色や寒の紅」、40は「名もたかき花の都の小町紅」で「高喜」の屋号に掛けている。

　このようにしてみると、紅猪口に「小町紅」の商標が書かれている点は重要である。これが紅猪口であると用途を特定することができるからである。そこには、屋号や店の場所までも記されているのである。また、遺跡出土遺物からは「小町紅」以外の商標、「新町お笹紅」「大坂心斎はし」のほか、「日之□紅□〔兵ヵ、筆者注〕庫通ノ上」のようにその他の商標と店の所在地を推定できるものがあった。

　もうひとつは、紅皿・紅猪口を実際に生産していたのはどこの窯場かという問題である。京都・大坂出土の遺物を実見したところでは、瀬戸美濃地方で生産されたと判断できるものはなかった。愛知県から岐阜県にまたがる瀬戸美濃の窯では、19世紀頃から磁器を大量に焼成していたことが窯跡の発掘調査で判明している。徳田隼也集成の備考欄（表1）をみると、小町紅と書いた紅猪口の中に瀬戸美濃で生産されたと考えられるものがある。

　瀬戸美濃で生産された磁器は、肥前産の磁器に比べて胎土が白く、表面がガラスのように光る特徴をみせるがその判断が難しい遺物もある。今後の課題として、注意深く紅皿・紅猪口を観察していく必要がある。

　また、小町紅が流行する19世紀には京都の窯場でも磁器を焼成したことがわかっている。肥前などの大生産地で生産した紅猪口に、京都で「小町紅」と上絵付けしたとの考えも成り立つ。

　なお、長崎県の長与窯では、発掘調査によって窯跡から「大坂新町お笹紅」と書いた紅猪口の出土が報告されている[19]。

　小町紅と書いた紅猪口が焼造されたのはどこの窯場なのか、今後の発見に期待するところである。

第3節　消費について―文献と考古資料から―

ここで、これまでに述べてきた紅皿・紅猪口が出土した遺構の年代観から、小町紅が流通した年代について確認しておく。

京都においては江戸時代中期、18世紀半ばごろに白磁の紅皿色絵による装飾をもった紅猪口が出現する。そして18紀末頃に赤絵で「小町紅」と描いた紅猪口が出土し、19世紀ごろまで継続していることがわかった。

江戸では18世紀第4四半期から出現し、20世紀第1四半期まで存続している。

第3節　消費について―文献と考古資料から―

（1）文献と絵画資料から

江戸時代の女性が、小町紅をどのように使用していたのか、紅化粧によってどのような美しさを表現しようとしていたのか、どのような女性であることをめざしていたのかという問題について考察してみたい。はじめに文献をみる。

17世紀の『女郎花物語』（万治4年〈1661〉）には「紅いたく、さしにたるハ、むくつけくさへこそ見え侍れ」とあり紅を薄くさすことがよいとされていた[20]。

続いて『女用訓蒙図彙』（貞享4年〈1687〉）には「口紅粉の事」として「紅粉のつかひやうはべに筆のはらにて。こすりまはしては筆に。べにがたまりて。唇は付けた時。まだらになりてわるし。又つはにて付ると。べにがねまりて。いろがよろしからず。川水を遣ふがよし。□また。べには。風のすくがよし。気のこもるは。むせて色がやけてわるし。風のすく所に置がよし。」[21]と記され、紅筆の使い方、川水で紅をつけること、風を入れて保存することが記されている。

18世紀になり『絵本江戸紫』（図7の1）（明和2年〈1765〉）では「口紅粉の色濃は、いやしきものなり。桃の花の紅は梅のはなの紅よりも、おとれるがごとし。」とあり[22]、18世紀中頃ごろまでは薄くさすことが流行したことがわかる。

19世紀に入って『都風俗化粧伝』（文化10年〈1813〉）[23]によれば、「紅を濃く光らさんとするには、まず下地に墨をぬり、その上へ紅を濃くつけべし。濃く見え、紅の色青みて光る也。」とあり、先に下唇に墨を塗ってその上に紅をつけると濃くみえ、紅の色が青く光ることが紹介される。同時代に描かれた浮世絵には、唇が青緑色の女性が多くみられる。『都風俗化粧伝』には続けて、紅を濃く光らせるために下地として行燈にたまった油煙をとってつけるという方法が書かれている。

さて、紅化粧の道具にはどのようなものがあったのか、絵画資料を参照してみたい。

前出の『女用訓蒙図彙』（図7の2）には「紅粉」の項に小碗と紅筆が描かれている。また、寛政5年（1793）の『婚礼道具諸器形寸法書』（図7の3）には、「紅猪口箱惣高五寸中次蓋也」「五寸四方」とある[24]。

第1節でみた『容顔美艶考』（文政2年〈1829〉）を再びひもとくと、化粧用の碗・小碗が描かれており（図8の1）、携帯用の化粧具を描いた中（図8の3）にも蛸唐草文の油壺などとともに小碗が描かれる。また化粧をする情景を描いた中に紅をさす女性があり、その前に小碗が置かれている（図8の2）。

239

付篇Ⅰ 遺跡出土の「小町紅」銘紅容器—小町紅の流行と江戸時代後期の紅化粧—

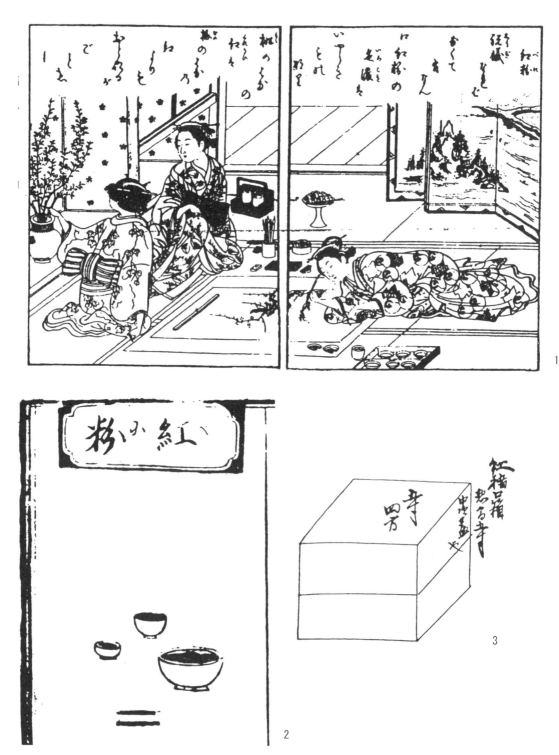

図7 『絵本江戸紫』（明和2年）1 『女用訓蒙図彙』（貞享4年）2 『婚礼道具諸器形寸法書』（寛政5年）3

第3節　消費について―文献と考古資料から―

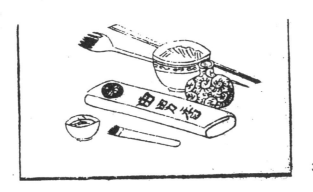

図8　『容顔美艶考』（文政2年）1～3

付篇Ⅰ　遺跡出土の「小町紅」銘紅容器─小町紅の流行と江戸時代後期の紅化粧─

　以上の記述から、紅化粧の方法は、17世紀半ばから18世紀中頃までは薄くさすことが流行したが、19世紀になると紅の下地に墨や油を塗ってその上に紅をさし、濃く青く光らせることが主流となったことがわかる。このように下地に墨や油煙を使うことによって、唇に光沢と輝きを加えると同時に、高価な紅を少量ずつ使用するという効果もあったと考えられる。

　紅をさす用具は、小碗・猪口から筆で付けた。絵画には化粧に使用する小碗が多く描かれ、そのうちどれが紅化粧用のものかは、傍らに紅筆が描かれるか唇にさしているかによって判断しなければならない。したがって、図8の上左側、中右側の女性の前にあるものは紅化粧用の容器であると考えられる。

　そして、これらの碗には紙か布状のものが掛けられているか、または傍らに置かれている。これは、山村博美が「つけているとき以外は鏡台の上や引き出しに伏せて置いてあるものが多い。」[25]と述べたことに関係する。紅は蓋をせずに置くと表面が乾いて使えなくなる。それで、伏せるか上に紙や布を掛けたのであろう。前出の『女用訓蒙図彙』が「べには。風のすくがよし。気のこもるは。むせて色がやけてわるし。風のすく所に置がよし。」と記していることから、乾燥をきらい、かつ通気性を要するという紅の特質と、その保存法に注目しておきたい。

（2）考古資料から

　ここで、紅皿・紅猪口が出土した遺跡について再考する。

　京都と関西周辺の遺跡では、公家屋敷・武家屋敷・城下町から紅皿・紅猪口が出土している。さまざまな階層の女性が紅化粧をし、「小町紅」を使用したことが知られる。

　江戸とその周辺の遺跡では大名屋敷・旗本屋敷・組屋敷・町屋から「小町紅」と商標を書いた紅猪口が出土している[26]。江戸において、様々な階層の女性が、京都のブランドである「小町紅」を好んで使用していたことがわかる。集成表（表1）の46は「小町紅／祇園町／たかき」と書かれた紅猪口で、東京都狛江市の東和泉遺跡の1号墓から出土している。生前に小町紅を愛用していた女性が埋葬されたと推定でき、興味深いところである。

第4節　まとめ─京小町紅の隆盛と江戸時代後期の紅化粧─

　最後に、これまでにみた文献、絵画資料、出土遺物からわかったことをすべて見直し、江戸時代の紅化粧と江戸時代後期の小町紅の流行、隆盛について考える。

　江戸時代には、化粧に関する多数の書物が刊行され、当時の女性が化粧について高い関心を抱いていたことがわかる。紅は高価であったので、紅化粧は江戸時代初期は「薄く」後期は「下地の上」にさして青く光らせるという工夫をして、日々大切に使われた。

　京都は東北の産地から届いた紅餅から紅を抽出する高度な技術をもっていた。「小町紅」は『絵本江戸化粧志』によれば文化元年（1804）にはあったと記されている[27]。

　文献上、18世紀末にはみられず、19世紀前半に京都の紅を代表する商標として登場する。「紅屋平兵衛」のほか「高嶋屋喜兵衛」「伊勢屋五三郎」「みのや吉郎兵衛」があった。

　考古資料では、京都で18世紀半ばごろに白磁紅皿と色絵紅猪口が出現し、18世紀末ごろに赤

242

絵で「京都本家小町紅」（図3の7）が早く、江戸時代後期に「小町紅／京都四条／遍に平」と記すものがあらわれ、19世紀代まで出土する事実が確認できた。

　江戸遺跡では18世紀第4四半期に小町紅と読みとれる紅猪口（表1の2）があらわれる。19世紀第1四半期には「京都／四条／遍に平」と書くものが多数みられた。

　この時期に天保2年（1831）の『商人買物獨案内』（図2の1・2）に記された「高嶋屋喜兵衛」＝たかき（表1の35）、「伊勢屋五郎」＝いせ五（同27）を、遺物に記された商標によって確認することができる。この例からみて、京都出土の図3の7の「京都本家小町紅」のあとには「京都ぎおんまちいせ五」の文字が続き、屋号はいせ五であると推定できる。同様に、滋賀県の肥田城遺跡出土の「の吉」（図6の13）は「みのや吉郎兵衛」と考えることができる。

　さて江戸遺跡では19世紀を通じて、小町紅を商う店の中でも「遍に平＝紅平」の屋号をもつ紅猪口が多く報告される。さらに、「新町本家お笹紅」（表1の42）、「大坂心斎ばし筋」（表1の31）の商標を書く紅猪口が出土し、小町紅以外の紅も江戸に流通していたことが知られた。

　関西においても第2節（3）でみたように「大坂新町お笹紅」と書かれた紅猪口が明石城武家屋敷から出土している（図6の11）。「新町」とは、江戸時代に幕府から公認された唯一の遊郭であった大坂新町遊郭のことである。寛永7年（1630）ごろに完成し、明治5年（1872）まで存続した[28]。この時期に遊郭近くに紅屋があり、この店の紅が新町の遊女らの間で流行したものと思われる。これが明石まで流通し、武家の女性が使用していたことは興味深い。また、兵庫津出土の紅猪口（図6の10）にみたように、兵庫にも他の紅屋があったと推測できる。これらは、出土した年代からみて京都の小町紅を模したということではなく、同時代に小町紅以外の商標をもつ紅屋が複数あったと考えるほうが適当であろう。

　さて、20年後の嘉永4年（1851）に書かれた『商人買物獨案内』（図2の3・4）では、遺跡から大量に出土する、遍に平＝紅平「紅屋平兵衛」と「伊勢屋五三郎」が消え、「高嶋屋喜兵衛」と「三のや吉郎兵衛」が紅と化粧品を商っていた。

　この状況を出土資料でみると、19世紀の終わりまで「遍に平＝べに平」の屋号をもつ紅猪口が出土しており（図5の33）、20世紀に入ってからも「商標／京都／四條／小町紅／紅平」と銅版転写の技法によって書いた遺物が出土している（図5の48）。20世紀になっても「紅平」が小町紅を売っていたこと、商標として認識していたことがわかる。ただ、この時点で前代と紅猪口の意匠が大きく変化すること、文献からその屋号が消えることからみて、紅平の商いは縮小したものとみてよいであろう。

　では、このような店で、小町紅はどのようにして売られ、当時の女性たちはどのようにして小町紅を入手していたのであろうか。19世紀はじめの絵画資料では、紅は小碗に刷いて売られていた。店の表にはこのような碗とともに、浅い皿がまとめて売られていた（図3の下）。これを出土遺物と比較すると、小碗が「紅猪口」、浅い皿が「紅皿」であると考えることができる。京都においては、紅皿・紅猪口が共伴する遺構・遺跡と、共伴しない遺構・遺跡がある。江戸遺跡では、紅皿の出土例は紅猪口を上まわるものと推測される。

　この紅皿と紅猪口は、実際に紅化粧をするときに使用法がどのように異なるのだろうか。

　筆者は以下のように推定している。小町紅が流行した当時、紅は下地に墨や油煙を塗って濃く

243

青く光らせることが主な化粧法であった。すると、墨や油煙をのばしたり、その上に塗る紅の調子、具合をみたりする、現代でいうところの「リップパレット」が必要である。薄い皿形の紅皿は、その用途に使われたのではないだろうか。山村博美が「磁器製の紅猪口は高価な紅を褪色させずに最後まで無駄なく使う上で合理的な容器である」[29]と述べているが、同じ磁器製の紅皿についても同じことがいえるだろう。この「無駄なく」ということから考えると、出土した紅皿・紅猪口に紅が付着した例がみられないこともうなずける。女性たちは紅を使いきっているというわけである。

　さて、実際に小町紅がどのようにして売られていたのかということである。これについて山村がすでに、京都画壇の巨匠上村松園の『青眉抄』[30]（昭和18年〈1943〉）をとりあげ「容器を持参して塗ってもらった」ことから、容器を使い回していたと推測している[31]。

　では小町紅が流行していた時代には、どうであったのか。小町紅が当時の川柳の題材となったことはよく知られている。ここで、江戸時代後期の洒落本を開いてみよう。

　文化元年（1804）刊の上方の洒落本に、粋川子作の『空言（うそ）の河』がある[32]（洒落本体系第十二巻）。この話では、三芳屋彦二の女房おきせが、彦二、きせ、下働きの表具屋の助七という若者との会話の途中、やってきた飛脚（原文では日脚）に「翌（あす）来てしや時小町紅百がの買て来て」という台詞があり、このあとに細字で「ト小ふくさにちよくと銭とをわたす」とある。このように、小町紅を買うには、「ちよく」を持っていくということがわかる。「ちよく」とは紅猪口をさし、年代と出土例からみて、おそらく「小町紅」の商標を記したものであったと考えてよいだろう。

　「小町紅」を売る四条界隈の店をめぐり、店先で販売の女性と相談しながら、実際に色見本をみて、あるいは紅を試用して、購入する紅を決めて買う。このとき、猪口には「小町紅」の商標と屋号が入っている。自宅で化粧をするときは紅皿に取り分ける。これが現代のリップパレットにあたる。そして別の紅皿、すなわち別のリップパレットに墨あるいは油煙を溶き伸ばし、まず下地として唇に塗る、その上に紅を少しさす。最後まで使いきったあと、また同じ店で買うならば、前に買ったときの紅猪口を持参すればまた同じ色を、あるいは新しく気に入った色を刷いてくれる。筆者が考える紅皿・紅猪口の使用法はこのようなことである。つまり紅猪口は「リターナブル」で、だからこそ、女性たちが他のブランドに、他の店に行かないように、猪口に商標と屋号を記す必要があったのである。店からすると、屋号を書いた猪口を持って買いに来る女性こそ顧客であり、「いちげん（一見）さん」ではないということなのだ。この場合、猪口をだれかに渡して買ってきてもらうことは可能である。

　さて、この「リターナブル」ということを念頭に、紅猪口が繰り返し使用されたものとすると、京都の遺跡出土の紅猪口から想定される「小町紅」の流行は、出土量の何倍かに相当すると推察される。さらに、江戸遺跡において19世紀代を通じて小町紅の商標をもつ紅猪口が出土する状況からみて、たんに「京みやげ」として小町紅が江戸に入ったのではなく、京都から江戸への販路、江戸における小町紅の販売店を想定しなければならない。

　なお、磁器製の紅猪口は紅の販売と使用に適していたことを先に述べたが、「リターナブル」とは、まさにエコロジーの実現にほかならないということもできる。

では、実際の紅化粧だが、小町紅が流行した当時、紅は下地に墨や油煙を塗って濃く青く光らせることが主な使用法であった。文化文政頃には、笹色紅・笹紅といい、紅を濃く塗り玉虫色に光らせることが流行した。出土した紅猪口に「大坂新町お笹紅」という商標が書かれた遺物があった。笹紅という化粧法がそのまま商標になったものである。小町紅の商標をもつ紅猪口の中に、口縁部に呉須で小さく笹葉を描いたものがある。これは、同志社校地出土資料（図3の23）でも確認した。江戸遺跡出土遺物では、図4の35、図5の4・18・1・33にみえる。小町紅が広く流通していた時代に笹紅の化粧法が盛行していたことが、出土遺物の意匠から推測できることは興味深いところである。

下地に塗る墨や油煙について、筆者は「リップグロス」の役目を果たしたと考えている。現代のリップグロスは、口紅の上に、色の雰囲気を変えるために使用するだけではなく、口紅の下地にも使用する。最近はリップグロスだけを付けて外出することもある。江戸時代の紅化粧に下地が活用されていることは現代の紅化粧にも通じるところである。

おわりに

江戸時代後期の京都の女性たちは、四条界隈にある、馴染みの店で愛用の小町紅を「リターナブル」容器で買い求め、紅皿「リップパレット」に下地を伸ばして、「リップグロス」を塗り、その上に紅をさして大切に使っていた。唇を青く光らせる化粧法が盛んであった。江戸の女性たちにも小町紅は大変人気があり流行していた。

元治元年（1864）の『京都土産』[33]では、京の女子の美麗について「先ツは色白く肌こまやかニして腰細し、江戸浪華の及ばざる所なり。尤土地柄ニもより、殊ニ加茂川之水ニ洗ひ上ケ、且つ紅化粧も格別なれとも（下略）」と書かれている。江戸や大坂の女性にまさる京女の美しさ、これが「はんなり」という京ことばで表現されるゆえんのひとつだろうか。

遺跡出土の「小町紅」容器は、江戸時代に京都で生産され、京都のブランドとして成立した「小町紅」の盛行をよく物語るものであったといえよう。

今後とも、江戸時代の女性の生活、習慣、嗜好について、筆者自身が日々の生活感を失うことがないように留意しながら、考古資料を丹念に研究していきたいと考えている。

注
(1)「京獨案内手引集」元禄七年『新修京都叢書』第3巻　臨川書店　1969年。
(2)「商人買物独案内」天保二年版『新撰京都叢書』第7巻　臨川書店　1984年。
(3)「商人買物独案内」嘉永四年版『新撰京都叢書』第7巻　臨川書店　1984年。
(4)『容顔美艶考』（復刻版）並木正三（著）　浅野高造（補著）資生堂企業資料館　2000年。
(5) 野上建紀「紅皿・紅猪口の概要」『九州陶磁の編年』九州近世陶磁学会　2000年。
(6)『平安京左京北辺四坊―第2分冊（公家町）―』京都市埋蔵文化財研究所調査報告第22冊　財団法人京都市埋蔵文化財研究所　2004年。
(7)『徳照館地点・新島会館地点の発掘調査』同志社大学校地学術調査委員会　1990年。

（8）京都大学埋蔵文化財調査研究センター『京都大学構内遺跡調査研究年報 1995 年度』1999 年。

京都大学埋蔵文化財調査研究センター『京都大学構内遺跡調査研究年報 1996 年度』2000 年。

（9）徳田隼也「出土小型碗・小町紅について—江戸遺跡を中心に—」『江戸の名産品と商標』〔発表要旨〕（江戸遺跡研究会第 18 回大会資料）江戸遺跡研究会　2005 年。

（10）『難波宮跡の研究　第九』財団法人大阪市文化財協会　1992 年。

（11）『大坂城三の丸跡の調査』大手前女子学園　1988 年。

（12）『広島藩大坂蔵屋敷跡Ⅰ』財団法人大阪市文化財協会　2003 年。

『広島藩大坂蔵屋敷跡Ⅱ』財団法人大阪市文化財協会　2004 年。

（13）『枚方宿の陶磁器』枚方市教育委員会　財団法人枚方市文化財調査研究会　2001 年。

（14）『有岡城伊丹郷町Ⅱ』大手前女子大学史学研究所　1992 年。

（15）『兵庫津遺跡Ⅱ』兵庫県教育委員会埋蔵文化財調査事務所　2004 年。

（16）『明石城武家屋敷跡』兵庫県教育委員会埋蔵文化財調査事務所　1992 年。

（17）『肥田城遺跡発掘調査報告書』滋賀県教育委員会文化財保護課　財団法人滋賀県文化財保護協会　1988 年

（18）『出土品にみる江戸時代の生活』滋賀県立近江風土記の丘資料館　1982 年。

（19）大橋康二「肥前陶磁の変遷と流通」『江戸のくらし』新宿歴史博物館　1990 年。

『長与窯の研究』長与町教育委員会　1974 年。

（20）『女郎花物語』藤原大弐　序（1661 年）江戸時代女性文庫 82　大空社　1998 年。

（21）『女用訓蒙図彙』奥田松柏軒（1687 年）家政学文献集成　渡辺書店　1970 年。

（22）「絵本江戸紫」『江戸風俗図絵集』上　国書刊行会　1986 年。

（23）『都風俗化粧伝』高橋雅夫校注　東洋文庫 414　平凡社　1982 年。

（24）「婚礼道具諸器形寸法書」（「婚礼道具図集　下」正宗敦夫編　日本古典全集　昭和 12 年）『復刻日本古典全集』現代思潮社　1978 年。

（25）山村博美「江戸時代の化粧—考古資料との関連から—」『考古学と江戸文化』〔発表要旨〕（江戸遺跡研究会第 5 回大会資料）江戸遺跡研究会　1992 年。

山村博美「江戸時代の化粧」『江戸文化の考古学』吉川弘文館　2000 年。

（26）注（9）に同じ。

（27）『絵本江戸化粧志』花咲一男編　近世風俗研究会　1955 年。

（28）「大阪府の地名」日本歴史地名大系第 28 巻　平凡社　1986 年。

（29）注（25）に同じ。

（30）上村松園『青眉抄』1943 年（復刻版）求龍堂　1995 年。

（31）注（25）に同じ。

（32）「空言の川」『当世嘘の川巻之四』粋川子作　洒落本大系 12 巻　林平書店　1932 年。

（33）石川明徳「京都土産」『史料　京都見聞記』第五巻　見聞雑記Ⅱ　法蔵館　1992 年。

集成表（表 1）関係報告書

東京都（区部）

　　渋谷区

北青山遺跡調査会『北青山遺跡』1997 年。

千駄ヶ谷五丁目遺跡調査会『千駄ヶ谷五丁目遺跡』1997 年。

　　新宿区

東京都埋蔵文化財センター『市谷本村町遺跡　尾張藩上屋敷跡　市ヶ谷北地区』2002 年。

東京都埋蔵文化財センター『市谷本村町遺跡　尾張藩上屋敷跡　市ヶ谷西地区』2002 年。

新宿区河田町遺跡調査団『河田町遺跡』2000 年。

新宿区北山伏町遺跡調査会『北山伏町遺跡』1989 年。

東京都新宿区教育委員会『三栄町遺跡』1988 年。

東京都埋蔵文化財センター『信濃町南遺跡』2003 年。

新宿区内藤町遺跡調査会『内藤町遺跡』1992 年。

新宿区払方町遺跡調査団『払方町遺跡』1999 年。

新宿区補助第 72 号線遺跡調査会『百人町三丁遺跡Ⅴ』1988 年。

新宿区生涯学習財団『水野原遺跡』2003 年。

新宿区南町遺跡調査団『南町遺跡』1994 年

新宿区教育委員会『矢来町遺跡』1994 年。

新宿区遺跡調査会『若松町遺跡』1996 年。

台東区

都立学校遺跡調査会『白鴎・都立白鴎校内埋蔵文化財発掘調査報告書』2004 年。

中央区

中央区教育委員会『日本橋蠣殻町一丁目遺跡Ⅱ』2004 年。

千代田区

東京都埋蔵文化財センター『千代田区外神田四丁目遺跡』2004 年。

東京都埋蔵文化財センター『千代田区永田町二丁目遺跡』2003 年。

豊島区

豊島区教育委員会『巣鴨Ⅰ』1994 年。

文京区

文京区遺跡調査会『小石川』(Ⅱ近世・近代遺物編) 1998 年。

都立学校遺跡調査団『駒込鰻縄手　御先手組屋敷』1997 年。

文京区遺跡調査会『本郷追分』1994 年。

文京区遺跡調査会『弓町遺跡』2000 年。

港区

東京都教育委員会『港区文化財調査集録』第 1 集 1992 年。

東京都生涯学習文化財団『宇和島藩伊達家屋敷跡遺跡』2003 年。

旧芝離宮庭園調査団『旧芝離宮庭園』1998 年。

汐留地区調査会『汐留遺跡』1996 年。

東京都埋蔵文化財センター『汐留遺跡Ⅰ』1997 年。

白金館址遺跡調査団『白金館址遺跡』1988 年。

東京都狛江市

小田急遺跡調査団『小田急小田原線成城学園前駅〜登戸駅間線路連続立体交差事業に伴う遺跡調査報告書』1995 年。

神奈川県小田原市

小田原市教育委員会『愛宕山』1989 年。

小田原市教育委員会『小田原城三の丸東堀第Ⅳ・第Ⅴ地点』2000 年。

石川県金沢市

金沢市教育委員会『金沢市醒ヶ井遺跡』2001 年。

金沢市教育委員会『高岡町遺跡Ⅰ』2001 年。

金沢市埋蔵文化財センター『長田町遺跡　長町遺跡　穴水町遺跡』1998 年。

金沢市教育委員会『金沢市本町 1 丁目遺跡Ⅲ』2003 年。

付篇Ⅰ　遺跡出土の「小町紅」銘紅容器―小町紅の流行と江戸時代後期の紅化粧―

香川県高松市

　財団法人香川県埋蔵文化財センター『高松城跡（西の町地区）Ⅱ』2003 年。

長崎県長崎市

　長崎県教育委員会『万才町遺跡』1995 年。

付篇Ⅱ　旧柳原邸遺構と草創期の同志社女学校
―出土陶磁器が語る京都の近代―

はじめに

　近世以降、京都御所周辺に公家屋敷がおかれたが、現在、今出川通北側の大部分が同志社校地となっている。屋敷地は現在の京都御苑の北にあたる今出川通の南にも多く存在した。明治9年（1876）、同志社はこの地にあった柳原前光邸を借りうけ、女子への教育が開始された。創設期の女学校についてはこれまでに当時の記録等が刊行されているが、旧柳原邸の建物や構造に関する研究は少ない状況であった。

　1997年から京都迎賓館建設にともなって旧柳原邸をふくむ公家屋敷群の発掘調査が開始され（図1）、柳原邸以降の変遷について成果を得るとともに、江戸時代末期から明治初期の遺構・遺物を検出している[1]。

　本章ではこの報告を通し、女学校創設期の旧柳原邸の利用について考察することとしたい。

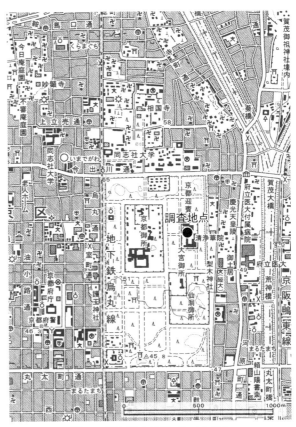

図1　調査地点位置（1：25,000）

第1節　文献にみる旧柳原邸

　公家町の形成は、豊臣秀吉の京都改造事業によるところが大きいことがよく知られている。
　幕末の慶応4年（1868）の絵図[2]（図2）をみると柳原家の北に園家、南に櫛笥家が隣接していた。柳原家は明治2年（1869）東京に移転したが、この屋敷を新島襄が借り受けて明治8年（1875）10月にJ. D. Davis一家が神戸から居を移したものである。当時、新島は「眠れなくなりました。それで（中略）彼の家を借りられるよう長文の手紙を書きました。この眠れない男のために何とかして頂けませんか？」と記しており[3]、Davisの住宅借用について苦心を重ねたことがわかる。

249

付篇Ⅱ　旧柳原邸遺構と草創期の同志社女学校—出土陶磁器が語る京都の近代—

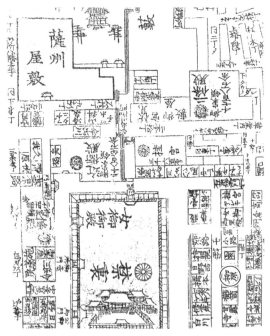
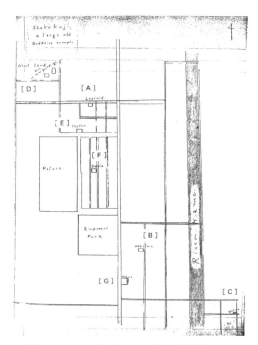

図2　慶応4年（1868）絵図　　　　図3　Davis邸［F］　同志社英学校［D］
　　　　　　　　　　　　　　　　　　　　　（1876年6月15日）

　翌明治9年（1876）1月2日にはここDavis宅において教徒初の聖餐式があり、山本八重が受洗した。翌3日、新島と八重はDavisの司式によって結婚式をあげている[(4)]。

　同年3月に京都に入ったD. W. Learnedがこの頃同志社関係者の居宅の位置関係を記しており[(5)]、興味ぶかい（図3）。そして4月、アメリカン・ボード婦人宣教師A. J. Starkweatherが京都に入り、このDavis宅に寄宿することとなったのである。

　A.J.Starkweatherが授業を始めるのは、Starkweatherの書簡に「We began to regular school exercises Oct.24」と記す1876年10月24日のことであった[(6)]。

　同志社が女子に対して教育を始めたのはこのDavis宅よりも早く、新島宅において始められていたことがわかってきた[(7)]。同年の2月から、Davis夫人の姉でアメリカン・ボード宣教師夫人であったE. T. Doaneと、新島八重の協力によって女子のための塾が開始されていたが、間もなく消滅の体となっていったものである[(8)]。したがって、柳原邸借用とDavisの尽力によるStarkweatherの来日が同志社の女子教育の実現に果たした重要性を高く評価するべきであると考える。

　さて、この頃のDavis宅の様子はどのようなものであったのか、当時の関係者の記録をまとめてみる。

　Davisは"Miss A. J. Starkweather reached Japan 7th 1876, and came to Kyoto, having her home with Mr. Davis'family, in the old Yanagiwara *yashiki*, on the east side of the palace enclosure. This *yashiki* had more than fifty rooms, and Miss Starkweather occupied three or four rooms of the largest and best rooms, opening upon the beautiful garden, in the rear of the house."[(9)]と述べている。

250

当時在籍した湯浅初子は、「五六人の生徒が集まって柳原様の御屋敷の跡で、荒れ果てた板敷ばかりの家を借りて、授業と云ふほどでは無い稽古を始めた。」[10]と述べる。また海老名みやは「柳原伯の旧邸を借りて寄宿舎の様にし」[11]と述べ、「同志社にはまだ学校らしい学校は無かったのであります。然しその前身とも見るべきものが、現在の御所の境内の東部広場（大きな樹木のある辺り）に、柳原伯邸を借りて、営まれつつありました。それは実に古い家で、其処にデビス先生及び其家族とミス．スタークウエザーと云ふ女教師の宅があります。その女教師の応接間とも云ふべき一部屋を中心にして、畳をひいた縁がわに、私どもは寝起きもし、勉強もしました。」[12]と回想している。

そして本間重慶は「スタックウエーザル女教師が京都に女学校創設の目的にて入京せられた当時よりデビス先生の依頼にて毎日同邸に出入せし」[13]人物であったが、彼の記録には「デビス先生入京後初の三四年は、御所清和門院内にて又日の御門に近き二階町の旧柳原家の邸に住居された。此邸は、勿論平屋なるも随分大なる家屋にして、前部の数室には先生御夫妻と家族全部が住ひ（中略）表の応接の間と食堂室を打ち開き、日曜及金曜の集を致された其次の二三室にはスタックウエザル女教師が住し」[14]とあり、邸内の部屋割について示した貴重な報告となっている。

さらに当時の宣教師文書にも興味ぶかい記事が残っている。Starkweather に続いて明治10年（1877）10月8日に京都に入った婦人宣教師の1人である J.Wilson の手紙には、「"Palace" であるという柳原邸でさえ天井が低く、Davis が頭をかがめて部屋から部屋へ移動していた。」[15]とある。また F. Parmelee は柳原邸のことを「a large queer, rambling old palace, possibly hundred years old」と述べていたことが明らかとなっている[16]。

これらの記述から当時柳原家が古く、外国人には公家屋敷の構造がときに奇妙に映ったこと、そして授業に使用されたのが Starkweather の室を中心とした庭に面した縁側を含む数室であったことを知ることができた。

第2節　幕末の旧柳原邸遺構と遺物

平安京左京北辺四坊、現在の京都迎賓館地点（図1）の発掘調査は1997年に開始された。以下、調査の成果[17]にそって述べる。絵図を勘案した結果、調査で検出した宅地5が1708年の宝永大火以降、宅地6が1637年頃から柳原家の屋敷地であったことが知られ、江戸時代後期の天明8年（1788）に大火にあったが屋敷の配置に変化なく幕末まで存続したと考えられている[18]。

ここから、旧柳原家跡の江戸時代後半期の遺構について述べる。図4はその遺構配置図である。北のA区に溝A7、その南に池A57がある。溝A南の池A57のすぐ西に井戸A354を検出した（図5）。この井戸A354は厳密には井戸状遺構で、検出面から約2mで底に達するという。この遺構は明治期まで機能したものと考えられている。

南西のE区に能舞台E2664がある（図4）。円形土坑を中心に信楽甕7個を口を傾けて据えていることから、屋敷と廊下でつながる舞台を設けたと想定し、さらに下層に宝永5年（1708）の大火後の立替時に賢瓶を埋納した遺構を検出したことから想定したものであった（図6）。しかしながら屋敷の建物については根石や整地の痕跡がわずかにみられるのみで、明確な礎石の痕跡が

付篇Ⅱ　旧柳原邸遺構と草創期の同志社女学校―出土陶磁器が語る京都の近代―

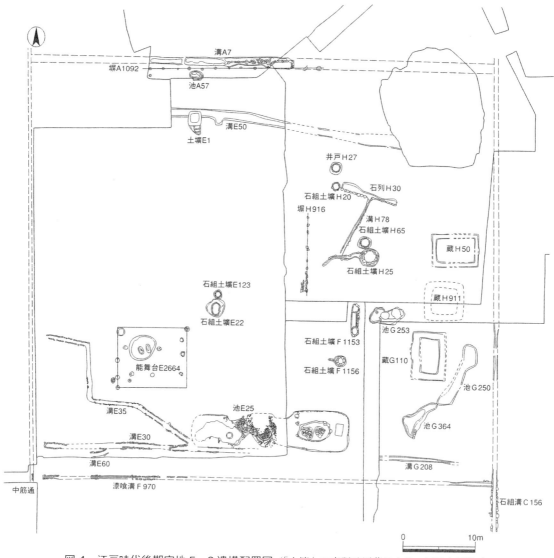

図4　江戸時代後期宅地5・6遺構配置図（「土壙」の表記は原著による。図5も同じ。）

なく、江戸時代前半期、後半期を通じて報告書では建物を復元していない。能舞台の南西に位置する池E25は、天明8年（1788）の大火以降に火災整地層を切り込んで築造されたもので、後に一度改変して中央に築山のある構造とし、これが幕末〜明治期に埋められている。池から延びる溝は池の導水路（遣水）である。南東のG区でも池G250・G253・G364と蔵G110を検出した。北東のH区では、蔵H50・蔵H911を検出している。

遺物は溝A7からイギリス製水差（図7の1）ガラスボウル（図7の2）小瓶（図7の3）ワインボトル（図7の4）、井戸A354からイギリス製皿（図7の5）、ガラスボウル（図7の6）、シャンデリアの一部と推定されるランプ火屋（図7の7）が出土した。池E25の幕末期の最終埋土中から下絵がにじむ、いわゆるフロウン・ブルーチャイナの鉢またはボウルの破片が出土した（図7の8）。オランダもしくはその周辺の製品と報告されている。またH区の井戸H120からローマ

第 2 節　幕末の旧柳原邸遺構と遺物

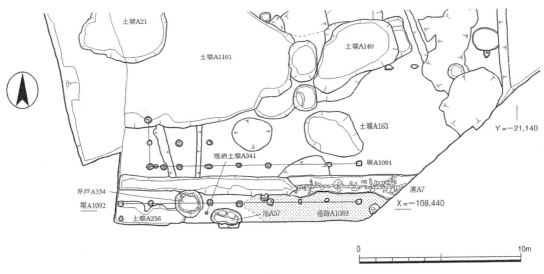

図 5　井戸 A354

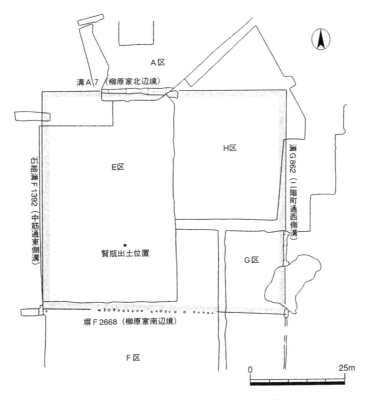

図 6　柳原邸屋敷範囲と賢瓶出土位置

付篇Ⅱ　旧柳原邸遺構と草創期の同志社女学校―出土陶磁器が語る京都の近代―

図7　溝A7出土遺物 1〜4　井戸A354出土遺物 5〜7　池E25出土遺物 8
　　井戸H120出土遺物 9　井戸H27出土遺物 10

字の墨書をもった皿（図7の9）、井戸H27からデキャンター（図7の10）が出土している。出土遺構の年代は、19世紀中頃と考えられている[19]。

　以上の遺物について詳述する。

　図7の1はイギリス製クリームウェアの水差で、底部外面にPinder, Bourne & Co 社の プリントマークがある。Pinder, Bourne & Co 窯の操業期間は1862年〜1882年である。一度大きく壊れたものが丁寧に焼継（やきつぎ）されている。図7の5はイギリス製クリームウェアの皿で、底部外面にCockson & Chewynd 社のプリントマークがある。Cockson & Chewynd 窯の操業期間は1867年〜1875年であることが知られている。以上の窯の操業期間等は岡泰正の教示によるものと報告されている。水差（図7の1）生産窯の操業期間は開始が皿より早く、柳原家との関係も想定できるが、閉窯が1882年であることから、婦人宣教師らが持ち込んだものと推定することができようか。皿は操業期間からみて、私塾に関係したものである可能性が高いといえよう。上述のガラス製品はすべてヨーロッパ製と推定されるものであり、私塾の開校にあたって持ち込まれたものと考えることができ、興味ぶかい。

第3節　幕末期公家屋敷指図による検討

　前節で述べたように、旧柳原邸の幕末期の建物跡は検出されていない、しかし、当時建物が存在したことは第1節で引用した文献から明らかである。

　さて管見では当地に建てられた柳原邸の指図は伝わっていない。本節では遺構配置図（図4）と幕末期に建設された公家屋敷の指図を比較して当時の旧柳原邸の建物について考察を試みる。

　公家屋敷の指図として「桂宮邸指図」をとりあげる。これは桂宮邸の平面図兼配置図であり、内容は弘化4年（1847）に建てられた建物を示している[20]。この年代が幕末期柳原家遺構と近接すること、ならびにこの時期の公家屋敷指図の公刊が少ないため、今回比較の対象としたものである。

　「桂宮邸指図」（図8）では上部である北に今出川通が東西に延び、北西隅に今出川御門が描かれる。邸の西に2門あり、屋敷地の北寄りに建物が位置し、屋敷の正面側にあたる西から裏側の東へと広がる。部屋は西から表・中・奥の東西の区画に大別でき、それぞれ廊下でつながる。屋敷地の南東に池を描き、中央に「池」と漢字で記す。池の東には「御文庫」と書かれた蔵がみえる。この池と、池の南東の建物配置は昭和15年（1940）に刊行された地図にも認められ、池の平面図と位置、池の東すなわち屋敷地南東の建物の位置がこの指図とほぼ同一であった[21]。

　以下、この指図と柳原家地点の遺構配置図（図4）を比較してみたい。

　指図では屋敷の南東に池が描かれていたが、柳原家地点においても屋敷の南に池E25、東に池G250・G253・G364を検出している。そして池がいずれも建物奥すなわち東の、建物の南側に位置する点が一致している。

　さらに指図では池の奥に「御文庫」などの蔵を描くが、柳原家地点においても蔵G110・蔵H50・蔵H911が検出されている。指図の「御文庫」と柳原家地点の蔵の位置をみると、ともに池の東側にあたり、屋敷地最奥となっている点が共通する。指図では「御文庫」の東に蔵が3棟

付篇Ⅱ　旧柳原邸遺構と草創期の同志社女学校―出土陶磁器が語る京都の近代―

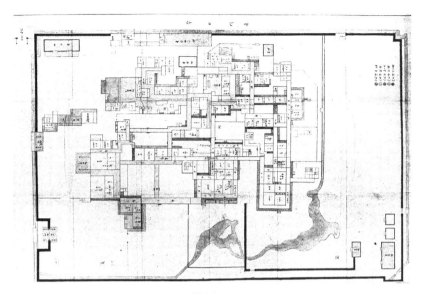

図8　「桂宮邸指図」

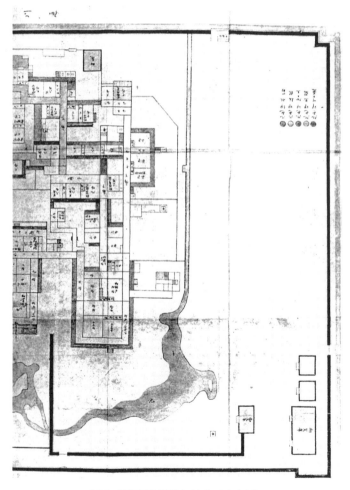

図9「桂宮邸指図」拡大（東半部）

描かれるが、遺構配置図でも池の北側に蔵が3棟位置していることが知られる。

　このように屋敷地内の池と御文庫・土蔵の位置を手がかりとして、江戸時代後半期～幕末期に両者が公家屋敷としてほぼ同一の配置をもって建てられたと想定することが可能であろう。

　この想定をもとに、つづいて指図と第1節でみた文献との対照をおこなう。

　指図には家の奥南側に池を臨む部屋が数室描かれる（図8）。これを Davis の "Miss Starkweather occupied three or four rooms of the largest and best rooms, opening upon the beautiful garden, in the rear of the house." と比較すると、best rooms とは日当たりのよい南向きの部屋、in the rear of the house とは屋敷奥を示して一致する。また the beautiful garden としていることは、池をふくむ庭園をさすものと考えられる。さらに、指図では建物の南側の、池に面する数室に縁側が描かれている（図9）。部屋に縁側があることは、第1節であげた「女教師の応接間とも云ふべき一部屋を中心にして、畳をひいた縁がわに」との海老名みやの回想と一致する。

　また指図にみえる、屋敷の門のある表側から庭のある奥側へという配置（図8）は、「前部の数室には先生御夫妻と家族全部が住ひ」「表の応接の間と食堂室を打ち開き」「其次の二三室にはスタックウエザル女教師が住し」との本間重慶の記録に合致してくる。

　以上のように柳原家地点の発掘調査で検出された池ならびに蔵の遺構と、弘化4年（1847）の桂宮邸指図に描かれた池と御文庫の配置を手がかりとして、江戸時代後半期～幕末期頃に両者が公家屋敷としてほぼ同一の配置をもっていたとの想定にもとづくならば、旧柳原邸すなわち当時の Davis 邸で Starkweather が授業をおこなった部屋とは、当時、屋敷地内に存在した池（図4）をふくむ庭園を臨み、これに南面する数室であったとみなすことができよう。

第4節　Davis 転居と女学校移転

　旧柳原邸において開始した女子塾は明治10年（1877）4月に同志社分校女紅場として認可され[22]、同9月に新島襄が女紅場を「女学校」とする改称願を提出し許可された[23]。校舎については「当分之間（中略）華族柳原前光殿持家之一分ヲ以テ仮校ト為シ」との届が府知事宛に出されている[24]。

　Davis 一家は明治11年（1878）2月20日に柳原邸を出て上京区上長者町の新居に移った。その後、女学校は Starkweather を中心に婦人宣教師らが維持・管理を続け、同年7月4日新校舎完成にともなって現在地（旧二條家邸跡）（図2）に移転、9月16日に授業が開始された[25]。この移転により明治8年（1875）10月に Davis が借用以来、2年余に至った当時の同志社女学校による柳原邸借用が終了した。したがって、発掘調査で検出された幕末期～明治初期の遺構については、その廃絶年代を少なくとも柳原家東京移転の明治2年（1869）と女学校移転（1878）の2段階に設定することができる。

　第2節でみたイギリス製の水差と皿は、その実用性と廃棄年代から私塾に関わるものである可能性が高いものと筆者は考えている。持ち込まれて間もなく廃棄されたと推測できよう。水差が丁寧に焼継がれていることから、運搬中に割れたものを修復して京都で大切に使用したとも想定されようか。

付篇Ⅱ　旧柳原邸遺構と草創期の同志社女学校―出土陶磁器が語る京都の近代―

その後、旧柳原邸をふくむ公家屋敷は整備され、昭和24年（1949）に国民公園となってほぼ現在の景観となった。

おわりに

同志社女学校が創設された時代、それは私塾の時期をふくめて大部分が旧柳原邸にあった時代である。期間は3年に満たないが、「この時期はある意味で学校の本質的特色の形成に大きく関わる時期でもあった」[26]との指摘があり、女学校の現在に至る歴史において重要な時期であることは明らかである。

柳原家をふくむ公家屋敷遺構・遺物を報告した発掘調査報告書が、京都市域において近世を対象とした研究の基礎資料となったことは、本書において第6章に執筆したとおりである。

幕末〜明治期の京都は、日本史上、江戸、東京とならぶ重要な地点であり都市である。そしてここに同志社が開かれた。

また、近世京都が生みだした京焼の歴史の中にあっては、幕末〜明治期とは、内国・万国博覧会への出品、海外輸出、新陶工を輩出した大転換と発展の時代であった。

近世考古学から、より新しい「近代を対象とした考古学」の遺構ならびに遺物研究に、本章の成果が一つの方向性を示すことができれば幸いである。

注

(1) 『平安京左京北辺四坊―第2分冊（公家町）―』京都市埋蔵文化財研究所調査報告第22冊　財団法人京都市埋蔵文化財研究所　2004年。

(2) 「改正京都町絵図細見大成」慶応4年『慶長昭和京都地図集成』柏書房　1994年。

(3) J. D. デイヴィス著　北垣宗治訳『新島襄の生涯』同志社校友会 1975年。

(4) 注（3）文献。

(5) 本井康博『京都のキリスト教―同志社教会の19世紀』（同志社教会双書3）日本キリスト教団同志社教会　1998年。

(6) 坂本清音「米国伝導会宣教師文書―A. J. Starkweather 書簡―」『総合文化研究所紀要』第7巻　同志社女子大学総合文化研究所　1990年　163〜193ページ。

(7) 『同志社創立九十周年記念誌』同志社同窓会　1996年。

(8) 『同志社女學校期報』39（大正5年12月10日号）1916年。
　　坂本清音「創設期の同志社女学校」『同志社女子大学125年』同志社女子大学　2000年。

(9) 「1876-1903　DOSHISHA GIRLS'SCHOOL KYOTO, JAPAN」同志社女子大学史料室所蔵資料　1903年。

(10) 『創設期の同志社―卒業生たちの回想録―』同志社社史資料室　1986年。

(11) 注（10）文献。

(12) 『同志社時報』大正14年（1925）11月1日号（『同志社女子部の百年』同志社女子部創立百周年記念誌編集委員会　昭和53年）。

(13) 本間重慶「同志社女学校初期時代」『同志社女学校初期時代』『同志社校友同窓會報』第18号　1928年。

（14）本間重慶「デビス先生―五十年史料」『同志社校友同窓會報』第 12 号 1927 年。

（15）坂本清音「同志社女学校初代婦人宣教師 Alice. J. Starkweather―Christian Home School の実現のために―」『総合文化研究所紀要』第 12 巻　同志社女子大学総合文化研究所　1995 年　10～31 ページ。

（16）注（15）文献。

（17）注（1）文献。

（18）「表 1　公家屋敷変遷表」注（1）文献所収。

（19）「表 122　ガラス製品観察表」2　注（1）文献所収。

（20）『中井家文書の研究』第 9 巻　内匠寮本図面篇 9　中央公論美術出版　1984 年。

（21）「学区界町名入京都市街図」昭和 15 年（『慶長昭和京都地図集成』柏書房　1994 年）。

（22）「同志社関係徳重浅吉所蔵文書」『同志社百年史』資料編 1　学校法人同志社　1979 年。
「同志社記事」（社務第 18 号）『新島襄全集 1　教育編』同朋舎出版　1983 年。

（23）「同志社関係徳重浅吉所蔵文書」『同志社百年史』資料編 1　学校法人同志社　1979 年。

（24）注（23）文献。

（25）注（15）文献。

（26）注（15）文献。

あとがき

　私は和歌山市に生まれ、幼時から大きな声で歌い、絵本を見るのが好きでした。大阪府高石市に移り、高師浜にある日本キリスト教団伽羅橋幼稚園を卒園しました。大阪府立三国丘高校の受験に失敗し、大阪市内にある私立高校に進学しました。多感な思春期に本意でない高校での生活を強いられたことから、絵画や詩歌、音楽に傾倒し、高校２年のときに東京国立博物館を見学したときなどはひどく感動したものです。そして同志社大学文学部美学芸術学科に入学した当時は雑密や天部形像に魅かれていました。高石から京都まで遠距離通学をしながら、文化団体連盟所属のサークルで週３日音楽活動にたずさわり、京都・東京・九州での演奏会にも参加しました。教育実習最終日に高石中学校から堺市の四ツ池遺跡まで徒歩で見学に行ったこともあります。大学卒業後企業に就職し受付を担当、傍ら観世流謡曲、表千家茶道を稽古、週１回の映画・月１回の芝居鑑賞の合間に展覧会・音楽会・講演会や能・狂言・文楽に通い、フランス語を再度学び直しフランスへ遊学しました。

　同志社大学大学院文学研究科博士課程前期に進学し、在学中、京都大学人文科学研究所を中心とするグループからお誘いをうけ、中国の黄河流域を３週間にわたって旅行する機会がありました。そのときの知人がのちに北京大学考古系に留学し、一時帰国した際、北京大学の先生から本を預かったので、森浩一先生へ届けてほしいと頼まれました。森先生の大学院の授業を受講していましたので、数日後森先生に手紙を書きました。返信は先生自筆の葉書で、京田辺校地の考古学施設を見学に来るようにとのことでした。先生の紹介で翌週から同志社校地内の出土遺物整理をお手伝いすることになり、考古学とりわけ近世陶磁器に直にふれる端緒となりました。

　私は考古学と出会ったあとに、曽祖父が和歌山市太田黒田遺跡の傍の太田に一時居住していたこと、両親が卒業した和歌山県立桐蔭高校（旧制和歌山中学）の１期生は南方熊楠、幼稚園の先生方が同志社大学の出身で最寄駅に伽羅橋遺跡（高石市）があること、森先生が旧制堺中学（現三国丘高校）を卒業され『高石市史』の考古編を執筆しておられたのを知ることになりました。

　遺物整理の最初の仕事が肥前京焼風陶器の分類、続いて京焼の実測でした。関西近世考古学研究会の方からすすめられ、遺物整理の成果をもとに「肥前京焼風陶器と京焼」という論文を執筆しました。編集担当者が「研究史に残る論文だ」と言ってくださったことを心強く思いました。この論文の執筆に際して九州陶磁文化館、東京国立博物館工芸課日本陶磁室の格別のご高配で熟覧と撮影を許されました。この論文は『月刊考古学ジャーナル』の書評にとりあげられました。

　東京大学埋蔵文化財調査室では遺物の分類と編年が進んでおり、たびたび見学し、懇切なご教示と配慮をいただきました。また東京都埋蔵文化財センターの方々にも現場見学、遺物見学の機会を頂戴し、市ケ谷の現場を自転車で走ったこと、広大な汐留遺跡を案内していただいことを思い出します。この頃、東洋陶磁学会の気鋭の研究者の方々と交流する機会を得ました。

　その後、同志社女子中学・高等学校の静和館地点および新島会館別館地点の発掘調査と遺物整理、報告書の考察を執筆する機会をいただきました。この折、瀬戸・美濃地方を見学し関係者の

方々に案内とご教示をいただきました。また同志社大学歴史資料館が主催する公開講座で「京焼と各地の京焼写し」というタイトルで講演し、この内容をもとに『同志社大学歴史資料館館報』第2号（1999年）に「同志社校地出土の京焼系陶器の編年と構成」と題して執筆しました。この論文を読みたいと京都市埋蔵文化財研究所の京都迎賓館地点発掘調査担当者から問い合わせがあり、それが契機となって公家町遺跡の発掘現場に足しげく通うことになりました。広い現場で多くの担当者の方々と出会い、現場が終了すると遺物が移動するたびにさまざまな収蔵庫を訪れました。滋賀県立陶芸の森で開催された「信楽焼と京焼」研究集会では、口頭発表の準備のため京都大学埋蔵文化財調査センターを遺物見学に訪れ、調査担当の方々に懇切なご教示をいただきました。

　2006年、京都国立博物館で特別展覧会「京焼」が開催された折には私は会場を直進し、図録を購入して帰りました。母が重篤な状態にあり、ひとり看病を続けていました。その母が亡くなって奈良市内に転居することとなり、混乱の中で研究資料や蔵書が散逸し、私は研究を断念せざるを得ない事態になりました。このような失意の中で、常盤井殿町遺跡（旧二條邸跡）の出土遺物を研究する機会をいただきました。興戸駅前の坂を上る力もないような朝も、なつかしい歴史資料館に行くと思うと元気が湧いてきて、大学院生や学生と共に作業し勉強する喜びを新たにしました。生活が落ち着き、研究を再開できたことは夢のようでした。

　2010年から同志社大学文学部非常勤嘱託講師として全学共通科目の「考古学」を担当しています。授業では、京焼をはじめとする出土陶磁器片の分別の説明のために伝世資料に言及することもあります。受講生の中には美学芸術学科の学生もふくまれ、伝世品のスライドショーを熱心に見た学生の感想に「私は芸術学をとっていますが、この考古学の授業とつながると思いました」「美術史学という学問がありますが、陶磁器の勉強にはこの方法も役立つと思います」と書かれ驚きました。私は教壇で学部時代について話すことがほとんどありません。しかし、このような感想に応えて話すこともあります。

　京焼の作品、ことに古清水の範疇に入るものには秋草が描かれたものが多く、それを目にするたびに私の脳裏に「日本と中国と西洋、それぞれの美術を象徴するものとして（中略）日本は秋草をあてることができると思うのです。」と言った源豊宗氏の言葉（『日本美術の流れ』思索社1976年）がよみがえります。学部時代の恩師は京都大学で源豊宗氏に学び、琳派を専門とした研究者でした。若き日に学んだ美学芸術学は、時間をかけて、ゆるやかに考古学と結びつき、出土遺物としての京焼研究という、私のライフワークに結実しています。それをとてもうれしく、光栄に思います。そして考古学を専門とするようになっても、すべての研究を同志社大学で続けることができたことは恵まれていました。

　今後は京焼について、考古学の立場からさらに研究を進めると同時に、文化史学そして美学芸術学の立場からも研究することができればと思います。

　本書の各章には、今や研究史の一部となりつつあるものがふくまれていますが、私はこれをあえて原形をとどめるかたちでまとめることを選びました。これはひとえに、後輩である考古学実習室の学生のことを思ったからにほかなりません。京焼が、軟質施釉陶器が、京焼風陶器が、信楽産施釉陶器が、禁裏御用の京焼が考古学研究者にとって共通認識となる過程を、今こそたどっ

てもらいたかったのです。

　現在も同志社校地で、京都で、日本の各都市で近世遺跡の発掘調査が進められています。本書が発掘現場で、遺物整理室で、また報告書作成の参考として備えられ活用され、そして京焼と陶磁器に関心をもつ方々に、読んでいただく機会があれば幸いです。

　出土遺物を収納したコンテナの中で、京焼はいつも私には光り輝いてみえました。さまざまな焼物の一つである京焼が私をここまで導いてくれたと思います。私が近世考古学の世界に残すことができた実績は、実にささやかなものでした。それでも、この小さな歩みが、私から学生たち、さらには次世代へとつなぐ、橋渡しの一つとなることを期待します。実習室の後輩である藪田みゆきさん（同志社大学大学院博士課程後期）が丁寧な校正をしてくれました。

　作品見学の折「研究とは人格を構築することである」との言葉を耳にしました。同志社大学と大学院文学研究科、考古学実習室の伝統に恥じない、品位ある研究者として身を処し生きてゆきたいと念じます。そしていつか、私が憧れてやまない西行のように生を終えたいものです。

　最後になりましたが、本書をまとめるにあたり、ご教示と叱咤激励をいただきました松藤和人先生にあらためて厚くお礼を申し上げます。

　そして、私に考古学への扉を開いてくださった、森浩一先生のご冥福を、もう一度ここにお祈りいたします。ほんとうにありがとうございました。

謝辞

　これまで、多くの方々のご教示とご厚意によって研究を続けることができました。ここに芳名ならびに機関名を記し、感謝の意を表します。なお、すでに他界された方のお名前も記します。

　赤沼多佳、安芸毬子、雨宮六途子、荒川正明、有田艶子、砂澤祐子、石神由貴、伊藤嘉章、今井　敦、岩崎仁志、上峯篤史、植西美津子、内田好昭、内野　正、ウィルソン＝リチャード、追川吉生、大立目　一、大橋康二、小笠原佐江子、緒方　泉、小川　望、小野真理子、尾野善裕、大槻倫子、加藤雄太、川口宏海、川崎　保、川村紀子、木立雅朗、久保和士、小池　寛、小島孝修、小林博範、小檜山一良、小松武彦、小森俊寛、坂本清音、佐久間貴士、佐藤　隆、志賀和子、柴田将幹、嶋谷和彦、下村節子、白神ικ之、洲鎌佐智子、鋤柄俊夫、鈴木重治、鈴木秀典、積山　洋、滝川重徳、田口信子、辰巳和弘、千葉　豊、續伸一郎、土屋千春、徳田隼也、仲野泰裕、中村　敦、中村潤子、中屋啓太、成瀬晃司、能芝　勉、八賀　晋、橋本綾子、橋本久和、長谷川祥子、浜中邦弘、服部　郁、原山　充、比田井民子、平尾政幸、福原茂樹、藤田邦雄、藤本史子、穂積裕昌、堀内明博、堀内秀樹、前園實知雄、増山　仁、丸川義弘、松尾信弘、水ノ江和同、宮澤正典、宮永東山、宮本佐知子、森　毅、盛　峰雄、森村健一、門田誠一、藪田みゆき、矢部良明、山内千夏子、山口剛志、山田邦和、山本雅和、吉岡康暢、吉田　寛、若林邦彦、和田好史（五十音順）

　江戸遺跡研究会、関西近世考古学研究会、京都大学文化財総合研究センター、財団法人京都市埋蔵文化財研究所、財団法人大阪市博物館協会大阪文化財研究所、佐賀県立九州陶磁文化館、東京国立博物館、東京大学埋蔵文化財調査室、財団法人東京都埋蔵文化財センター、同志社大学歴史資料館（順不同）

初出一覧

序章　研究史
　　今回新たに執筆した。

第1章　京焼以前─寺院址出土の天目碗　相国寺　京南蛮寺　信行寺─
　　「寺院址出土の天目碗」『京の公家屋敷と武家屋敷─同志社女子中・高校静和館地点、校友会
　　新島会館別館地点の発掘調査─』同志社埋蔵文化財委員会調査報告Ⅰ　同志社埋蔵文化財委
　　員会　学校法人同志社　1994年3月。本文を一部変更し図版を再構成した。

第2章　京焼の生産─近世京都における窯業生産の開始─
　　「京焼の生産 ─近世考古学からのアプローチ」2012年度文化史学会大会（同志社大学文学部
　　文化史学科）2012年12月。口頭発表の内容をもとに、今回新たに執筆し図版を作成した。

第3章　肥前京焼風陶器と京焼
　第1節　京焼風陶器とは～第5節　京焼風陶器にみられる京焼の影響
　　「肥前京焼風陶器と京焼─新島会館地点出土資料を中心として─」『関西近世考古学研究Ⅲ』
　　関西近世考古学研究会　1992年12月。本文に加筆し図版の一部を再構成した。
　第6節　山水─京焼風陶器に描かれた文様─
　　「山水─京焼風陶器に描かれた文様─」『考古学と信仰』同志社大学考古学シリーズⅥ　同志
　　社大学考古学研究室　1994年10月。本文に加筆した。

第4章　同志社校地出土の京焼─その組成と年代観─
　　「同志社校地出土の京焼─その編年─」『同志社大学歴史資料館館報第2号』（1998年度）　同
　　志社大学歴史資料館　1999年6月。本文の一部を変更し図版を再構成した。

第5章　近世京都出土の信楽焼と京焼
　　「京都における信楽焼の流通と京焼」『近世信楽焼をめぐって』研究集会資料集　関西陶磁史
　　研究会　2001年11月、『研究集会　信楽焼と京焼をめぐって　報告書』滋賀県立陶芸の森
　　2002年3月。本文に加筆・訂正した。

第6章　平安京左京北辺四坊（公家町遺跡）の出土の京焼
　　今回新たに執筆し図版を作成した。

初出一覧

第7章　禁裏御用品としての京焼
　「禁裏御用の京焼─出土資料を中心として」『陶磁器の社会史 ─吉岡康暢先生古希記念論集』桂書房　2006年5月。本文の一部を変更した。

第8章　常盤井殿町遺跡（旧二條家邸跡）出土の京焼
　第1節　同志社女子大学体育施設地点調査で出土した京焼～第5節　常盤井殿町出土の京焼─編年試案作成についての予察─
　　「常盤井殿町遺跡出土の京焼─編年予察─2007年度体育館地点調査成果をふまえて」
　　『常盤井殿町遺跡発掘調査報告書─近世二條家邸を中心とする調査成果─』同志社大学歴史資料館調査研究報告第8集　同志社大学歴史資料館・同志社女子大学　2010年2月。本文の一部を変更し図版を作成した。
　第6節　新出の京焼について
　　「常盤井殿町遺跡出土の京焼─編年予察─（続）」『考古学は何を語れるか』同志社大学考古学シリーズ X　同志社大学考古学研究室　2010年12月。本文に加筆した。

第9章　近世京都出土の京焼─その編年─
　今回新たに執筆した。

終章　近世考古学の発展が京焼研究にもたらしたもの─
　今回新たに執筆した。

付篇 I　遺跡出土の「小町紅」銘紅容器─小町紅の流行と江戸時代後期の紅化粧─
　「京小町紅─はんなりと」『江戸時代の名産品と商標』吉川弘文館2011年3月。文体を変更し、本文に加筆した。
　　初出は、角谷江津子「京「小町紅」─文献と出土資料から─」『江戸の名産品と商標』〔発表要旨〕（江戸遺跡研究会第18回大会資料）江戸遺跡研究会　2005年を基礎に執筆した。この時、小川望氏（江戸遺跡研究会）より徳田隼也氏が研究を離れたため執筆しないので、徳田隼也「出土小型碗・小町紅について─江戸遺跡を中心に─」『江戸の名産品と商標』（同上）を引用し内容にもふれて執筆するようにとの依頼があったことをおことわりしておきたい。

付篇 II　旧柳原家遺構と草創期の同志社女学校─出土陶磁器が語る京都の近代─
　「旧柳原家遺構と草創期の同志社女学校」『考古学に学ぶ』（II）考古学研究室開設五十周年記念　同志社大学考古学シリーズ IX　同志社大学考古学研究室　2003年10月。本文に加筆し、図版を新たに作成した。

図版・表・写真出典

図版

第1章

図1　筆者作成（国土地理院発行1：25,000地形図『京都東北部』に加筆）

　2　「武家屋敷中井家の発掘調査」『京の公家屋敷と武家屋敷』同志社埋蔵文化財委員会　学校法人同志社1994年　図47

　3　同上書　図48

　4　同上書　図52

　5　同上書　図72

　6　同上書　図71

　7　同上書　図73

　8　同上書　図74

　9　同上書　図75

　10　同上書　図76

　11　筆者作成

　12　『京都市中京区姥柳町遺跡（南蛮寺跡）調査概報』同志社大学文学部文化学科考古学研究室1973年　図12

第2章

図1　高橋康夫『洛中洛外　環境文化の中世史』平凡社1988年をもとに作図

　2　平尾政幸「近世京都出土の軟質施釉陶器―桃山・江戸前期の洛中出土資料を中心に―」（東洋陶磁学会研究会資料）2008年「三条通弁慶石町」を改変

　3　「HKFU京都市（烏丸二条―秋乃野町）―軟質（11-A-11-B)」京都市埋蔵文化財研究所深草収蔵庫にて平尾政幸氏提供

　4　平尾政幸「近世京都出土の軟質施釉陶器―桃山・江戸前期の洛中出土資料を中心に―」（東洋陶磁学会研究会資料）2008年「三条通中之町」より引用

　5　同上資料より引用

　6　『平安京左京四条二坊十四町跡』京都市埋蔵文化財研究所調査概報2003-5　図83より引用（1～6）

　　平尾政幸「近世京都出土の軟質施釉陶器―桃山・江戸前期の洛中出土資料を中心に―」（東洋陶磁学会研究会資料）2008年「元本能寺南町」XX-L2-01（7）

　7　『平安京左京四条二坊十四町跡』京都市埋蔵文化財研究所調査概報2003-5　図86

　8　『平安京左京三条四坊十町跡』京都市埋蔵文化財研究所調査概報2004-10　図版38より引用（1～6、8～10）図6（7）

　　平尾政幸「近世京都出土の軟質施釉陶器―桃山・江戸前期の洛中出土資料を中心に―」（東洋陶磁学会研究会資料）2008年「柳馬場東入ル八幡町・押小路焼の出土分布と遺物」

図版・表・写真出典

より引用（11 〜 13）

9 『平安京左京三条四坊十町跡』京都市埋蔵文化財研究所調査概報 2004-10　図版 35 より引用（1・2・5・8 〜 16）図版 38 より引用（3・4・6）

10 『平安京左京北辺四坊―第 2 分冊（公家町）―図版』京都市埋蔵文化財研究所調査報告第 22 冊　2004 年　図版 302 より引用

11 『平安京左京一条四坊九町跡』京都市埋蔵文化財研究所調査概報 2002-8　図 5 より引用

第 3 章

図 1 筆者作成（国土地理院発行 1：25,000 地形図『京都東北部』に加筆）

2 筆者原図

3 大橋康二「いわゆる京焼風陶器の年代と出土分布について―肥前産の可能性があるものを中心として―」『青山考古』第 8 号　青山考古学会　1990 年　図 1 より引用

4 『同志社大学徳照館地点・新島会館地点の発掘調査』同志社大学校地学術調査委員会1990 年　第 33 図

5 筆者原図

6 筆者原図（1 〜 16）。拓影は大橋康二「いわゆる京焼風陶器の年代と出土分布について―肥前産の可能性があるものを中心として―」『青山考古』第 8 号　青山考古学会1990 年　図 2 の 2

7 筆者原図

8 大橋康二「いわゆる京焼風陶器の年代と出土分布について―肥前産の可能性があるものを中心として―」『青山考古』第 8 号　青山考古学会　1990 年　図 1 より引用

9 筆者原図

第 4 章

図 1 筆者作成（国土地理院発行 1：25,000 地形図『京都東北部』に加筆）

2 筆者原図（1 〜 9）『同志社大学徳照館地点・新島会館地点の発掘調査』同志社大学校地学術調査委員会　1990 年　第 39 図より引用（10・11）、筆者原図（12 〜 28）

3 筆者原図

4 筆者原図

5 筆者原図（1 〜 9）『同志社大学徳照館地点・新島会館地点の発掘調査』同志社大学校地学術調査委員会　1990 年　第 54 図より引用（1 〜 3）、筆者原図（4 〜 17）

6 『同志社構内地下鉄烏丸線今出川地点の発掘調査』同志社大学校地学術調査委員会 1981年　実測図版 4 の 18

7 同上書　実測図版 1 より引用

8 「公家屋敷二条家の発掘調査」『京の公家屋敷と武家屋敷』同志社埋蔵文化財委員会　学校法人同志社　1994 年　図 30 より引用

9 同上書　図 12 より引用

10 「武家屋敷中井家の発掘調査」『京の公家家屋敷と武家屋敷』同志社埋蔵文化財委員会学校法人同志社　1994 年　図 60 より引用

11 『同志社大学徳照館地点・新島会館地点の発掘調査』同志社大学校地学術調査委員会 1990 年 第 8 図より引用（1 〜 4）、第 9 図より引用（5 〜 7・9）、筆者原図（8・10 〜 35）

12 筆者原図

13 筆者原図

14 『上京・西大路町遺跡桜の御所隣接地点の発掘—同志社大学育真館地点の発掘調査—』同志社大学校地学術調査委員会 1997 年 実測図版 8 の 1（1）、実測図版 4 より引用（2 〜 5）

第 5 章

図 1 『同志社キャンパス内出土の遺構と遺物—同志社校地内埋蔵文化財調査報告資料編Ⅱ—』同志社大学校地学術調査委員会 昭和 53 年 図版 27 の P130（1）、図版 32 〜 34 より引用（2 〜 15）

『平安京左京二条四坊十町』京都市埋蔵文化財研究所 2001 年 図版 99,100 より引用（16 〜 30）

2 能芝勉氏原図（31 〜 43）

「平安京左京二条四坊 1」『平成 10 年度京都市埋蔵文化財調査概要』京都市埋蔵文化財研究所 2000 年 図 20 より引用（44 〜 57）

筆者原図（58 〜 64）『同志社大学徳照館地点・新島会館地点の発掘調査』同志社大学校地学術調査委員会 1990 年 第 39 図より引用（65 〜 67）、筆者原図（68 〜 70）

3 筆者原図（71 〜 75）

「京都大学病院地点 AG20・AF20 区の発掘調査」『京都大学構内遺跡調査研究年報』1996 年度 2000 年 図 60 より引用（76 〜 89）

『公家屋敷二条家東辺地点の発掘調査—同志社同窓会館・幼稚園新築に伴う調査—』同志社大学校地学術調査委員会 1988 年 実測図版 4 より引用（90 〜 100）

『大本山相国寺境内の発掘調査Ⅱ』同志社大学校地学術調査委員会 1988 年 第 20 図 〜第 23 図より引用（101 〜 110）

4 同上書 第 15 図、第 17 図、第 19 図、第 20 図、第 23 図より引用作成（111 〜 121）、能芝勉氏原図（122 〜 140）

5 「京都大学病院地点 AG20・AF20 区の発掘調査」『京都大学構内遺跡調査研究年報』1996 年度 2000 年 図 69・70 より引用（141 〜 157）

『同志社キャンパス内出土の遺構と遺物—同志社校地内埋蔵文化財調査報告資料編Ⅱ—』同志社大学校地学術調査委員会 1978 年 図版 27 より引用（158 〜 165）

『平安京左京二条四坊十町』京都市埋蔵文化財研究所 2001 年 図版 101 より引用（166 〜 181）

6 「公家屋敷二条家の発掘調査」『京の公家屋敷と武家屋敷』同志社埋蔵文化財委員会 学校法人同志社 1994 年 図 11・12 より引用（182 〜 189）

「武家屋敷中井家の発掘調査」『京の公家屋敷と武家屋敷』同志社埋蔵文化財委員会 学

図版・表・写真出典

校法人同志社　1994 年　図 60・61 より引用（190 〜 204）

『公家屋敷二条家東辺地点の発掘調査―同志社同窓会館・幼稚園新築に伴う調査―』同志社大学校地学術調査委員会　1988 年　実測図版 2 より引用（205 〜 211）

筆者原図（212 〜 218・221 〜 223）、『同志社大学徳照館地点・新島会館地点の発掘調査』同志社大学校地学術調査委員会　1990 年　第 9 図より引用（219・220）

7　筆者原図（224 〜 237）

能芝勉氏原図（238 〜 250）

8　「京都大学病院地点 AG20・AF20 区の発掘調査」『京都大学構内遺跡調査研究年報』1996 年度　2000 年　図 61 より引用（251 〜 259）

「平安京左京一条二坊十四町（左獄・囚獄司）」『京都府遺跡調査概報』第 63 冊　京都府埋蔵文化財調査研究センター　1995 年　第 80 図より引用（260 〜 263）

同上書第 80 図・第 81 図より引用（264 〜 272）、第 81 図・第 82 図より引用（273 〜 284）

「京都大学医学部構内 AN20 区の発掘調査」『京都大学構内遺跡調査研究年報』1996 年度　2000 年　図 84 より引用（285 〜 297）

「京都大学総合人間学部構内 AR25 区の発掘調査」『京都大学構内遺跡調査研究年報』1996 年度　2000 年　図 38 より引用（298 〜 318）

9　同上書図 38 より引用（319 〜 325）

同上書図 39 より引用（326 〜 334）、一部改変（328・329）

能芝勉氏提供（335 〜 345）

『大本山相国寺境内の発掘調査Ⅱ』同志社大学校地学術調査委員会　1988 年　第 19 図より引用（346 〜 347）

第 6 章

図 1　筆者作成（国土地理院発行 1：25,000 地形図『京都東北部』に加筆）

2　『平安京左京北辺四坊―第 2 分冊（公家町）―図版』京都市埋蔵文化財研究所調査報告第 22 冊　2004 年　図版 297 より引用（1・2）

同上書図版 302 より引用（3・4）

同上書図版 303 より引用（5）

同上書図版 451 より引用（6 〜 9）

3　同上書図版 448 より引用

4　同上書図版 312 より引用

5　同上書図版 407 より引用（1 〜 6）

同上書図版 315 より引用（7 〜 11）

6　同上書図版 400 より引用（1 〜 3）

同上書図版 322 より引用（4 〜 9）

7　同上書図版 325 より引用

8　同上書図版 498 より引用（1 〜 20）、499 より引用（21 〜 23）

9　同上書図版 486 より引用（1 〜 15・20）、487 より引用（16 〜 19・21）

10 　同上書図版 491 より引用（1 〜 9）
　　　同上書図版 328 より引用（10 〜 21）
11 　同上書図版 329 より引用
12 　同上書図版 331 より引用（30）引用作成（31）、332 より引用（1 〜 29）
13 　同上書図版 501 より引用（1 〜 14）、502 より引用（15 〜 17）
14 　同上書図版 337 より引用
15 　同上書図版 334 より引用（24・26）、338 より引用（1 〜 23・25・27）
16 　同上書図版 388 より引用（1 〜 20）、389 より引用（21 〜 28）
17 　同上書図版 343
18 　同上書図版 344 より引用
19 　同上書図版 381 より引用
20 　同上書図版 382 より引用（1 〜 17）
　　　同上書図版 349 より引用（18 〜 21）
21 　同上書図版 354
22 　同上書図版 355
23 　同上書図版 356 より引用
24 　同上書図版 346 より引用
25 　同上書図版 347 より引用
26 　同上書図版 513 より引用（16・20）、515 より引用（1 〜 15）、516 より引用（17 〜 19・21）
27 　同上書図版 361、362 より引用

第 7 章
図 1 　筆者作成（国土地理院発行 1：25,000 地形図『京都東北部』に加筆）
　2 　『平安京左京北辺四坊―第 2 分冊（公家町）―図版』京都市埋蔵文化財研究所調査報告
　　　第 22 冊　2004 年　図版 486 より引用（1・4 〜 7）引用作成（2・3・8）
　　　同上書図版 534 より引用（9 〜 11）
　　　同上書図版 533 より引用作成（12）
　　　同上書図版 498 より引用（13 〜 16）引用作成（17・18）、499 より引用（19）
　　　同上書図版 496 より引用（20 〜 23）
　3 　同上書図版 437 より引用（24 〜 28・30・31）引用作成（29）
　　　同上書図版 375 より引用（32 〜 35・37・38）引用作成（36）
　　　同上書図版 508 より引用（39・41・42）引用作成（40）
　4 　同上書図版 425 より引用（43 〜 45・47）　引用作成（46）
　　　同上書図版 343 より引用（49・50・54・59）引用作成（52・57・58）
　　　同上書図版 344 より引用（48・51・56）引用作成（53・55）
　　　同上書図版 381 より引用（60 〜 62・64・66・68）引用作成（63・65・67・69）
　5 　同上書図版 381 より引用（70・71・74 〜 76）引用作成（72・73）

同上書図版 354 より引用（80・82・83・87 ～ 90）引用作成（81）

同上書図版 355 より引用（84・85）引用作成（86）

同上書図版 356 より引用（77 ～ 79）

同上書図版 390 の 15（91）

同上書図版 429 の 9（92）

第 8 章

図 1　筆者作成（国土地理院発行 1：25,000 地形図『京都東北部』に加筆）

　 2　同上書図 2.2

　 3　同上書図 4.9 の 249（1）

　　　同上書図 4.13 の 362（2）・367（3）・369（4）

　　　同上書図 4.30 の 10（5）

　　　同上書図 4.11 の 314（6）・315（7）・316（8）・318（9）・320（10）

　　　同上書図 4.12 の 331（11）・332（12）

　　　同上書図 4.6 より引用（13 ～ 28）

　 4　同上書図 4.6 より引用（1 ～ 11）

　　　同上書図 4.18 より引用（12 ～ 14）

　 5　同上書図 4.23 より引用

　 6　同上書図 4.2 より引用（1 ～ 13）

　　　同上書図 4.13 の 352（14）

　　　同上書図 4.12 の 348（15）

　　　同上書図 4.18 の 512（16）

　 7　筆者原図

　 8　筆者原図

　 9　筆者原図

　 10　筆者原図

第 9 章

　表 2　挿図　本文参照

付篇 I

　図 1　『京獨案内手引集』（元禄 7 年）［二十六へ］『新修京都叢書』第三巻　臨川書店　1969 年

　 2　『商人買物獨案内』（天保 2 年版）［29 オ］（1）、［28 ウ］（2）『新撰京都叢書』第 7 巻
　　　臨川書店 1984 年

　　　『商品買物獨案内』（嘉永 4 年版）［23 オ］（3）、［23 ウ］を改変（4）　同上書より引用

　　　『容顔美艶考』（文政 2 年）［坤ノ廿九］を改変（5）　（復刻版）並木正三（著）　浅野高造（補
　　　著）資生堂企業資料館　2000 年

　 3　『平安京左京北辺四坊—第 2 分冊（公家町）—図版』京都市埋蔵文化財研究所調査報告
　　　第 22 冊　2004 年　図版 329 の 1 ～ 3（1 ～ 3）

　　　同上書 図版 330 の 44（4）・45（5）・69（6）

同上書図版 369 の 7（7）

同上書図版 350 の 1 ～ 7（8 ～ 14）

同上書図版 441 の 26（15）

同上書図版 360 の 1（16）25（17）26（18）

同上書図版 444 の 8（19）

同上書図版 384 の 5（20）

「京都大学本部 AX25・AX26 区の発掘調査」『京都大学構内遺跡調査研究年報』1995 年度　図 49 の Ⅱ 404（21）

「京都大学病院地点 AG20・AF20 区の発掘調査」『京都大学構内遺跡調査研究年報』1996 年度　2000 年　図 57 の Ⅱ 290（22）

『同志社大学徳照館地点・新島会館地点の発掘調査』同志社大学校地学術調査委員会 1990 年　第 38 図より引用（23）

4　徳田隼也「出土小型碗・小町紅について―江戸遺跡を中心に」『江戸の名産品と商標』江戸遺跡研究会 2005 年 第 2 図「小町紅及び小型碗紅容器集成図」より引用作成

5　同上書第 3 図「小町紅及び小型碗紅容器集成図」より引用作成

6　『難波宮跡の研究　第九』財団法人大阪市文化財協会　1992 年　図面 148 の 4393（1）

『大坂城三の丸跡の調査Ⅲ』（大手口における発掘調査　その 2）大手前女子大学史学研究所編　大手前女子学園　1988 年　第 25 図の 258（2）

同上書第 25 図の 266（3）

『広島藩大坂蔵屋敷跡Ⅰ』財団法人大阪市文化財協会　2003 年　図 96 の 378（4）

『広島藩大坂蔵屋敷跡Ⅱ』財団法人大阪市文化財協会　2004 年　図 72 の 49（5）

同上書図 101 の 469（6）470（7）

『有岡城跡・伊丹郷町Ⅱ』大手前女子大学史学研究所　1992 年　第 30 図の 2（9）

『兵庫津遺跡Ⅱ』兵庫県教育委員会埋蔵文化財研究所　2004 年　図版 193 の 2167（10）

『明石城武家屋敷跡』兵庫県教育委員会埋蔵文化財研究所　1992 年　図面 31 図 428（11）

7　『絵本江戸紫』（明和 2 年）『江戸風俗図絵集』上　国書刊行会　1986 年より引用（1）

『女用訓蒙図彙』（貞享 4 年）奥田松柏軒（家政学文献集成）渡辺書店　1970 年より引用（2）

『婚礼道具器形寸法書』（寛政 5 年）（「婚礼道具図版　下」）正宗敦夫編　日本古典全集 昭和 12 年）『復刻日本古典全集』現代思想社　1978 年より引用（3）

8　『容顔美艶考』（文政 2 年）［乾ノ四］を改変（1）、［乾ノ卅二］を改変（2）、［坤ノ十二］を改変（3）（復刻版）並木正三（著）浅野高造（補著）資生堂企業資料館　2000 年

付篇Ⅱ

図 1　筆者作成（国土地理院発行 1：25,000 地形図『京都東北部』に加筆）

2　「改正京都町絵図細見大成」（慶応 4 年）『慶長昭和京都地図集成』柏書房　1994 年を改変

3　本井康博『京都のキリスト教―同志社教会の 19 世紀』（同志社教会双書 3）日本キリスト教団同志社教会　1998 年　地図①ラーネッドが描いた同志社の周辺図（1876 年 6 月

図版・表・写真出典

　　　　　15 日）

　　4　『平安京左京北辺四坊—第 2 分冊（公家町）—本文』京都市埋蔵文化財研究所調査報告
　　　　　第 22 冊　2004 年　図 12

　　5　『平安京左京北辺四坊—第 2 分冊（公家町）—図版』京都市埋蔵文化財研究所調査報告
　　　　　第 22 冊　2004 年　図版 132「Ａ・Ｍ区江戸時代後期遺構平面図」を改変

　　6　『平安京左京北辺四坊—第 2 分冊（公家町）—本文』京都市埋蔵文化財研究所調査報告
　　　　　第 22 冊　2004 年　図 58

　　7　『平安京左京北辺四坊—第 2 分冊（公家町）—図版』京都市埋蔵文化財研究所調査報告
　　　　　第 22 冊　2004 年　図版 365 の 28（1）、図版 587 の 10（2）、同図版 30（3）、同図版 14（4）
　　　　　同上書図版 36 の 12（5）、同図版 587 の 9（6）、同右図版 14（7）
　　　　　同上書図版 422 の 14（8）
　　　　　同上書本文　図 55（9）
　　　　　同上書図版 587 の 36（10）

　　8　「桂宮邸指図」『中井家文書の研究』第 9 巻　内匠寮図面篇 9　中央公論出版　1984 年よ
　　　　　り引用

　　9　「桂宮邸指図」（東半部）同上図を改変

表

第 1 章
　　表 1　『蔭涼軒日録』永享 8 年（1436）の記録にみる茶の飲用　筆者作成
　　　2　『隔蓂記』にみえる国産陶器　筆者作成

第 3 章
　　表 1　新島会館地点出土京焼風陶器の分類　筆者作成
　　　2　新島会館地点出土京焼風陶器・京焼の分類　筆者作成

第 4 章
　　表 1　同志社校地出土京焼の編年試案　筆者作成

第 6 章
　　表 1　主要遺構時期別対照表
　　　　　「主要遺構時期別対照表」『平安京左京北辺四坊—第 2 分冊（公家町）—本文』京都市埋
　　　　　蔵文化財研究所調査報告第 22 冊　2004 年　表 2
　　　2　左京北辺四坊（公家町遺跡）京焼出土遺構対照表　筆者作成

第 7 章
　　表 1　編年対照表（試案）　筆者作成

第 8 章
　　表 1　土師器による遺構編年表
　　　　　中屋啓太「常盤井殿町遺跡における近世の土師器皿・蓋について」「表 1　土師器によ
　　　　　る遺構編年表」『常盤井殿町遺跡発掘調査報告書—近世二條家邸を中心とする調査成果

―』（同志社大学歴史資料館調査研究報告第 8 集）同志社大学歴史資料館・同志社女子
　　　大学　2010 年

第 9 章
　表 1　同志社校地出土京焼編年案ならびに京焼出土遺跡・遺構対照表　筆者作成
　　 2　同志社校地出土京焼編年案ならびに京焼出土遺跡・遺構対照表（挿図）　筆者作成

付篇 I
　表 1　小町紅及び小型碗紅容器集成表　徳田隼也作成（2005 年 1 月 29 日・30 日　研究会当日
　　　配布）

写真

口絵 1　同志社大学徳照館地点［旧藤谷家邸跡］出土遺物（同志社大学歴史資料館蔵）
　　 2　色絵菊文碗（東京国立博物館蔵　Image: TNM Image Archives）
　　 3　軟質施釉陶器　向付（京都市考古資料館蔵）
　　 4　軟質施釉陶器　茶入（京都市考古資料館蔵）
　　 5　「きふやき」墨書銘窯道具〔トチン〕（京都市考古資料館蔵）

第 3 章
　写真 1　色絵菊文碗（東京国立博物館蔵　Image: TNM Image Archives）
　　　 2　百間窯鮪釣貝附茶碗（東京国立博物館蔵）

第 8 章
　写真 1　Ⅱ期新段階の京焼　『公家屋敷二条家北辺地点の調査―同志社女子中・高黎明館増築
　　　に伴う発掘調査』同志社女子中学・高等学校　同志社大学校地学術調査委員会 1983 年
　　　図版 11 の 10・10′

付篇 I
　図 3　『同志社大学徳照館地点・新島会館地点の発掘調査』同志社大学校地学術調査委員会
　　　1990 年　図版 38 より引用（23）
　　 6　『枚方宿の陶磁器』枚方市教育委員会　財団法人枚方市埋蔵文化財調査研究会　2001 年
　　　31 伊万里白磁類より引用（8）
　　　『宇曽川災害復旧助成事業に伴う肥田城遺跡発掘調査報告書』滋賀県教育委員会文化財
　　　保護課　財団法人滋賀県文化財保護協会　1988 年　図版 71 の 228（12）
　　　同上書同図版 230（13）
　　　同上書同図版 231（14）
　　　『出土品にみる江戸時代の生活』滋賀県立近江風土記の丘資料館　1982 年　図 14（15）
　　　図 15（16）

■著者紹介

角谷江津子（すみや えつこ）

和歌山県和歌山市に生まれ、大阪府高石市で育つ。
同志社大学文学部美学芸術学科卒業。
同志社大学大学院文学研究科文化史学専攻博士課程前期修了。
現在　同志社大学文学部非常勤嘱託講師。
　　　同志社女子大学現代社会学部非常勤嘱託講師。

《主要論文》（本書関連以外）
「出土資料にみる太田焼」『和歌山市立博物館研究紀要』15　和歌山市立博物館　2001 年
「佐井寺焼について―採集資料の分析を中心に―」『吹田市立博物館館報』4（平成 14 年度
　2002 年度）吹田市立博物館　2004 年

2016 年 6 月 10 日　初版発行　　　　　　　　　　　　　　　　《検印省略》

近世京焼の考古学的研究

著　者　角谷江津子
発行者　宮田哲男
発行所　株式会社 雄山閣
　　　　東京都千代田区富士見 2-6-9
　　　　ＴＥＬ　03-3262-3231 ／ ＦＡＸ　03-3262-6938
　　　　ＵＲＬ　http://www.yuzankaku.co.jp
　　　　e-mail　info@yuzankaku.co.jp
　　　　振　替：00130-5-1685
印刷・製本　株式会社ティーケー出版印刷

©Etsuko Sumiya　　　　　　　　　ISBN978-4-639-02422-4 C3021
Printed in Japan　　　　　　　　　N.D.C.210　280p　27cm

中近世陶磁器の考古学 [全6巻]

佐々木達夫 編／A5判・上製・本体価格6800円

◎第一巻◎

序論　中近世陶磁器の考古学……………………………………………………………佐々木達夫
発掘調査が語る有田焼の生産システム―需要の推移とともに柔軟に姿を変えた有田焼の400年―　村上伸之
日本における高品質磁器製品の生産と受容の背景……………………………………髙島裕之
上野・高取系陶器の生産と流通・使用―肥前陶磁器との拮抗の中で―………………佐藤浩司
町人地にみる「鍋島」―近世後期の身分・階層を超える志向を読む―…………………水本和美
出島和蘭商館跡出土の貿易陶磁―近世の流通及び産業振興の視点から―…………山口美由紀
津軽悪戸焼の生産と流通………………………………………………………………佐藤雄生
北前船で運ばれた備前・備後産徳利の生活文化史的考察…………………………鈴木重治
南宋都城址杭州に流通した天目茶碗―米内山庸夫資料を中心に―…………………関口広次
14～16世紀の沖縄出土龍泉窯系青磁における生産地の模索　…………………………瀬戸哲也
アラビア半島ディバの陶磁器と生活…………………………………佐々木達夫・佐々木花江
オランダ出土の東洋陶磁器―その流通と使用―………………………………………金田明美
アジア海域を走る景徳鎮インテリア・タイル―インドネシア・インド・トルコの18世紀―……坂井　隆

◎第二巻◎

まえがき………………………………………………………………………………佐々木達雄
シマの陶磁器―近世トカラ列島における陶磁器流通を中心に―　………………………渡辺　芳郎
近世波佐見焼の生産と流通―16世紀末～17世紀中葉を中心として―…………………中野雄二
江戸時代の萩焼の流通・消費の様相…………………………………………………徳留大輔
愛媛県南予地域における陶瓷の流通…………………………………………………柴田圭子
近世・近代における砥部焼磁器の製品と流通について………………………………石岡ひとみ
江戸大名藩邸出土陶磁器の消費モデル―加賀藩本郷邸の出土資料の　分析から―　………堀内秀樹
仙台藩伊達家芝上屋敷出土肥前染付磁器大皿について………………………………石﨑俊哉
近世都市江戸産の「やきもの」・点描―印銘のある新出資料を中心に―…………………鈴木裕子
長野県北部における越中瀬戸焼の流通………………………………………………相羽重徳
信濃川中流域の陶磁器流通と組成―長岡藩領出土の碗皿を中心として―……………安藤正美
南東北における近世窯業流通研究のパラダイムシフトについて―椿焼裏山窯跡の発見から―…高橋　拓
タイ中北部ピサヌローク出土の陶磁器………………………………………………向井　亙
出土品に見る長距離陶磁貿易の産地競合………………………………佐々木花江・佐々木達夫

◎第三巻◎

まえがき………………………………………………………………………………佐々木達雄
楠葉産瓦質土器からみた平安末・鎌倉時代　…………………………………………橋本久和
石清水八幡宮ネットワークによる中世土器・陶磁器の流通………………………………藤本史子
北海道日本海沿岸の14～15世紀における流通拠点の変遷とその背景　………………塚田直哉
日宋貿易期における博多遺跡群出土中国陶磁器の変遷と流通
　　―博多に残されたものから国内流通を考える―………………………………………田中克子
元青花瓷からみる古琉球―受容と位置づけをめぐって―………………………………新島奈津子
日本における漳州窯系陶磁器の流通・消費……………………………………………弦本美菜子
畿内における貿易陶磁の様相―大都市「大坂」以外の貿易陶磁を探る―………………赤松和佳
大阪出土の東南アジア陶磁器をめぐって　……………………………………………宮本康治
遺跡出土資料からみた蕎麦……………………………………………………………永井正浩
鳥取県における中近世陶磁器の流通史　………………………………………………佐伯純也
近世京都の陶磁器類の流通と廃棄―町屋跡出土の貿易陶磁器を中心に―……………能芝　勉
勤番武士の器―出土陶磁器にみる加賀藩黒多門邸居住者の様相―……………………成瀬晃司
温かな飲み物の普及とそのうつわ―オランダ・日本の出土資料から―　………………小林　克
ラテンアメリカに流通した肥前磁器　…………………………………………………野上建紀

◎第四巻◎　2016年10月刊行予定

◎第五巻◎　2017年2月刊行予定

◎第六巻◎　2017年5月刊行予定